JN445117

E d u c a t i o n a l P o l i c y

교육정책학

이론과 사례

정일환 · 주철안 · 김재웅 공저

동 문 사

이 책은 저작권법에 따라 보호받는 저작물이므로 무단전재와 무단복제를 금지하며, 이 책 내용의 전부 또는 일부를 이용하려면 반드시 저작권자와 동문사의 서면동의를 받아야 합니다. 무단전재나 무단복제 행위는 저작권법 제136조(권리의 침해죄)에 의거, 5년 이하의 징역 또는 5천만 원 이하의 벌금에 처하거나 이를 병과할 수 있습니다.

머리말

현대사회에 있어서 교육정책에 관한 연구의 필요성과 중요성은 더욱 고조되고 있다. 국가경쟁력을 제고하는 결정 요인으로서 교육의 기능과 역할을 고려할 때 교육정책의 방향을 어떻게 설정할 것인가는 매우 중요한 일이다. 부존자원이 부족한 우리나라의 경우 교육문제 및 교육으로 파생된 사회문제를 해결하기 위해서는 공공정책으로서 교육정책에 의존도가 클 수밖에 없다. 교육정책에 관한 연구는 교육행정 및 정치의 과정으로서, 또는 의사결정론 등에서 중점연구 과제로 다루어졌으나 최근 글로벌 사회, 지식기반사회에서 국내·외 환경의 변화에 능동적으로 적응하는 교육정책 연구가 더욱 중요해지고 있다. 이에 교육정책 환경과 과정에 대한 폭넓은 지식과 이해가 요구되며, 이를 충족시킬 수 있는 학문탐구는 더욱 요청되고 있다.

정부가 교육에 대한 다양한 정책수요에 적절히 대응하기 위해서는 이에 관한 전문적인 논의와 연구가 필요하다. 정책학의 학문적 효시라고 일컬어지는 Lasswell이 지적한 바와 같이, 정책연구의 필요성은 궁극적으로 '인간존엄성의 실현과 확보'에 있으며, 현실적으로는 문제해결을 위한 정책과정의 합리화를 제고시키는 지식의 제공에 있다고 할 수 있다. 그 동안 정부의 교육정책에 대한 일관성이 결여된 결정과 집행은 교육수혜자 및 관련 집단들에게 적지 않은 정책갈등과 불만족을 가져왔으며, 정권이 바뀔 때마다 교육개혁이라는 미명하에 새로운 정책으로 개선의 노력을 기울이고 있지만 이에 대한 학부모와 학교현장은 호의적이지 않는 것이 사실이다. 따라서 한국 교육현장의 문제와 요구를 명확히 파악하고, 교육정책 과정들이 합리적으로 작동하기 위해서는 교육정책에 관한 체계적인 이론정립과 탐구가 필요하다.

이러한 맥락에서 교육정책학을 전공하고, 학문적·실천적 분야에서 유사한 배경과 경험을 가지고 현재 대학에서 이 분야의 교육과 연구를 수행하고 있는 세 학자가 모여 체계적인 교육정책과정과 분석, 실제 정책사례를 함께 다루는 도서가 필요하다는 데 공감하고, 이와 관련된 전문 도서를 집필하기로 결정하였다. 그래서 본서를 '교육정책학, 이론과 사례'로 명명하였다.

본서는 이러한 취지에서 전체 2부로 구성하였다. 제1부 교육정책학의 기초에서 제1장은 교육정책의 의의와 특성을 기술하였으며, 제2장에서는 교육정책학의 학문적 성격을 규명하고, 교육정책학의 패러다임에 관하여 논의하였다. 제3장에서는 교육정책분석의 이념과 가치에 대해 기술하였으며, 제4장에서는 교육정책과 정책환경을 다루었다.

제2부 교육정책과정과 분석에서 제5장부터 제9장까지는 교육정책 과정 즉, 교육정책 의제설정, 정책결정, 정책집행, 정책평가 및 정책변동에 대한 이론적 모형을 각각 소개하고 이에 기초하여 이루어진 주요 교육정책 사례의 분석 결과를 제시하였다. 그리고 제10장에서는 교육정책과정과 요구사정에 대해 기술하였으며, 제11장에서는 교육정책분석의 주요 기법을 소개하였다. 본서는 교육정책 연구에 대한 이론적 모형 정립과 교육정책과정 및 분석을 중심으로, 그리고 교육정책과 관련된 정치현상에 대해 기술하는 접근방법으로 편찬되었다.

끝으로, 본서가 교육정책 연구 분야에 대한 보다 심도 있는 학문적 전개와 발전을 위한 초석이 되기를 바라며, 지속적인 탐구를 통해 보완해 나갈 것을 독자들에게 약속드린다. 본서를 통하여 교육정책학 분야에 관심이 있는 연구자들이 이론적 안목을 갖게 되고, 교육정책 실천 분야에 종사하고 있는 실천가들이 통찰력을 얻을 수 있게 된다면 필자들은 더 바랄 것이 없다. 좋은 도서를 발간하도록 애써주신 동문사 편집부 직원들께 감사를 드린다.

2016년 9월

정일환·주철안·김재웅 씀

차 례

| PART 01 | 교육정책학의 기초

| PART 02 | 교육정책과정과 분석

PART

01

교육정책학의 기초

Chapter 01

교육정책의 의의와 특성

개요

글로벌 사회에서 세계 각국은 국가경쟁력 제고를 위해 합리적인 교육정책의 수립·집행을 통한 교육의 질 제고와 양질의 인적 자원의 양성·공급에 주력하고 있다. 국제사회 및 국내의 정치·경제·사회 환경의 변화는 개별 국가의 교육정책 방향 설정에 영향을 미치고 있으며, 추구하는 가치 실현을 위해 교육정책에 대한 관심은 높으며, 이를 학문적으로 접근하려는 시도가 점증하고 있다.

이에 이 장에서는 교육정책에 대한 개념, 성격 및 유형을 살펴보고, 교육정책연구로서 정책과정과 분석에 대해 개관한다. 최근 한국 사회에서 쟁점화되고 있는 교육문제와 주요 교육정책과제를 제시한다.

제1절 교육정책의 의의

먼저, 교육정책의 개념을 규정하기에 앞서 정책(policy)에 대한 개념과 특성을 살펴보고자 한다. 이는 교육정책(education policy)이 공공정책(public policy)의 한 분야로서, 공공정책이 지니는 공통적인 특징과 속성을 지니고 있기 때문이다. Fowler(2004: 8-9)는 '정책'이라는 단어는 정치학으로부터 유래되었다고 지적하면서 학자들의 규정한 정책의 개념을 다음과 같이 협의로부터 광의로 정리・제시하고 있다.

공공정책은 "공공의 문제에 관련된 정부 실무자들의 표현된 의지이며, 그러한 의지와 관련된 행위"이다(Dubnick & Bardes, 1983: 8).

공공정책은 "일반적으로 규칙, 규정, 법, 질서 법원의 결정, 행정적 결정 등의 형식으로 나타나는 정치체제의 결과물이다. 공공정책은 지속적이고 반복적으로 적용된 행위양식을 통해 알 수 있다. 이는 역동적인 과정"이다(Kruschke & Jackson, 1987: 35).

공공정책은 "정부의 권위 있는 지위를 맡고 있거나 이에 영향을 미치는 사람들에 의해 행해지는 실질적인 의사결정, 헌신, 행위"이며, 그것들은 이해관계자들에 의해 다양하게 해석된다(Bryson & Crosby, 1992: 63).

"정책은 종종 입안자들 사이에서 이루어지는 정치적 타협의 산물이며, 그들 중 누구도 논의된 정책이 문제를 해결할 것임을 마음에 담아두고 있지 않는다. 종종 정책은 결정되지 않았음에도 불구하고, '일어나는 것'"이다(Lindbloom, 1968: 4).

"정책은 주 의회에서부터 학교 교실에까지 걸쳐 있는 의사결정의 고리이며, 수많은 개입과 관계의 부산물이다. 어느 누구도 그 과정 전부를 책임지지 않는다"(Firestone, 1989: 23). 공공정책은 "정부의 공식적인 법규와 '관례'같은 비공식적인 것들을 모두 포함한다. 또한 정책은 단순히 정부가 하고 있는 것이 아니라 정부의 무활동으로도 나타날 수 있다"(Cibulka, 1995: 106).

"정책은 분명 '가치의 권위적 배분'의 문제이다. 정책은 이상적 사회의 이미지를 투영한다."(Ball, 1990: 3).

이상의 공공정책에 대한 학자들의 견해를 종합하여 Fowler(2004: 9)는 공공정책을 "정치체제가 공적 문제를 다루는 동안 생겨나는 역동적이며 가치 함축적인 과정으로서 정부의 활동과 무활동의 일관된 양상뿐만 아니라 정부의 표현된 의도와 공식적 법규를 포함하는 것"으로 정의하고 있다.

한편, 교육정책 개념에 대해 국내 학자들의 정의를 보면 다음과 같다. 먼저, 백현기(1964: 30)는 교육정책을 "정치적 권력과정을 거쳐서 형성된 어떤 교육계획이 실현되는 일체의 과정"으로 정의하고 있으며, 김종철(1990)은 교육정책을 "사회적 · 공공적 · 조직적 활동으로서의 교육활동에 관하여 국민의 동의를 바탕으로 하면서 국가의 공권력을 배경으로 강행되는 기본방침 또는 지침을 의미하며, 그것은 교육활동의 목적 · 수단 · 방법 등에 관한 최적의 대안을 의도적 · 합리적으로 선택한 것"이라고 정의하고 있다. 그리고 김윤태(1994)는 교육정책의 개념을 국가나 권력에 의해 지지되는 교육이념 혹은 이를 구현하는 국가적 활동의 기본방침으로 규정하고 있다. 또한, 이형행(1992: 339)도 교육정책을 "일정한 교육목표를 달성하기 위하여 국가가 결정한 기본적인 행동방안과 지침"으로 정의하고 있다.

이와 같이 볼 때 교육정책은 기본적으로 다음과 같은 속성을 지닌다고 할 수 있다(김종철, 1990: 680-681).

첫째, 교육정책은 교육활동을 대상으로 하며, 교육활동을 위해 봉사하는 수단적인 면을 지닌다. 둘째, 교육정책의 주체는 정치체제(political system)를 형성하는 국가 또는 지방자치단체가 된다. 셋째, 교육정책은 교육활동과 내용의 지침을 제시한다. 넷째, 교육정책은 교육문제를 해결하기 위한 합리적인 의사결정과 최적의 대안을 탐색하는 과정이다. 넷째, 교육정책은 국가(중앙교육행정기관)나 지방자치단체(지방 교육청 등)가 설정하는 교육이념을 구현하는 수단이 되며, 집행성격으로서의 교육행정에 대한 기본적인 지침이나 방향제시가 된다.

이상의 여러 학자들의 교육정책에 대한 정의와 속성을 종합하면, 교육정책의 개념은 '공공정책(public policy)으로서 교육활동을 위해 국가나 지방자치단체가 국민 또는 교육관련 집단 및 수혜 집단을 대상으로 전개하는 교육의 지침'으로 정의할 수 있다.

제2절 교육정책의 성격 및 유형

1. 정책의 성격

공공정책의 성격을 허범(1991: 78-80)은 목적지향성, 행동지향성, 변동지향성, 미래지향성, 공익지향성, 정치 관련성 등으로 나누어 설명하고 있다. 이러한 공공정책의 성격은 교육정책의 성격을 논의하는 데도 적용될 수 있다. 왜냐하면 교육정책의 개념정의에서도 기술한 바와 같이 교육정책은 바로 공공정책으로서의 본질적인 속성을 지니고 있기 때문이다.

일반적으로 공공정책의 유형은 관점에 따라 다양하게 논의되고 있다. 즉 정책내용, 담당기관이나 부처, 대상기간 등에 따라서 구분될 수 있다. 본 장에서 다루는 교육정책도 이러한 정책성격 및 유형구분에 따라 분석이 가능하다.

2. 정책의 유형

정책은 관점, 기준이나 성격 등에 따라 다양하게 유형화될 수 있다.

첫째, 정책내용에 따른 분류로서 교육정책, 교통정책, 물가정책, 인구정책 등이 여기에 해당된다.

둘째, 정책결정체제, 즉 정부의 담당기관에 따른 것으로 교육부 정책, 산업자원부 정책, 문화관광체육부 정책 등이 여기에 해당된다.

셋째, 정책실시 시기에 따라 1950년대 정책, 1960년대 정책, 1970년대 정책, 1980년대 정책, 1990년대 정책, 2000년대 정책 등으로 분류될 수 있다. 예를 들어, 2000년 이후 주요 교육정책으로 마이스터고, 기숙형고교, 선취업 후진학체제 구축, 입학사정관제, 국가장학금제도 등을 들 수 있다.

넷째, 교육정책의 유형은 국가와 개인 간의 관계에 따라 무정부적·자유방임적 교육정책, 독재 통제주의적 교육정책, 민주주의적 교육정책으로 구분된다(Hans, 1929). 그리고 정부체제의 성격에 따라 관료주의적 교육정책, 자유주의적 교육정책, 민주주의적 교육정책, 독재주의적 교육정책으로 분류하고 있다. 정치이념에 의한 교육정책의 유형은 자유민주주의적 교육정책, 사회주의적 교육정책, 혼합형 교육정책(Horowits, 1966)으로, 권한의 집중도에 따라 중앙집권적 교육정책, 지방분권적 교육정책, 중간형 교육정책으로 유형화할 수 있다.

다섯째, 행동의 성격에 따른 즉, 정책이 문제해결에 직접적으로 관련된 행동을 포함하는가에 따라서 실질정책, 절차정책, 지도정책으로 구분되다(허범, 1991: 81-82). 실질정책은 실제적인 문제를 해결 또는 개선하기 위하여 실제적인 행동을 포함하는 정책을 말하며, 절차정책은 정책형성을 위한 절차를 포함하는 것으로 행정절차법이 좋은 예가 된다. 그리고 지도정책은 특정한 정책형성에 앞서 이루어지는 정책형성을 위한 지침을 말한다.

여섯째, 사회적 영향에 따라 즉, 정책이 참여의 이해관계에 미치는 영향에 따라 배분정책, 규제정책, 자기규제정책, 재분배정책, 그리고 구성정책 등으로 분류된다(Lowi, 1964: 677-715; Salisbury, 1968: 151-175). Lowi와 Salisbury 등의 문제해결과 관련시켜 정책 유형을 분류한 내용을 구체적으로 기술하면 다음과 같다.

1) 배분정책

국민들에게 권리나 이익, 또는 서비스를 제공하는 내용을 지닌 정책을 말한다. 정부가 특수한 대상 집단(개인, 집단, 조합, 지역사회 등)에게 각종 서비스, 지위, 이익, 기회 등을 분배하는 정책이다. 이 정책은 정부가 적극적으로 국민들이 필요로 하는 재화와 서비스를 산출·제공하는 것을 내용으로 하는 정책이다. 배분정책의 특징을 제시하면 다음과 같다.

첫째, 구체적인 내용을 보면 여러 가지 사업들로 구성되고 이 사업들은 서로 커다란 연계 없이 독립적으로 집행될 수 있기 때문에 이러한 세부 사업들의 집합이 하나의 정책을 구성하게 된다. 다시 말하면, 정책의 내용이 쉽게 하부의 세부단위로 분해되고 다른 단위와 별개로 또는 독립적으로 처리될 수 있다는 것이다.

둘째, 이 정책의 세부 의사결정들은 그 결정과정이 나눠 먹기식으로 특징 지워진다.

셋째, 이러한 다툼이 있는데도 승자(수혜자)와 패자가 정면대결을 벌일 필요가 없다는 점이다.

이러한 특징을 지닌 배분 정책은 의무취학제도, 국가장학금, 한국연구재단의 연구비 등 크게 사회적 문제나 물의를 야기하지 않고 여론에도 그렇게 민감하지 않기 때문에 교육정책을 결정하는 관료들이 쉽게 해결할 수 있는 것들이다. Lowi도 강조하였듯이 승자와 패자가 없는 정책이지만 분배의 공정성과 형평성을 충분히 고려해야 관련 집단들의 불만이나 갈등을 해소할 수 있다.

2) 규제정책

개인이나 일부집단에 대해 재산권 행사나 행동의 자유를 구속·억제하여 반사적으로 많은 다른 사람들을 보호하려는 목적을 지닌 정책을 의미한다. 따라서 수혜자의 재량영역을 확대시켜 주는 배분정책과는 반대가 된다. 규제정책의 특징을 보면 첫째, 정책의 불응자에게 강제력을 행사하는 것이다. 둘째, 의결기구인 국회나 지방의회에서 의결된 법률에 근거하여 이루어진다는 점이다. 셋째, 정책으로부터 혜택 보는 자와 피해를 보는 자(피규제자)를 정책결정시에 선택하게 된다는 점이다(Lowi, 1964: 690-691).

한편, Ripley와 Franklin(1982: 69-76)은 규제정책을 보호적 규제정책과 경쟁적 규제정책으로 구분·설명하고 있다. 보호적 규제정책은 사적인 활동을 제약하는 조건을 설정함으로써 일반대중을 보호하려는 것이며, 대중에게 해로운 것은 금지하고 도움이 되는 것은 적극 지원하는 정책이 된다. 반면에 경쟁적 규제정책은 많은 수의 경쟁자들 중에서 몇몇 개인이나 집단에게 일정한 재화나 용역을 공급할 수 있도록 제한하려는 정책이나 프로그램인 바, 승리한 경쟁자에게 공급권을 부여하는 대신에 공공이익을 위해서 서비스 제공의 일정한 측면을 규제하려는 것을 말한다. 사학정책, 대학입학제도, 교원임용정책, 대학 설립 관련 규정 등이 여기에 해당한다.

3) 자기규제정책

자기규제정책은 위에서 기술한 규제정책과 마찬가지로 특정 집단에 제한과 통제를 부과하지만, 규제를 받는 대상 집단이 자기의 이익 보호나 증진을 위한 전략으로 오히려 규제를 요구하고 지지하는 정책을 말한다. 예를 들어, 전문직업의 면허제도, 자격제도 등의 제한을 요구하는 경우가 많은데 이러한 제도들이 바로 여기에 해당된다. 즉 대학입학 정원정책에 있어서 의과대학(의학전문대학원), 법학전문대학원 등의 입학 정원 및 사법고시에 대하여 관련 이해 당사자들이 교육부나 관련 부처에 대해 압력을 가하는 경우가 여기에 해당된다. 이 정책유형의 특징은 직접적으로 다른 집단에게는 피해를 입히지 않는다는 점이며, 아울러 특정 다른 집단과 갈등을 갖지 않는다는 점이다.

4) 재분배정책

고소득층으로부터 저소득층으로의 소득이전을 목적으로 하는 정책으로 누진세에 의하여 고소득층으로부터 보다 많은 조세를 징수하여 이를 다시 저소득층에게 사회보장 지출을 하여 소득의 재분배를 도모하는 정책을 말한다. 재분배정책은 다음과 같은 특징을 지니고 있다.

첫째, 계급 대립적 성격을 지니고 있다는 점이다. 둘째, 앞에서 기술한 규제정책이나 배분정책과는 달리 재산권의 행사에 관련된 것이 아니라 재산 자체를, 그리고 평등한 대우가 문제가 아니라 평등한 소유를 문제로 삼고 있다는 점을 들 수 있다.

이러한 재분배정책으로는 도・농간의 불균형적인 학교교육을 균형・발전시키기 위한 기숙형 고교 설립・운영, 지방대학 발전을 위한 지원, 특수 교육 정책 등이 그 예가 될 것이다.

5) 구성정책

정치체제의 구조변화나 수요를 받아들이고 제도의 변화를 목표로 하는 정책을 말한다(Lowi, 1972: 300). 이러한 Lowi의 분류와는 달리 Almond와 Powell(1980)은 정치체제의 산출에 초점을 두면서 정책의 유형을 배분, 규제, 추출, 상징정책으로 분류하고 있다. 여기서 배분정책과 규제정책은 Lowi가 제시한 것과 유사하며, 추출정책은 자원이 민간부문에서 추출되는 내용을 지닌 것을 의미한다. 그리고 상징정책은 정치지도자들이 전통, 역사, 평등, 민주주의 등과 같은 것에 호소를 하거나 미래의 업적 또는 보상을 약속하는 것 등을 의미한다고 할 수 있다. 상징정책은 정부가 제공하는 일종의 배분적 성격을 지니고 있지만, 엘리트로서는 직접적인 비용을 지출하지 않으면서 그 성과가 국민들의 신념, 태도, 소망 등에 달려 있다는 점에서 특이한 성격을 지니는 정책이라고 할 수 있다.

이와 같이 상징정책은 국민들 사이에 정치체제 및 정부의 정통성에 대한 인식을 좋게 하고, 다른 정책에 대한 순응을 확보하기 위해서 필요한 정책이라고 할 수 있다. 따라서 추출정책이나 상징정책은 정치체제에 대한 일반국민으로부터의 지지를 확보하기 위한 정책이다. Sabatier(1975: 305-307)는 Lowi의 정책유형론에 기초하여 정책 산출의 본질 및 비용과 편익의 의도적 혹은 권위적 배분 상태에 따라 정책을 4가지 유형, 즉 자율정책, 분배정책, 규제정책, 재분배정책으로 구분하고 있다.

이상에서 기술한 정책의 유형분류에 대해 정정길(1997)은 그 단점을 기술하면서 다음과 같이 정책유형을 분류하고 있다. 즉 그는 정책의 유형을 크게 요구충족 정책과 지지획득 정책으로 분류한 뒤, 요구충족정책에는 규제정책(일부의 횡포로부터 타인의 보호)과 배분정책(서비스와 재화의 공급)을 포함하고 있다. 그리고 지지 획득 정책에는 추출정책(징병, 조세 등 인적・물적 자원 획득)과 순응기반 확보정책(상징정책, 구성정책, 여론조작정책 등)으로 구분하고 있다. 정정길은 정책의 유형을 이와 같이 분류하면서 소득재분배정책은 위의 다른 여러 정책과 중복되기 때문에 정책유형 분류에서 제외시켰음을 밝히고 있다.

한편, 정책유형에서 Weber의 사회행동(social action)유형을 적용하면 공공정책을 이해하는데 매우 유용하다고 할 수 있다. 먼저, Weber의 사회행동 유형을 살펴본 후, 정책유형에 적용하여 기술한다. Weber의 사회행동 유형은 크게 전통적, 감정적, 가치합리성 및 수단적 합리성으로 구분된다(Miller, 1987).

(1) 전통적

전통적(traditional) 행동 유형은 습관으로부터 비롯되는 행동으로서 과거에 수행되었던 방식이 현재의 업무를 수행하는 전략으로 고려하는 준거가 된다는 점이다. 우리가 일상생활에서 하는 대부분의 행동은 여기에 속한다. 전통적 행동은 Weber(1968: 25)가 지적한 '모방의 반응형태'로서 습관적인 자극에 대한 자동적인 반응으로서 한계적 의미를 지니게 된다. 그러나 습관적인 행태는 의식적으로 강화될 수 있다.

(2) 감정적

감정적(affective) 행동 유형은 정서지향적인 것으로 행동가의 구체적인 정서나 감정 상태에 의해 결정된다. 정서적 행동은 공포감, 환희, 감정 손상, 분노, 죄책감 등에 대한 반응일 수 있다. 감정에 근거한 개인의 경험과 행위는 의식적으로 관계를 인지하지 않을 수 있다.

(3) 가치 합리성(value-rational)

가치 합리성(value-rational) 행동 유형은 특정 가치 그 자체와 가치에 대한 확신에 의해 결정된다. 이는 행동을 지배하는 궁극적인 가치의 자의식적인 형성과 이러한 가치에 대한 명백하고 지속적인 계획 지향성에 의해 나타나게 된다. 행동이나 행위의 대상이 가치 신장이나 가치에 따른 조건 수정의 성공여부에 관계없이 가치 그 자체를 위해 행동한다는 점에서는 감정적 행동과 유사한 점이 있다. 그러나 가치 합리적 행동에는 다분히 윤리적, 심미적, 종교적 가치들이 내포·지향되어 있다. 개인적으로 소요되는 비용을 고려하지 않고 의무나 명예, 충성, 신의 등에 의해 요구되는 신념을 실행하는 사람이 이 행동을 지향하게 된다.

(4) 수단적 합리성

수단적 합리성(instrumentally rational) 행동 유형은 사회적 환경에 대한 공리주의적 지향성과 밀접한 연관성을 지닌다. 목표와 수단 관계에서의 행동이 타인의 행동에 대한 기대에 의하여 결정되며, 여기서 타인은 자신의 합리적으로 계산된 목표를 달성하는 수단, 목적, 결과 등이 고려되며, 이 경우 사람은 '수단-목적'이라는 면에서 매우 합리적으로 행동한다는 것이다.

이러한 Weber의 사회행동유형 범주를 앞에서 기술한 Lowi의 정책유형과 연계시켜 제시하면 다음 [그림 1-1]과 같다.

합리성 유형 / 통제방식	수단적 합리성	가치합리성
처벌 (stick)	경쟁적 규제	사회적 규제
수혜 (carrot)	배분적	재분배적

그림 1-1 사회적 행동에 따른 정책유형

Lowi가 제시한 첫 번째 정책유형인 배분정책은 Weber의 모형에서 수단적 합리성의 세계관과 자신의 이익과 물질적 축적의 가치를 지향하는 행위자에 의하여 지배받는다. 규제정책은 정책행위(담당)자가 자신의 이익을 추구하지만 그의 이익이 대립되는 다른 행위자에 직면할 때 발생하게 된다. 규제정책은 보다 광범위한 가치합리성과 수단적 합리성 정향이 혼합된 논거가 표명되고 청취된다.

Lowi가 제시하고 있는 세 번째 정책유형인 재분배 공공정책은 가치(평등성, 사회정의 등)에 대한 논쟁이며, 일반적 이익과 관련된 것이라고 할 수 있다. Weber의 가치 합리성, 변화추구 성향은 재분배정책에서 실행될 가능성이 높다. 그리고 Lowi가 제시한 정책유형 중 구성적 정책은 정부가 고려할 제도적 장치나 제재의 속성을 부분적으로 결정하는 것을 말한다. 이는 확립된 정부구조에 관한 것으로 Weber의 전통적 행동성향의 맥락에서 논의된다.

제3절 교육정책 개관: 과정과 분석

앞서 기술한 바와 같이, 정책연구는 일반적으로 정책과정과 정책분석의 두 가지 측면에서 파악·이해된다. 정책과정은 정책문제의 발생으로부터 정책이 종결될 때까지 일어나는 일련의 과정을 말한다. 이러한 정책과정은 일반적으로 정책문제 채택, 정책결정, 정책집행, 정책평가, 정책종결로 구분되지만, 학자에 따라서 다소 차이가 있다. 정책과정은 정책이 이루어지는 내부체제에서만 형성되는 것이 아니라 정치적, 사회적 관련 속에서 역동적으로 이루어지고 있으며, 복잡한 관련변인, 요소와의 상호작용 하에서 여러 단계를 형성하면서 작동하게 된다(Jones, 1979). 이와 같이 정책이 전개되는 과정에서는 정책을 둘러싸고 있는 정책 환경을 고려하여야 한다. 왜냐하면, 정책 환경의 변화에 따라 정책과정이 달라질 수 있기 때문이다. 여기서 정책 환경은 이를 둘러싸고 있는 모든 외생적 변수와 조건들을 의미한다. 예를 들면, 교육정책에 대한 환경은 국내적, 국제적 정치 · 경제적 여건의 변화, 정치문화, 경제체제, 인구구조의 변화, 사회문화구조의 변화 등이 교육정책과정에 영향을 주는 주요한 환경적 요소들이라고 할 수 있다.

먼저, 정책과정에 대한 학자들의 견해를 종합 · 기술하면 다음과 같다.

Laswell(1971: 1)은 정책과정의 국면을 정보(intelligence), 주창(promotion), 처방(prescription), 발동(invocation), 적용(application), 종결(termination), 평가(evaluation) 등의 7단계로 구분하고 있다.

Anderson(1984: 25)은 정책과정을 활동의 기능적 범주와 관련된 연쇄적인 행동유형에 따라 다음과 같이 5단계로 구분하고 있다. 즉 정책문제 규명 및 의제형성(policy agenda), 정책 공식화(policy formation), 정책 채택(policy adoption), 정책집행(policy implementation), 정책 평가(policy evaluation)로 구분하여 기술하고 있다.

Dror(1968: 163-96)는 초정책 단계(meta-policy making stage), 정책결정 단계(policy making stage), 정책결정이후 단계(post-policy making stage)로 나누고 이를 다시 세분화하여 18개의 하위 국면으로 나누고 있다.

Jones(1977: 9-12)는 정책과정을 문제규명(problem identification), 정책 계획개발(program development), 정책계획집행(program implementation), 평가(program evaluation), 종결(program termination)의 5단계로 나누고, 이를 다시 14개 하위과정으로 구분하여 설명하고 있다.

Fowler(2004: 13-17)는 정책과정(policy process)을 "정치체제가 공공문제에 다양한 접근방법을 고려하고, 그것 중 하나를 채택 · 시도 · 평가할 때 일어나는 일련의 사태"로 정의하고 있다. 정책과정의 다이어그램을 쟁점규명(issue definition), 의제설정(agenda setting), 정책형성(policy formulation), 정책채택(policy adoption, 정책집행(implementation), 정책평가(evaluation)로 구분 · 제시하고 있다. 이를 제시하면 [그림 1-2]와 같다.

출처: Fowler(2004: 15).

그림 1-2 정책과정의 다이어그램

김신복(1982: 11-37)은 정책개발의 과정을 정책의제의 선정, 정책목표의 설정, 모형설정 및 영향분석, 그리고 정책선택(결정)의 6단계로 구분하고 있다. 허범(1991)은 정책과정을 정책문제의 인지와 정책의제의 형성, 정책형성, 정책채택, 정책집행, 정책평가, 정책종결 등의 6단계로 구분하면서 정책과정의 동태성을 강조하고 있다. 정책과정의 동태성으로는 혼재성, 반복성, 생략성, 순환성, 가변성, 정치성, 사회과정성, 영속성 등을 들고 있다. 그리고 정정길(1990)은 정책과정에 대한 내용을 크게 두 가지 관점, 즉 정책과정에 대한 지식과 정책과정에 필요한 규범적・처방적 지식으로 나누어 기술하고 있다. 그리고 정책과정은 정책문제 채택, 정책결정, 정책집행, 정책평가 및 정책종결의 다섯 단계로 구분하여 정책과정을 분석하면서 다음 [그림 1-3]와 같이 도식화하고 있다.

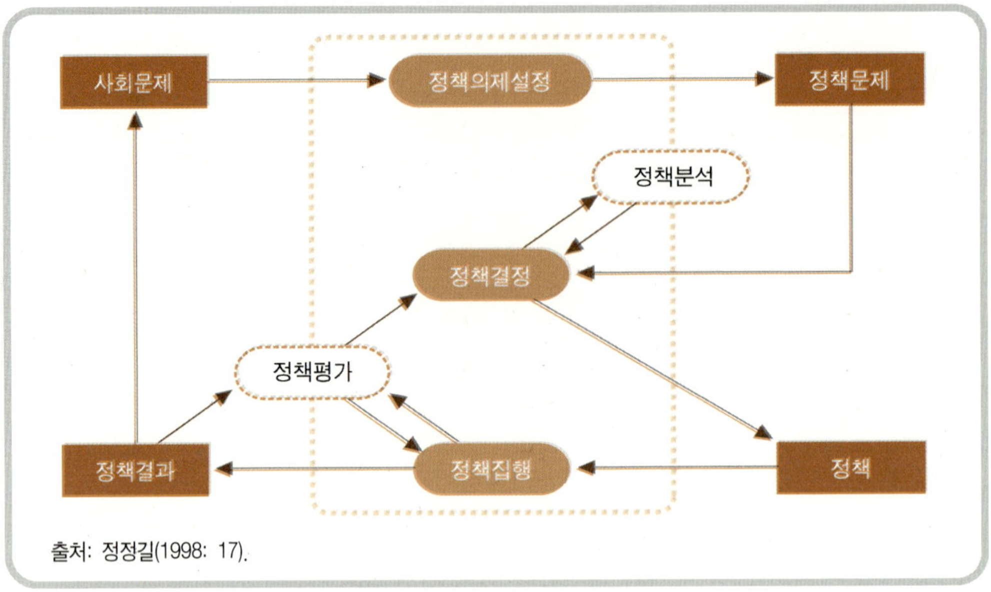

그림 1-3 정책이 이루어지는 과정

우리 사회에서는 해결해야 할 무수한 문제가 존재하는데 이것이 사회문제이다. 이들 중에서 일부는 정부에서 정책적 해결을 위하여 신중한 검토를 하게 되는데 이렇게 검토하기로 결정한 사회문제를 정책문제라고 한다. 이 때 사회문제 중에서 일부를 정책문제로 채택하고 다른 것은 방치하므로 결정하는 활동을 정책의제설정이라 부른다. 어떤 문제가 정책문제로서 거론되면 이를 해결하여 달성할 정책목표를 설정하고 이 목표를 달성할 수 있는 여러 가지 대안들을 고안·검토하여 하나의 정책대안을 채택하게 되는데, 이 모든 활동이 정책결정이며, 이 결과로서 나오는 산출물이 정책이다. 이 때 보다 바람직한 정책결정을 위하여 수행되는 지적 작업이 정책분석이며, 이는 정책결정에 필요한 지식을 제공한다.

결정된 정책은 보다 구체화되어 현실적으로 실현되어야 하는데 이 정책의 현실 활동을 정책집행이라 부르며, 이 결과 정책목표가 달성되는 등의 정책효과와 집행을 위해서 사용된 사회적 가치인 정책비용 등의 정책결과가 다시 정책 환경으로 나가게 된다. 이 때 정책집행과정의 제 측면을 검토하여 보다 바람직한 집행전략을 제공하려는 지적 작업이 정책평가의 일부이며, 집행결과 정책효과의 발생 여부를 검토하는 것이 또 다른 중요한 정책평가 작업이다. 정책평가는 정책종결이나 수정 등을 위한 지식을 제공하여 정책결정에 기여를 하게 된다(정정길, 1998: 18).

[그림 1-3]에서 보는 바와 같이, 사각형 속에는 환경에 존재하거나 정치체제가 환경으로 내보낸 산출물이 표현되어 있고, 이들은 그 앞 단계 정책 활동의 산출이자 다음 단계 정책 활동의 투입으로서 역할을 하게 된다. 타원형 속에는 정책과정의 핵심적인 정책 활동이 포함되어 있는 데, 점선으로 나타낸 타원형 속에는 각 정책 활동에 지식을 제공하는 지적 활동이 들어 있다.

이러한 제 학자들의 정책과정에 대한 견해를 종합하여 여기에서는 교육정책과정을 정책문제 채택(정책의제 설정), 정책결정, 정책집행, 정책평가, 그리고 정책종결의 다섯 단계로 구분한다. 교육정책과정을 그림으로 나타내면 다음 [그림 1-4]와 같다.

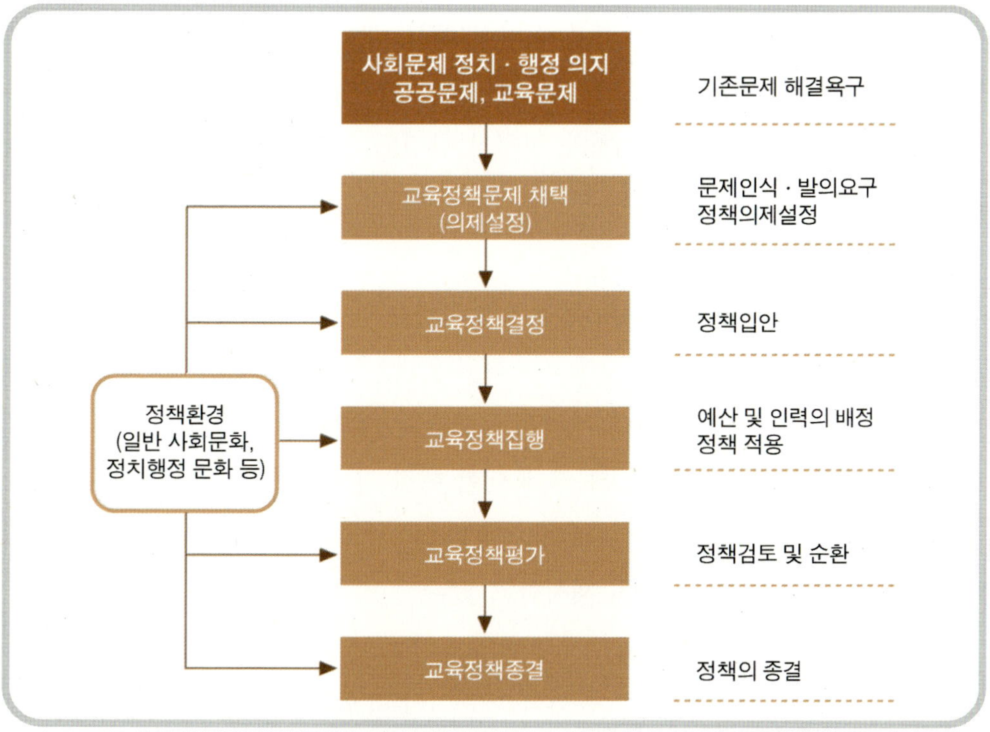

그림 1-4 교육정책 과정과 환경

이와 같이 교육정책과정을 구분할 때, 논리적으로 보면 뒤의 과정은 앞의 과정을 전제로 한다. 즉, 교육적, 사회적 갈등으로 교육문제, 교육쟁점이 발생하여 정부에 귀속되면 이 교육정책문제(의제)를 해결하기 위해 다양하고 합리적인 정책수단을 선택(교육정책결정)하게 되고, 그 수단의 표현(교육정책집행)이 뒤따르게 되는 것이다. 그리고 교육정책 목표 및 이를 달성하기 위한 수단과 수단의 표현에 대한 평가(교육정책 평가)를 통해 교육정책의 효율성을 추구하게 된다. 이와 같은 교육정책과정은 실제로 매 과정마다 교육정책 환경과 상호작용을 하게 되고, 순환과정을 거치면서 이루어지게 된다.

정책분석(policy analysis)은 "주어진 목표, 갈등, 그리고 상황에 맞는 최상의 정책이나 의사결정에 도달하기 위하여 대안적으로 제시된 정부의 정책이나 결정에 대한 평가"로 정의할 수 있다. 전통적인 관점에서 정책분석은 Nagel(1984)이 제시한 바와 같이, 현존하는 정책들의 효과에 대한 연구뿐만 아니라 대안들의 발생과정에 초점을 두고 있다(Brewer & de Leon, 1983). 최근 정책분석의 영역이 확장되었는데, 정책집행, 평가, 종결시키기 위한 방법들까지도 개발하고 있다. 따라서 정책분석가들은 연구대상으로 가치와 정치적 환경도 포함하고 있다. 이 두 가지에 대해서는 제3장 교육정책분석의 이념과 가치, 제4장 교육정책과 환경에서 다루게 된다.

정책분석의 목표는 공공정책의 질을 향상시키는 데 있다. 이는 정책과정이 완전히 합리적인 것은 아니라는 전제에 기초하고 있다. 정책분석가들은 정책쟁점에 대해 논리적으로 접근하는 방식에 가치를 부여한다. 정책분석가들은 나름의 연구과정을 거쳐 정보를 제공하고 공공문제에 대한 해결 가능한 제안을 함으로서 정책과정에 영향을 미친다. 정책분석의 유형으로 Coplin과 O'Leary(1998)는 모니터링, 예측, 평가, 처방의 4가지 유형을 제시하고 있다.

정책과정과 정책분석을 주요 연구내용으로 다루는 정책학은 본질적으로 인간의 존엄성을 명시적으로 지향하는 윤리적 학문이라고 할 수 있다. 정책학의 선구자 Lasswell이 지적하였듯이 정책학은 '민주주의 정책학'이어야 한다는 것이다(허범,

1992: 7-14). 정책학은 경제적 공리성을 초월할 뿐만 아니라 바람직한 인간 삶의 의미와 양태에 이르는 도덕적 기준까지 포함해야 한다는 것이다. 이러한 정책학은 인간 존엄성의 실현을 위하여 정책과정과 내용의 연구에 문제 지향적, 맥락 지향적, 연합학문 지향적 접근을 적용하는 학문으로 보고 있다(허범, 2002: 293-311). 민주주의 정책학의 목적구조를 제시하면 다음 [그림 1-5]와 같다.

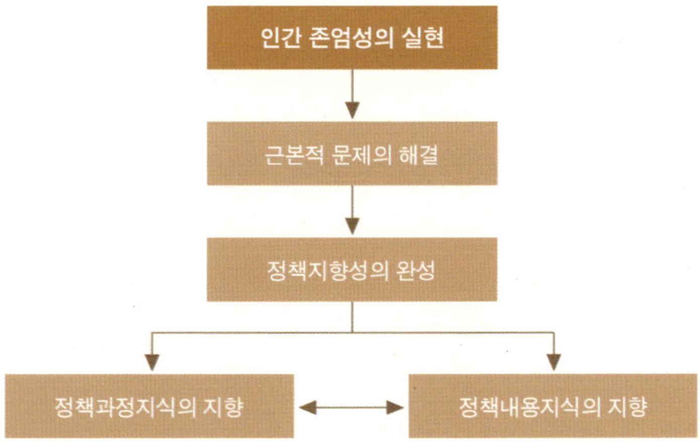

출처: 허범(2002: 298).

그림 1-5 민주주의 정책학의 목적 구조

교육정책을 논하는 데 있어 국가의사를 실질적으로 형성하는 권력과정과 권력의 교육지배 형태를 정치과정으로 분석하는 것은 매우 중요하다. 교육정책에서 다루는 영역은 교육정책의 주체가 되는 정치권력과 그 작용, 정책의 대상 및 내용, 그리고 정책의 실현과정 등 세 가지 영역을 구조적으로 분석하여야 할 것이다. 이상에서 논의된 교육정책의 개념을 구조화하면 다음 [그림 1-6]과 같다.

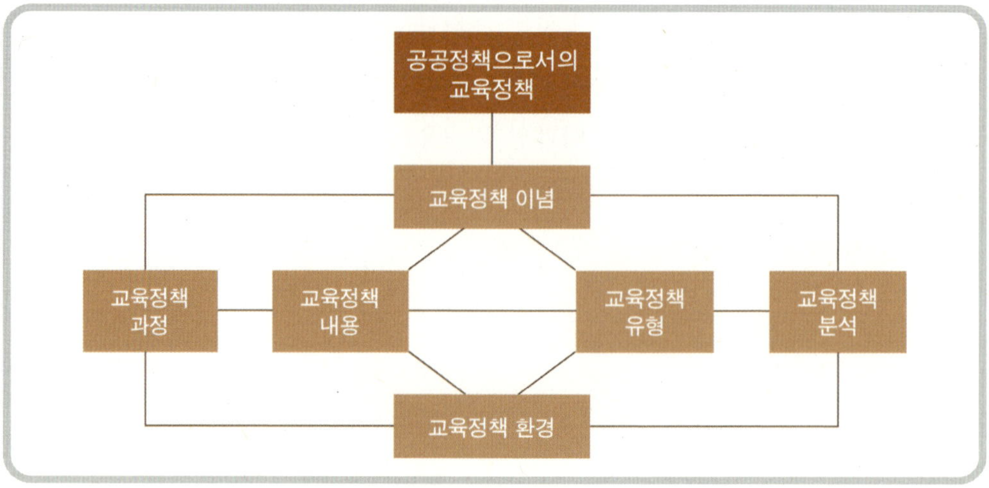

그림 1-6 교육정책의 개념 구조

제4절 한국교육문제와 주요 교육정책과제

공공문제의 수는 너무 많기 때문에 이루 다 헤아리기가 쉽지 않다. 다원화, 다양화 사회에 살고 있는 사람들이 사회 환경 내에서 일어나고 있는 문제, 사건, 쟁점 등을 어떻게 보느냐에 따라 공공문제로 취급하느냐의 여부는 관점에 따라 달라질 수 있다. 교육문제는 워낙 다양하기 때문에 모두 공공문제로 취급되지 않을 경우도 있다. 먼저, 교육문제의 본질이 무엇인가를 기술한다.

배천웅 외(1984: 23-25)는 Stufflebeam이 제시하고 있는 요구의 네 가지 관점(차이적 관점, 집합적 관점, 진단적 관점, 분석적 관점)에 기초하여 교육문제를 다음과 같이 정의하고 있다. 즉 첫째, 교육문제는 하나의 불만족한 현상을 나타내며 현재의 교육에 대한 부정을 의미한다. 교육기관의 교육목표와 이에 따른 제반 활동의 과정도 사회변화에 따라 새롭게 변화되어야 하는데 이러한 과정이 원활히 이루어지지 않을 경우 사회와 교육 간의 괴리, 교육목적과 그 수행과정 간의 불일치

등의 현상이 발생하게 되며 이것이 교육문제가 된다는 것이다.

둘째, 교육문제는 교육의 분야 중 지금까지 무시되었거나 간과되었던 분야의 대두를 의미한다. 교육의 의도성, 기관화는 필연적으로 교육의 선택성을 가져온다. 즉 사회 혹은 개인의 모든 요구를 동시에 교육의 목적이나 교육의 활동에 반영시키기는 어려운 실정이다. 아울러 설정한 교육목적이나 의도한 교육계획을 완벽히 달성하기란 용이하지 않다. 따라서 교육목적의 설정과 그 목적을 달성하기 위한 활동을 결정하는 과정에서 중요하고 시급하다고 판단되는 요구를 먼저 반영하게 된다. 그 결과 하나의 목적이 달성되는 경우 지금까지 소홀히 취급되었던 분야에 대해서도 주의와 관심을 기울이게 된다는 것이다.

이와 같이 교육문제를 정의하면서 한국의 교육문제를 분석하는 준거로서 다양성, 통합성, 평등성, 효율성을 설정하여 한국의 교육문제를 추출하였다. 이들은 한국의 교육문제를 학교제도, 입시제도, 교육내용 및 방법, 교원, 교육환경, 교육행정 등의 여섯 가지 영역에서 찾고 있다. 당시 한국의 주요 교육문제는 오도된 교육관, 교육재정의 영세, 교육의 획일성 및 경직성, 그리고 비합리적인 교육정책 결정에 기인한다고 밝히고 있다.

최근 한국의 교육에서 지적되고 있는 교육문제와 이를 해결하기 위한 주요 정책과제를 정리·제시하면 다음과 같다. 한국교육의 문제로 학교교육에 대한 낮은 만족도, 과중한 학습부담, 사교육 의존도 과중, 교육격차의 상존, 획일적인 교육운영 방식, 고등교육의 낮은 경쟁력, 교직단체에 대한 신뢰 저하, 교육관련 집단 간의 이해 상충 및 갈등, 교육여건 및 교육재정의 취약 등을 들 수 있다. 이를 해결하기 위한 핵심 교육정책과제로 기초학력 책임보장, 적성과 진로에 적합한 맞춤형 교육, 한국형 마이스터 제도 정착, 대학의 경쟁력 강화로 고급두뇌인력 양성, 교원의 전문성과 교직의 경쟁력 확보, 최첨단 교육인프라 구축, 교육행정체제의 정비 등을 들 수 있다. 세부 정책과제로서 유아교육의 공교육화, 초·중등교육의 내실화, 고등학교체제의 다양화, 영어 공교육의 강화, 특수교육의 확대, 사교육의 완화, 사학의 자율적 육성, 교원의 전문화, 대학입시의 자율화, 대학의 경쟁력 강화, 직업 · 진로교육의 충실화, 평생교육의 활성화, 교육지원체제의 선진화 등이 추진될 필요가 있다(서정화 · 정일환 외, 2008; 서정화 외, 2011).

이와 더불어 서정화 · 정일환 외(2014)는 한국교육정책의 형성배경과 추진과정을 진단하면서, 한국교육이 지속적으로 개선되어야 할 현안과제로 유아교육과 보육(5세 누리과정의 내실화), 기초 · 기본학력의 보장(학업성취도 결과의 체계적 관리), 학교교육의 본질 회복과 안전한 학교조성(인성교육의 강화, 학교폭력의 해결), 고교 다양화와 학교선택 보장(고교체제의 종합적 정비, 과학계열 및 외국어계열 고등학교 해법, 자율형 사립고등학교 해법), 학생의 적성과 소질에 맞는 맞춤형 진로지도 및 중등 직업교육의 활성화(특성화 교교 및 마이스터고의 내실화), 교육불평등 해소와 교육기회균등 보장을 위한 교육복지의 확대(도 · 농 간 교육격차 해소, 기숙형 고교 운영 지원 등), 교직사회의 전문화(교원능력개발평가, 수석교사제, 학습연구년제), 학생선발의 타당성 제고, 대학의 국제경쟁력 확보, 대학등록금 적정화와 국가장학금 배분 합리화 등을 들고 있다.

이와 같은 한국교육의 문제 진단과 이를 해결하기 위해 그동안 매 정부에서 추진해 온 교육개혁이나 교육정책집행은 가시적인 성과를 가져온 것은 사실이다. 그럼에도 불구하고, 특히 교육정책집행의 정합성 문제를 지적하지 않을 수 없다. 교육정책결정과정의 비민주성, 교육현장의 합의 도출 미흡, 현장과의 괴리, 현장교원의 호응 미흡으로 인한 현장 착근의 어려움이 지적되고 있다. 아울러 교육정책 성과에 대한 평가, 교육정책집행 과정 평가 및 학교교육과 대학경쟁력 영향평가 등의 세밀한 점검이 요구된다. 아울러 다소 설익은 교육정책 남발 및 집행에 따른 교육현장 과부화로 인한 '교육정책의 실험'이라는 비판도 있는 것이 사실이다. 또한 정책집행의 조급성으로 인한 중앙정부와 지방교육청, 단위학교 간의 협력체제 구축이 미흡하며, 설득과 소통이 부재한 것도 지적할 수 있다. 이로 인해 학생, 학부모의 낮은 학교교육 만족도, 교원의 교육정책(교육개혁)에 대한 피로감이 나타난 면도 없지 않다.

따라서 이와 같은 교육정책 전 과정에 대한 문제점과 장애요인을 극복하고, 향후 교육정책의 정합성과 성과를 높이기 위해서는 그 기본원칙으로 교육의 본질회복과 미래인재 양성, 품성(인성)교육의 확립과 기술・기능교육의 활성화가 선행되어야 할 것이다. 이를 위해서는 합리적인 교육정책의 목표 설정과 결정, 그리고 효율적 정책 집행을 통해 교육본질을 추구하는 한편, 글로벌 사회에 필요한 우수인재를 양성 및 교육력 제고와 학생, 학부모의 교육만족도 향상을 가져오도록 정부와 교육관련 집단 간에 지속적인 협력체제가 형성되어야 할 것이다.

이상에서 제시한 포괄적인 측면에서의 교육문제와 주요 교육정책과제들이 다양한 경로를 통해 교육정책 결정체제에서 구체적인 정책의 형태를 띠고 정책 의제화될 경우, 다각적으로 합리적인 해결방안을 탐색하게 되며, 이 단계에서 본서에서 다루는 교육정책과정과 정책분석의 이론들이 적용될 수 있을 것이다.

Chapter 02

교육정책학의 학문적 성격과 패러다임*

개요

분과학문의 일반적인 요건으로서 고유한 연구대상, 적절한 연구방법, 내적 규율, 그리고 학문공동체 및 학술지 등을 살펴보고, 이러한 요건에 비추어 교육정책학의 학문적 정체성을 검토한다. 아직 초기 단계이기는 하지만, 교육정책학은 하나의 분과학문으로서 위상을 어느 정도 갖추어 가고 있는 것으로 보인다. 그러나 교육학보다는 정책학의 영향을 더 많이 받고 있어서 교육학의 하위학문으로서 특성은 아직 보이지 못하고 있다. 교육정책학의 패러다임으로서 실증주의, 탈실증주의, 비판적 접근(급진적 인본주의)의 흐름을 살펴보고, 우리나라 교육정책학의 미래를 전망해 본다.

---

* 이 장의 제1절과 제2절은 진동섭 · 이윤식 · 김재웅(2014). **교육행정 및 학교경영의 이해**(제2판 수정). 파주: 교육과학사 가운데 제1장 제2절 '교육행정학의 학문적 성격'의 내용을 교육정책학의 특성에 맞게 부분적으로 수정, 보완한 것임.

제1절 분과학문의 일반적 요건

학문은 그것이 대상으로 하는 세계에 관한 탐구를 통하여 진리를 드러내는 일을 한다. 교육행정학의 경우 대체로 하나의 분과학문으로서 성립하여 성장, 발전해 오고 있는 것으로 인정되고 있으나(임연기, 2003), '교육정책'을 탐구대상으로 하면서 교육학과 정책학의 공유지에 위치하고 있는 교육정책학의 경우 학문적 정체성에 대한 논의가 본격적으로 이루어지지 않은 것으로 보인다. 교육정책이 전통적으로 교육행정학의 한 영역으로 다루어지면서 교육정책학이라는 분과학문의 정체성에 대하여 고민할 필요가 없었다고 할 수 있다. 그러나 일반 행정학에서 정책학이 분화되어 독립적인 분과학문의 지위를 누리고 있다는 점에서 교육정책학도 교육행정학과는 차별화되는 분과학문으로 발전될 가능성은 열려 있다고 본다. 여기에서는 분과학문으로서 갖추어야 하는 일반적 요건을 살펴보고 이에 비추어 교육정책학의 학문적 성격에 대하여 논의한다.

세계에 대한 인간의 호기심과 관심은 세계에 대한 지식을 끝없이 증대시켜 왔다. 분과학문은 세계의 한 단면을 드러내 주는 역할을 해 왔고, 분과학문 분화, 발전은 그만큼 세계에 대한 인간의 이해 수준을 증대시켜 왔다고 할 수 있다. 일반적으로 고유한 대상, 적절한 연구방법, 내적 규율, 그리고 학문공동체 및 학술지 등의 요건을 충족시켜야 하나의 분과학문으로 성립된다(김윤태, 2001; 김종철, 1985; 장상호, 1997, 2005).

1. 연구 대상

하나의 분과학문이 성립되려면 그것이 탐구하고자 하는 대상 세계가 분명해야 한다. 인간의 세계에 대한 탐구 활동으로서의 학문이 그 특성을 드러내기 시작한 것은 희랍시대부터라고 할 수 있다. 초기의 탐구 분야는 주로 자연 영역 전반으로서 자연현상의 기저를 이루고 있는 근본 물질이 무엇인지에 관한 탐구가 주를 이루었다. 오늘날의 철학과 과학이 분화되기 이전의 탐구는 주로 '자연철학'이라고 부를만한 것이었다. 기원전 5세기 중엽 그리스가 학문적 문화의 중심이 되면서 탐구의 대상은 자연으로부터 수학, 인간, 그리고 사회 전반에까지 확장되었다. 이러한 과정에서 모든 학문의 어머니인 철학으로부터 수학, 의학, 역사학, 법학, 정치학 등 다양한 분과학문이 파생되었다. 중세를 거치면서 신학이 모든 학문의 중심에 위치하게 되었지만, 그 이후 계몽주의 시대로 넘어오면서 학문을 종교로부터 해방시키고자 하는 다양한 노력이 경주되고, 그 결과 경험과학에 터한 자연과학이 발전하게 된다. 이후 시민사회의 출현과 함께 인간 사회를 규범적으로 다루는 데에서 한 걸음 더 나아가 객관적인 연구방법을 동원하여 탐구하고자 하는 사회과학의 발전이 가능하게 되었다. 이러한 분과학문의 발전과정에서 각각의 분과학문은 나름대로 독자적인 연구대상을 확보해 왔다고 할 수 있다. 앞으로도 세계에 대한 인간의 과학적인 탐구노력이 지속되는 한 독자적인 연구대상을 확보하면서 새로운 분과학문은 계속해서 출현할 것이다.

2. 연구방법

분과학문은 그 세계를 탐구하기 위한 적절한 연구방법을 갖추고 있어야 한다. 하나의 연구대상에 관한 탐구에 있어서 하나의 연구방법을 고집할 필요는 없다. 그러나 대상 세계를 드러내는 데 필요한 타당한 연구방법이 없다면 분과학문으로서 존립하기는 어려울 것이다. 사회과학의 경우에 자연과학에서 통용되고 있는 연구방법을 적용하고자 하는 실증주의(positivism)가 지배적인 연구방법으로 자리를 잡고 있다. 일반적으로 실증주의는 다음과 같은 기본 전제들을 가지고 있다(Deblois, 1979: 3).

① 지식은 본질적으로 가치중립적이다.
② 분석적 목적에서 보면, 사회 현상은 자연 현상과 질적으로 똑같다.
③ 자연과학에서 개발된 모형, 범례(exemplars), 기법 등은 사회 현상을 연구하는 데 완벽하게 적합하다.
④ 사회 현상의 궁극적 목적은 자연과학의 그것과 다르지 않다: 그것은 사회 현상에 대하여 예언적 진술을 가능하게 하는 경험적으로 검증이 된 고도의 이론적 체계를 창출하는 데 있다.

실증주의에 의하면, 인간과 인간 사이의 상호작용을 포함하는 사회현상은 자연현상과 마찬가지로 '저기 바깥에(out-there)' 그냥 있기 때문에 객관적이고 과학적인 방법으로 관찰되고, 기술되고, 설명되고, 더 나아가 예측되고 통제될 수 있다. 실증주의의 궁극적인 목적은 논란의 여지가 없는 가설들을 경험적으로 검증함으로써 자연과학에서와 같은 이론을 구성하는 데 있다(Bredo & Feinberg, 1982; Paris & Reynolds, 1983). 이러한 과정에서 가장 신뢰로운 방법은 관찰과 실험이다. 실증주의를 택하는 학자들은 사회현상에 관한 객관적인 지식과 가치중립적이고 준법칙적인 규칙성을 발견하려고 노력한다.

그러나 실증주의를 비판하는 일부 학자들은 사회과학이 자연현상처럼 사회현상을 '설명'하기보다는 그 안에서 살고 있는 인간의 행동을 '이해'하는 데 그 목적을 두어야 한다고 믿고 있다. 탈실증주의(post-positivism)를 신봉하고 있는 이들은 실험과 관찰조차도 이론종속성을 띨 수밖에 없다는 점에서 실증주의의 객관성을 비판한다. 실증주의가 객관적 세계로서의 현실을 객관적으로 탐구할 수 있다고 보는 반면에, 탈실증주의는 현실세계를 그 안에 살고 있는 사람들이 의미를 구조화시키면서 만들어가는 사회적 구성체(social construct)로 본다. 따라서 탈실증주의 입장에 서 있는 연구자들은 사회현상과 자연현상의 이질성에 주목하면서 인간과 사회의 이해는 참여관찰, 심층 면접, 현상학, 해석학 등의 방법을 통하여 가능하다고 본다. 다시 말하면, 탈실증주의는 연구자도 연구대상이 공유하고 있는 의미를 해석하면서 현실세계의 특징을 드러내고자 한다. 오늘날 사회과학의 경우 점점 더 복잡해져 가는 사회현상을 종합적으로 이해하기 위하여 다학문적 접근방법(multidisciplinary approach) 또는 학제적 접근(interdisciplinary approach)이 강조되고 있는 추세는 이러한 맥락에서 이해할 수 있다(허범, 1999).

3. 내적 규율

분과학문은 탐구의 과정과 결과에서 내적 규율이 엄격하게 지켜져야 한다. 영어의 규율이란 뜻의 'discipline'은 학문이란 뜻도 동시에 지니고 있다. 즉흥적 감정에 의한 발언, 비논리적인 언술, 정치적 강요에 의한 발언 등은 학문을 구성할 수가 없다. 그리고 아무리 많은 정보가 집적되어 있다 하더라도 그것이 일정한 규칙 속에서 일정하게 연결되어 있지 않은 경우에 그것은 분과학문의 지식이 될 수 없다. 어떠한 개념이나 단어도 서로 독립해서는 의미를 지닐 수가 없다. 전체적인 체계와 구조 속에서 개념과 단어는 의미를 지니게 되며, 그러한 체계만이 의미 있는 지식으로 간주될 수 있는 것이다. 특별히 대상세계에 대한 객관적 기술(記述), 설명, 예측 및 통제를 목표로 하고 있는 실증주의 접근을 취하고 있는 경우에 분과학문의 내적 규율은 훨씬 더 엄밀할 것이 요구된다. 다시 말하면, 대상세계의 공통적 특징을 드러내는 것으로서의 개념을 상정하고, 이러한 개념들을 의미 있게 연결하는 규칙적 관계를 발견하게 되면 그것이 곧 법칙이 되고, 일련의 법칙들은 일종의 이론을 형성하고, 이러한 이론들의 집합체가 분과학문을 구성하게 되는 것이다.

4. 학문 공동체와 학술지

분과학문 분야에 종사하는 학자들의 공동체인 학회가 중심이 되어 학문 활동을 전개하고 그 결과를 학술지를 통하여 발표한다. 분과학문은 뛰어난 한두 학자의 노력으로 비약적인 발전을 이루기도 하지만, 그들의 성취가 다른 학자들에 의해 인정되지 않으면 지속적으로 발전하기가 어렵다. 그래서 분과학문은 학문공동체로서의 학회를 구성하여 학회를 통하여 연구결과를 발표하고 의견을 교류하며 상호비판하고 있다. 이러한 학회는 분과학문의 분화, 발전에 따라 분화, 발전되는 경향을 보이기도 한다. 학회원들은 연구 결과를 학회지를 통하여 발표하게 되는데, 학회는 학회지의 엄격한 심사과정을 통하여 일정 수준의 질을 유지하고 있다.

제2절 교육정책학의 학문적 특성

1. 연구대상의 측면

교육정책학이 하나의 분과학문으로 인정되려면 무엇보다도 독자적인 연구대상을 확보하고 있어야 한다. 교육정책학은 언어의 형식상으로 보면 '교육정책'을 연구대상으로 삼고 있는 학문이다. 문제는 여기에서 말하는 '교육정책'이 무엇을 가리키고 있느냐 하는 것이다. 교육정책의 개념에 대해서는 제1장에서 충분히 논의하였으므로, 여기에서는 분과학문의 대상으로서 교육정책의 성격에만 주목하고자 한다. 교육정책은 교육과 정책의 합성어이다. 정책은 가치의 배분을 목적으로 하는 정부의 활동이다. 교육을 제도로서의 교육(예: 학교)과 이론적 실재로서의 교육을 구분할 때, 정책의 대상이 되는 것은 전자이다. 이러한 맥락에서 김종철(1982, p.120)은 교육정책을 "사회적 · 공공적 그리고 조직적 활동으로서의 교육활동에 관해 국민의 동의를 바탕으로 하면서 국가의 공권력을 배경으로 강행하는 기본방침 또는 지침을 의미하며, 이것은 교육활동의 목적, 수단 및 방법 등에 관한 최적의 대안을 의도적이고 합리적으로 선택하는 것"이라고 하였다.

정책학의 창시자라고 알려진 Lasswell(1951)은 정책학이 다루는 지식을 "정책과정에 관한 지식(knowledge of policy process)"과 "정책과정에서 필요한 지식

(knowledge in policy process)"로 구분하여 설명하였다. 그는 전자는 정책의 과정에 대하여 주로 기술적·실증적 접근방법을 통하여 정치적 분석을 하고, 그리고 후자는 주로 정책의 내용에 대하여 규범적·처방적 접근방법을 통하여 문제해결을 위한 대안을 제시할 수 있다고 말하였다. 이렇듯, 교육정책에 관한 연구도 그 대상을 교육정책의 과정에 둘 수도 있고, 정책의 내용에 둘 수도 있다.

교육정책의 과정에 관한 연구는 교육정책의 일생 또는 교육정책의 일생 가운데 한 부분에 초점을 두어 분석하게 된다. 사람의 일생을 구분하는 방식이 사람마다 조금씩 다른 것처럼 교육정책의 일생을 구분하는 방식도 학자마다 조금씩 다르다. 대체로 교육정책의 과정은 교육정책 의제 설정(agenda setting), 교육정책의 결정, 교육정책의 집행, 교육정책의 평가 등의 단계로 구분된다. 교육정책의 과정에 관한 객관적인 연구는 교육정책의 과정에 대한 지적 호기심을 만족시켜 주는 데 기여도 하지만, 그 연구결과는 정책 과정을 개선하는 데 도움을 줄 수도 있다. 문제는 교육정책의 과정에 관한 연구가 쉽지 않다는 것이다. 연구에 필요한 자료가 교육정책의 결정과 집행에 직접 참여하지 않는 연구자에게 공개되지 않는 경우가 많기 때문이기도 하고, 이러한 유형의 정책연구를 위한 정부나 기업의 연구비가 많지 않기 때문이기도 하다. 이런 이유로 교육정책에 관한 연구는 교육정책의 내용에 관한 것이 대부분이다.

교육정책의 내용에 관한 연구는 교육정책의 목표를 설정하고 대안을 탐색하며 최적안을 탐색, 제시하고자 하는 단계에서 주로 수행되는 연구로서 구체적인 교육정책사례와 관련된 이론과 지식이 동원된다. 어느 정책대안이 더 바람직한 것이냐에 관한 연구이기 때문에 대부분 갈등되는 가치들 가운데 하나를 선택하는 일과 관련된다고 할 수 있으며, 이러한 점에서 철학적인 또는 규범적인 접근이 요구된다. 그러나 교육정책의 내용에 관한 연구는 어떤 정책이 어떤 효과를 가져오는가에 대한 연구도 병행하게 되는데 이 경우에는 과학적인 데이터에 의한 실증주의적 접근도 활용된다고 할 수 있다.

구체적으로, 정책의 내용과 관련하여 교육정책학의 연구대상은 분류 기준에 따라 다음과 같이 나눌 수 있다. 교육활동의 부문별 영역에 따라 유아교육정책, 초등교육정책, 중등교육정책, 고등교육정책, 교원교육정책, 직업교육정책, 특수교육정책 등으로 구분된다. 교육활동의 기능구분에 따라 교육내용에 관한 정책(교육목표, 교육과정, 교과서, 장학 등 포함), 인적 조건에 관한 정책(교직원인사, 학생인사 등 포함), 물적 조건에 관한 정책(시설, 재정, 사무관리 등 포함), 기타 지원에 관한 정책(연구, 홍보 등 포함) 등으로 구분할 수 있다.

2. 연구방법의 측면

교육정책학도 사회과학의 한 영역으로서 사회과학의 연구방법론의 변화에 민감하게 영향을 받으면서 발전해 왔다. 교육정책학보다 먼저 분과학문의 위상을 갖추게 된 교육행정학의 경우 Griffiths-Greenfield 논쟁이 있었다. 교육행정학에서 가치영역을 제외하고 실증주의 방법론에 입각하여 경험적인 법칙을 수립하는 것을 주장했던 Griffiths(1957; 1964)에 대하여 Greenfield(1975; 1979)는 교육행정학을 포함하여 사회과학의 연구대상은 통계적 숫자나 자료로 환원될 수 없는 성격을 지니고 있고, 개인의 선호도나 가치 등 주관성이 반영될 수밖에 없다고 맞섰다. Greenfield가 보기에 교육행정행위는 자연현상을 설명하는 방식으로 탐구되기보다는 그 행위에 대하여 행위 당사자가 부여하는 주관적 의미와 가치가 더 중요하다.

교육정책학의 경우 교육행정학의 Griffiths-Greenfield 논쟁 같은 유명한 논쟁은 없었지만, 실증주의와 탈실증주의가 대립하는 가운데, 두 가지 접근이 모두 활용되고 있다고 할 수 있다. 정책학을 인간의 존엄성 실현을 위하여 정책내용의 연구문제에 문제지향적, 맥락지향적, 학제적 접근을 적용하는 학문으로 보았던 Lasswell(1951)도 실증주의적 방법과 탈실증주의 방법을 함께 적용할 것을 주장하였다.

사실, 1930년대 이후 풍미한 행태주의의 영향으로 실증주의에 터한 사회과학이 미국을 지배하고 있을 무렵, 학자들은 실증적 과학적 방법을 적용할 수 있는 영역과 문제에 대해서만 연구를 치중하였고, 실제적인 사회문제 해결보다는 엄격한 연구방법론의 적용을 중시하는 경향마저 있었다. 어떤 점에서 보면, 이러한 사회적 분위기에서 일군의 사회과학자들이 극단적 실증주의 방법론에 대한 회의와 함께 "무엇을 위한 지식인가?"라는 질문을 던지면서 1950년대에 미국 정책학이 출현한 것은 자연스러운 결과라고 할 수 있다. 인간 존엄성의 실현과 보다 나은 사회의 건설이라는 목적을 위해 현실성 있는 지식을 창출하기 위해서는 행태주의적으로 연구하기 용이한 문제에만 관심을 갖고 있는 실증주의로부터 탈피할 필요성이 제기된 것이다. 당시 미국에서 사회적으로 중요한 문제였던 민권운동, 빈부격차, 베트남전 반전 운동, 도시 폭동 등은 과학적으로 접근하기가 쉽지 않다는 이유로 사회과학의 연구에서 제외되는 경향이 있었던 것이 사실이다(김문성, 2014).

최근 들어 사회과학에서는 연구 대상의 복잡성으로 인하여 다학문적 접근방법과 학제적 연구방법이 많이 활용되고 있는데, 교육정책학에도 이러한 경향은 그대로 반영되어 있다고 할 수 있다. 제도로서의 교육에 관한 정책을 연구하는 데 있어서 정책학뿐만 아니라 구체적인 연구대상에 따라 역사학, 법학, 경영학, 경제학, 사회학, 심리학, 정치학 등이 적용되고 있는 것이다.

3. 교육정책학의 내적 규율과 체계

교육정책학도 하나의 분과학문으로서 내적 규율과 체계를 갖추고 있다고 할 수 있다. 위에서 열거한 교육정책학의 연구대상에 대한 과학적 탐구 결과에는 학문이 요구하는 수준의 엄정성을 갖춘 개념과 이러한 개념들 간의 관계에 대한 이론들이 포함되어 있다. 예컨대 의제설정이론, 정책결정이론, 정책집행이론, 정책평가이론, 정책네트워크이론, 미래예측이론, 국가혁신이론, 거버넌스 이론, 정자정부이론, 신제도주의이론 등이 교육정책 현상을 설명하고 이해하는 데 적절하게 적용되고 있으며, 이러한 이론의 집합이 교육정책학을 구성하고 있다고 할 수 있다.

4. 교육정책학의 학문공동체 및 학술지

교육정책학의 경우 학문공동체 결성과 학술지 간행 측면에서 다른 사회과학의 분과학문과 교육행정학에 비해 상당히 미흡한 실정이라고 할 수 있다. 일반 정책학의 경우, 한국정책학회가 1992년도에 창립되고 그 해부터 학술지 『한국정책학회보』를 발간해 오고 있다. 이 학회는 2014년도 현재 약 6,500명의 회원을 보유한 정책학 분야의 대표적인 학회이다. 정책분석과 평가에 초점을 두고 활동하고 있는 한국정책분석평가학회는 1991년도에 창립하여 700여명의 회원을 보유하고 있으며, 창립부터 지금까지 『정책분석평가학회보』를 발간해 오고 있다. 1996년도에 충남포럼 부설 학술전담기구로 신설된 한국정책연구학회는 1998년에 한국정책과학학회로 이름을 변경하여 지금까지 이어져 오고 있으며, 1997년도부터 학술지 『한국정책과학 학회보』를 발간해 오고 있다.

이외에도 특정 정책분야를 전문적으로 연구하는 학회가 형성되어 연구와 실천 개선을 위한 활동을 전개하고 있다. 그 가운데 몇 가지를 열거하면 다음과 같다: 한국형사정책학회, 한국사회정책학회, 한국사회복지정책학회, 한국재정정책학회, 한국환경정책학회, 한국소방정책학회, 한국디지털정책학회, 한국부동산정책학회, 한국해양정책학회, 한국농식품정책학회, 한국체육정책학회, 한국도시정책학회, 한국지역정책학회, 한국보건경제정책학회, 한국청소년정책학회 등이 그것이다.

그러나 한국교육정책학회는 아직 결성되어 있지 않은 상태이다. 아마도 그 이유는 교육행정학회를 중심으로 교육정책에 관한 연구를 수행해 왔기 때문일 것이다. 교육행정학연구회는 1967년도에 발족되어 학술활동을 전개해 오다가 1983년 12월 이후 학술지 『교육행정학연구』를 발간해 오고 있다. 교육정책 관련 분야의 학회가 발간하고 있는 학술지로 『교육재정 · 경제연구』, 『한국교원교육연구』, 『교육정치학연구』 등을 들 수 있다.

교육정책연구를 표방한 학회로 1988년 창립된 한국고등교육정책학회가 있고 학술지로 『고등교육연구』를 발간하고 있지만, 이 학회는 최근 들어 이름을 한국고등교육학회로 변경하고, 활동의 범위도 교육정책에 한정되지 않다는 점에서 교육정책학 학문공동체라고 보기는 쉽지 않다. 그나마 고려대학교 고등교육정책연구소가 발간하고 있는 『고등교육정책연구』가 고등교육 분야의 정책을 전문적으로 다루고 있는 학술지라고 할 수 있다.

한 마디로, 『교육행정학연구』, 『교육재정・경제연구』, 『한국교원교육연구』, 『교육정치학연구』 등 교육 관련 학술지를 통하여 많은 연구자들이 교육정책에 관련된 논문을 발표하면서 학술활동을 전개하고는 있지만, 이들 연구자들이 독립적으로 교육정책학회를 형성하지 못하고 있다는 점에서 분과학문으로서 교육정책학은 아직 그 위상을 확고하게 자리 잡고 있는 것으로 볼 수는 없을 것 같다.

5. 교육정책학의 정체성: 교육학인가 정책학인가?

분과학문으로 성립되기 위해서 갖추어야 하는 네 가지 조건, 즉 고유한 연구대상의 확보, 적절한 연구방법, 내적규율과 이론적 체계, 그리고 학문공동체 형성과 학술지 발간 등에 비추어 볼 때, 교육정책학은 앞의 세 가지 조건은 어느 정도 충족되지만, 마지막 조건에는 다소 미흡한 것으로 보인다.[1] 한 마디로 교육정책학이라는 학문은 아직 분과학문으로서 정체성을 충분히 갖추지 못한 상태에 있다고 할 수 있다. 앞으로 점점 더 많은 연구자들이 교육정책에 대한 이론적・실천적 관심을 갖고 활동하게 되면 교육정책학회가 설립되고 학술지도 발간될 수 있을 것이

1) 일반 정책학의 경우에도 학문적 정체성에 대한 고민이 없는 것은 아니다. 허만용과 이해영(2012: 1)은 학문적 정체성을 "독자적이고 고유한 이론체계와 방법론 및 연구대상과 범위를 가지고 있으면서(과학적 정체성), 경계에 따라 차이가 있고 구별되는 독특한 특징을 고민하면서(경계 정체성), 공동체를 구성하여 학문적 영역과 미래를 회고, 전망하는 것(집단 정체성)"로 규정하면서, 이 세 가지 조건은 각각 패러다임, 한국화, 공동체 활동에 해당한다고 하였다. 이들은 한국의 정책학이 정책 자체의 본질에 대한 고민과 이론 작업이라는 멀고 성가신 길을 회피하려는 경향에 비추어 과학적 정체성 수준이 매우 낮은 것으로 평가하고 있다. 정책학의 한국화 준거의 경우에도, 이들이 볼 때 정책학은 위기의식은 있지만 아직 충분히 이루어지지 않은 것으로 보고 있다. 이들은 정책학의 짧은 역사 속에서 정책학 학문공동체는 한국 정책학의 위상과 미래에 대하여 집단적으로 고민하고 있기는 하지만, 개념구성과 이론 구축을 위한 공동의 노력은 상대적으로 미흡한 것으로 보고 경계정체성의 경우 이제 시작되고 있는 것으로 판단하고 있다. 요컨대, 한국의 정책학은 세 가지 학문의 정체성 기준에 비추어 볼 때, 그 정체성을 충분히 확보하고 있지 못하며, 학문공동체의 집단적인 고민과 노력이 필요하다는 것이다.

다. 위에서 살펴본 바와 같이 다양한 분야의 정책을 전문적으로 탐구하는 다양한 학회가 존재하고 있는 것을 보면 조만간 교육 분야의 정책을 전문적으로 다루는 학회의 출현을 예상해 볼 수 있다.

그러나 학문공동체와 학술지라는 조건을 충족시켰더라도 교육정책학의 학문적 정체성과 관련하여 여전히 해결되지 않고 있는 문제가 있다. 그것은 교육정책학을 교육학과 정책학 가운데 어느 분야의 하위 학문으로 볼 것인가의 문제이다.

교육, 학교, 정책의 관계를 보여주고 있는 아래 [그림 2-1]에 의하면 기존 교육정책학은 B를 대상으로 탐구해 왔다고 할 수 있다. 다시 말하면 기존 교육정책학은 학교를 중심으로 하는 제도로서의 교육에 대하여 정부가 정책적으로 어떻게 관여해 왔는지에 관한 탐구와 함께 어떻게 하면 이러한 정책을 효과적이고 효율적으로 수립하고 운영할 수 있는지에 관한 탐구를 함에 있어서 주로 일반 정책학의 탐구 논리와 방법을 적용해 왔다고 할 수 있다. 이 말은 교육정책학이 이론적 실재로서의 교육과 정책의 관계(A)에 대해서는 별로 관심을 보이지 않았음을 의미한다. 따라서 지금과 같은 교육정책학을 아무리 열심히 연구한다 하더라도 "교육이란 무엇인가?"에 대해서는 전혀 알려주는 바가 없다. 만일 그렇다면 기존 교육정책학은 일반 정책학의 방법론과 이론을 학교를 중심으로 하는 교육 분야의 정책에 적용하고 있을 뿐, 교육이라는 고유한 대상을 탐구대상으로 삼고 있는 교육학과는 상관이 없다는 말이 된다. 다시 말하면, 지금까지 교육정책학은 교육학의 하위학문적인 특징은 거의 지니지 못한 채, 정책학의 학위학문적인 특징을 훨씬 많이 지니고 있다고 할 수 있다.[2)]

---

2) 사실, 이러한 비판은 교육정책학뿐만 아니라 기존 교육학의 다른 하위 학문에도 적용된다. 장상호(1997; 2005; 2009)는 '교육'이라는 현상을 드러내 주는 교육학 고유의 관점이 없는 한 서로 환원될 수 없는 모학문들을 물리적으로 합해 놓는다고 해서 교육학이 될 수는 없다고 단언한다. 특별히 탐구대상과 관련하여, 그는 교육철학, 교육심리학, 교육사회학, 교육행정학 등 세부학문의 총합으로 이해되고 있는 기존 교육학은, '교육' 현상을 탐구하기보다는 '학교태(schooling)'에 들어 있는 모학문의 대상을 모학문의 시각에서 탐구하고 있을 뿐이라고 비판하고 있다. 다시 말하면, 기존의 교육학은 교육으로 도저히 환원될 수 없는 각 모학문의 대상세계를 드러낼 뿐인데도 불구하고, 마치 학교의 어느 한 특성에 대한 이해를 넓혀 가는 것이 교육에 대한 이해를 넓혀 가는 것이라고 착각하는 '범주착오' 또는 '논점이탈'의 오류를 범하고 있다는 것이다. 예컨대 교육행정학의 경우 행정학의 개념과 이론을 학교, 교육청, 교육부 등의 제도와 행정에 적용하여 탐구한 결과 드러나는 현상은 행정 현상이지 교육 현상이 아니라는 말이다. 이것은 교육정책학에도 그대로 적용된다. 한마디로, 학제적 접근

교육정책학이 교육과 정책의 관계에 관한 분과학문으로 발전하려면, 즉 교육학과 정책학의 균형 잡힌 만남을 드러내는 분과학문이 되려면, 그 연구 대상을 B뿐만 아니라 A까지도 확장해야 할 것이다. 이것은 '교육을 위한 정책'이라고 할 때의 교육, 즉 이론적 실재로서의 교육이 무엇인가에 대한 고민과 탐구가 진전되는 것만큼 가능해질 것이다.

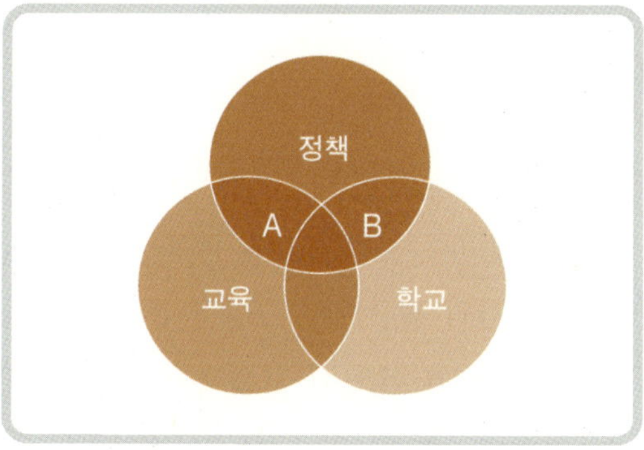

그림 2-1 교육정책학의 연구대상

제3절 교육정책학의 패러다임 변화와 전망3)

위에서는 지금까지 이루어진 교육정책학의 연구가 교육학적인 성격보다는 정책학적 성격을 띠고 있다는 것을 지적하였다. 아울러 교육정책학이 교육학적인 성격도 띠기 위해서는 교육학 자체가 하나의 분과학문으로서 위상을 공고히 할 때 가능할 것이라는 점도 언급하였다. 우리나라에서 이루어진 교육정책 연구는 정책의 과정에 초점을 두고 있는 연구가 최근 들어 증가하고 있는 추세이긴 하지만, 대체

을 표방하며 다양한 모학문을 교육연구에 적용하고자 했던 교육학이 학문적 정체성을 획득하는 데 어려움을 겪고 있는 것은 바로 이러한 '맥락의 혼동' 때문이다(Walton, 1974; 김재웅, 2012).

3) 이 부분은 김재웅(1992). 한국 교육정책 연구를 위한 새로운 패러다임 탐색. **교육행정학연구**, 10(2), 167-182의 내용을 중심으로 수정, 보완한 것임.

로 '현황 및 문제파악 → 정책의 기본방향 설정 → 문제해결을 위한 정책대안 제시'라는 도식의 구조 안에서 정책의 내용에 초점을 두고 있다. 여기에서는 실증주의 패러다임이 교육정책학을 주도해 왔음을 비판하면서 새로운 패러다임의 적용 가능성에 대하여 논의하고자 한다.

1. 교육정책학의 패러다임 설정을 위한 틀

Lasswell(1951)이 천명하였듯이, 정책학은 정책의 내용뿐만 아리나 정책의 과정에도 관심을 갖고 있어야 한다. 여기에서 정책학의 패러다임은 연구대상으로서 정책의 내용에 대한 인식론적 가정과 정책결정체제(즉 정치체제, polity)의 근본적 변화에 대한 가정에 따라 네 가지의 접근으로 구분된다. 먼저, 사실과 가치의 관계에 대한 인식론적 입장에 따라 사실과 가치의 분리를 주장하는 객관적 인식론과 둘의 연합을 받아들이고 있는 주관적 인식론으로 구분된다. 객관적 인식론은 정책 연구에서 가치문제를 배제해야만 객관적이고 과학적인 정책연구가 가능하다고 믿고 있지만, 주관적 인식론은 정책문제는 본질적으로 가치를 포함하고 있기 때문에 가치를 배제한 상태에서는 정책연구가 불가능하다고 본다. 한편, 정책결정체제의 근본적 변화에 대한 관심에 따라 정치치제를 주어진 것으로 보고 그 안에서 최선의 정책대안을 탐색하여 제시하고자 하는 입장, 즉 전통적 접근과 정치체제의 합리성이나 정당성에 의문을 제기하면서 정치체제의 근본적 변화에 관심이 있는 비판적 입장으로 구분된다.

[그림 2-2]는 이러한 논의를 정책학 패러다임 분석을 위한 틀로서 나타낸 것이다. 이 그림은 정책학 연구의 패러다임을 객관적 인식론을 취하면서 정치체제의 유지 틀 안에서 정책연구를 하는 입장인 실증주의(Dye, 1975), 기존 정치체제의 틀 안에서 주관적 인식론을 따르면서 정책연구를 수행하는 입장인 탈실증주의(MacRae, 1976), 주관적 인식론을 따르면서 정치체제의 근본적인 변화를 추구하는 입장인 급진적 인본주의(Habermas, 1970; 1971; 1975), 그리고 객관적 인식론을 취

하면서 정치체제의 근본적 변화를 꾀하는 입장인 급진적 구조주의 등 네 가지로 유형화 한 것이다. 이 가운데 급진적 구조주의는 전기 Marx의 입장으로서 물리적 혁명을 통한 사회구조 및 정치체제의 급진적 변화를 도모하는 입장이다. 실제로 정책학 연구에서는 그 사례를 찾아보기가 어려워 아래의 분석에서는 제외하였다.

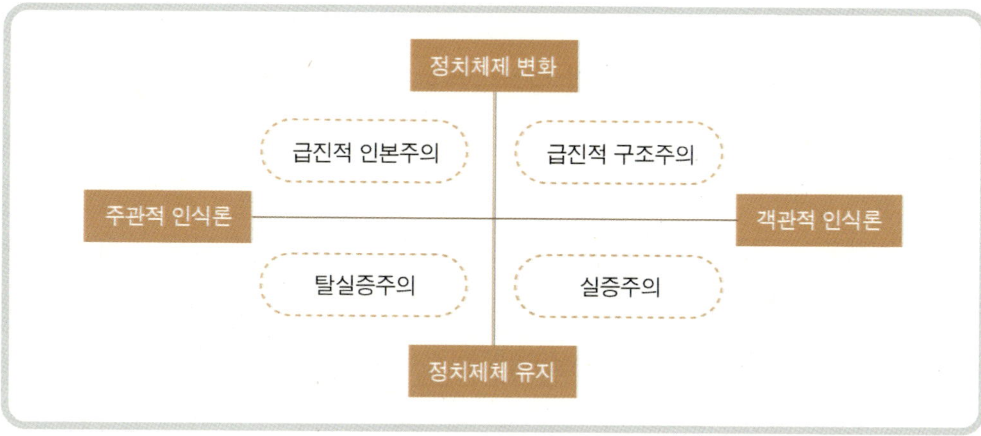

그림 2-2 정책학의 패러다임 유형

2. 실증주의 접근

실증주의를 따르고 있던 행태주의 중심의 사회과학 연구를 비판하면서 새로운 정책학의 필요성을 역설했던 Lasswell(1951)의 기대와는 달리, 정책연구는 실증주의에 의해 주도되었다. 실증주의의 초기 형태인 논리 실증주의(logical positivism)는 1930년대 Schlick과 Carnap 등을 중심으로 하는 비엔나 학파에서 시작되었다. 이들은 의미있는 학문적 명제는 다음 두 가지에 한정되어야 한다고 주장하였다. 하나는 경험적 세계를 살펴볼 필요도 없이 정의(definition)와 논리에 의해 진위가 자명하게 밝혀지는 분석적 명제이고, 다른 하나는 경험에 의해 진위가 밝혀질 수 있는 경험적 명제이다(Bredo & Feinberg, 1982). 따라서 논리 실증주의 하에서는 가치, 원리, 도덕 등 경험적으로 진위가 판별되기 어려운 인간 생활의 영역들은 종교적 신념과 마찬가지로 학문적 논의에서 제외된다. 한 마디로 실증주의자들은 가치문제는 학문적 논의에 적절하지 않고 심지어 무의미한 것이라고 주장하면서, 객관적 사실은 가치와 분리되어 취급되어야 한다고 본다.

실증주의 패러다임이 정책연구에 적용되면, 정책 현상도 자연 현상과 마찬가지로 객관적으로 기술, 설명될 수 있는 대상으로 간주된다. 실증주의를 따르고 있는 정책학자들은 자연과학에 적용되는 과학적 절차와 방법을 통하여 사회문제를 해결할 수 있는 가장 합리적인 최선의 정책대안을 발견하고 정책의 과정을 설명하고자 한다. 이들은 정책현상에 숨어 있는 가치중립적이고 준법칙적인 규칙성을 발견하고 적용하여 보다 나은 사회를 건설하는 데 기여하고자 한다. 이들은 정책이 결정되고 집행되는 정치체제 자체의 변화에는 관심이 없다. 이들에게 문제가 되는 것은 정치체제로부터 주어진 정책목표를 효율적으로 달성할 수 있는 수단을 개발하는 것이다. 정책연구에서 이러한 전통적 실증주의 패러다임에 속한 학자의 예로 Dye(1975)를 들 수 있다.

Dye(1975: 3)는 공공 정책을 "정부가 하기로 또는 하지 않기로 선택한 모든 것"이라고 규정하고, 정책연구의 주요 목적은 그러한 "정부 행위의 원인과 결과에 대한 기술과 설명"에 있다고 주장한다. 구체적으로, 정책연구의 필요성과 목적에 대하여 그는 과학적 이유, 전문적 이유, 그리고 정치적 이유로 구분하여 논의를 전개하고 있다(Dye, 1975: 4-5).

첫째, 정책연구는 환경, 정치적 힘, 공공 정책 사이의 관계에 대한 우리의 이해를 증진시킬 목적으로 순전히 과학적인 이유에서 수행되어야 한다. 둘째, 정책연구는 공공 정책의 원인과 결과에 대한 이해를 통하여 우리로 하여금 사회과학의 지식을 실제 문제의 해결에 적용할 수 있도록 해 주기 때문에 전문적인 이유에서도 수행되어야 한다. 셋째, 정책연구는 국가로 하여금 올바른 목표를 수행하기 위한 올바른 정책을 채택할 수 있도록 하기 위해 정치적인 이유에서도 수행될 수 있다.

세 번째 정치적인 이유를 "매우 주관적인 것"으로 생각하고 있는 그는 정책연구의 세 가지 이유 가운데 앞의 두 가지를 강조하고 있다. 그리고 그는 정책분석

(policy analysis)과 정책주장(policy advocacy)을 구분하고 있는데, 이는 그가 사실과 가치를 구분하고 있는 실증주의 노선을 따르고 있음을 보여 주는 것이다. 그는 가치를 담고 있는 정책주장은 주관적인 요소를 포함할 수밖에 없다고 하면서, 정책의 인과관계를 설명하는 정책분석만이 과학적 탐구의 대상이 된다고 주장한다. 그는 "여러 가지 정책의 원인과 결과를 설명하는 것은 정부가 펴 나가야 할 정책을 처방하는 것과 결코 같지 않은 것이 아니다"라고 말한다(Dye, 1975: 5-6).

이러한 실증주의 패러다임 하에서는 정책연구의 규범적인 차원은 주변적인 관심으로 물러날 수밖에 없으며, 정책연구자의 역할은 정책결정자에게 정책을 결정할 때 참고가 될 수 있는 자료, 즉 실증적 연구결과를 제공하는 데에 한정된다. 여기에서 주의해야 할 것은 가치중립적으로 연구된 결과들이 정책연구자들의 손을 떠난 뒤에 비민주적으로 활용되거나, 정책결정자 집단 또는 정치 지배집단의 이익을 위해 이용될 수 있다는 사실이다(Bernstein, 1976; Fay, 1976). 다시 말하면 실증주의적으로 산출된 정책연구의 결과는 누가 어떻게 활용하느냐에 따라 Lasswell이 천명한 인간의 존엄성 실현이나 좀 더 나은 사회건설이라는 정책학의 목적과는 거리가 먼 방향에서 바람직하지 않은 목적을 위해 사용될 수 있다는 것이다.

한편, 정책결정자 집단 또는 정치 지배집단의 입장에서는 정책의 정당성 확보를 위해 권위 있는 정책연구자들의 도움이 필요하다. 실제로 정부의 많은 연구비가 이러한 목적을 띠고 집행되고 있다. 정책연구자들이 아무리 과학적이고 객관적인 연구를 수행하더라도, 그 결과가 정치권의 요청에 따라 정책연구비를 받아 그들의 목적을 위해 활용될 것을 전제로 이루어지고 있다면, 이들은 어용학자라는 오명으로부터 자유로울 수가 없을 것이다. 연구비의 재원이 연구의 방향과 내용을 상당 부분 제약할 수밖에 없다는 현실을 고려할 때, 가치문제를 배제한 과학적·경험적 정책연구는 한계를 지닌다고 할 수 있다. 뒤에 소개되는 탈실증주의는 사실과 가치의 분리 문제를 비판하고, 비판적 접근은 정치체제 자체의 합리성과 정당성 문제에 의문을 제기하면서 실증주의 패러다임의 대안으로 나온 것이다.

3. 탈실증주의 접근

실증주의에 대한 비판과 함께 등장한 탈실증주의는 사회과학의 본질에 관한 변화가 반영되어 나타난 것이다(Giddens, 1982). Giddens는 사회과학도 자연과학의 논리와 방법론에 터해야 한다는 실증주의는 다음과 같은 점에서 설 자리가 없다고 주장한다. 사회는 인간으로서 우리의 행위 안에서만 창조와 재창조되는 한 존재하기 때문에 사회는 자연세계가 연구되는 방식으로 연구될 수 없다. 사회과학과 그 대상의 관계는 자연과학과 그 대상의 관계와는 필연적으로 다른 것이므로 사회과학이 주는 실제적 시사점도 자연과학이 주는 실제적 시사점과 다르다. 따라서 자연과학과는 달리 사회과학에서는 인간세계를 지배하는 보편적인 법칙을 발견하여 인간세계를 통제・지배하는 것은 불가능하다(Giddens, 1982: 13-15). Winch(1958: 72, 119)의 표현을 빌리면, "인간사회에 관한 관념은 자연과학에서 제공되는 설명양식과는 논리적으로 양립할 수 없는 개념체계를 지니고 있기 때문에, 인간사회에 대한 이해와 자연세계의 이해는 논리적으로 다를 수밖에 없다."

실증주의에 대한 반발은 진정한 의미의 사회적 탐구의 가능성과 사회문제에 대한 일련의 물음에 대한 답을 위한 수단으로서 사회적 탐구의 적절성에 대한 심각한 회의로부터 나왔다고 할 수 있다(Paris & Reynolds, 1983: 25). 비슷한 맥락에서, Rein(1976: 38-39)도 "정의상(by definition), 경험적 정보 자체는 정책의 선택을 위한 기초를 제공할 수 없다. 그것은 다른 준거와 연합될 때 비로소 정책의 선택에 도움을 줄 수 있다."라고 말한다. 여기에서 다른 준거란 정책의 목표 또는 가치를 의미한다.

따라서 탈실증주의를 따르는 정책연구자들은, 실증주의자들과는 달리, 정책연구에 있어서 경험적 차원과 함께 규범적 차원을 함께 고려한다. 이러한 탈실증주의는 사회과학 방법론의 한 조류인 해석학적 접근(interpretive approach)과 깊은 관련을 맺고 있다. 탈실증주의 정책학은 해석학적 접근의 방법론을 받아들여 행위주체자의 이해와 가치, 정책이 정책수혜자 집단에게 주는 의미, 정책참여자들 간의 상징적 상호작용 과정 등을 강조한다. 그러나 해석학과 탈실증주의의 입장은 다음과 같은 점에서 차이가 있다. 즉 해석학의 입장에서는 경험적 자료가 아무리 풍부해도 그것이 사회현상에 대한 '불완전한 이해'를 보완할 수는 없다고 보는 입장이지만, 탈실증주의 입장에서는 이해가 중요하기는 하지만 그것만으로 사회현상을 전부 설명하기에는 부족하므로 경험적 연구를 균형 있게 시도할 필요가 있다는 것이다. 이러한 탈실증주의는 Weber의 입장에 가깝다고 할 수 있다(Winch, 1958: 143).

탈실증주의를 대표하는 정책연구의 본보기는 MacRae(1976)에서 찾아볼 수 있다. 그는 실증주의를 '과학을 위한 과학'으로 비판하면서, 경험적 연구와 규범적 연구를 함께 고려하는 정책연구의 필요성을 주장한다. Dallmayr(1986: 57)는 정책연구 분야에서 MacRae의 공헌과 주장을 다음과 같이 요약하고 있다.

> 과학적 지식과 가치평가의 연합은 '응용' 사회과학으로서 정책연구 분야에서는 특히 바람직하고 적절하다. 과학적 지식과 가치평가의 원활한 연합을 위하여 정책연구는 연구 영역을 경험적 조건의 탐구에만 한정시킬 수 없고, 규범적인 질문들에도 답변해야 한다. 이러한 작업은 "과학은 인간의 복지 향상에 이바지 해야지 단지 과학자의 만족이나 진리의 발견 그 자체만을 위해서는 안 된다"라는 확신에 터하여 이루어져야 한다.

MacRae의 탈실증주의 정책학에서도 경험적 발견이 매우 중요하다. 그러나 그것의 의미는 '합리적이고 윤리적인 담론'에 비추어 비로소 드러난다. 그는 Lasswell의 정책학에서 강조되었지만 실증주의가 놓치고 있던 정책의 규범적 차원을 재강조하고 있다. 달리 말하면, 그는 실증주의 정책학자인 Dye가 정책연구의 한 영역으로 소홀히 했던 정책주장도 정책학의 범위 안으로 끌고 들어와 정책분석과 균형 있게 고려하고 있다고 할 수 있다.

모든 사회현실은 모종의 가치와 이데올로기를 내포하고 있으며, 정책 과정에서도 가치 갈등은 불가피하다. 가치 갈등 상황에서 정책결정을 위한 규범적 기초와 관련하여 MacRae(1976: 92-93)가 제시하고 있는 고려해야 하는 규칙은 다음과 같다. 첫째, 윤리적 쟁점은 말이 아닌 글의 형태로 구체화되고, 윤리적 논쟁은 각각의 윤리적 입장을 옹호하고 있는 사람들 사이에서 이루어져야 한다. 둘째, 각 윤리적 체계의 주창자는 자기의 주장을 옹호하고, 다른 입장의 약점을 지적함으로써 반박할 수 있는 기회를 똑같이 갖는다. 셋째, 그러한 갈등 상황이 표출된 후에는 비판을 받은 어느 한 특정 윤리적 체계 옹호자는 자기의 윤리적 체계를 바꿀 것인지 고수할 것인지 결정해야 한다. 얼핏 보면, MacRae의 윤리적 논쟁의 규칙들은 뒤에 나오는 Habermas의 이상적 담화 상황(ideal speech situation)과 매우 유사하다. 그러나 왜곡된 담화형태를 자아낼 수밖에 없게 하는 현존 정책결정체제 차제의 변화에도 관심을 가졌던 Habermas와는 차이가 있다.

요컨대, 탈실증주의 패러다임을 지지하고 있는 MacRae의 경우 주어진 정책결정체제를 받아들이면서 경험적 지식과 규범적 지식을 정책문제의 해결에 같은 비중으로 '적용'하는 데에 관심이 있다. 이러한 점에서 그의 탈실증주의 정책학은 전통적인 실증주의 정책학이 터하고 있는 '수단주의'의 한계를 벗어나지 못하고 있는 것으로 보인다(Dallmayr, 1986). 비판적 접근을 취하고 있는 Habermas(1970; 1971; 1975)의 입장에서 보면, MacRae의 정책학은 정책결정 및 집행체제, 즉 정치체제 자체가 왜곡되어 있을 가능성을 보지 못하기 때문에 일반대중의 해방까지는 이끌지 못한다. 이렇게 볼 때, MacRae의 정책학은 Habermas가 말하는 '기술적 관심(technical interest)'과 '실제적 관심(practical interest)'에 머물 뿐 '해방적 관심(emancipatory interest)'까지는 나가지 못하고 있는 것으로 볼 수 있다.

4. 비판적 접근(급진적 인본주의)

여기에서는 정책연구에 대한 비판적 접근을 취하고 있는 Habermas(1970; 1971; 1975)의 이론을 중심으로 살펴본다. 경험과학과 규범과학이 연합되어야 한다고 보는 점에서 Habermas와 MacRae는 입장을 같이한다. 그러나 Habermas는 경험 과학적 탐구에 비하여 실제적·도덕적 논의의 중요성을 훨씬 강조하면서, 해방과 합리적 담론을 자기 이론의 중심으로 삼고 있다. 그는 경험적 연구에서 얻어진 기술적 지식을 어떻게 합리적으로 정책과정에 투입하여 실제로 변화를 이끌어 낼 것인가에 관심이 많다. 여기에서 핵심적인 사항은 경험적 지식이 정책과정에 연결되는 방식의 합리성 여부를 결정짓는 것이 바로 정책결정체제, 즉 정치체제(polity)라는 점을 인식하는 것이다. 그가 볼 때 문제는 이 정치체제 자체가 '체계적으로 왜곡된 의사소통(systematically distorted communication)'에 의해 통제·유지될 가능성이 매우 높다는 사실이다. 이것은 Habermas가 볼 때 자본주의 체제 하에서 정책의 정당성과 합리성을 약화시키는 결정적인 원인이 된다.

이러한 맥락에서 Habermas는 정책의 정당성과 합리성이 보장되려면, 이상적 담론 상태, 즉 의사소통에 있어서 어떤 종류의 억압과 제약도 배제되어 참여자들 간에 진정한 균형이 보장되는 상태가 전제되어야 한다고 주장한다. 그는 이성적 담론 상태만 보장된다면 정책의 내용적 합리성과 절차적 합리성(즉 정당성)이 모두 달성될 수 있을 것으로 본다. Habermas는 이상적 의사소통 상태를 특징짓는 준거로 이해가능성(comprehensibility), 진지성(sincerity), 타당성(rightness 또는 legitimacy), 그리고 진리성(truth) 등 네 가지를 들고 있다.

이해가능성은 발언이 애매하지 않고 무엇을 말하려고 하는지가 분명해야 함을 가리킨다. 전문 용어(jargon)를 의도적으로 사용하여 일반 대중을 소외시키거나 복잡한 이론을 끌어들여 주장을 신비화시키는 것 등은 왜곡된 의사소통의 예가 된다. 진지성은 발언에 속임수가 있어서는 안 된다는 점을 가리킨다. 표방된 정책 메시지 속에 숨겨진 의도가 있다든지 실속은 없으면서 수사적인 언어 또는 정치적 언어로 때우려 한다든지 하는 것은 왜곡된 의사소통의 예가 된다. 타당성은 발언이 맥락에 맞는 것이어야 함을 의미한다. 전문성이라는 옷을 입고 개인의 판단을 모두에게 주입시킨다든지 메시지의 타당성이 조직 상부의 힘에 의해서 부여되는 경우가 왜곡된 의사소통의 예가 된다. 끝으로 진리성은 교환되는 메시지가 참이어야 함을 가리킨다. 정보의 일부가 감추어진 상태에서 발표된다든지 고의적으로 또는 무의식중에 잘못된 정보를 발표한다든지 하는 것은 왜곡된 의사소통의 전형적인 예이다.

Habermas는 예측가능한 객관적 지식을 생산하고 그것을 정책문제에 적용하여 해결하고자 하는 실증주의자들을 비판한다. 그가 보기에, 실증주의는 정책과정의 효율성을 증대시키려는 수단적 합리성과 깊이 연관되어 있다. 이러한 수단적 합리성은 여러 전략들 중에 올바른 선택과 기술의 적용에 관심이 있으며, 전략이 선택되고 기술이 적용되는 전체 사회체제 자체, 즉 정책결정체제 자체는 고려의 대상이 아니다(Habermas, 1970: 82).

실증주의의 틀 안에서 일반대중은 정책연구의 대상으로서 존재할 뿐이다. 그들은 정책과정의 주체로 등장하기가 매우 어렵다. 일반대중은 "사회의 기본 방향을 선택하는 데 참여하는 역할을 수행하지 않으며, 고작해야 사회경제체제의 문제를 효과적으로 대처할 것으로 믿어지는 고위행정가 또는 정치가를 선택할 수 있을 뿐이다"(Denhardt, 1981: 631). 일반대중이 정책과정에서 그들의 목소리를 갖게 하기 위해서는 정책결정체제 안의 의사소통체제가 얼마나 체계적으로 왜곡되어 있는지 볼 수 있도록 교육시키는 일이 매우 중요하다. 이러한 교육은 일반대중으로 하여금 자기 자신들의 발전을 위해 진정한 필요가 무엇인지 발견하고 추구할 수 있도록 해 주며, 그러한 필요가 관료제 또는 정치체제 안의 지배적인 가치와 때때로 상반될 수 있다는 것을 깨닫게 해 준다.

Habermas는 일반대중으로 하여금 왜곡된 의사소통체제, 즉 정치과정을 이해하고 비판할 수 있도록 도와줄 뿐만 아니라 합리적 담론에 참여할 수 있는 능력을 갖추도록 교육함으로써 "그들을 억압하고 그들로 하여금 뒤틀린 삶을 살게 하는 힘으로부터 자유로워질 수 있고"(Fay, 1976: 151), 의사소통에 있어서 불합리한 지배와 각종 제약이 사라질 것으로 믿는다. 다시 말하면, Habermas의 비판적 접근안에는 대한 적절한 이해, 비판, 그리고 교육만 제공된다면 왜곡된 의사소통체제와 인간을 조정·통제하는 정치체제가 자연스럽게 변혁될 수 있으리라는 믿음이 내포되어 있다.

그러나 Habermas의 이러한 생각은 현실적으로 이론과 실제의 연계가 그렇게 견고하지 않다는 점에서 비판을 받고 있다(Bernstein, 1976). 즉 Habermas의 주장과는 달리, 이해, 비판, 그리고 교육에 관한 이론이 현존하고 있는 왜곡된 사회조건의 근본적인 변화를 논리적으로 그리고 사실적으로 보장해 주지 못한다는 것이다. 이와 관련하여 Bernstein(1976: 225)은 다음과 같이 Habermas의 이론을 비판하고 있다.

> 실천적 담론을 제한하고 모든 합리성을 수단적 합리성의 형태로 변환시키는 강력한 힘을 지니고 있는 이데올로기와 현존 사회에 대한 비판이론을 개발하는 것만으로는 충분하지 않다. 비판이론이 일반대중을 일깨워 정치담당자들의 변혁을 꾀할 수 있다는 것을 보여주는 것만으로는 불충분하다. … 합리적 의지 형성을 지향하는 논쟁에 참여하는 개인들의 실천적 담론 자체는 , 그러한 담론을 위한 물적 조건이 구체적으로 실현되고 객관적으로 제도화되지 않는 한, 단지 하나의 이상(ideal)으로 쉽게 전락할 뿐이다.

Habermas 이론의 이러한 약점을 극복하기 위한 노력의 일환으로 나온 이론으로 Fay(1976; 1987)의 비판이론을 들 수 있다. Fay는 Habermas의 이해, 비판, 교육의 세 요소에 변혁행동(transformation action)을 비판이론의 한 요소로 추가하여 비판적 지식과 정치체제의 변혁의 관계를 보다 직접적으로 연결시키려는 시도를 하고 있다. Fay는 의사소통이론에 기초하고 있는 Habermas의 비판이론은, 궁극적으로 볼 때, "실제 정치생활에 밀착되어 있지 못하고 있는 이론, 나쁘게 말하면 학문적이고 이상주의적인 이론"에 지나지 않는다고 비판한다. 비판이론은 왜곡된 세상을 변혁시키는 데 적극적으로 영향을 미쳐야만 옳은 이론으로 자리매김 될 수 있다고 하면서 변혁행동 이론을 중시한다. 그는 이해, 비판, 교육에서 더 나아가 억압당하고 있는 집단의 정치적 투쟁을 통하여 체계적으로 왜곡된 의사소통체제, 즉 정치체제의 변화를 이끌어 내야 한다고 믿고 있다.

5. 교육정책학 패러다임의 미래 전망

위에서 살펴본 정책학의 세 가지 패러다임, 즉 실증주의, 탈실증주의, 그리고 비판적 접근은 인식론적 입장과 정치체제의 근본적 변화에 대한 관심에 따라 각각 다른 이론을 전개하고 있다. 그러나 응용학문의 특성을 지니고 있는 정책학의 특성상, 무엇을 위한 수단인지 또 그 수단을 어떠한 방법으로 획득할 것인지는 다를지 몰라도, 세 접근 모두 지식의 수단성(instrumentality)이라는 점은 공유하고 있다. 실증주의는 정책의 인과관계에 대한 경험과학적 지식을 합리적이고 과학적인 정책을 개발하는 데 적용하고자 한다. 탈실증주의는 정책에 관한 경험적·규범적 연구를 모두 동원하여 좋은 (또는 합리적인) 정책을 수립하는 데 도움을 주고자 한다. 이와는 달리, Habermas의 비판이론은 경험적·규범적 연구를 모두 수행하되 정책의 내용에 관한 것뿐만 아니라 정책결정체제 자체의 변화를 도모한다.

정책학의 각 패러다임은 각각의 전제와 탐구논리에 따라 어떤 지식을 어디에 적용할 것인지에 답하고 있는 것이라고 할 수 있다. Kuhn(1970)의 개념을 적용하면, 정책학에서는 서로 경쟁하고 있는 세 가지 접근은 정책학에서 지배적인 패러다임이 되려고 서로 싸우고 있는 것으로 볼 수 있다. 이 싸움은 단기간 안에 끝날 것처럼 보이지 않는다. 어쩌면 반드시 끝나야만 하는 싸움이 아닌지도 모른다. 자연과학의 패러다임 전쟁과는 달리, 사회과학에서의 패러다임 전쟁은 여러 경쟁관계에 있는 패러다임이 공존할 수 있을 뿐만 아니라. 그렇게 공존할 때 오히려 복잡한 사회현상에 대한 모습을 종합적으로 이해할 수 있기 때문이다.

우리나라 교육정책학 연구는 실증주의 패러다임이 지배적인 가운데 탈실증주의의 흐름도 보이고 있으나, 비판적 접근은 거의 찾아보기 어려운 실정이다. 그러나 무엇보다도 먼저 정책결정체제를 그냥 주어진 것으로 보고 그 안에서 최선의 합리적인 정책대안을 찾기 위한 경험과학의 방법론을 보다 엄격하게 적용할 필요가 있다. 특히 교육정책학의 한국화라는 관점에서 외국의 이론을 적용하는 데에서 벗어나 우리나라 고유의 교육정책 이론을 개발하는 데 관심을 기울여야 할 것이다. 아울러, 앞으로는 정책결정체제 자체가 체계적으로 왜곡되어 정책의 합리성과 정당성 문제가 제기되고 있는 것은 아닌지 검토할 필요가 있으며, 이를 위해서는 비판이론으로부터 통찰력을 얻을 필요가 있다. 이렇게 될 때, 정책연구자들은 정책결정자들 또는 정치권의 요구에 따라 정책의 정당성을 부여하는 연구를 수동적으로 수행하는 위치에서 이들과 '창조적 긴장관계'를 유지하면서 정책연구를 수행하게 될 것이다.

Chapter 03

교육정책분석의 이념과 가치

개요

교육정책에는 필연적으로 가치판단의 문제가 수반되며, 특히 윤리적인 문제를 벗어나서 논의될 수 없는 성격을 지니고 있다. 교육정책분석은 교육정책 목표를 달성하기 위한 최선의 대안을 선택하는데 도움을 주는 것으로서, 교육정책 연구에서 정책과정과 더불어 매우 중요하게 다루어지고 있다. 교육정책분석은 사실판단을 위한 경험적·실증적 접근과 가치판단을 위한 규범적 접근, 그리고 합리적·분석적인 처방적 접근을 통합하여 보다 바람직한 정책결정을 지향하는 데 필요한 지식을 제공해 주게 된다.

이 장에서는 교육정책분석의 가치와 준거, 교육정책분석의 윤리적 측면을 살펴보고, Dunn이 제시하고 있는 정책분석 가치론의 특성과 접근유형을 기술한다.

제1절 교육정책분석의 의의와 가치

1. 교육정책분석의 개념

교육정책은 앞서 정의한 바와 같이, 공공정책으로서 교육활동을 위하여 국가와 지방자치단체가 국민 또는 교육관련 집단 및 수혜집단을 대상으로 전개하는 교육의 지침이라고 할 수 있다. 이러한 공공정책으로서 교육정책은 정책문제 해결이라는 실천적인 목표를 지니고 있으며, 문제해결에 필요한 다양한 이론이나 기법 등을 여러 학문에서 받아들여 활용하고 있다. 교육정책의 실천적인 면은 어떤 형태로든 교육현상에 대한 평가적인 행위가 작용하기 때문에 규범적인 것으로부터 자유로울 수가 없다. 교육정책문제를 분석하거나 해결할 때는 정책 속에 가치가 내재되어 있어 정책결정의 행위는 곧 가치를 결정하고 판단하는 것을 포함하고 있다.

일반적으로 정책분석은 어떤 정책대안이 정책과 목적 간의 관계에 비추어 주어진 목적을 달성하는 데 가장 바람직한 지 여부를 결정하는 것이라고 할 수 있다(Nagel, 1986: 247-249). 이러한 정책분석은 크게 정책에 관한 분석과 정책을 위한 분석으로 구분하여 설명할 수 있다. 정책에 관한 분석은 기술적 정책분석(descriptive policy analysis)으로, 정책을 위한 분석은 규범적 정책분석(normative policy analysis)으로 설명된다(노화준, 2006: 6-7). 정책분석은 사실에 대한 정보를 산출하는 데 국한하지 않고, 가치와 바람직한 행동 노선에 대한 정보를 산출하는 것까지 포함된다. 따라서 정책분석은 정책의 가치판단과 정책의 창출까지를 포함한다(노화준, 2006: 8). 정책을 위한 분석 측면에서 교육정책에는 필연적으로 가치판단의 문제가 수반되며, 특히 윤리적인 문제를 벗어나서 논의될 수 없는 성격을 지니게 된다. 이러한 측면에서 이종재 외(2014)도 교육정책분석을 논의하면서 정책분석과 윤리문제를 다루고 있다.

Fowler(2004; 2013)는 교육정책은 본질적으로 가치 함축적 속성을 지니고 있음을 강조하면서, 교육정책을 형성하는 가치와 이념을 중요한 교육정책연구로 다루고 있다. 교육정책에서 이념이나 가치는 정책문제를 규정하는 방식 결정과 정책문제에 대한 해결책의 모색가능성을 제한하는 데 영향을 미친다는 것이다. 이와 관련하여 그는 미국 학교가 이념의 논쟁장으로 변한 것을 지적하고 있다. 교육계와 학교 현장이 이념의 논쟁장화 되어 있는 것은 한국도 예외는 아닐 것이다. 최근 교육정책 중 무상급식, 누리과정, 국가 학업성취도평가 등의 교육정책들이 시 · 도 교육청 교육감이 추구하는 교육이념과 가치 성향에 따라 첨예한 대립을 가져오기도 했다. 따라서 교육정책분석에서는 사실판단을 위한 경험적 · 실증적 접근과 가치판단을 위한 규범적 접근, 그리고 합리적 · 분석적인 처방적 접근을 통합하여 보다 바람직한 정책결정을 지향할 필요가 있다.

이는 그동안 교육정책분석에 있어서 설정한 정책목표가 바람직한지에 대해서는 판단하지 않고 어떤 목표든지 이를 가장 잘 달성할 수 있는 수단이나 방법을 모색하기 위해 지식을 제공하는 데 중점을 두어 왔던 데서 찾을 수 있다(정정길 외, 2007). 그러나 교육정책에 대한 가치판단의 문제는 교육관련 집단들의 이해문제와 직결되는 것이기 때문에 정책결정자나 정책분석가가 어떠한 가치적, 윤리적 근거를 가지고 결정하느냐에 따라서 정책결정 행위가 정당화되거나 혹은 그렇지 못할 수도 있다. 그러므로 교육정책분석은 교육정책 목표를 달성하기 위한 최선의 대안을 선택하는 데 도움을 주는 것으로서 교육정책 연구에서 정책과정과 더불어 매우 중요하게 다루어지고 있다.

교육정책분석은 정책문제를 해결하는 데 활용할 수 있는 정책관련 정보를 창출하고 전환시키기 위해 다양한 탐구와 논증의 방법을 사용한다. 즉, 응용 사회과학 분야로서 정책분석은 사회과학, 행동과학, 공공행정학, 경영학, 정치학, 법학, 경제학, 윤리학 등으로부터 많은 부분을 원용하고 있다. 정책분석의 범위와 방법은 기술적 · 규범적인 속성을 지니고 있는 바, 이는 공공정책으로서의 원인과 결과에 대한 정보를 도출하고, 또한 과거, 현재, 미래 세대에 대해서 그 결과에 대한 가치를 제시해 주어야하기 때문이다. 이러한 이유로 정책분석은 다음과 같은 문제에 해답을 제공해 주고 있다(Dunn, 1994).

정책분석을 위한 접근방법은 공공정책의 원인과 결과를 제시하는 기술적인 측면, 정책이 추구하고 있는 가치는 무엇이며, 누구의 것인가라는 평가적인 측면, 그리고 정책문제를 해결하기 위해 무엇이 행해져야 하며, 실제 실행 가능한 것을 제안하는 처방적인 측면을 들 수 있다(Dunn, 1994). 그러므로 교육정책분석은 단순히 사실 그 자체의 발견에만 그치는 것이 아니라 교육정책 행위나 활동에 대하여 가치나 바람직한 행위과정에 관한 정보를 창출하여 가치의 규범적이고 처방적인 문제를 함께 고려해야 할 필요가 있다. 여기서 다루는 교육정책분석과 가치에 대한 논의는 교육정책 담당자나 교육정책 분석가들에게 필요한 내용뿐만 아니라 교육정책분석 활동이나 행위에 있어서 교육정책 관련 집단들에게도 폭넓게 적용될 수 있는 가치론적인 측면을 중심으로 기술한다.

이러한 측면에서 이 장에서는 교육정책분석을 정책이 어떠한 가치문제를 내포하고 있는가를 철학적인 접근을 통하여 분석·제시한다. 또한 다양한 가치론적 입장에 따른 교육정책분석 연구의 윤리적 가치문제를 탐구하여 궁극적으로는 교육정책의 형성, 집행, 평가의 전 과정에 필요한 합리적인 정책판단의 근거를 살펴본다.

정책분석에 대한 여러 학자들의 정의를 살펴보면 다음과 같다. Dunn(1994)은 정책분석을 정치적인 맥락에서 정책문제를 해결하는 데 이용할 수 있는 정책관련 정보를 생산하고 전환시키기 위해, 여러 가지의 탐구 및 진술의 방법을 사용하는 것으로 정의 내리고 있다. 여기에는 경제학, 경영학, 사회학, 정치학 등에서 개발되고 정립된 제반 사회과학의 이론과 기법을 동원하는 종합적인 측면이 포함되어 있다고 할 수 있다. 노화준(2006)은 정책분석의 개념을 '정책결정에 필요한 여러 가지 정보를 산출하기 위한 사전적 또는 조망적 분석'이라고 규정하면서 정책분석의 핵심은 각 정책과정에서 발생 가능한 효과의 추정이나 예측에 두어진다고 기술하고 있다. Bozeman(1979)은 정책분석이 정책문제의 검토와 탐색을 위해서, 정책결정의 사전분석을 위해서, 그리고 정책의 직·간접적인 영향을 평가하기 위해서 그 기능을 수행하고 있다고 보고 있다. 따라서 정책분석은 제2부에서 기술하게 될 교육정책과정 중에서 정책의제설정과 밀접히 연관됨을 밝히고 있다. 그리고 정정길 외(2007)는 정책분석의 개념을 광의와 협의로 구분하여 설명하고 있다. 광의로는 합리적인 정책결정 단계 - 즉, 문제의 파악과 목표의 명확화, 대안의 탐색, 대안이 가져올 결과의 예측과 평가, 최선의 대안선택 - 에서 대안의 결과를 예측하고 평가하는 단계까지 대안의 정치적 실현가능성을 예측하고 평가하는 것으로 기술하고 있다. 그리고 협의의 개념으로는 시간과 분석 능력의 제약을 고려하여 대안이 가져올 결과를 평가하는 것으로 보고 있다.

한편, 김종철(1990: 831)은 Hogwood 등이 정의한 정책분석의 개념을 교육정책에 적용하면서 교육정책분석의 개념을 '교육정책 형성과정에서 과학적인 분석방법을 적용함으로써 교육정책 수요의 진단, 정책대안의 선정, 또는 정책형성 과정의 개선에 기여할 수 있는 체계적인 정보와 지식을 얻는 것'으로 정의하고 있다. 이는 교육정책분석을 정책이 이루어지는 과정, 즉 정책문제 채택, 정책결정, 정책집행, 정책평가 및 정책종결에 이르는 과정에 도움을 주는 측면과 정책의 바람직한 대안 탐색 및 분석에 도움을 주는 두 가지 측면을 고려하고 있다.

이러한 학자들의 견해를 종합해 보면, 교육정책분석의 개념은 일반적인 정책분석과 마찬가지로 교육정책목표를 달성하기 위한 최선의 대안을 선택하는 데 도움을 줄 수 있는 전략으로 파악될 수 있다. 교육정책 문제의 분석 및 해결할 정책목표를 검토하고 최선의 정책대안을 선택하기 위해 정책대안을 탐색하여 그 결과를 예측하고 예측된 결과들을 일정한 정책대안의 비교평가 기준에 따라서 평가하여 최선의 대안을 선택하는 일련의 의사결정 활동에 필요한 논리나 기법을 연구·개발하고, 이를 현실에 적용하는 것을 의미한다. 따라서 교육정책분석은 교육정책연구에서 규범적·처방적 성격과 실증적·기술적 성격을 띠게 되어 교육정책과정에서 현실적으로 어떠한 상황이 일어나고 있으며, 그 원인이 무엇인가를 규명하는 데 초점을 두게 된다.

정책분석이 이루어지는 과정을 Quade(1975)는 다음과 같이 나열하고 있다. 즉,

정책분석은 문제의 명확화, 목표의 설정과 기준의 결정, 대안의 탐색, 자료 및 정보의 수집, 모형 설계 및 검토, 대안의 실현가능성 평가, 비용-효과의 측정, 결과 해석, 가정에 대한 확인 및 검토, 새로운 대안의 채택 등의 순환과정을 거치면서 이루어진다는 것이다. 그리고 교육정책분석 기법으로는 체제분석, 비용-효과분석, 비용-편익분석, 선형계획, 의사결정분석, 민감도분석, 델파이 기법 등을 들 수 있는 바, 이에 관한 내용은 본서 제11장에서 다루게 된다.

2. 교육정책분석의 가치와 준거

1) 교육정책분석과 가치

교육정책은 '있어야 할 세계'를 지향하는 실천의 영역으로 교육정책의 문제 상황에 직면해서는 이성적인 사유과정과 논의를 통해 합리적으로 대응해 나가야 할 필요가 있다. 교육정책분석에 있어서 합리적 판단의 문제를 심도 있게 다루는 측면은 가치론과 밀접한 연계성을 가지고 있다. 이러한 가치론은 존재론, 인식론의 영역과 더불어 교육정책에 있어서 매우 중요한 영역이 된다. 교육수혜자가 '바라는(desire)' 것과 '바람직한 것(desirable)'은 상반된 것으로서 전자가 사실적이라면 후자는 지향적・규범적이라고 할 수 있다. 가치론은 교육행위나 활동이 지향하는 모든 가치들에 관한 총체적이고 반성적인 고찰의 영역이라 할 수 있다. 다시 말하면, 가치론은 교육정책에 있어서 가치의 문제 즉, 가치의 근원, 비교기준, 근거 등을 다루게 된다.

Morris와 Pai(1976)는 가치론의 영역을 일반적으로 윤리학과 미학의 두 분파로 구분하였는바, 윤리학은 '인간이 무엇을 해야 하는가?' 와 같은 행위와 관련되는 반면에, 미학은 '인간이 무엇에 즐거워해야 하는가?'와 같은 아름다움에 관련된 영역이라고 할 수 있다. 이와 같이 가치론을 윤리적 가치나 미학적 가치로 분류하기도 하고 종교적 가치를 포함하여 세 영역으로 구분하기도 한다. 본 장에서는 미학적 가치나 종교적 가치와는 달리 윤리적 가치만을 교육정책 분석의 관점에서 논의하며, 또한 '가치'라는 말도 윤리적 가치만의 의미로 제한하여 다룬다.

이와 같은 '가치'에 대한 논의는 광의와 협의의 의미로 구분할 수 있다. 넓은 의미에서 가치라는 말은 욕망, 원함, 좋아함, 즐거움, 필요성, 흥미, 선호함, 의무, 도덕적 책무 등의 문제까지 포함한다. 이때의 가치는 선택적인 행위의 상당히 넓은 영역을 나타낸다(Williams, 1968: 283-287). 왜냐하면 인간 주체가 어떤 대상에 대해서 평가에 관심을 가지고 선·악·정·사, 정의, 불의 등으로 다양하게 표현하기 때문이다. 이러한 측면에서 보면, 교육정책은 "가치물의 권위 있는 배분"으로 정의될 수 있다(Easton, 1953).

한편, 좁은 의미에서 '가치'라는 말은 Williams나 Easton이 주장하는 준거와 같은 의미를 가진다. 다시 말해서 대상을 평가하고, 서열지우고, 사정하게 되는 다양한 기준이나 원리로서의 가치라는 말이다. 그러므로 넓은 의미에서 가치는 정책입안자들이 바람직하고 합리적으로 학교경영이 이루어지기를 바라고 선호하는 이유와 그 결과를 진술하는 반면에, 좁은 의미에서의 가치는 그러한 학교를 경영할 수 있는 타당한 준거를 제시하고 이에 기초하여 평가하는 것으로 받아들일 수 있다.

따라서 가치의 의미는 가치가 검증되어지는 상황 또는 맥락에 초점을 두게 된다. Kaplan(1964)은 가치가 검증되어지는 상황을 세 가지로, 즉 개인적인(personal) 맥락, 표준적인(standard) 맥락, 그리고 이상적인(ideal) 맥락으로 제시하고 있다. 먼저, 개인적인 맥락에서 가치는 선호나 욕망, 취향의 형태로 표현되며, 표준적인 맥락에서의 가치는 특정 개인이나 집단이 어떤 가치를 지니고 있는 특별한 혹은 표준적인 상황에 관한 것을 의미한다. 이러한 표준상황의 가치는 각 개인이 가지게 되는 주관적인 가치와 대치되는 경우도 있으며, 일치하는 경우도 있을 수 있다. 그리고 이상적인 맥락에서의 가치는 개인적·표준적인 가치 맥락에서도 변하지 않고 일치하는 경우를 말한다. 이러한 관점에서 보면, 교육정책분석에 있어서 가치의 문제는 주관과 객관이 함께 혼재되어 있으며, 개인과 집단 간에 상호 갈등을 유발할 수 있고, 아울러 가치 실재에 관해서 회의적일 수도 있다.

2) 교육정책분석과 윤리

공공정책으로서 교육정책 행위는 어떤 윤리적 준거를 선정하느냐에 따라 정당화될 수도 있고 그렇지 않을 수도 있다. 여기서 '윤리' 또는 '윤리학(ethics)' 이라는 용어는 도덕행위의 반성적 탐구와 이러한 분야의 교과목을 언급할 때 사용된다. 이러한 윤리의 문제는 사실의 문제와 차이가 있다. 사실의 문제는 문자 그대로 있는 사실을 있는 그대로 밝히기를 목적으로 하는 탐구, 즉 진리의 인식 그 자체를 목표로 한다. 반면에, 윤리적 문제는 마땅히 있어야 할 존재의 세계 또는 마땅히 해야 할 바를 밝히고자 하는 것으로서 즉, 올바른 실천을 목적으로 한다. 사실(fact)은 '있어야 할 세계'가 아니라 '있는 세계'이며, 또한 기술과 설명의 세계이며, 객관성을 나타내는 인과의 세계이다.

한편, 윤리적 문제는 당위의 세계로서 바람직한 인간의지가 지향하는 세계라고 할 수 있다. 따라서 '옳음'에 따라 판단하고 평가하는 것으로서 존재론적으로 자유 및 사실의 세계로 환원될 수 없는 것이다. 이와 같은 관점에서 볼 때 윤리학은 인간 행위 또는 교육정책행위에 있어서 '옳음과 그름', '좋음과 나쁨'의 근거를 제시하는 가치영역이라고 할 수 있다. Kneller(1971)의 관점에서 윤리는 인간 행위에 대한 가치탐구로서, 인간의 행복이나 바람직한 행위와 같은 문제를 다루게 된다. 이러한 문제들은 '정당한' 행위의 근거가 되는 '옳음'의 가치를 제시하는 것과 관련된다.

흔히 교육정책을 수행하거나 정책의 내용을 체계적으로 분석할 때 무엇이 옳으며, 또 그 옳음의 준거가 무엇인지에 대해 규명할 필요가 있다. 이때의 정책결정은 교육정책 내용의 타당성이나 준거에 대해 해답을 찾는 것이 된다. 따라서 교육정책결정 행위의 기준인 '옳음(right)'을 어디에서 찾아야 할 것인가는 매우 중요한 문제가 된다. 옳음의 원천이 교육정책 담당자의 양심에서 근원하는지, 아니면 교육대상 집단에게 유용한 결과를 제공하는데서 근원하는지에 따라 의무론적 윤리설과 목적론적 윤리설로 구분할 수 있다. 윤리설은 다양한 기준에 따라 구분될 수 있으나 크게 양분한다면 규범적 윤리학과 메타윤리학으로 나눌 수 있다.

윤리학이 교육정책 분석과 관련될 때 자연주의 윤리와 규범적 윤리를 언급하게 된다. 자연주의 윤리는 기술적 윤리이며, '사실'에서 '당위'의 가치를 추출하게 되며, 이는 규범적 윤리와 대비된다고 할 수 있다. 반면에 규범적 윤리는 교육정책 의제 설정, 결정, 집행, 평가 및 종결의 전 과정에 있어서 교육정책 담당자들에게 실천적 문제에 대해 그 해결책을 안내하는 역할을 한다(Baier, 1969). 교육정책분석에서 규범적 진술은 때때로 Pareto의 최적을 준거로 삼고 있다. Dunn은 교육정책에 있어서 규범적 윤리의 역할은 규범적인 진술을 정당화하기 위해서 준거를 평가·제시하는 데 있다고 지적하고 있다. 규범적 윤리의 초점은 교육정책 행위에 있어서 옳고, 선하고, 정의에 관해 어떤 준거가 정당화시켜 줄 것인가에 관심을 갖는다(Dunn, 1983: 836).

한편, 메타윤리는 교육정책 분석에 있어서 규범윤리적 진술에 관해 언어적 의미와 본질에 초점을 두고 있다. 메타윤리적 문제는 옳고, 선하고, 정의로운 교육정책 행위 주장을 정당화하기 위해서 사용된 준거를 분석하는 것이다. 다시 말해서, 메타윤리는 규범윤리를 연구대상으로 한다는 것이다. 또한, 기술적인 윤리와 규범적 윤리, 메타윤리는 교육정책 수행에 있어서 상당한 차이를 보이고 있다. 여기서 윤리는 교육정책 분석행위의 기준을 설정하는 근거가 된다. 교육정책 분석가들은 합리적인 교육정책 행위를 제시하거나 유도할 수 있는 기준을 마련해야 한다. 일반적으로 교육정책분석의 준거는 그 사회나 국가의 '관습적인 도덕'에서 모색하려고 하며, 관습의 규범은 사회마다 다양하다고 할 수 있다. 이러한 규범적인 가치근거의 다양성에서 행위기준 설정의 어려움이 수반된다고 할 수 있다.

교육정책분석은 학제적 성격이 강하므로 이론적인 통합이 어려울 뿐 아니라 오히려 분열될 가능성도 배제할 수 없다(Garson, 1981). 이러한 분열의 주요 요인은 앞에서도 기술한 바와 같이, 윤리적 준거의 다양성에서 찾을 수 있다. 가령 의무윤리설과 목적윤리설, 윤리적 상대주의 등은 전혀 다른 교육정책결정 행위를 제안하기 때문이다. 또한, 분석접근 방법에 있어서도 다양화될 수밖에 없는 바, 경험적인 접근방법과 다원적인 접근방법에 따라 그 해석이 달라지기 때문이다.

이러한 교육정책분석의 기준은 복합요인으로 인하여 서로 갈등을 빚을 수밖에 없다. 메타윤리의 임무는 이와 같은 갈등의 틈을 줄여줄 수 있는 기준을 제시할 필요가 있다. Dunn은 다음과 같은 네 가지 관점에서 메타윤리적 기준, 다시 말하면 정책목표 설정의 기준을 제시하고 있다. 첫째 형평성, 정직성, 공정성을 포함하는 사회적 가치와 규범, 둘째 객관성, 중립성 등을 포함하는 과학적 가치와 규범, 셋째 공식적으로 제시된 책무, 의무, 처방 등을 포함하는 전문적인 행위, 그리고 넷째 정책 수혜자들의 개인 권익을 보호해 주는 법적·행정적 절차를 포함하는 정책담당자들의 전문적 행위 규범을 제시하고 있다(Dunn, 1994).

3) 교육정책분석의 준거

교육정책분석에 있어서 교육정책목표를 효과적으로 달성하기 위해 최선의 대안을 탐색·선택하는 데 고려해야 할 준거는 교육정책의 과정, 내용, 성격, 유형 등에 따라서 달라질 수 있다. 일반적으로 교육정책 대안의 비교·평가 준거로서 강근복(1997: 168-201)은 당위성, 실현성, 능률성을, 정정길(1997: 372-399)은 소망성, 실현가능성을 들고 있다. 또한, Dunn(1981)은 효과성, 능률성, 충족성, 형평성, 대응성, 적절성을, Nakamura와 Smallwood(1980)는 목표달성, 능률성, 수혜자 만족도, 대응성, 체제유지를 준거로 들고 있다. 교육정책의 핵심 사회가치로서 기본가치로서의 자유(liberty), 정책의 정당성으로서의 질(quality), 질에 대한 비판으로서의 효율성(efficiency), 그리고 형평성(equity)을 들고 있다(Marshall et. al, 1989; Mitchell, 2010: 18-21; Stone, 2002). 이와 같은 핵심가치는 후술할 교육정책의 과정에서도 중요한 판단 준거로 작용하게 된다. 특히 교육정책 평가에서 고려되는 준거로 효과성, 능률성, 형평성, 충족성, 대응성, 실현가능성을 들 수 있는데, 이에 관해서는 제8장 교육정책 평가의 기준에서 기술한다.

제2절 교육정책분석 가치론의 특성과 접근유형[4)]

1. 교육정책분석 가치론의 특성

교육정책분석에 있어서 기초가 되는 가치론은 기술적 가치론, 규범적 가치론, 메타윤리적 가치론으로 구분할 수 있다. 이러한 가치론은 교육정책분석의 주요 기능에 따라 분류한 것이다. 기술가치론(descriptive theories)은 자연주의 윤리설에 근거한 이론으로, '사실의 세계'에서 '당위의 세계'를 도출하고 있다. 규범가치론(normative theories)은 절대적 당위에서 그 근원을 찾고 있다. 이에 반해 메타윤리적 가치론(meta-ethical theories)은 자연주의 윤리설에 근거한 기술윤리나 절대적 당위에서 근거한 규범윤리 등에서 사용되는 언어를 보다 명료하게 하는 것이다.

교육정책분석에 있어서 기술가치론은 가치의 분류, 측정, 일반화, 기술의 영역과 관련되며, 규범가치론은 윤리적 주장을 사정(assess)하는 준거의 개발과 적용에 관련되고, 메타윤리적 가치론은 규범윤리설에서 개발한 준거나 주장 그 자체를 사정해 보는 것과 관련된다.

1) 기술적 가치론

가치와 윤리에 대한 기술이론은 지난 50여 년간 꾸준히 연구되어 왔으며, 특히 사회학자, 정치학자, 심리학자, 인류학자, 경험론자들 사이에 연구되어 온 결과들이다. 이와 같은 가치론은 경험과 관찰을 통한 사회 현상적 기술 가치들이다. 기술적 가치론에는 Rokeach(1968)의 기본가치 유형론, Rescher(1969)의 복합가치 유형론, Kohlberg(1961)의 발달가치 유형론 등이 있다.

첫째, 기본가치 유형론(basic value typologies)을 제안한 Rokeach는 수많은 경험

4) Dunn(1983)이 제시하고 있는 정책분석의 가치이론을 중심으로 기술함.

적 절차를 통해서 기술가치를 목적적 가치와 수단적 가치로 유형화시켰다. Rokeach가 주장하는 목적가치는 '바람직해야 할 목표로 존재해야' 하는 신념이며, 수단가치는 자기실현이나 능력을 포함할 뿐만 아니라 도덕적인 가치로서 '바람직한 행위 양식'의 신념이라고 할 수 있다. Rokeach는 가치 영역의 범위를 다른 어떤 것 이상으로, 가치의 개념을 모든 사회과학의 영역에 있어서 핵심 개념이라고 주장하고 있다. 가치는 문화, 사회, 인성의 연구에 있어서 중요한 종속 변인이며, 사회적 행동이나 태도 연구에 있어서 주요한 독립변인으로 작용하게 된다. Rokeach가 주장한 목적가치와 수단 가치는 교육정책의 경험적 이론을 검증하고 개발하는 데 가치를 유형화시킴으로써 기여하였다고 할 수 있다. 예를 들어, 학교교육의 정상화를 위한 인성계발과 관련된 교육정책을 분석하고 결정하는 데 중요한 준거가 될 수 있다는 점이다.

둘째, 복합가치 유형론(complex value typologes)은 기본가치 유형론이 인간의 복잡한 가치를 단순히 목적・수단의 가치로 이원화시킴으로서 가치의 중요한 차원을 인지하는 데는 실패했다고 보는 입장이다. 이러한 입장을 보완하는 데서 Rescher는 복합가치 유형론을 제시하고 있다. 그는 가치를 체계적이며 명료하게 하고, 아울러 가치를 보다 풍부히 적용하기 위한 수단으로 일곱가지 주요 원리를 제시하였다. 이를 제시하면, ① 누구에게 주어지는 가치인가에 따라 개인적, 공동체적, 지역적, 전문적, 그리고 국가적 가치 등으로 분류된다. ② 평가의 대상에 따라 물질적, 환경적, 개별적, 집단적, 그리고 사회적 가치 등으로 분류된다. ③ 가치가 실현되는 기대 이익에 따라 도덕적, 정치적, 경제적, 사회적, 정신적, 지적, 감상적 가치 등으로 분류된다. ④ 기대 이익이 실현되어지는 목적에 따라 교환적, 협상적, 설득적, 그리고 진리가치 등으로 분류된다. ⑤ 기부자-수혜자의 관계에 따라 이기적, 이타적 가치 등으로 분류되며, ⑥ 간 가치관계(inter-value relationship)에 따라 도구적 가치와 목적적 가치로 분류된다. ⑦ 가치가 실현되거나 지속되는 시간에 따라 즉시적, 단기적, 장기적 가치 등으로 분류된다.

Rescher(1969)가 제시한 복합가치 유형론은 기본가치 유형론을 보완하면서, 교육정책의 형성이나 집행 또는 분석에 있어서 다양성을 제공할 수 있으며, 편향된 가치기준에서 벗어나게 해준다. 그럼에도 불구하고 가치의 문제는 가치인식 주체자(교육정책담당자)의 주관성에 기인하고, 또한 심미적인 것이기 때문에 상당히 어려운 문제라고 할 수 있다.

셋째, 발달가치 유형론(developmental value typologies)을 논의해 보면 다음과 같다. 앞서 살펴본 기본가치 유형론과 복합가치 유형론은 개인과 집단의 가치 변화와 발달에 관해 검증할 수 있는 하나의 기초로 이용할 수 있다. Rescher는 목적-수단가치 유형이론에 따라 구성한 자료와 인지이론이 불일치함을 발견하였다. 또한, Rescher는 인간의 연령에 따라 다양한 발달형태가 나타나며, 가치는 청소년기뿐만 아니라 전 생애를 통해서 변화한다는 것을 인식하게 되었다. 이러한 가치발달의 양식이 Kohlberg가 주장하는 발달가치 유형론이며, 미국학생과 세계 각국 지역의 학생들을 피험자로 하여 종단적 연구의 과정을 거쳐 유형화시킨 것이다. Kohlberg의 발달가치 유형론은 세 수준 여섯 단계로 구분된다. 먼저, 전인습수준으로 ① 벌과 복종으로서의 도덕성 단계, ② 욕구충족으로서의 도덕성, 인습수준으로, ③ 인간관계의 조화로서 도덕성 단계, ④ 법과 질서로서의 도덕성, 후인습수준으로, ⑤ 사회계약으로서의 도덕성 단계, ⑥ 보편적, 윤리적, 원리로서의 도덕성 단계이다.

Kohlberg의 도덕발달 가치는 인간의 옳음에 대한 인식준거의 발달 성향을 기술적으로 분석하고 있다. Kohlberg는 하위의 단계보다 상위의 단계가 윤리적으로 더 옳은 가치라고 보고 있다. 그러나 인간은 누구나 여섯 단계의 전 과정을 모두 거치는 것은 아니라고 주장하였으며, 경우에 따라서는 단계 ①, ②에 머무는 사람도 있다는 것이다. 이와 같이 Kohlberg의 도덕발달 여섯 단계는 불변의 계열로 발달하며, 연속적인 과정을 거친다. 또한, 옳음의 인지양식은 Kant의 동기중심의 의무론적 윤리설을 보다 발전시킨 것이라고 할 수 있다. Kant에 있어서의 선의지 또는 실천이성의 정언명령은 Kohlberg의 도덕발달 단계 ⑥에 해당된다.

이와 같은 Kohlberg의 발달가치 유형론은 교육정책분석에 있어서 윤리적 기준이나 원리에 보다 심오한 역할을 할 수 있는 잠재적 중요성을 지니고 있다. 다시 말해서 학생의 도덕발달 단계에 적합하도록 일선학교에서 타당한 교육정책이 실행되고 있는지를 분석할 수 있으며, 발달단계를 간과하는 잘못된 정책인지 아닌지를 평가할 수 있는 준거가 될 수 있다. 아울러 교육정책분석 과정에 있어서 결과 중심의 공리주의적 전제에 대한 결함을 보완해 줄 수도 있다.

2) 규범적 가치론

교육정책 입안자나 분석가는 교육정책 형성이나 결정, 집행, 평가의 전 과정에서 끊임없이 판단을 하게 된다. '…이다', '…아니다', '…하다', '…하지 않는다' 등으로 표현하는 판단을 사실 판단이라 하고, '…이어야 한다', '…이어서는 안 된다', '…해야 한다', '…해서는 안 된다' 등으로 표현할 수 있는 판단을 가치판단이라고 한다. 규범윤리 또는 규범가치론의 핵심은 사실판단이 아니라 가치판단이다. 고대 이래 대부분의 윤리학은 '인간은 행복을 추구해야 한다' 또는 '인간은 양심을 속여서는 안 된다' 등 마땅히 해야 할 일에 관한 주장을 도덕 판단의 형태로 담고 있었다. 대표적인 학자들로서 Socrates, Platon, Aristoteles, Bentham, Mill, Kant 등은 철학적인 견해는 다소 상이 하지만 모두 규범윤리학자들이다. 규범윤리학 또는 규범가치론은 교육정책분석의 가치적 행위를 평가하기 위한 네 가지 준거를 제시한다.

첫째, 의무론적 규범가치론(de-ontological theories)은 모든 교육정책 행위에 있어서 선험적으로 옳은 것과 의무 또는 책무라는 것이 설정되어 있으며, 형식적 원리와 일치하면 그 행위가 옳다고 보는 입장이다. 대표적인 학자는 Kant이며, 인간 행위의 결과를 고려하지 않고 오로지 그 행위가 옳기 때문에 그렇게 행하게 하는 선의지가 있다고 본다. Kant에 따르면, 인간의 행위는 바로 이 선의지의 실현을 지향해야 하며, 따라서 옳은 행동을 하는 것은 인간의 의무이다. Kant가 말하는 의무는 정언명법으로서 "당신의 행위 준칙이 당신의 의지에 의해서 보편적인 자연법이 되는 것처럼 행위하라"가 된다.

Kant의 의무론이 교육정책에서 적용되는 측면은 Rawls(1971)의 '정의론'에서 찾을 수 있는 바, 이는 의무론적 가치론을 토대로 하고 있다. 왜냐하면 더 나쁜 상태에 있는 사람들의 복지를 최대로 개선・증진시키려고 하는 정의사회와 공정한 분배적 정의에 대한 논증을 정당화하기 위해서 '형식적 의무원리'를 사용하기 때문이다. 인간은 누구나 정의롭게 공정하게 당연히 살아가야 할 권리와 또 그렇게 해주어야 할 의무를 동시에 가지고 있다는 것인데, 이것을 교육정책 내용이나 절차에 그대로 반영해야 한다는 것이다. 인간이 자기보다 약한 인간을 보살펴야 한다는 천부적 의무론에서 기인하는 것이다. 이러한 의무론에 기초한 교육정책은 교육을 통한 복지정책의 수단이 된다. 교육정책을 분석할 때 앞에서 준거로서 제시했던 형평성(equity)의 문제는 반드시 의무론적 준거로서 작용하게 된다.

둘째, 목적론적 가치론(teleological theories)은 행위의 결과에 의해서 옳고 그름을 판단하게 되는 입장이다. 목적론적 가치론 중에서 고전적 공리주의(classical utilitarian theories)는 현대의 복지 경제학에서 정책분석에 이르기까지 많은 영향을 미쳤다. Bentham이나 Mill은 고전적 공리주의자들로서, 그들이 말하는 "옳은 행위는 모든 사람에게 최대의 가치를 촉진시키는 것" 이라고 본다. Bentham은 특히, 두 가지의 민주적인 원리를 제공했는데, 최대 다수의 최대 행복의 원리와 모든 사람은 하나로 계산되어야 하며 아무도 하나 이상으로 계산되어서는 안 된다는 원리이다(Sahakian, 1974: 30). 첫 번째의 원리는 Bentham(1962)에 의해 "어떤 정치・경제적인 정책에 있어서도 옳고 그름의 타당하고 적절한 목표가 모든 개인의 최대 행복을 추구하는 데 있어야 한다."는 원칙에 적용되었다. 두 번째 원리인 공리주의의 사회화는 Mill에 의해 행복추구를 위한 모든 사람들의 동등한 권리로 해석되고 있다. 이러한 공리주의 원리는 오늘날 사회과학을 발전시키는 데 크게 기여했다고 볼 수 있다.

특히, 비용-편익분석(cost-benefit analysis)을 사용하는 정책분석가들은 사회 구성원들이 경험하게 되는 전체 만족도를 반영하는 준거, 즉 성과를 최대로 하는 준거를 추천하는 공리주의적인 정책을 활용하고 있다. 가능한 다수의 교육수혜자들에게 선이 배분되도록 정책을 수립하게 되고, 또 그렇게 되었는지의 여부를 분석하게 될 때, 이는 바로 목적론적 가치론에 근거한 작업이 된다.

셋째, 가치론적 규범이론(axiological theories)은 단순히 선한 목적, 가치 있는 결과나 성과를 가져다주기 때문이 아니고, 그 행위가 고유하게 본질적으로 선하고 가치롭기 때문에 옳다고 보는 이론이다. 이것은 내재적 가치이론이라고도 하며, 고유의 선, 선천적인 가치 준거로 교육정책 행위를 평가한다는 것이다. 앞서 기술한 바와 같이, 목적론은 행위의 외재적 가치의 관점에서는 행위의 결과를 평가하는데 초점을 두며, 내재적 가치론은 행위의 내재적인 가치에 그 초점을 둔다. 의무론은 행위의 자명한 가치가 형식 원리로 제시되어 있기 때문에 어떤 행위의 선천적인 권리나 의무가 있다고 주장하는 반면에 내재적 가치론은 옳음의 가치기준, 선의 기준을 형성한다는 것이다. 예를 들어, 내재적 가치론은 즐거움, 의지의 발휘, 자기 실체인식, 선의 이해 등을 경험하는 과정 그 자체에서 찾는다는 것이다. 다시 말하면, 내재적 가치론자들은 정치학, 법학, 경제학, 예술, 종교, 윤리학 등의 영역에서 평가하는 인간주체의 관심에서 나오는 것이 가치라고 보고 있다.

넷째, 실천적 규범가치론(practical theories)은 행위가 도덕규칙을 적용하고 형성하는 주체자의 사유와 실천을 통해서 확립된 '옳음'과 '선함'의 결과에 원리가 일치하게 되면 옳은 것이 된다는 입장이다. 실천적 가치론은 Dewey의 실험론적인 과학적 윤리관점에서 확대된 것이다. 즉, Dewey의 실험론은 가치론 영역의 연구방법을 과학적 검증방법으로 하고 있다. 예컨대 나타날 결과를 미리 예측하여 최선의 대안을 선택하는 이른바 가치 명료화의 과정을 거친다는 것이다. Dewey는 가치가 인식되는 준거를 발견하는 과정으로서 지성적 행위를 강조하는데 비해, 실천적 가치론에서 가치는 담론적 근거를 통해서 형성되는 산물로 보고 있다. 실천적 가치론에서 담론적 가치라는 것은 형식적인 가치설의 해체를 의미하는 것으로서 가치는 실재하는 것이 아니고 실천적 행위, 즉 프락시스(praxis)적인 삶 속에서 가치가 창조되는 것이다. 다시 말해서 가치는 인식주체자의 주체적 벽을 허물고 나와서 인식대상과 만남을 통해서 형성되는 것이다. 실천적 가치는 해석적, 비판적, 대화적 가치이며, 맥락적 관계 속에서만 가치가 인식될 수 있다는 것이다. 교육정책분석에 있어서 실천적 규범가치론은 Tribe가 주장한 맥락적 가치로서 비용-편익 분석의 신공리주의적인 가정도, Rawls의 정의론을 축소시키는 것도 아닌 상황적 선택을 하는 준거물이라고 할 수 있다(Tribe, 1972).

3) 메타 윤리적 가치론

메타 윤리적 가치론은 규범 윤리적 주장, 준거 그 자체를 사정함으로서, 규범윤리의 주장이 왜 옳거나 그르다고 할 수 있는가, 규범윤리학은 하나의 지식이라고 할 수 있는가, 그렇다면 그 지식의 형태는 어떤 것인가, 만일 규범윤리학이 진・위를 가릴 수 없다면 비인식주의의 지식에는 어떤 것들이 있는가 등에 대한 해답을 찾는 데 초점을 두고 있다. 메타윤리적 가치론에는 인식주의와 비인식주의로 분류되며, 인식주의적 메타윤리는 규범윤리의 진・위의 지식형태를 긍정적으로 수용하고 있으나, 비인식주의적 메타윤리는 규범윤리의 진・위 그 자체를 부정하고 있다.

인식주의는 일반적으로 규범윤리의 가치판단을 가치지식의 한 형태로 보며, 비자연주의적 인식주의와 자연주의적 인식주의로 구분할 수 있다. 비자연주의적 인식주의(non-naturalistic cognitivism)는 도덕적인 용어나 판단이 인간의 다양한 삶의 지식문제를 윤리적인 것으로의 환원이 불가능하다는 것이다. 도덕적인 가치 판단은 직관을 통해서만 인식이 가능하다는 것이다. 다시 말해서, 선이나 당위와 같은 도덕적 용어는 비자연적 속성을 지닌 것으로 정의가 불가능하다고 보고 있다.

교육정책분석에서 비자연주의적 인식주의자인 Moore(1990)는 "만약 내가 '선이란 무엇인가?' 라는 질문을 받는다면 나는 '선은 선이다.' 라고 대답할 것이며, 그것이 내가 답할 수 있는 전부이다. 또한, '선이란 어떻게 정의되는가?' 라는 질문을 받으면 나는 '선이란 정의될 수 없다.'고 대답할 것이며, 그것이 내가 말할 수 있는 전부라고 대답할 것이다." 라고 기술하고 있다. Moore에 따르면, 선의 속성은 정의하거나 분석할 수 없으며, 과학적으로 검증이 불가능한 비자연적 속성인 것이다. 그것은 직관을 통해서만 인식 가능한 대상으로 보고 있다. 비자연적 속성을 자연적 속성으로 환원시킬 때, 그것은 '자연주의적 오류(naturalistic fallacy)'를 범하게 되는 것이다. 다시 말하면, 선은 쾌락성이나 욕구의 대상이 되는 속성과 같은 자연적인 속성이 아니라, 그것은 단순히 선일뿐이다. 선을 어떤 종류의 자연적인 속성이라고 주장을 한다든가 혹은 그런 성질들의 복합체라고 주장한다면, 자연주의적 오류를 범하게 된다는 것이다(Sahakian, 1974: 42).

'사실'의 문제에서 '가치'의 문제로 환원시킬 수 없다는 것이 직관론자들의 지적이다. 교육정책을 정의함에 있어서도 자연주의적 오류를 많이 범하고 있다고 Moore는 주장한다. 가령 '훌륭한 정책은 사회구성원들에게 전체적 만족도를 최대로 높여 주는 것, 즉 사회복지를 극대화하는 것이다.'라는 정의는 Moore식으로 표현한다면 올바르게 정의가 되지 못한 정책이라는 것이다. 그 이유는 '사실판단'에서 '당위판단'을 유도해 낼 수 없다는 것이다. 다시 말하면, '훌륭한', '만족도' 라는 어구는 모두 '당위'의 영역이기 때문에 경험적인 진술이 불가능한 영역이라는 것이다. 반면에, Kohlberg는 자연주의적 오류를 인간의 도덕발달을 통해서 극복할 수 있다고 보고 있다.

자연주의적 인식주의(naturalistic cognitivism)는 도덕적 속성을 정의하는 기초로서 비자연주의적인 '직관'에 호소하는 것과는 다르다. 자연주의적 인식주의는 과학적인 방법과 경험적인 절차를 통해서 가치의 의미를 정립하며, 경험적인 지식에서 윤리적 지식의 근거를 찾고 있다. 메타윤리적 자연주의의 대표적인 학자들로 Dewey, Perry, Pepper 등을 들 수 있다. 이와 같은 자연주의자들의 경험적인 윤리와 가치는 사회과학 및 행동과학 연구에 크게 영향을 미치며, 특히 교육정책분석의 경험적·실증적 접근에 토대가 되는 가치이론이라고 할 수 있다.

비인식주의적 메타윤리는 정서주의적, 처방적, 찬양적 비인식주의로 구분할 수 있다. 비인식주의론자들, 예를 들어 Ayer, Stevenson, Hare 등은 규범윤리학이 제공하는 윤리적 지식을 부정하게 되는데 그 이유는 도덕적 명사는 기술적 의미를 결여하고 있기 때문이다. 정서주의(emotivism)는 선이 단순히 감정의 표현에 불과하는 것으로서 도덕적 진술은 감정 표현일 따름이며, 윤리적 지식이 되지 못한다는 것이다. 또한, 처방적(prescriptive) 진술은 단순히 강령적이고 명령적인 것에 불과하며, 윤리적 지식이 되지 못한다는 것이다. 찬양적(commendatory) 입장은 도덕적 진술이 찬양 또는 칭찬적 의미에 불과하다는 것이다. 따라서 이러한 비인식주의의 입장에서 교육정책을 본다면, '만족도', '바람직함', '옳음' 등과 같은 도덕적인 명사를 보다 명료화시켜서 진술해야 함을 촉구하는 입장이 된다. 특히, 해결하기 어려운 교육정책문제에 직면했을 때, 경험적인 검증과 예측뿐만 아니라, 규범적인 가치판단이 수반될 때, 메타윤리는 정책결정에 대한 준거, 주장 등을 명료한 언어로 검증이 가능하게 함으로써 교육정책분석에 합리적인 판단을 이끌어 낼 수 있을 것이다.

이상에서 교육정책분석의 가치론적 특성으로 Dunn이 구분・제시하고 있는 기술가치론, 규범가치론, 그리고 메타윤리적 가치론을 중심으로 기술하였다. 이들 가치론은 교육정책분석과 응용사회과학 분야에 상당한 영향을 주었다고 할 수 있다. 기술가치론은 교육정책의 검증이나 개발에 상당한 영향을 미칠 수 있으며, 규범가치론은 교육정책의 방향을 안내・제시하는 데 기여를 하게 되며, 그리고 메타윤리적 가치론은 규범윤리가 제시하는 방향을 분명히 설정하고 교육정책분석의 오류를 줄이는 데 기여를 할 것으로 기대된다.

2. 교육정책분석 가치론의 접근유형

교육정책분석 가치론의 접근유형은 앞서 기술한 가치론의 특성을 토대로 하여 분석・제시할 수 있다. 교육정책분석 연구의 윤리적 가치론은 메타윤리적, 규범윤리적 가치론, 그리고 기술가치론의 수준에서 이루어지며, 이 세 수준은 서로 독립된 연구영역이라기 보다는 상호 유기적인 관계를 가진다고 볼 수 있다. 메타윤리는 규범윤리적 가정을 명료하게 하며, 규범윤리는 가능한 기술윤리를 발견하며, 그리고 기술윤리는 그것을 실행하게 된다. 따라서 교육정책을 분석할 때는 이러한 세 과정을 토대로 합리적인 정책판단을 도출해야 할 것이다. 흔히, 교육정책분석에서 메타윤리와 규범윤리적인 면을 간과하고 있는데, 이것은 곧 교육정책분석의 오류로 직결된다고 볼 수 있다. 따라서 교육정책분석에 있어서 가치론의 접근 유형을 네 가지로 구분하여 기술하면 다음과 같다.

1) 규범적 · 경험적 연구

교육정책분석 연구는 규범적인 면과 경험적인 면을 동시에 고려해야 한다. 지금까지의 정책분석의 연구는 대체로 경험적인 연구가 규범적인 연구보다 훨씬 더 많았다. Tribe, Rein, MacRae, Ficher 등은 규범윤리와 메타윤리가 정책분석에 있어서 실제적으로 크게 기여하지 못했다고 지적하고 있다. 특히, MacRae는 응용사회과학 분야에서 규범 및 메타윤리학의 문제에 대해 깊이 있는 통찰력을 제시하고 있다. 그의 이론의 초점은 논리실증주의의 비판에 있는 것이 아니라, 정책분석에 있어서 규범적인 논의를 전개하는 방법론에 있다고 할 수 있다. 정책행위의 정당성에 대한 규범적인 가정의 체계인 '윤리적 가설'이 중심적 개념이 되어야 한다는 것이다. 다양한 윤리적 가설들을 탐구하여 MacRae(1976: 92-93)는 세 가지의 메타윤리적 규칙을 제시하고 있다.

첫째, 윤리적 가정의 명세화로서 윤리적 가설의 체제는 전문적인 제안자들이 설정해서 그 규범을 매우 명료화시킨다. 둘째, 사정의 일반적 기준의 적용으로서 여러 윤리적 가정들은 규범가치 중에서 가장 일반적인 기준을 적용한다. 사정의 일반적 기준으로는 일반화, 내적 합치도, 외적 합치도 등을 들 수 있다. 여기서 일반화는 적용의 범위를, 내적 합치도는 윤리적 가정체제 내에서의 모순 없는 상태를, 그리고 외적 합치도는 도덕적으로 정당한 행위로서 다른 신념들과 윤리적 가정과의 모순되지 않는 것을 의미한다. 셋째, 상황적인 적합성의 사정으로서 갈등하는 여러 상황을 설정해 두고 이에 대한 제안에 관해서 각각 비판하면서 윤리적 가정 체계를 수정할 것인지 시초에 제안된 윤리적 체계를 그대로 선택할 것인지를 결정한다.

이러한 정책분석에 있어서 규범적 연구의 틀은 메타윤리적 방법을 활용할 때 매우 효과적일 수 있다. 따라서 메타윤리적 방법은 규범윤리적 연구를 안내하는 데 기여를 한다고 볼 수 있다. 여기서 메타윤리의 역할은 규범을 구성하는 것이 아니고, 규범윤리적 가정을 '담론'하도록 준거를 제시하는 데 있다.

윤리와 가치에 대한 연구를 수행하는 데 가능한 절차의 적절성에 대해 규범적 탐구와 경험적 탐구 간에는 명확한 차이가 있다. 경험적 방법은 관찰과 검증을 통한 연구방법론이라고 볼 수 있으며, 가치론의 근거는 기술가치론에 있다. 그러므로 교육정책을 분석함에 있어서 규범적 탐구방법과 경험기술적 탐구방법을 동시에 고려하지 않을 수 없다. 규범적 탐구방법은 반드시 메타윤리적 방법을 근거로 한다고 볼 수 있다. 물론 "어떤 '당위'의 도덕적 판단의 개념도 '사실적' 개념에 의존한다."는 Kohlberg(1971: 151-235)의 주장에 누구나 동의한다고 하더라도, 규범윤리와 메타윤리는 분명히 교육정책분석 연구를 보완해 줄 수 있는 중요한 영역이라고 할 수 있다.

2) 메타윤리적 연구

교육정책분석에 있어서 메타윤리적 수준에서의 연구는 윤리적 지식의 실재와 본질에 관하여, 그리고 윤리적 지식의 진·위를 사정하여 활용할 수 있는 기준에 관하여 그 가정을 검증하게 된다. 여기서 비인식주의와 인식주의의 관계, 즉 자연주의적 인식주의자의 주장과 비자연주의적 인식주의 주장, 객관주의적인 자연주의 및 주관주의적인 자연주의, 인식적 주관주의 및 비인식적 주관주의자들의 주장 등 다양한 메타윤리적 관점에서 고려해 볼 수 있다. 이러한 메타윤리적 입장에서의 교육정책분석 연구는 반성적인 사유과정의 검증과 전제 인식의 비판, 즉 사실의 세계를 단순히 진술하는 것을 비판하는 것을 포함한다. 다시 말해서 사실적인 한 측면만을 교육정책분석에서 활용하여서는 안 된다는 것이다.

Hesse(1978)는 모든 과학적 이론들은 사실만으로 결정될 수는 없으며, 보다 더 합리적으로 논의되어야 할 과학적 이론의 준거가 있다는 것이며, 이러한 것이 바로 가치라고 기술하고 있다. 따라서 메타윤리적 교육정책분석 수준에서 해야 할 과업은 다음 수준에서 형성될 '규범윤리적 가정'의 형태를 제시해야 한다는 데 있다. 앞서 제시한 MacRae의 메타윤리적 규칙의 적용을 생각해 볼 수 있다. 교육정책에 있어서 효과성, 능률성, 형평성 등의 준거를 고려할 때 메타윤리적 관점에서는 규범윤리적 가정을 명료하게 제시해야 된다. 메타윤리는 이러한 준거를 제시하여 규범윤리적 논의를 함으로서 교육정책분석에 있어서 의미를 지닌다고 할 수 있다.

3) 규범윤리적 연구

교육정책분석에 있어서 규범윤리적 연구는 교육정책 행위의 정당화에 대해서 목적론적, 의무론적, 내재적, 그리고 실천적 가치론 등의 관점에서 검증한다. 교육정책과 관련된 문제들이 비록 사실의 문제에서 비롯된다고 해도, 교육정책에 있어서 규범윤리적 가정은 경험적이거나 인과적 추측만으로 해결될 수 있는 것은 아니다. 오히려 이러한 문제들은 그 정책행위의 "옳음"과 관련되어 있다고 할 수 있다. 이러한 규범윤리적 관점에서의 연구절차는 규범윤리적 가정의 검증에 있어서 담론적 논의 과정의 기준이나 원리의 적용을 포함하게 된다. 왜냐하면 대부분의 정책분석가들은 규범윤리적 문제에 대해 항상 체계적, 비판적으로 생각하지 않기 때문에, 이러한 절차의 목적은 합리적인 규범적 논의 과정을 거치도록 촉진시키는데 있다.

여기서 "합리적(rational)"이라는 말은 추리방법과 경쟁하는 윤리적 가정을 수용하는 데 충분한 함축적 의미를 인식하는 것을 의미한다. 규범윤리적 연구절차는 실질적 절차와 발견적 절차의 두 형태로 구분된다. 실질적 절차(substantive procedures)는 내적 일치도, 이른바 규칙을 적용할 절차이며, 또 차별의 원리, 즉 윤리적 가정의 실체나 합리적 내용을 평가하는 기준을 제시하는 것을 말한다. 발견적 절차(heuristic procedures)는 교육정책분석과 관련된 가치언어의 사용에 있어서 의미하는 합리성의 개념을 명료히 하는 것을 뜻한다. 이와 같은 규범윤리적 절차는 교육정책분석에 있어서 다음 수준에서 형성하게 될 기술적인 윤리형태를 구성하게 한다.

4) 기술윤리적 연구

기술윤리적 연구, 다시 말하면 경험적인 가치연구는 교육정책분석에 있어서 개별적, 전문적, 사회적 가치의 결과나 실재, 관계, 근원 등에 관해 여러 경쟁하는 가정들을 검증하게 된다. 다시 말하면, 교육정책분석 가치론의 특성에서 논의한 기본가치, 복합가치, 발달가치 유형론에 따라야 한다는 것이다. 기술적 가치연구에서 사용하는 방법과 절차는 조사법, 면접법, 투사법에서부터 시작하여 교육정책의 2차 자료 분석, 내용분석, 델파이법 등의 사회과학이나 행동과학에서 적용하는 것을 포함한다.

또한, 사회나 일반시민이 따르는 인습적인 도덕 등이 기술적인 가치 자료를 제공해 주고 있다. 다시 말해서, 이미 우리의 의식을 지배하는 이념, 문화, 제도, 관습 등은 기술적인 자료의 제공에 그 근거가 된다는 것이다. 기술윤리적 연구과정은 이러한 우리의 의식을 지배하는 가치체계의 탐구에 다양한 방식으로서의 검증과 분석이 필요하게 된다. 그럼에도 불구하고 이러한 기술적인 가치 자료들은 한편으로 규범윤리와 메타윤리적 요소도 함의하고 있는데, 이는 인습적인 도덕자체가 규범적인 요소이며, 그것이 규범을 이루는 준거가 될 수 있기 때문이다.

교육정책은 공공정책으로서 실천적인 목표를 지니고 있어 가치의 문제를 피할 수 없게 된다. 따라서 교육정책분석에서는 정책이 과연 바람직한가, 옳은가, 합목적적인가 등과 같은 물음들이 끊임없이 뒤따를 수밖에 없다. 이러한 물음에 대한 해답을 모색하기 위해 Dunn을 포함한 정책분석학자들이 제시한 내용을 중심으로 교육정책분석의 가치문제를 기술하였다.

이상에서 기술한 내용을 종합해 보면, 교육정책 목표를 달성하기 위한 최선의 대안을 선택하는 데 기여하는 교육정책분석은 경험적 · 실증적인 토대가 마련되어야 하며, 교육정책목표와 그 준거의 분석활동은 메타 윤리적 가치론으로 명료히 제시되어야 할 것이다. 교육정책 대안의 제시활동은 규범윤리의 적용으로 탐구되어야 할 것이며, 교육정책 대안의 비교 · 설명 활동은 기술윤리가치론으로 분석되어야 할 것이다. 따라서 교육정책분석에서 논의된 가치의 문제들은 교육정책분석에서 뿐만 아니라 교육정책이 전개되는 전 과정에 합리적인 판단을 할 수 있도록 하는 데 접목되어야 할 것이며, 이러한 일련의 활동은 상호 유기적으로 탐색·적용되어야 할 것이다.

Chapter 04

교육정책 환경

개요

교육정책 환경은 교육정책의 결정, 집행 및 평가 등 정책형성의 전 과정에서 주요한 역할을 담당하는 정책결정자, 집행기구 등을 둘러싸고 영향을 미치는 외적인 조건과 요인이다. 주요 교육정책 환경 요인으로는 경제적 요인, 인구통계 요인, 정치적 요인, 이념 및 가치 요인 등을 들 수 있다. 이 장에서는 교육정책 환경의 개념과 중요성을 살펴보고, 교육정책 환경을 구성하는 주된 요인들은 무엇이며, 구체적으로 이러한 교육정책 환경요인이 교육정책에 어떻게 영향을 끼쳐왔는지를 검토한다.

제1절 교육정책 환경의 개념 및 중요성

교육정책을 포함한 공공정책은 다양한 정책환경 즉, 경제 및 인구통계 요인, 정치적 요인, 사회 구성원의 이념 및 가치 등에 대한 반응으로서 형성된다. 교육정책에 영향을 미치는 이러한 다양한 환경적 요인들은 시간의 흐름에 따라서 변화되지만, 어느 정도 역사적인 연속성을 지닌다. 교육정책 환경은 교육정책의 결정, 집행, 평가 등 과정에서 주도적인 역할을 담당하는 교육정책결정자, 교육정책집행기구 등을 둘러싸고 있는 외적인 조건과 요인이다. 교육정책 환경은 교육정책의 전 과정에 있어서 필수불가결한 요소일 뿐만 아니라 교육정책형성에 결정적인 영향을 미친다. 교육정책 환경은 다음과 같은 여러 가지 측면에서 중요성을 지닌다(김신복 외, 1996).

첫째, 교육정책 의제형성의 기초가 되는 문제의식은 주로 교육환경의 맥락 속에서 제기된다. 즉, 교육정책을 통해서 해결하고자 하는 교육문제는 일반적으로 교육정책의 환경을 이루는 사회 내에서 학생, 학부모, 교사, 교직단체, 학부모단체, 언론 등에 의해서 제기된다. 교육문제는 교육정책을 수립하는 정부기관의 내부에서 정책의제로 채택할 수 있지만 이 경우에도 교육문제가 발생되는 교육환경과의 상호작용을 통해서 이루어지기 때문에 교육문제는 교육정책 환경과 밀접한 관련성이 있다. 특히, 교육여건 개선을 위한 정부의 재정 투자규모는 국가의 경제성장 및 경기변동과 매우 밀접하다. 예컨대, 1970년대 초 중동 오일쇼크로 인해서 우리나라 경기가 후퇴함으로써 그 후 약 10여 년 동안 지방교육재정교부금 법정교부율의 효력이 정지되어 정부의 교육재정 투자규모가 감축되고 이는 초·중등학교의 교육여건이 낙후하게 된 주된 요인으로 작용하였다. 반면에, 1980년대에 들어서 우리나라 경제가 안정적으로 성장하면서 지방교육재정교부금의 법정 교부율이 회복되어 정부의 교육재정투자 규모가 확대되고, 교육세를 통해 징수된 재원이 교육환경개선사업에 투입되면서 초·중등학교의 교육여건이 개선될 수 있었다.

둘째, 교육정책 결정과정에서 정책목표를 설정할 때에 사회 전체가 지향하는 교육이념, 교육적 가치는 중요한 기초가 된다. 예컨대, 고교평준화정책, 유아교육정책, 특수교육정책, 무상급식 정책 등 모든 교육정책의 목표는 사회 전반적으로 합의하는 가치와 이념을 기초로 하고 있으며, 이러한 가치와 이념은 국가사회의 정치, 경제, 사회, 문화체제와 밀접한 관련을 맺고 있다. 고교평준화정책의 경우 1970년대 이후 평등성의 이념이 고교교육 정책에 적용된 대표적인 사례이다. 또한, 최근에 쟁점이 되고 있는 무상급식 정책의 경우에도 보편적인 무상급식인가 선별적인 무상급식인가 하는 논쟁도 지향하는 정책이념과 직접적으로 관련된다.

셋째, 교육정책 환경은 교육정책 수립과 시행을 위해서 투입되는 자원의 양과 질을 결정하며, 이러한 투입요소는 교육정책의 형성과 집행 및 평가의 성공과 실패에 매우 중요한 영향을 미친다. 교육정책 수립과 시행을 위해서 필요한 인적 및 물적 자원의 투입, 집행기구 등과 같은 요소들은 정책과정에서 매우 중요한 요인이다. 예컨대, 학교 신설 및 교원 수급정책의 경우에는 학생인구의 수준과 흐름에 밀접히 관련된다. 해방이후 출산율이 높아서 학령인구가 급증할 때에는 교육인구의 규모 증가에 따른 교육재정 확보가 매우 중요한 정책으로 대두되었다. 반면에, 1980년대 이후에 출산율이 저하되면서 교육인구가 정체되고 오히려 학령인구가 감소되면서 교육의 질적 수준인 수월성을 확보하는 정책으로 변화되고 있다.

넷째, 교육정책의 집행과정에서도 인적, 물적 자원뿐만 아니라 사회의 가치체제, 풍토 등과 같은 요인도 교육정책의 집행을 촉진할 수도 있고, 이와는 반대로 교육정책의 집행을 저해할 수 있다. 교육정책의 집행을 담당하는 정부 관료제는 사회의 민주화, 지방분권의 가치 등에 따라 과거의 중앙집권적인 정책에서 지방교육자치제, 그리고 단위학교의 권한과 책임을 강조하는 단위학교책임경영제 등으로 변화되고 있다.

다섯째, 교육정책의 성과를 판단하는 기준과 준거를 결정할 때도 환경의 힘이 크게 작용한다. 예컨대, 교육정책을 평가하는 중요한 기준들인 평등성, 효율성, 자율성 등은 상호간에 갈등을 야기할 수 도 있으며, 이러한 각 기준에 대한 기대

수준도 사회구성원들의 가치관, 경제수준 등 환경적인 맥락 속에서 규정되기 때문이다.

요컨대, 교육정책은 사회의 다양한 환경적 요인들에 의해서 형성되기 때문에 정책의 변화는 어느 정도 예견될 수 있다. 따라서 교육 지도자들은 교육정책의 변화와 흐름을 주시하고서 이러한 정책의 변화가 학생들의 교육적 활동에 어떤 영향을 미칠 것인지를 파악하고 이에 대비할 수 있어야 한다. 예컨대, 교육활동을 위한 각종 프로그램과 교육경비 지출에 큰 영향을 미치는 정부예산의 규모는 사회의 경제활동의 흐름에 따라 크게 좌우된다. 교육 지도자들은 국가의 경제활동이 현재 성장기인지, 후퇴기인지에 대해 인식해야 되고 이러한 경제활동이 정부의 교육예산에 어떤 영향을 미칠 것인지를 사전에 검토할 필요가 있다. 그렇지 않을 경우 교육 지도자들이 지방정부 또는 중앙정부에 제출하는 교육예산의 타당성은 현저하게 감소될 것이다. 이런 점에서 교육 지도자들은 교육정책 환경을 파악하고, 이러한 환경의 변화가 교육정책 형성에 미칠 영향을 평가해야 한다.

제2절 경제적 요인 및 인구통계 요인

1. 경제적 요인과 교육여건

해방 이후 우리나라 경제 발전과정을 역사적으로 고찰하면 대체로 다음과 같은 5단계, 즉 전후 복구기, 1960년대의 자립경제기반조성기, 1970년대의 산업구조고도화기와 농촌근대화추진기, 1980년대부터 외환위기 이전까지, 외환위기 이후 현재까지 등으로 구분할 수 있다(김적교, 2012; 한국경제60년사편찬위원회, 2010a). 우리나라의 경제발전 단계를 시대적으로 정부의 개발전략과 정책이 대내외 환경에 따라 어떻게 변화되어 왔고, 그 특징이 무엇인지, 어떤 성과를 가져왔는지를 다음과 같이 분석할 수 있다.

첫째, 전후 복구기이다. 1945년 광복직후 극도의 혼란 속에서 1948년 대한민국 정부가 수립되어 경제 재건에 착수하였으나, 6·25전쟁으로 인하여 한국 경제는 엄청난 물적·인적 피해가 발생하였다. 전쟁으로 인하여 100여만 명의 인명피해 뿐만 아니라 엄청난 산업시설의 피해를 가져왔다. 그 결과로 전후의 경제정책은 전쟁피해 복구에 전력을 기울이게 되었다. 1945년부터 1960년까지 우리나라가 받은 총 원조액은 2,936백만 달러이며, 이중 미국으로부터 받은 원조액은 2,356백만 달러로서 전체에서 80%이상을 차지하였다. 1953년 이후 들어온 원조액도 2,083백만 달러에 달하였으며, 이중 84%인 1,745백만 달러가 미국으로부터 들어왔다(이대근, 2002).

이러한 원조 자금으로 정부는 경제 재건에 필요한 원자재와 시설재를 수입하고 또 원조물자의 판매대금으로서 경제 재건을 위한 내자를 조달하는데 활용하였다. 이 당시 원조 자금에 의한 수입은 우리나라 평균 총수입의 74%를 차지하였고, 원조물자의 판매대금은 당시에 정부세입의 거의 절반에 육박하였다. 이러한 원조자금과 물자를 통해서 전후복구사업과 경제안정을 위해 필요한 물자와 식량공급에 활용하였다. 아울러, 원조 자금이 투자재원으로서도 큰 역할을 담당하였다. 동 시기에 원조물자의 판매대금의 36%가 국방비로 지출되고 나머지는 거의 전부가 경제개발사업과 민간에 대한 융자금으로 활용되었다(김적교, 2012). 1950년대의 경제정책은 전쟁으로 인한 피해를 복구하면서 인플레이션을 수습하고 민생을 안정시키는 목표를 대체로 달성하였다. 아울러, 정부는 원조 자금을 통해서 경제성장을 위한 전력, 교통, 통신, 운수 등 사회간접자본시설을 위한 기계 및 시설제 도입에 사용되어 경제성장을 위한 기틀을 마련했다.

둘째, 자립경제기반 조성기이다. 이 시기에는 6·25전쟁이후 원조 자금을 통해서 경제성장을 위한 기틀이 마련되고 1961년 군사정권이 들어서면서 경제개발 계획을 통해서 자립경제를 위한 전략이 본격적으로 추진되었다. 제1차 경제개발5개년계획(1962~1966), 그리고 제2차 경제개발5개년계획을 통해서 자립경제달성을 위한 대외 지향적 공업화전략을 추진하였다. 초기의 어려움에도 불구하고 경제개발계획은 당초의 목표성장률을 초과달성하여 성공적으로 수행되었다. 1961~1970년간 GDP의 성장률은 연평균 8.5%에 달하였고, 제조업 성장률은 17.0%에 달하여 공업화는 빠르게 진전되었다. 빠른 공업화의 진전에는 수출이 견인차 역할을 하였다. 1962년~1971년 사이에 수출은 연평균 38.6%나 증가하였으며 이에는 정부의 강력한 수출유인정책이 큰 역할을 하였고, 해외무역환경도 유리하게 작용하였다. 한편, 이러한 개발전략에 따른 성과 뒤에는 인플레이션의 증가, 개발계획에 따른 수입수요의 증가로 인한 무역수지적자의 증가 등과 같은 문제점도 발생하였다(김적교, 2012). 1960년대는 높은 경제성장으로 빈곤문제를 해결하는 한편, 수출주도형 공업화 전략을 정착시키는 데 성공하였다. 특히, 공업화에 필수적인 인력 및 기술개발을 위한 기반을 다짐으로써 자립경제 달성을 위한 기반을 구축하였다.

셋째, 정부주도적인 개발의 시기로서 산업구조고도화 및 농촌근대화기이다. 1970년대에 우리나라 정부는 자본집약적이고 기술집약적인 중화학공업에 집중적으로 투자하였다. 그 결과 1970년대에 중화학공업은 연평균 20.0%로 성장함으로써 제조업 성장을 주도하였다. 또한 중화학공업에 필요한 고급기술인력 양성을 위해서 공과대학의 신설과 학과 증설, 공과대학의 특성화 정책을 추진하였다. 또한, 기계, 화학, 전자, 통신기술 등 국책 출연연구소를 설립하여 기술개발능력을 제고시켰다. 반면에, 정부의 공업화 정책 추진으로 농촌에서 이농현상이 심화되어 농업환경이 크게 악화되었다. 이로 인해 농업의 성장률도 떨어지고 식량자급문제가 대두되었다. 이에 따라 종합적인 농촌개발계획으로서 정부 주도의 새마을운동이 1970년부터 시작하였다. 새마을운동은 정신계몽, 환경개선, 소득증대가 삼위일체가 되도록 추진되었다. 새마을운동을 통하여 농가는 소득 증대 뿐 아니라 도로포장, 간이상하수도 설치, 주택개량 등 생활환경이 개선되고 전국마을에 전기 및 전화가 보급되어 복지가 크게 향상되었다(김적교, 2012). 1970년대는 중화학공업의 육성과 새마을운동의 추진으로 한국경제가 보다 성장하고 주곡의 자급 및 도농간 소득격차를 해소하는 긍정적인 측면이 있었다. 그러나, 다른 한편으로는 인플레이션의 지속, 부동산 투기 등을 유발하여 소득분배를 악화시키는 부작용도 발생하였다.

넷째로, 1980년대부터 외환위기 이전 시기이다. 1980년대에 들어서 민간부문과 시장의 역할을 중시하는 방향으로 정부의 개발전략이 수정되었다. 1979년의 2차 오일쇼크와 박대통령서거에 따른 정치적 혼란으로 경기가 침체하고 국제수지가 악화되는 상황에 1980년에 출범한 전두환 정부는 물가안정화 정책을 추구하였다. 정부의 재정긴축정책으로 물가가 안정되고 국제수지가 개선되면서 높은 경제성장률을 유지하였다. 이와 함께 수입자유화정책을 통해서 중화학공업의 국제경쟁력을 강화하고자 노력하였다. 한편, 1980년대 말에 민주화운동이 산업계와 노동계로 확산되면서 임금이 상승하고 경상수지의 적자 등 안정기조가 흔들리는 현상을 보였다(김적교, 2012).

마지막으로, 외환위기 이후 현재까지의 시기이다. 1990년대에는 정부가 우루과이라운드협상에 적극적으로 참여하면서 경제의 전면적인 개방화정책을 추진하게 되었다. 정부의 개발전략이 시장주도로 변하고 대외개방이 급속도로 진행되었다. 관세율이 대폭 낮추어지고 수입제한조치를 철폐하여 수입자유화정책이 가속화되었다. 서비스산업의 개방, 금융 산업에 대한 규제 완화, 자본시장의 자유화 등이 적극적으로 시행되었다. 한편, 총외채에 대한 단기차입비율이 급속히 높아짐에 따라 1997년 외환위기가 발생되었고, IMF 긴급자금지원을 조건으로 우리나라 경제에 대한 구조조정이 실시되었다. 이로 인해 금융구조조정을 통한 부실금융기관의 정비, 기업의 지배구조 개선을 위한 회계의 투명성 제고, 공공부문에서의 구조 개혁 등이 시행되었다. 이러한 구조조정으로 경제가 회복되었지만 2000년대에 들어서 정부의 복지 지향적 정책과 민간의 투자부진으로 경제성장이 둔화되는 현상을 나타나고 있다. 현재 한국경제는 성장잠재력 둔화, 산업 내 양극화 심화, 소득분배 악화, 재정건전성 악화 등 다양한 구조적 문제에 직면해 있다(한국경제60년사편찬위원회, 2010b).

우리나라는 이상에서 서술한 경제 위기와 성장의 여러 과정을 겪으면서 1950년대 초 세계 최빈국의 위치에서 점차 경제적으로 성장하여 1990년대 초반에 1인당 국민소득이 $12,500 수준에 도달하였으며, 1998년 IMF 위기를 거치면서 $8,000로 저하되었다가, 2006년에 $23,000을 거쳐서 2010년대에는 $30,000 목표 수준으로 높아지고 있다([그림 4-1] 참조).

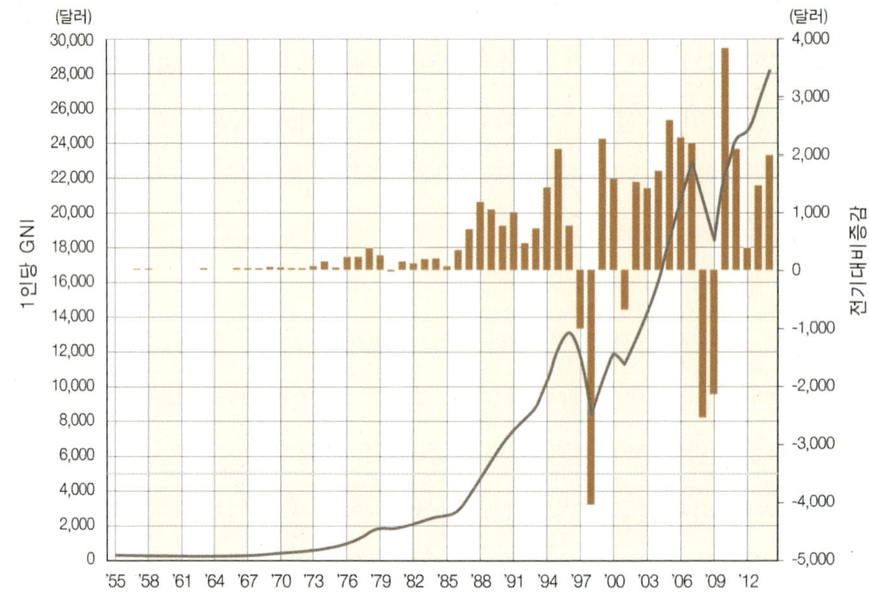

출처: 한국은행경제통계시스템(http://ecos.bok.or.kr).

그림 4-1 1인당 국민총소득(GNI) 변화 추이(1955~2012)

한편, 1945년 광복 당시 한국의 초등학교 취학률은 64% 미만이었다. 미군정과 한국정부는 초등의무교육의 완성을 한국교육의 최우선 과제로 추진하였으나, 한국전쟁(1950~1953)으로 학교 시설의 68%가 파괴됨에 따라 계획추진에 어려움을 겪었다. 휴전 직후 문교부는 '의무교육완성6개년계획(1954~1959)'을 수립하여 목표연도에 취학률 96%를 달성하기 위한 교원, 시설, 재정확보 계획을 세우고 추진하였다. 이 기간 동안 정부는 교육예산의 80%를 의무교육비에 배정하여 초등교육의 보편화에 주력하였다. 당시에 교육법에 의해 초등교육이 무상의무교육으로 규정됨에 따라 급증한 학생들을 수용하기 위해 학급당 수용학생 수는 늘어날 수밖에 없었고, 한 교실을 2, 3부제로 활용하기도 하였다. 도시지역의 경우 학급당 학생수가 90명을 초과하는 경우도 있었으며, 2부제 이상으로 교실을 이용하는 학급은 전체 학급의 40% 수준에 이르기도 하였다.

1960년~1970년에 이르는 개발연대에 한국교육은 경제개발을 지원하기 위하여 직업교육을 확충하고 과학기술교육을 강화했으며, 초등교육의 여건을 개선하였다. 1960년대는 중학교 교육에 대한 수요가 급증하였고, 중학교 입학을 위한 시험경쟁이 심화되었다. 이를 해결하기 위하여 1969년에 중학교 입학시험제도를 폐지하고, 1974년에 고등학교 평준화정책을 도입하였다. 이로써 중학교교육은 1979년에, 고등학교 교육은 1985년에 완전취학에 이르게 되었다(이종재 외, 2010). 구체적으로, 초등학교 학생 수는 1945년에 137만 명에서 1970년 575만 명으로 최대치에 이르렀다가 2014년에는 273만 명 수준으로 계속 감소되어왔다(〈표 4-1〉 참조).

한편, 한국경제가 성장하는 과정에서 내국세가 증가됨에 따라 내국세의 12.98%를 초·중등교육을 지원하기 위한 지방교육재정교부금 규모가 증가되어, 학교교육 여건을 개선할 수 있는 투자역량이 조성되었다. 구체적으로 교육 여건은 1960년대 이후 경제개발계획의 추진과 함께 정부의 특별 재정지원으로 학급당 학생수를 감축하기 시작했다. 이후 정부의 재정지원 확대와 학생 수의 감소의 효과로 인하여 학급당 학생수는 1945년의 53.9명에서 2005년에는 31.8명으로 축소되었다(〈표 4-2〉 참조).

표 4-1 초 · 중 · 고등학교의 주요 지표 변화 추이(1945~2014)

구분 / 연도	학교수			교원수			학생수 (단위, 천명)		
	초	중	고	초	중	고	초	중	고
1945	3,037	297	–	13,064	1,225	–	1,372	9	–
1950	3,942	395	279	47,248	9,100	–	2,658	380	–
1955	4,205	949	578	47,020	10,594	7,049	2,947	480	267
1960	4,496	1,053	645	61,749	13,053	10,022	3,621	528	273
1965	5,125	1,208	701	79,164	19,067	7,894	4,941	751	426
1970	5,961	1,608	889	101,095	31,207	9,845	5,749	1,318	590
1975	6,367	1,967	1,152	108,126	46,917	20,415	5,599	2,026	1,123
1980	6,487	2,100	1,353	119,064	54,853	27,480	5,658	2,471	1,696
1985	6,519	2,371	1,602	126,785	69,553	40,040	4,856	2,782	2,152
1990	6,335	2,474	1,683	136,800	89,719	58,074	4,868	2,275	2,283
1995	5,772	2,683	1,830	138,369	99,931	56,411	3,905	2,481	2,157
2000	5,267	2,731	1,957	140,000	92,589	63,374	4,019	1,860	2,071
2005	5,646	2,935	2,095	160,143	103,835	79,158	4,022	2,010	1,762
2010	5,854	3,130	2,253	176,754	108,781	126,819	3,299	1,974	1,962
2014	5,934	3,186	2,326	182,672	113,349	134,488	2,728	1,717	1,839

출처: 한국교육개발원(2005). 교육통계서비스(http://kess.kedi.re.kr).

표 4-2 학급당 학생수 변화 추이(1945~2015)

연도	초등학교	중학교	고등학교
1945	53.9	–	–
1962	62.8	60.1	55.8
1980	51.5	65.5	59.9
2000	35.8	38.0	44.1
2005	31.8	35.3	33.9
2010	26.6	33.8	33.7
2015	22.6	28.9	30.0

출처: 이종재 외(2010); 한국교육개발원(2010). 2010 교육통계분석자료집; 한국교육개발원(2015). 교육통계서비스.

2. 인구통계 요인과 교육인구

우리나라의 인구 통계에 중요한 영향을 미치는 정부의 출산 및 인구정책은 해방 이후 인구정책 추진 이전기, 출산 억제 정책기, 출산 장려 정책기로 구분될 수 있다. 우리나라는 1960년대의 높은 출산수준에서 적정 출산기 그리고 저출산기의 과정을 거쳐 왔으며, 인구정책은 출산억제정책기와 출산장려정책기로 구분될 수 있다(한국경제60년사편찬위원회, 2010b). 더욱이, 1990년대 중반 이후 출산율이 급격히 떨어지면서 저출산은 학생 수 감소에 직접적으로 영향을 미치고, 이는 학급 수, 학교 수, 교원 수급 등 교육정책에도 변화를 초래하고 있다. 이 뿐만 아니라 1990년대 이후 글로벌 사회에 따른 국제적인 인구이동의 증가로 우리나라의 인구 구성은 점차 다문화사회로 진입됨으로써 다문화 가족의 자녀들을 위한 새로운 교육정책을 필요로 하고 있다.

첫째, 인구정책 추진 이전기이다. 해방 이후 1960년까지의 기간은 우리나라에서 인구정책의 추진이 이루어지기 전 단계로서 출산조절을 위한 아무런 정책 추진이 없던 시기이다. 이 시기에는 경제적으로 어려웠지만 유교사상으로 인해 자녀가 많은 가정을 다복하다고 간주하고, 남아에 대한 선호가 매우 강하였다. 따라서 출산수준은 거의 자연출산 수준에 이를 정도로 매우 높았다.

둘째, 출산 억제 정책기(1961～1995년)이다. 이 시기는 높은 출산수준이 급격한 인구 증가를 초래하여 경제발전의 저해요인으로 판단되어 인구증가 억제를 위한 가족계획사업을 추진하기 시작한 1960년대 초반부터 출산억제 정책을 폐지한 1996년 이전까지이다. 1960년대는 가족계획사업이 시작되면서 출산수준이 감소하기 시작한 시기이다. 이 시기의 출산율은 1960년 6.0명에서 점차 감소하여 1968년에 4.2명으로 낮아졌다. 1970년대는 보다 안정적인 경제성장을 위하여 보다 강력한 가족계획사업이 추진되어서 1971년 출산율 4.7명에서 1976년에는 3.2명으로 감소하였다.

1980년대는 6·25전쟁 이후 베이비붐 시기에 태어난 세대가 가임기에 접어들면서 보다 강력한 인구 억제정책이 추진되었다. 이로 인해 1982년 출산율 2.7명에서 1988년에는 1.6명으로 크게 낮아졌다. 인구규모는 1980년 약 3천 8백만 명 수준에서 1990년에는 4천 3백만 명 수준으로 증가하였다. 1990년대는 인구대체출산 수준 이하로 떨어진 출산수준이 지속됨에 따라 인구증가 억제 정책을 폐지하고 인구자질 및 복지 향상을 위한 정책으로 전환한 시기이다. 출산율은 1999년에 1.43명으로 매우 저조한 수준으로 낮아지고 인구 규모는 4천 5백만 명 수준에 달하였다.

셋째, 출산 장려 정책기(1996～현재)이다. 우리나라는 1980년대 중반에 인구대체 수준에 이르고 이후에는 더 낮은 출산수준이 지속되었지만 인구 규모는 증가하여 2010년에 4천 9백만 명으로 그리고 2018년을 정점으로 감소될 것이다. 그러나 인구구조면에서 저연령층 인구비율은 빠르게 감소된 반면에, 노인인구 비율은 급격히 증가되었다. 이는 출산수준의 지속적인 저하, 소득수준의 향상, 의료기술의 발달 등에 기인한 것이다. 이는 결과적으로 노년 부양비용이 빠르게 증가하여 국가 및 경제활동인구의 사회적 부담이 크게 증가되었다.

1990년대 중반 이후부터 출산율이 본격적으로 감소한 이후에도 저출산이 심각한 사회현상으로 인식되지 못했다. 2002년 출산율이 1.17명으로 하락하면서 저출산 문제가 공론화되어, 2005년에 '저출산고령사회기본법'이 시행되고, 2006년에는 '저출산고령사회기본계획(2006～2010)'이 수립되었다.

우리나라의 인구정책은 인구증가가 가져오는 경제성장의 부담 감소를 위해 추진되었다. 즉, 출산억제 정책기에는 높은 출산율로 인한 부양부담을 감소시키기 위한 목적으로 그리고 출산장려기에는 저출산으로 인한 노동인구의 급격한 감소와 노년인구의 급격한 증가로 인한 경제사회적 부담을 고려하여 적정 인구구조로 가기 위한 방안으로 출산정책이 추진되고 있다(한국경제60년사편찬위원회, 2010b).

이러한 출산율의 변화에 따라 우리나라는 지난 60여 년간 인구 규모 면에서 많은 변화를 보였다. 1949년 약 2,019만 명에 불과하던 인구가 2015년에는 5,152만 명으로 증가하였다. 인구규모의 가장 큰 증가 원인은 높은 출산율에 기인한다. 1940년대의 높은 출산수준이 지속되어, 1960년대는 합계 출산율은 5.6명에 이르렀다. 특히, 6.25 전쟁 이후 베이비붐 시기였던 1955~1960년 기간은 고출산과 베이비붐 영향이 겹쳐 높은 인구 증가를 나타냈다. 이후 1990년대 이후는 출산율이 점차 낮아져서 2005년에 1.22명으로 최저점을 기록하였다(〈표 4-3〉 참조).

표 4-3 인구 변화 관련 주요 지표(1960~2015)

구분 / 연도	총인구	남	여	성비	출산율
1960	25,012,374	12,550,691	12,461,683	100.7	–
1965	28,704,674	14,452,831	14,251,843	101.4	5.63
1970	32,240,827	16,308,607	15,932,220	102.4	4.71
1975	35,280,725	17,765,828	17,514,897	101.4	4.28
1980	38,123,775	19,235,736	18,888,039	101.8	2.92
1985	40,805,744	20,575,600	20,230,144	101.7	2.23
1990	42,869,283	21,568,181	21,301,102	101.3	1.60
1995	45,092,991	22,705,329	22,387,662	101.4	1.70
2000	47,008,111	23,666,769	23,341,342	101.4	1.51
2005	48,138,077	24,190,906	23,947,171	101.0	1.22
2010	49,410,366	24,757,776	24,652,590	100.4	1.23
2015	51,529,338	25,758,186	25,771,152	99.9	1.24

출처: 국가통계포털(http://kosis.kr), 행정자치통계연보(행정자치부, 2016).

이상과 같은 저출산에 따라 우리나라의 학령인구는 급격하게 감소되고 있다. 예컨대, 중학교 학생수는 2010년에 약 196만여 명에서 2020년에는 129만여 명, 2030여년에는 약 113만 여명으로 감소될 전망이다(이혜영 외, 2007). 학생 수의 급격한 감소로 인해 소규모 학교의 통폐합 및 유휴교실의 활용이 늘 것이며, 학급당 학생수의 감소로 인해 새로운 교수-학습방법이 개발되고 적용될 것이다.

아울러, 인구 구성 측면에서도 변화가 이루어지고 있다. 학령인구의 감소 대신에 노년인구의 증가, 글로벌 사회의 등장으로 국제 인구이동의 증가에 따라 국제

결혼의 증가, 외국인 근로자의 유입, 외국인 유학생 증가 등 다양한 이유로 외국인의 국내 유입이 빠른 속도로 진행되고 있다. 그 결과로 1990년 약 5만여 명에 불과했던 국내 체류 외국인은 2010년에 약 118만여 명으로 20년 동안에 20배 이상으로 증가되었다(김종욱 외, 2010). 특히, 결혼 이민자와 그 자녀의 수는 2009년 266,774명에서 2020년에는 653,554명으로 크게 늘어날 것으로 전망되고 있다. 따라서 2009년 우리 사회가 다문화 사회의 진입단계라면 2020년에는 본격적인 다문화사회가 전개될 것이다(설동훈 외, 2009). 이와 같이 국제적인 인적 자원 교류가 증가되면서 우리나라의 인구구성은 보다 다양화되어 본격적인 다문화사회가 전개될 때, 학교교육에서 국제이해교육, 다문화 교육, 다문화가정 자녀들을 위한 돌봄 교실, 중식제공 등 다양한 교육 및 복지서비스 제공이 중요한 교육정책과제로 부상되고 있다.

제3절 정치적 요인

정책은 정치제제의 산출물이고, 정치체제는 모든 정책 활동의 주체이다. 정치체제는 사회문제가 환경으로부터 투입되면 이중 일부를 정책문제로 전환시키고, 이 정책문제를 해결하기 위해 정책을 산출하고, 산출된 정책을 집행하여 정책결과를 환경에 내보낸다. 이 과정에서 정치체제의 구조적 또는 운영상의 특징이 정책의 내용에 영향을 미친다. 정책의 내용에 영향을 미치는 정치체제의 특성은 정책결정자, 정치체제의 구조, 정치문화 등으로 구분될 수 있다(정정길 외, 2012). 정치체제와 정치 환경과의 관계는 [그림 4-2]와 같다. 정치체제는 환경으로부터 지지와 요구를 투입 받아 정책결정자의 특성, 정치체제의 구조, 정치체제의 문화 등이 모두 상호작용하여 정책 산출에 영향을 미친다.

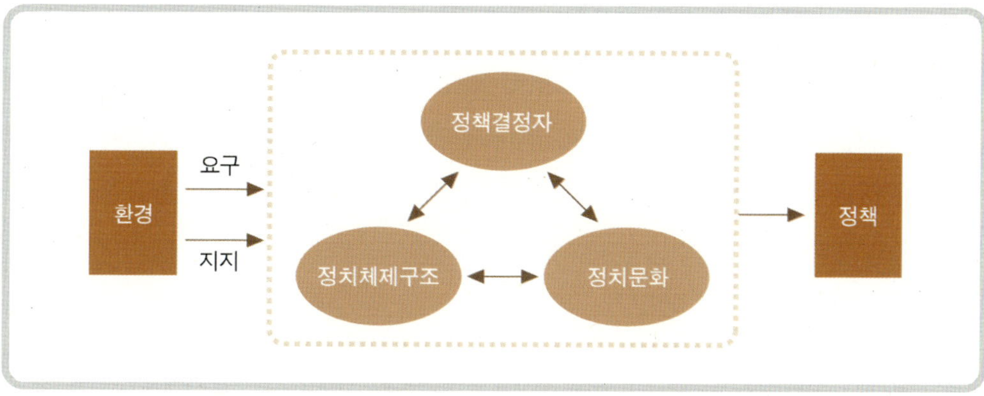

그림 4-2 정치제제의 특성과 정책

1. 정책결정자의 특성

정치체제에서 핵심적인 역할을 수행하는 행위자로서 정책결정자가 지니고 있는 능력과 성향이 교육정책에 큰 영향을 미친다. 첫째는 정책결정자의 능력으로서 이는 문제해결을 위한 지식이나 경험 등의 전문적 능력과 다양한 집단 간에 상충되는 이해관계를 조정할 수 있는 정치적인 능력의 두 가지 측면이 있다. 전문적인 능력은 정책의 분석적 · 합리적 결정과 효율적 집행, 효과적인 정책평가를 위하여 필요하다. 정치적인 능력은 목표 달성을 위한 여러 대안이 추구하는 가치와 목표, 희생시켜야 할 가치, 정책으로 인해 영향을 받는 집단이 상이할 경우에 발생되는 정치적 갈등을 해소할 수 있는 능력이다. 둘째는 정책결정자의 성향으로서 정책결정자가 지닌 신념, 가치관, 태도, 의식으로서 정책의 특정내용에 대한 선호도 또는 태도를 의미한다. 정책결정자의 정책선호도와 태도는 정책의 결정내용, 정책집행, 정책의 평가 전 과정에 커다란 영향을 미친다.

한국의 교육정책을 총괄하는 교육부장관의 경우에 교육 및 교육행정에 대한 전문적인 지식과 식견, 정치적인 능력, 도덕성의 겸비 등 다양한 요건의 충족을 요청받는다. 문민정부(1993) 출범 이후 2014년까지 21년 동안 23명의 인물이 교육부장관을 역임하였다. 역대 교육부장관들은 전문성 측면에서 대체로 교육에 대한 전문적 식견을 갖춘 인사들이었으며, 도덕성 측면에서도 크게 문제된 인물들이 별로 없었다고 지적된다(김신복, 2015). 그러나 장관후보자에 대한 국회의 청문회 과정이 점차 까다로워지면서 장관후보자의 능력보다도 도덕성 측면이 주요한 자격요건이 되고 있다.

2. 정치체제의 구조

정치체제의 구조는 정치체제가 어떻게 활동하는가를 직접적으로 좌우하는 중요한 요인이다. 정치체제는 정치체제의 활동을 통해서 정책의 내용이나 정책효과 및 정책영향에 큰 차이를 초래한다. 정치체제의 구조는 정부계층간 권력구조, 정부기관 간 권력구조 등으로 구분될 수 있다.

1) 정부계층간 권력 구조

정치체제의 정부계층간 권력구조는 중앙정부와 지방정부간의 권력배분 관계를 의미한다. 일반적으로 연방체제는 단일체제에 비해서, 그리고 지방자치정부를 지니고 있는 경우가 그렇지 않은 경우에 비해서 지방정부의 권한이 강하다. 우리나라는 역사적으로 중앙집권적인 방식으로 운영되었다. 해방 이후의 혼란, 전쟁으로 인한 피해 복구, 남북 대치상황에 따른 국가안보, 1960년대 이후 경제성장 제일주의, 정부주도에 의한 경제성장 등은 중앙집권의 필요성을 부각시켰다. 그러나 과도한 중앙집권화는 경제가 발전하고 사회가 분화되면서 여러 가지 문제를 발생시켰다. 즉, 중앙집권적인 정치체제는 지역주민의 소외, 복잡한 사회문제에 따른 정부의 지역 문제해결 한계, 정책 결정과정에서 정보의 상향적 전달과정 왜곡, 지역특성에 적합한 정책 개발의 곤란 등의 문제가 발생되었다. 이로 인해서 우리나라는 1995년 지방자치단체장의 선출을 통해서 본격적으로 지방자치를 실시하게 되었다.

이와 함께 1991년 '지방교육자치에 관한 법률'을 제정 · 공포하여 광역단위의 시 도에 독립된 교육위원회를 설치하여 실질적인 교육자치제를 시행하였다. 이후 2006까지는 각 시 · 도에 일반지방의회와는 별도로 심의의결기구로서 교육위원회가 구성되고 사무의 집행기구로서 교육감을 두었다. 2006년 지방교육자치법의 재개정에 따라 교육감의 선출방식이 간선제에서 직선제로 바뀌었고, 교육위원회는 시 · 도의회의 분과위원회로서 설치되어 교육위원회의 위상이 낮아졌다. 지난 20여 년간 지방교육자치제도는 교육행정의 지방분권을 통해서 주민의 참여의식을 높이고, 지역의 특성에 적합한 교육정책을 실시함으로써 교육의 자주성, 전문성, 정치적 중립성에 기여해왔다. 반면에, 우리나라의 교육자치제도는 광역단위에서 실시함으로써 주민의 참여가 제한되고 있으며, 교육위원회가 시 · 도의회의 분과위원회로 격하되었으며, 지방교육재정에 대한 자립도 저조, 지방교육자치에 대한 중앙정부의 통제 지속 등 여러 가지 문제점을 갖고 있다.

2) 정부기관 간 권력 구조

정치체제의 정부기관 간 권력 구조는 입법부와 행정부 간의 관계, 그리고 행정부 내부의 각 부처 및 기관들 간의 관계로 구분해서 살펴볼 수 있다.

첫째로, 입법부와 행정부 간의 관계이다. 정치체제의 성격은 입법과정의 기본구조를 규정한다는 점에서 중요한 정책 환경 요인이다. 즉, 정치체제가 권위주의 체제인가 또는 민주주의 체제인가에 따라 정책과정에 참여하는 행위자들 간의 역학관계는 지대한 영향을 받는다. 우리나라의 정치체제는 광복이후 권위주의 체제에서 점차로 민주주의 체제로 변화되어 왔다. 즉, 제1공화국(제헌~제4대 국회)과 제3공화국(제6대~제7대)은 민주적 성격과 권위주의적 성격의 혼재, 제4~5공화국(제8대~제12대 국회)은 권위주의 체제, 그리고 제2공화국과 제6공화국(제13대 국회이후)은 민주주의 체제로 구분될 수 있다. 일반적으로 정치권력이 집중되어 있는 권위주의 체제보다 정치권력이 분산되어 있는 민주주의 체제에서 국회의 정책결정 활동 즉, 입법 활동이 보다 활발하다. 우리나라의 경우에도 군사정부의 권위주의 체제하에서는 행정수반인 대통령에게 정치권력이 집중되어 있어 입법과정에서도 국회가 행정부에 종속되어 있었다. 그러나 문민정부 이후부터 민주주의 체제가 강화되어 대통령이 강한 권한을 행사하지만, 권위주의 체제와는 달리 입법과정에서 국회의원을 포함한 입법행위자의 역할이 증대되었다.

구체적으로 우리나라의 입법부인 국회의 역할은 1987년 민주화를 기점으로 점진적으로 정당과 정치인들 간의 선거를 통한 경쟁이 강화되고, 정권이 선거를 통해서 교체되는 과정을 거침으로써 민의를 수렴하고 반영하는 국회의 역량이 강화되고 국회의원의 의정활동이 크게 활성화되었다. 특히, 민주화 이후 문민정부, 국민의 정부, 참여정부 등에서 수차례의 국회법 개정으로 입법과정이 개선될 수 있도록 여건이 구비되고 있다. 또한, 국회 개의 일수의 점진적 증가, 상임위원회 구조의 제도적 민주성의 강화는 입법과정에서 국회의 자율성이 신장되고 있음을 보여주고 있다(최정원, 2004). 구체적으로 15대 국회부터는 의원발의 교육법률안이 정부제출 법률안에 비해서 크게 증가하였다. 즉, 교육정책의 결정과정에서 국회의 입법권이 강화되고 있다(강석봉 외, 2008).

둘째로, 행정부 내부의 권력구조이다. 행정부 내부의 기관들 간의 권력구조도 정책과정에 큰 영향을 미친다. 특히, 대통령실과 행정부처와의 관계, 행정부처 상호간의 관계 등이 중요하다. 행정부 내 부처들 간의 관력관계는 공식적으로 담당하는 기능의 중요성, 그리고 행정수반과 부처장과의 개인적 친소관계, 접촉 빈도 등에 의하여 좌우된다. 중요성이 높은 부처는 행정부 내에서 영향력이 커지므로 이들이 담당하는 기능이나 정책이 정책결정이나 정책집행과정에서 보다 우선되는 경향이 나타난다.

3. 정치문화

정부의 정책결정과정에 주요한 영향을 미치는 또 하나의 요인은 정치체제의 규범과 분위기로서 정치체제의 주요한 행위자들인 정치인, 정책결정자, 행정 관료들이 공유하는 정치문화이다. 정치문화는 넓은 의미로 정의할 때 정부가 무엇을 해야 하고, 어떻게 운영되어야 하는가, 정부와 시민의 관계에 대한 가치, 신념, 태도 등을 가리키는 것으로서, 정치체제의 운영방식에 직접적으로 영향을 미치는 중요한 요인이다.

1) 한국 정치문화의 주요 특성

한국의 정치문화는 광복이후 오랫동안 권위주의적 정향과 민주주의적 정향의 공존, 수용형의 정치문화, 지방적 · 신민적 · 참여형 정치문화의 특징을 지니고 있으나, 80년대 이후 자유주의적 · 참여형 정치문화가 점차로 강화되고 있다.

첫째, 권위주의적 정향과 민주주의적 정향의 공존이다(강형근, 1986). 한국의 정치문화는 전통적으로 권위주의적 정향을 지녔지만, 1960년대 이후에 추진된 근대화의 결과로 민주주의적 정향이 부상되었다. 따라서 현대 한국의 정치문화는 권위주의적 정향과 민주주의적 정향이 대립되면서 이원적으로 공존하고 있다고 볼 수 있다.

둘째, 수용형의 정치문화이다. 한배호와 어수영(1987)은 묵종성, 의인주의, 형식주의, 신뢰성, 평등성, 관용성, 권리의식의 7가지 가치 정향이 정치문화에 영향을 주는 것으로 분석했다. 이 중에서 묵종성, 의인주의, 형식주의는 사회적 태도로서 전통적인 가치정향의 주축을 이루는 것인 반면에 신뢰성, 평등성, 관용성, 권리의식은 정치적 태도로서 민주적 정치질서의 유지와 운영에 필요한 가치 정향으로 분류하였다. 사회적 태도는 전통적이면서 정치적 정향은 민주적 정향을 갖거나, 반대로 사회적 태도는 근대적이면서 정치적 정향은 권위주의적 정향을 가져서 일관성이 없는 사람들을 수용형의 정치문화를 갖는 사람들로 보았다. 한배호와 어수영(1987)은 한국의 성인층은 정치적 권위와 권력에 대해서 상당한 수준으로 지각하면서도 정치체제의 도덕적 기반이나 정당성에 대해서 애매하거나 무관심하고 대세에 따라 적당하게 태도를 정하여 행동하는 수용형의 정치문화를 갖고 있다고 지적하였다.

한배호(2003)는 1차 연구 이후 10여년이 지난 1995년의 연구에서는 이전의 정치문화 특징에서 두드러진 특징이었던 묵종성이 거의 미미한 수준이며, 민주주의 정치에 필요한 관용성, 동료 시민에 대한 신뢰, 평등, 권리 의식들의 정치적 정향이 이전 보다 신장되었다고 보고하였다. 반면에, 의인주의와 형식주의라는 가치 정향은 모든 세대에 큰 차이 없이 아직도 뿌리 깊게 남아있다고 밝혔다. 의인주의와 형식주의는 한국인의 정서와 가치관 속에 오랫동안 내면화되어 온 정향이어서 쉽게 변화될 수 없는 것으로 보인다.

셋째, 지방적 · 신민적 · 참여형 정치문화의 공존이다. Almond와 Verba는 정치체제에 대한 시민의 의식이나 태도에 따라서 지방적, 신민적, 참여적 정치문화로 구분하고 있다. 지방적 정치문화에서는 시민들은 정치체제의 존재나 투입 · 산출과정에 대해 잘 모르고 정부에 대해서 기대하는 것도 없다. 신민적 정치문화에서는 시민들은 정부에 대해 수동적인 인식을 지니고 있다. 반면에 참여적 정치문화에서는 시민들은 정치체제와 투입·산출과정에 대해서 명확히 인식하고 정치참여에 대해서 적극적이다. 우리나라에서는 이 세 가지 유형의 문화가 공존하고 있으나 점차 참여적인 정치문화가 강화되고 있다. 과거에는 관존민비 사상에 의해 신민적 의식이 남아있었고, 정부에 대하여 저항적인 의식이 잠재되고 있었는데 이것은 일제 식민정부에 대한 저항과 해방 이후의 민주적 정통성이 부족한 정부가 존속되었기 때문이다. 그러나 문민정부 이후 정부의 정통성에 대한 불신이 상당부분 해소되었고, 정치체제의 민주화와 시민의식의 성장, 지방자치의 실시에 따라 점차 시민 참여형 정치문화가 형성되고 있다.

넷째, 자유주의적 · 참여형 정치문화이다(이남영, 1985). 전통적으로 우리나라는 권위주의적인 왕정 체제였고, 소수 엘리트에 의한 일방적 지배 하에서 다수의 국민은 소극적이고 피동적인 역할을 수행하였다. 더욱이 일제식민통치를 겪으면서 이러한 전통적 정치문화에 배타주의와 냉소주의, 무관심 등의 요인이 추가되었다. 반면에, 광복이후 정부가 수립되면서 채택된 정치제도는 서구의 민주주의를 기본으로 국민의 적극적인 정치참여와 정치지도자들의 국민에 대한 책임을 바탕으로 하였다. 따라서 정부 수립이후 상당기간 동안에 우리나라의 정치문화와 민주적 정치제도가 조화되지 못했기 때문에 정치적인 혼란이 불가피하였다(신명순, 1993).

국민들의 의식 가운데는 비민주적인 전통적 정치문화가 내재해 있지만, 정치적인 혼란과 경제적 성장을 거치면서 국민들의 민주주의에 대한 가치가 성장하였다. 즉, 1960년대까지는 국민들은 장기집권과 독재에 대한 반대, 민주주의 의식을 강하게 지녔지만, 동시에 권위에 대한 복종, 신분적 사회계층의 중시와 같은 권위주의적인 속성이 강하게 남아 있었고, 정치적 무관심, 동원적 참여, 불신 등의 소외적 속성 등을 지니고 있었다. 또한, 가족주의, 혈연 및 지연, 신의 등을 중시하는 공동체성도 강해서 민주주의 확립을 저해하는 요인으로 작용하였다. 그러나 1960년대 이후 경제성장과 산업구조 변화, 교통 통신의 발달, 대중매체의 확산, 교육기회의 확대, 인구 이동과 급속한 도시화, 산업화로 인한 사회계층 구조의 변화 및 근로계층의 팽창 등의 변화로 국민들의 정치문화에도 변화를 가져왔다. 특히 1980년대 이후에는 한국인들의 민주주의적 정치의식이 한층 높아졌다(이남영, 1985). 즉, 국민들의 정치의식이 1980년대 중반 이후에 과거의 권위주의적이고 신민적인 유형으로부터 점차 자유주의적이고 참여적인 정치문화로 변화되었다.

2) 하위 정치문화의 특성

한국의 정치문화는 하위문화로서 엘리트 정치문화, 대학생의 정치문화, 농민의 정치문화, 노동자계층의 정치문화 등이 다른 일반 국민들과는 구별되는 특징을 보이고 있다.

첫째, 엘리트 정치문화이다. 우리나라에서는 역사적으로 국민들보다는 정치지도자 또는 소수의 정치엘리트에 의해서 정치문화가 주도되었기 때문에 엘리트 정치문화와 대중정치문화가 구분된다. 한국의 정치엘리트 또는 정치인들의 권위주의적 정치문화는 해방 이후 오랫동안 개선되지 않고 있다고 비판된다. 1970년대에 실시된 연구에서 여당의원들이 국민여론보다 자신의 신념이 보다 중요하다고 생각하고 있다고 지적한다(이영호, 1975). 즉, 한국의 정치엘리트들은 자신들이 국민들보다 우월한 판단력과 능력을 갖추고 있다는 권위주의적인 성향을 갖고 있기 때문에 정치활동에서 국민의 의사나 여론을 따르지 않게 되고, 결과적으로 국민들의 정치에 대한 불신과 무관심을 초래하였다. 정치엘리트의 권력욕, 권위주의적이고 독선적인 획일주의, 정당의 분파주의, 목적을 위한 수단을 가리지 않는 사고방식, 극한 대립과 흑백논리 등의 정치문화가 1990년대 초반까지 강하게 나타났다. 그러나 1988년 이후 제6공화국에서부터 민주화가 점진적으로 진행되어 정치엘리트의 정치문화에 영향을 미치고 있다.

둘째, 대학생의 참여형 정치문화이다. 한국의 정치문화에서 세대와 교육이 결합된 상황으로서 젊은 세대 중에서 교육을 많이 받은 대학생들은 기성세대들과는 분명하게 구분되는 정치정향을 갖고 있다. 현대 한국 정치사에서 이승만 독재정권이 학생들이 주축이 된 4월 혁명으로 붕괴된 이후 각 정권에 대해 대학생들이 견제와 비판세력으로서 역할을 수행해 왔다. 특히, 유신체제와 제5공화국에서는 학생운동권이 권위주의 정권에 대한 가장 위협적인 도전세력으로서 대학생들의 정치문화가 한국정치의 발전과 민주화에 큰 영향을 미쳤다(신명순, 1993). 한국의 대학생들은 일반 국민들과 달리 상하 위계질서를 중요시하거나 정부의 지시에 순종하는 묵종성에 대해서 아주 높은 강도로 부정적인 반응을 보였고, 형식주의와 의인주의에 대해서도 부정적인 반응을 보였다. 즉, 전통적인 태도는 부정하면서도 자신들의 의견에 대해서는 강한 자신감을 갖고 정부의 능력에 대해서는 부정적인 인식을 갖는 정치적인 정향을 나타냈다(한배호 외, 1987).

셋째, 농민의 정치문화이다. 한국의 농민들은 전통적으로 정치에 관심이 적고, 정부에 복종적이고 정치에 수동적인 것으로 인식되었다. 그러나 산업화와 더불어 도시와 농촌간의 차이가 감소해감에 따라 농민들의 정치성향에 변화가 초래되어 도시와 농촌간의 격차가 점차 줄어들었다. 즉, 1980년대 중반의 소값 하락에 따른 농민의 집단적 행동 및 시위, 1990년에 발생되었던 핵폐기처리시설 위치 선정에 따른 안면도 지역 농어민의 격렬한 시위와 소요 등의 사례에서 나타나고 있다.

넷째, 노동계층의 정치문화이다. 한국 사회에서 산업화 및 도시화가 진행되면서 노동계층은 급격히 수적으로 증가되었다. 노동계층의 경우에는 1970년대 중반까지는 정치적 성향에서는 보수적이었다. 그러나 1970년대 이후의 급격한 경제성장, 유신체제와 제5공화국 등에 걸친 권위주의 체제하에서 노동계층에 대한 규제와 노동운동에 대한 박탈이 강화되었다. 이후 1980년대 후반의 민주항쟁에서 노동자들은 격렬한 노사분규를 통해서 자신들의 입장을 요구하였다. 한편, 노동자계층은 자신들의 개인적인 이익과 관심사에 관련된 문제에 대해서는 높은 관심과 참여를 나타내고 있지만 국가적인 문제나 지역적인 문제에 대해서는 방관자적인 성향을 나타내는 수준에 머물고 있다(신명순, 1993).

제4절 이념 및 가치

1. 이념

정책과정에 영향을 미치는 주요한 요인으로 사회 구성원의 이념을 들 수 있다. 사회 구성원의 이념은 사회 질서에 대한 설명, 보다 나은 사회에 대한 비전을 포함하는 바람직한 미래상, 이를 달성하기 위해 정치의 변화를 실현하는 구체적인 방법 등이 담겨있다. 따라서 사회의 이념은 정책목표, 정책수단, 정책내용 등에 대한 가치판단의 방향을 제시한다. 우리사회에서 대표적인 이념으로서 보수주의, 자유주의, 급진주의 등을 지적할 수 있다(박병량, 2006).

첫째, 보수주의이다. 보수주의는 사회를 적자생존의 사회적 진화과정으로 보고, 자본주의 시장경제를 신봉하며, 개인의 사회적 위치와 문제는 개인수준에서 결정되어야 한다고 본다. 보수주의는 변화보다는 계속성을 강조하고, 기존 제도와 문화의 보존과 유지를 강조한다. 보수주의자들은 교육의 일차적인 임무는 문화의 전

승과 보존에 있다고 여기고, 교육기회는 기존의 사회질서 속에서 경쟁으로 배분되어야 한다고 주장한다. 특히 경제보수주의에서는 인간은 개인의 사적 이유추구에 의해서 동기화되고, 사회의 주요한 목표가 물질적 복지 달성에 있다고 생각한다. 따라서 경제에 있어서도 정부의 간섭은 필요 없고, 정책의 목적은 최소한의 정부규제를 선호한다. 경제보수주의자들은 교육의 목적을 경제성장에 두고 교육정책에서 높은 성취기준, 높은 책무성, 실적에 따른 급여, 수월성 시험 등을 주장한다.

둘째, 자유주의이다. 자유주의는 개인의 자유와 기본권을 주장한다. 자유주의는 보수주의와 마찬가지로 자유시장체제를 신봉하지만 정치적, 사회적 활동에서 모든 시민이 공정하게 대우받도록 보장하기 위해서 정부의 개입이 필요하다고 주장한다. 자유주의자들은 계속성보다는 변화와 진보를 강조하고, 인간의 자유와 권리 그리고 복지를 강조하며, 사회보다는 개인을 우선시한다. 자유주의자들은 교육을 개인과 사회 발전의 핵심수단으로 여기고 교육정책에서 일반교육과 시민교육을 강조하며, 국가가 교육기회의 불평등을 초래하는 정치적·경제적·사회적 장애를 제거함으로써 모든 계층에 교육기회를 균등하게 보장해야 한다고 주장한다.

셋째, 급진주의이다. 급진주의는 보수주의와 자유주의에 반대되는 이데올로기로서 계속성이나 진보보다는 사회적 변혁을 주장한다. 급진주의를 주장하는 사람들은 자본주의는 모순을 낳고, 주된 모순은 부의 축적과 대중의 일반적인 복지간의 모순이라고 주장한다. 급진주의자들은 정부가 경제활동을 통제하는 사회주의 경제체제를 주장한다.

넷째, 신자유주의이다. 신자유주의는 고전적 자유주의의 복원적인 형태로서 사회적 가치를 추구하기 위해 개인의 자유로운 활동을 보장하고, 기회의 희소성이 발생하며 필요에 따라서 경쟁의 원리를 가진 시장의 개념을 적용하는 입장이다. 신자유주의의 교육체제에서는 교육수요자의 교육 욕구가 충족될 수 있도록 다양한 기회와 활동을 공급해주고, 교육수요자는 자신의 적성 및 능력 등에 따라 학습기회를 선택하고, 교육서비스는 시장의 논리에 의하여 품질 경쟁을 하게 되면 결과적으로 교육서비스는 향상된다는 논리를 가지고 있다(이돈희, 2003). 신자유주의자들은 교육이 경제성장을 견인하기 위해서 교육정책으로서 직업 및 기술교육 증진에 관심을 가지고 있으며, 국가표준교육과정의 실시 등을 주장한다.

2. 가치

가치는 사전적으로 인간 행동에 영향을 주는 바람직한 것 또는 지적·정서적·의지적 욕구를 만족시킬 수 있는 대상이나 그 대상의 성질을 의미한다. 인간의 행동에 영향을 미치는 요인으로서 경제적인 이익, 권력에 대한 욕구, 사회의 안전과 질서에 대한 욕구 등이 지적된다. 예컨대, 인간은 자신의 행동이 자신의 경제적인 이해득실에 어떤 영향이 미칠지를 계산하고서 행동하게 된다. 이와 마찬가지로 특정한 교육정책이 추진될 때 이러한 교육정책이 자신에게 미칠 경제적인 이해득실을 고려하게 된다. 개인이나 집단은 또한 특정한 교육정책의 추진으로 자신이나 집단의 권력에 미치는 영향, 안전과 질서에 미치는 효과 등에 대해서 고려하게 된다. 이러한 개인이 추구하는 경제적인 이익, 권력, 사회에서의 안전과 질서 이외에 민주주의 사회에서 일반적으로 추구되는 바람직한 가치로서 자유, 평등, 효율성 등이 있다. 구체적으로 해방이후 한국의 교육정책은 주로 자유, 평등성, 효율성, 공공성의 가치를 지향해 왔다(주철안, 2015).

첫째, 자유이다. 자유는 민주주의의 기본적인 원칙이며 가치이다. 언론의 자유, 출판의 자유, 양심의 자유 등이 있다. 자유는 중요한 교육정책의 가치이다. 학생과 교사는 시민으로서의 자유는 한계가 없지만 다른 사람의 자유를 침해하지 않고 학습과정을 방해하지 않는 범위 내에서 보장된다. 한편, 교육의 자율성은 교육의 공공성과 상호 갈등적인 요소를 내재하고 있다. 교육의 발전 역사에서 근대 국민국가에서는 국가의 필요에 따라 국가에서 교육을 관리하는 공공성의 가치가 중요시 되었다. 국가에서는 누구에게나 교육의 평등한 기회를 제공하는 평등교육, 보편적 가치와 지식을 가르치는 보편교육, 그리고 국가 전체의 장기적인 필요에 따라 계획적으로 인력을 양성하는 효율성 이념이 국가가 교육을 관리하는 주요 목적으로 인정되었다. 그러나, 국내외를 불문하고 20세기 후반부터 국가의 권위와 기능이 약화되면서 시민사회의 자율성이 강화되었다. 교육부문에서도 각급학교, 교육기관 등의 자율성이 신장되고 있다(김신일, 2006).

한국교육에서 자유의 가치는 문민정부의 1995년도 교육개혁방안 추진이후 지속적으로 확대되고 있다. 즉, 문민정부에서 수요자중심교육의 강조, 단위학교의 자율과 경쟁을 통한 교육서비스의 질 제고 등이 추진되었으며, 이러한 교육정책 기조는 이후 정부에서도 지속되었다. 구체적으로 문민정부에서는 학교 교육의 다양화와 자율화 정책을 추구했으며, 국민의 정부에서는 교육개혁의 추진에서 자율, 경쟁, 시장 활용을 중심으로 하는 신자유주의 정책이 강화되었다. 또한, 이명박 정부에서 고교선택의 다양화 정책으로 학생 및 학부모의 자유권 보장이 강화되었다.

둘째, 평등이다. 평등은 민주주의 사회에서 모든 사람은 동등한 존재이며 법 앞에 동등한 위치를 갖는다. 평등은 또한 기회의 평등과 결과의 평등으로 세분화되어 논의될 수 있다. 예컨대, 교육기회의 평등은 모든 사람이 인종, 성별, 연령, 신분 등에 의해 차별을 받지 않는다는 가치이다. 능력에 따라서 사회적 가치의 생산에 기여하고 필요에 따라서 그 가치를 배분받는다는 원칙은 마르크스주의에서 지향하는 평등사회의 이상이다. 그러나 사회의 구성원을 방임상태에 두면 평등은 불가능해진다. 이에 따라 사회적 가치를 배분하기 위한 '객관적 관리자'가 필요로 하고, 사회주의국가에서 독재자나 강력한 관료체제가 출현하게 된다. 그러나 결과의 평등이 보장된 사회는 환상적 사회이다(이돈희, 2003). 예컨대, 교육에서의 결과평등의 지표로서 학생의 교육적 성취도에서의 평등을 생각할 수 있는데 이는 실제로 보장되기 어렵다.

한국교육에서는 해방이후 교육정책 수립에 대한 미국의 영향으로 인해 평등의 이념이 강조되었다. 즉, 한국의 기본학제로서 6-3-3-4의 단선형 학제를 확립한 것은 교육기회의 평등실현에 중요한 조치였다. 1960년대 후반에 초등학교 취학기회 확대로 급증하게 된 중학교 진학 희망자를 수용하고, 중학교 입시를 둘러싼 문제를 해소하기 위해 중학교무시험진학제도를 추진하였다. 중학교무시험전형제도는 고교 진학 희망자를 크게 증가시키게 되고, 이어서 1974년 고교평준화제도가 도입되었다. 1990년대는 초·중등부문에서 진행되던 교육기회의 확대가 유아교육 및 고등교육으로 확산되었다(김경근, 2010). 그러나 1990년대 말에 발생한 IMF 외환위기와 세계화의 물결, 그리고 신자유주의의 확산은 교육평등의 이상을 실현하는 데 큰 장애요인이 되었으며, 사회 전반에 걸친 계층 간 교육격차도 심화되었다. 2000년대는 교육격차 문제를 해소하기 위한 정책이 중점적으로 추진되었다. 예컨대, 참여정부에서 추진한 '교육복지투자우선지역지원사업'은 도시지역에서 경제력의 차이로 발생되는 교육여건의 격차를 해소하여 교육 불평등을 완화하려는 대표적인 교육평등정책이다.

셋째, 효율성이다. 효율성이란 비용대비 가능한 최대의 수익을 얻는 것이다. 교육정책의 실천과정에서 교육전문가들은 교육정책의 효율성을 중시한다. 특히, 교육재정운영에 있어서 교육비용 대비 산출의 효율성은 중요한 가치이다. 교육의 내적 효율성은 교육체제 내부에서의 투입대비 산출의 효율성을 가리키는 반면에, 교육의 외적 효율성은 교육체제 산출의 사회에 대한 적합성을 가리킨다.

한국교육에서는 효율성의 가치 중에서 교육내적인 효율성에 치중되었다. 즉, 광복이후 급속히 팽창된 교육기회의 확대에 따른 교육재원의 확보가 어려웠기 때문에 저비용정책이 추진되었다(이종재 외, 2010). 특히, 고등교육부문에서는 정부의 재정지원이 미약했기 때문에 높은 수익자 부담과 사학의존도를 특징으로 하였다. 문민정부이후에 정부의 고등교육분야에 대한 재정 투자규모를 확대하기 시작했으며, 이명박 정부에서 국가장학금제도가 도입되어 정부의 고등교육 예산규모가 확대되고 있다. 반면에, 교육의 외적인 효율성은 소홀히 되었다. 즉, 교육의 결과가 사회에 적합한가를 고려하는 교육의 외적인 효율성은 부정적인 평가를 받고 있다. 한편, 한국교육에서는 교육의 효율성 이념과 관련된 교육의 수월성(excellence)이 전통적으로 강조되어 왔다. 그러나 학생 개개인의 잠재성을 발현시키는 의미에서의 수월성은 이념적으로는 강조되고 있지만, 교육현실에서는 실질적인 교육이념으로 작동되지 못하는 한계를 보이고 있다.

넷째, 공공성이다. 18세기 근대 국민국가의 수립이후에 교육은 국가의 공적사업이기 때문에 국가가 관리해야 한다는 공공성이 강조되었다. 이에 따라 각국에서는 교육비의 공공부담을 특징으로 하는 의무교육제도가 정립되었다. 그러나 2차세계대전 이후 국민국가의 권위와 기능이 급속하게 약화되는 반면에, 시민사회의식이 강화되면서 교육의 자율성이 점차 부각되었다. 한국에서도 1980년대 후반에 민주화 과정을 거치면서 중앙정부의 권력은 줄어드는 대신에 지방과 사회 각 부문의 자치와 자율의 영역이 확대되었다. 1990년대에 들어서 지방교육자치, 학생 및 학부모의 교육에 대한 참여 등 단위학교의 자율성이 강조되었다. 이와 동시에, 국가주도 공교육체제의 비효율성을 지적하고 시장원리의 도입을 강조하는 교육에 대한 시장주의자들의 제안이 정부의 교육정책에 강하게 반영되었다. 이러한 역사적 맥락 속에서 한국교육정책의 쟁점에는 공공성과 자율성, 시장원리가 상호 대립하여 작용하고 있다(김신일, 2006).

PART

02

교육정책과정과 분석

Chapter 05

교육정책 의제설정

개요

교육정책 의제설정 혹은 교육정책 문제채택은 교육정책 과정에 있어서 첫 번째로 등장하는 단계이다. 무수히 존재하는 사회문제와 교육문제 중에서 정부에서 관심을 갖고 인적·물적 자원을 동원하여 정부의 관련 부처에서 제기된 문제들을 해결하겠다는 의지를 보이는 첫 번째 국면이다. 우리나라는 교육문제에 대한 높은 국민적 관심과 더불어 정부의 해결책 요구가 가장 큰 국가 중의 하나이다.

민주주의 사회가 진전되는 한국에서 교육문제와 정책에 대해 다양한 관련 집단의 요구는 점증하고 있어 왜 어떤 교육문제는 정책문제화 되고, 그렇지 않는가를 학문적으로 규명하는 작업 또한 확장되고 있다. 따라서 이 장에서는 교육정책 과정의 첫 단계인 교육정책 의제설정에 관한 이론과 분석모형을 살펴본 후, 이에 기초하여 CAMPUS Asia사업의 교육정책사례를 분석·제시한다.

제1절 교육정책 의제설정의 의의와 과정

다른 국가와 비교할 때 우리나라 국민이 지니고 있는 독특한 현상 중의 하나는 국민의 교육에 대한 열의, 소위 '교육열'이 매우 높다는 점이다. 이러한 국민의 높은 교육열은 긍정적으로는 교육을 통한 개인 및 사회발전의 추구를 가능하게 하며, 부정적으로는 주택문제, 사회계층 간 위화감 조성 등 사회문제를 야기시키는 결과를 가져오기도 한다. 거의 매일 신문지상에는 교육에 관한, 교육문제에 관한 기사가 보도되고 있다. 이러한 교육문제는 학교 급별, 교육대상별, 교육 영역별로 다양하게 나타나고 있다. 아울러 지방교육자치제 실시와 더불어 교육이념 성향이 다른 시·도교육청별로, 즉 지역별로도 교육쟁점이나 교육문제들이 다른 양상으로 나타나고 있다.

무수히 존재하는 교육문제에 대하여 국가나 혹은 지방자치단체가 모두 정책적으로 반영하여 해결하기란 시간적·인적·재정적 요인 등의 제약으로 인하여 쉽지 않다. 따라서 정부는 무수히 존재하는 교육문제 중에서 사실은 일부만을 정책의제화하여 해결하고자 노력하고 있다. 그러면 무수히 존재하는 교육문제 중에서 어떤 문제는 왜, 무슨 이유로 정부가 공식적으로 해결하려고 정책문제로 채택하고, 또는 그렇지 않는가에 대한 의문을 탐색하는 것이 이 장의 목적이며, 주된 내용이다.

교육정책 의제설정은 정부가 정책적 해결을 위하여 학교교육을 중심으로 학교교육권과 학교교육권 밖에서 발생하는 다양한 문제를 정책문제로 채택하는 과정 또는 행위를 의미한다. 여기서 정책문제 혹은 쟁점이란 정부가 그 해결을 위하여 심각하게 검토하고 해결하기 위하여 정부가 공식적으로 결정한 교육(정책) 문제를 말한다. 이러한 교육(정책) 문제는 중앙정부 수준에서 결정할 사항도 있고 혹은 지방정부 차원에서 채택하여 해결할 수도 있다. 교육행정이 관여하는 분야는 대상에 따라 학교교육, 사회(평생)교육으로 나눌 수 있으며, 교육영역별로 교육계획,

교육과정, 학생, 교원, 교육시설, 교육재정 등으로 그리고 학교급별로 유아, 초등, 중등, 고등교육, 평생교육 등으로 구분된다.

그 동안 교육정책에 관한 연구 중 정책결정에 관한 연구가 주를 이루었지만 교육정책문제 혹은 교육정책 의제설정에 관하여 이론적·실증적으로 규명하려는 연구는 최근 활발히 진행되고 있다(이종재 외, 2014; 정일환, 2000; 2013; 최종근, 1986; 최희선, 1984). 교육정책 연구는 일반적으로 정책과정과 정책분석의 측면에서 이해·파악된다. 교육정책과정은 정책의제설정, 정책결정, 정책집행, 정책평가 및 정책종결의 다섯 단계로 구분되며, 교육정책분석은 교육정책 목표를 달성하기 위한 최선의 대안을 선택하는 데 도움을 주는 것으로 파악된다(정정길, 1998; 정정길 외, 2007).

교육정책과정 중에서 교육정책 의제설정에 관한 연구에서 특히 이에 대한 체계적인 이론모형의 설정개발 및 실제 교육정책에의 탐색적용은 우리나라와 같이 교육이 국가 전체에서 차지하는 비중이 크고 교육문제가 전체 사회문제에서 차지하는 중요성을 감안할 때 매우 필요하다고 할 수 있다. 교육정책 과정에서 교육정책 의제설정단계에 대한 연구가 필요하고 중요한 이유는 다양한 교육정책문제에 대하여 이를 해결하도록 정부를 촉구하는 자극이 될 뿐만 아니라 설정된 교육정책의제의 성격이 뒤따르는 전 교육정책과정에 영향을 미치고, 또한 교육정책 결정에 도움이 되는 대안이 의제설정 단계에서 나타나기 때문이다.

정책의제 설정이론은 교육문제를 포함한 사회문제 중에서 왜, 어떤 문제는 정책문제로 채택되고 다른 문제는 문제로서만 남아 있고 방치되는가에 대한 경험적인 연구라고 할 수 있다. 이는 근원적으로 1960년대 초에 미국에서 한창 논쟁을 벌였던 정치적 다원론에 대한 비판이론으로 등장하여 정책연구가 본격적으로 각광받게 되자 Cobb, Elder, Crenson 등에 의하여 정책문제 채택에 관한 일반 이론이 전개되기 시작하였고 정책과정 이론의 한 과정으로 체계적으로 연구되기 시작하였다(Cobb & Elder, 1972; Crenson, 1971; Eyestone, 1978). 그리고 한국의 경우에도 1980년대에 들어와 발생한 사북탄광사태, 대구 택시기사 시위사건, 전교조사건 및 월남 고엽제 피해자 고속도로 점거 시위사건 등을 계기로 정책문제 채택과정에 대한 관심과 연구가 진행되고 있다(김성열, 1993; 정정길, 1998; 최봉기, 1988).

정책의제설정이란 정부가 정책적 해결을 위하여 사회문제를 정책문제로 채택하는 과정 또는 행위를 의미한다(정정길, 1998: 247). 즉, 어떤 교육문제 및 사회문제에 대해 그 해결을 위해 정책결정체제가 능동적이고 신중하게 고려하기로 한 의제를 설정하는 과정을 정책의제설정 혹은 정책문제채택(agenda setting, agenda building)이라고 한다. 정책의제란 정부당국이 문제의 심각성을 인정하여 적극적인 해결책을 강구하려 하는 정책문제를 말하며, 수많은 문제 중에서 정책의제로 선택되는 과정을 정책의제 설정이라고 규정하고 있다(김신복, 1982: 2). 최봉기(1988: 62)는 많은 사회문제 중에서 정부가 그 해결을 위하여(스스로 요구에 의해서든) 공적으로 채택한 문제를 정책의제라 하며, 이러한 정책의제를 채택하는 과정을 정책 채택과정 혹은 정책의제 형성과정이라고 규정하고 있다.

여기서 정책의제설정은 일반적으로 다음과 같은 특징을 지니고 있다.

첫째, 정책의제 설정과정은 정책과정에 작용하는 정치세력들이 처음으로 등장하는 국면이라는 점이다. 교육정책의 경우 무수히 존재하는 교육문제에 대해 어떤 해결책을 요구 혹은 강구하려는 정책과정에서 처음으로 관련 집단이나 개인이 등장하는 국면이 된다.

둘째, 정책의제 설정과정은 민주적 정치참여과정의 핵심적 성격을 지니고 있다. 교육정책 결정체제의 내외에서 어떠한 교육문제를 인지하고 그 해결책을 요구 혹은 모색할 경우 집단적인 사고과정을 통해, 그리고 합리적인 의사결정을 통해 민주적으로 이루어지는 과정과 절차의 하나라고 할 수 있다.

셋째, 정책의제는 정부의 정책결정체제에 의해 특정화된 정책문제이며, 따라서 정책의제 설정은 정책문제의 우선순위를 결정하는 성격을 지니게 한다. 즉 정책의제 설정이론을 설명해 주는 다양한 이론에서 보았듯이 무수히, 그리고 다양한 문제가 존재하는 교육정책문제에 대해 어느 것을 우선적으로 교육정책 결정체제가 채택하여 결정할 것인가를 정하는 계기가 된다.

넷째, 정책의제 설정단계에서는 다음 단계인 정책결정단계에서 찾아내야 할 정책대안들이 제시되는 경우가 있다. 교육정책문제의 선정에서도 암암리에 혹은 의도적으로 어떤 교육문제가 정책의제로 채택되어 가져올 긍정적, 부정적 파급효과와 정치적, 경제적, 기술적 실현 가능성을 고려하기 때문에 정책대안을 비교·제시하게 된다.

다섯째, 정책의제 설정단계는 정책의제화의 양상에 따라 후속 정책과정에 커다란 영향을 미친다. 교육정책과정은 정책문제 채택에서 정책결정, 정책집행, 정책평가 및 정책종결의 과정을 거치게 되며, 특정 교육문제를 둘러싼 관련 집단들 간의 세력 다툼은 정책문제 단계를 제 1라운드라고 한다면 그 이후에도 계속되는 5라운드의 경기를 펼치게 된다. 따라서 교육정책 의제설정단계에서 승부가 어떻게 진행되고, 어떤 결과를 가져왔는가에 따라 그 이후 단계에도 직접적 혹은 간접적으로 영향을 미치게 된다.

교육정책 의제설정의 중요성은 결국 어떤 정책이 결정되기 위해서는 무엇보다 관련된 요구 사항들이 정책결정권자의 관심영역 안으로 들어가야 한다는 점에서 찾을 수 있다. 즉 정책요구가 정책의제로의 전환에 실패하면 이는 정책화에 실패하게 된다는 것이다. 아무리 수혜집단이나 관련 집단들이 중요하다고 생각하고 심각하게 받아들이는 교육문제라도 교육정책 결정자들의 관심영역 안에 있지 않으면 무의미하게 된다는 것이다.

정책의제의 설정과정은 일반적으로 사회문제, 사회적 이슈 혹은 쟁점, 논제, 공중문제, 정부의제의 단계를 거치게 된다(Cobb & Elder, 1972: 82-89). 이를 그림으로 제시하면 다음과 같다.

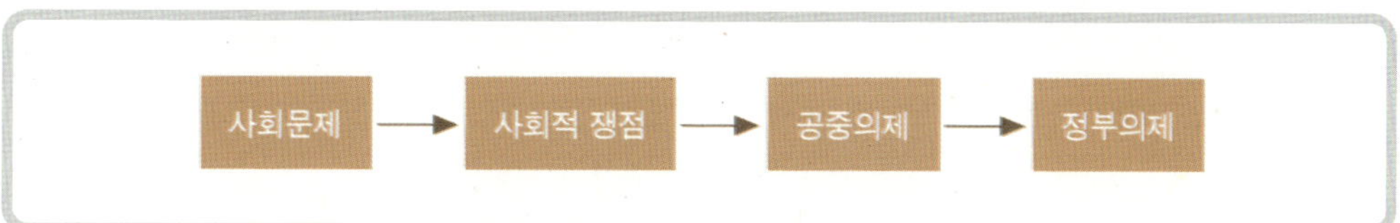

그림 5-1 정책의제 설정과정

사회문제(social issue)란 교육정책 분야에서는 교육목적이나 이념과 괴리가 있는 교육실제 혹은 무시되고 간과되고 있는 것들이 해당되며, 국민이나 교육관련 집단과 수혜집단으로부터 불평이나 요구사항이 있는 것을 말한다. 사회적 이슈, 쟁점 혹은 논제란 문제의 성격이나 문제의 해결방법에 대해서 집단들 사이에 의견의 일치를 보기 어려운 사회문제로서 집단들 간에 쟁점의 대상이 되어 있는 사회문제를 의미한다(정정길, 1998: 248; Eyestone, 1978: 72).

공중의제(public agenda)는 Cobb와 Elder가 말하는 체제의제(systemic agenda)로서 일반국민으로부터 주목을 받을 만한 가치가 있고 필요성, 중요성이 높은 것이며, 정부가 문제해결을 하는 것이 정당한 것으로 인정되는 사회문제라고 할 수 있다.

정부의제(governmental agenda)는 제도적 의제 또는 공식의제라고도 지칭되는 것으로 정부의 공식적인 의사결정에 의하여 심각하게 고려하기로 명백히 밝힌 문제들이다(Cobb & Elder, 1972: 86).

정정길(1998: 251)은 이러한 정책문제의 다양한 설정과정을 다음과 같이 도식화하고 있다. [그림 5-2]는 정책의제 설정의 다양한 과정은 바로 민주주의 원리에 따라 사회문제가 어떻게 정부의제 형태로 발전하는가를 보여준다.

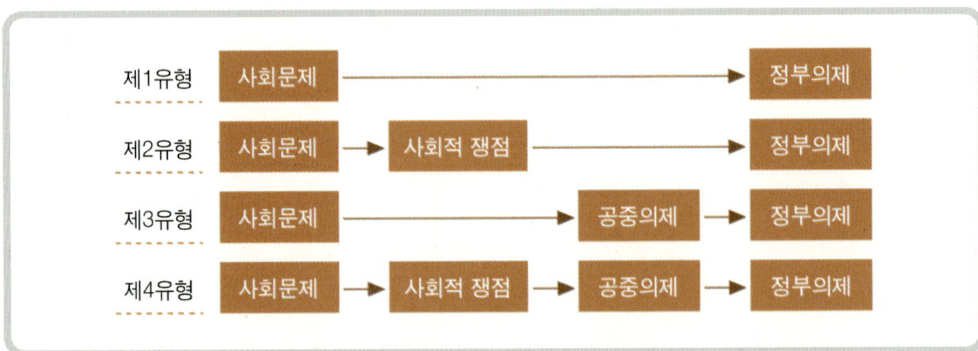

그림 5-2 정책의제 설정의 다양한 과정

이 네 유형을 보다 구체적으로 기술하면 다음과 같다(정정길, 1998: 252-254).

제 1유형은 사회문제가 정책결정자에게 인지되어 바로 정부의제가 되고, 정책결정이 따르게 되는 경우를 말한다. 제 2유형은 사회문제가 사회 쟁점화하여 많은 사람들에 의하여 해결방법을 둘러싸고 논란이 되고 있기는 하지만, 정부가 이를 해결하는 것이 옳으며, 또 해결해야 한다고 많은 사람들 간에 합의가 있기 전에, 즉 공중의제가 되기 전에 정책결정자들이 먼저 이를 정부의제로 채택하는 유형이다. 제 3유형은 사회문제가 갑자기 많은 대중 또는 공중에게 알려지게 되고, 이 문제해결을 위해서 정부의 조치가 필요하다는 의견이 광범위하게 확산되었을 때 나타난다. 제 4유형은 네 단계를 모두 거치는 것으로 공중 및 정책결정자가 공감하는 논제의 경우를 설명하는 모형이다.

하나의 논제나 정책안은 이와 같은 4개의 과정을 거치는 차원에 따라 공중의제와 공식의제로 형성된다는 것이다. 여기서 공중의제란 '정치체제가 담당 · 해결해야 할 것으로 간주되는 체제의제이며, 높은 수준으로 공중의 관심을 모은 확산단계를 거친 논제'를 말한다. 그리고 공식의제란 '기관의제 혹은 정부의제와 동일한 개념으로서 공중의제가 정부에 진입되어 정책결정자들의 공식적인 관심사로 그 해결을 위해 채택된 논제'를 뜻한다고 기술하고 있다.

정책의제는 정부 내 행동의 특정 유형을 의미하는 것으로 정책전개의 초기단계에서 유형들이 전개된다. Cobb와 Elder(1972: 85)는 정책의제를 체제적 정책의제(systemic agenda)와 제도적 정책의제(institutional agenda)로 구분하였는바, 체제적 정책의제는 "공중의 주의를 끌 가치가 있는 것이나, 현존 정부 당국의 관할영역 내에 있는 합법적 문제 등과 같이 정치적 공동체의 구성원에 의하여 인지되는 모든 논쟁문제"라고 규정하고 있다. 그리고 제도적 정책의제란 "권한을 가진 정책결정자들에 의해서 적극적이고도 신중하게 검토되는 명시적 항목들의 집합"이라고 정의하면서 여기에는 문제정의 정책의제, 제안적 정책의제, 협상적 정책의제, 그리고 계속적 정책의제가 포함된다. 또한, 논제나 정책안의 성격 및 그것이 공식의제로 채택되는 접근양상의 차이에 따라 후술하겠지만 정책의제 설정의 분석모형인 외부주도형, 동원형, 그리고 내부접근형 등 세 가지 모형으로 구분하고 있다.

제2절 교육정책 의제설정 관련이론

정책연구(정책과정 및 정책분석 포함)에 대한 이론적 근거로서, 그리고 정책의제설정 혹은 형성이론으로서 정치체제이론, 그룹이론, 엘리트이론, 기능과정이론, 제도적 접근이론 등을 들 수 있다(Anderson, 1982; Dye, 1978). 정책의제 설정에 관한 이론적 접근으로서 정정길(1998: 260-268)은 Simon의 의사결정론, 체제이론, 다원주의와 엘리트주의자들의 논쟁(엘리트이론, 다원론, 무의사결정론)으로 크게 세 가지로서 설명하고 있다.

그리고 최봉기(1988)는 정책의제 형성에 관한 접근이론으로 먼저, 무의사결정론과 구분하면서 일반체제론적 접근론(general system approach), 의사결정론적 접근론(decision making approach), 집단이론적 접근론(group theory approach), 엘리트이론적 접근론(elite theory approach), 제도론적 접근론(institution theory approach)으로 나누어 기술하고 있다. 교육정책 현상을 기술하고 설명하고 분석하는 이론적인 접근으로서도 체제이론, 의사결정이론 등이 많이 원용되고 있다(Cunningham, 1959; Kaufman, 1972; 김종철, 1990).

그러나 본질적으로 교육정책이 다양하고, 국민의 관심도가 높으며, 아울러 교육관련 집단, 수혜집단의 다수성, 다양성, 경쟁 등이 존재하기 때문에 일반화되는 정책이론을 정형화하기는 다소 무리가 있다. 따라서 다음에 기술되는 다양한 정책의제 설정 관련이론들이 독자적으로 명백하게 교육정책 의제설정이나 과정을 설명하기보다는 혼용되어 적용될 가능성이 높다. 아울러 교육정책의 유형과 중요도에 따라 교육정책 문제채택도 달라지기 때문에 이를 설명하는 관련 이론으로서 독자적인 하나의 이론보다는 종합·적용해야 할 것이다. 정책의제설정과 관련된 이론들을 기술하면 다음과 같다.

1) 의사결정이론

이 이론은 의사결정자들의 지적 능력이나 합리성에 한계가 있고, 관련된 모든 정보를 접근한다는 것은 불가능하다는 것을 지적한 Simon(1963)의 만족모형의 의사결정과정에서 정책의제 설정과 연계시켜 볼 수 있다. 이 모형이 제시하고 있는 기본 가정은 다음과 같이 요약할 수 있다.

첫째, 의사결정 과정은 문제의 확인과 진단, 문제해결을 위한 계획의 수립, 계획의 추진, 그리고 산출 및 성과에 대한 평가를 포함하는 일련의 순환성을 갖고 있다. 의사결정자는 의사결정과정에서 연속적으로 다음의 다섯 단계를 거친다는 것이다.

① 문제를 인지하고 규명한다. 문제의 인지와 규명은 의사결정이 시작되는 첫 단계이다.
② 현재의 상황 속에서 당면하고 있는 문제를 분석한다.
③ 문제를 해결하기 위한 준거를 설정한다.
④ 가능한 대안의 구체화, 각 대안에 대한 결과의 예측, 심의, 그리고 행동대안의 선택을 포함하는 행동계획이나 정략을 수립한다.
⑤ 행동계획을 시행한다.

둘째, 의사결정에서 완벽하게 합리성을 확보한다는 것은 사실상 불가능한 일이다. 즉 행정에 있어서 의사결정은 매우 복잡하며, 여러 가지 이유 때문에 합리성은 제한받지 않을 수 없다.

한편, Hoy와 Miskel(1996: 271-279)은 의사결정과정으로서 ① 문제의 인지와 정의, ② 현재 주어진 상황에서의 문제분석(문제에 대한 분류, 자료의 수집, 문제의 구체화 및 명세화), ③ 문제해결을 위한 적절한 준거의 설정·탐색, ④ 집행을 위한 계획 및 전략의 개발(가능한 대안탐색, 결과에 대한 예측, 검토, 행동방침의 선택), ⑤ 활동계획에 대한 착수(프로그램의 구성, 의사소통, 감독 및 평가)를 들고 있다. 이를 제시하면 다음 [그림 5-3]과 같다.

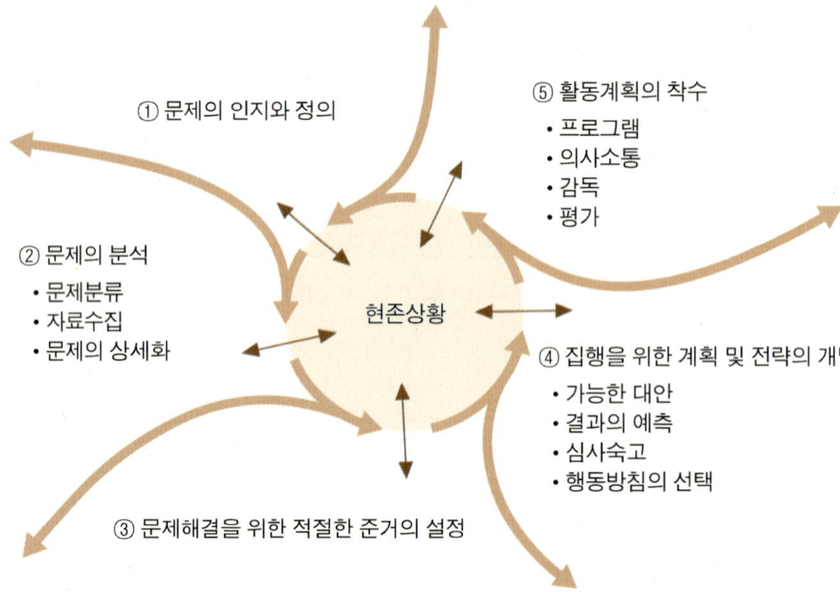

출처: Hoy & Miskel(1996: 272).

그림 5-3 Hoy와 Miskel의 의사결정 과정

여기서 Simon이나 Hoy와 Miskel이 제시한 의사결정의 과정(decision-making process)의 다섯 단계 중에서 정책의제 설정과 관련되는 부분은 첫 번째, 두 번째 단계라고 할 수 있다. 물론 정책의제 설정과정과 직접적인 관련성이 있는 단계는 첫 번째 단계, 즉 문제의 인지와 규명단계이지만, 정책문제를 채택하느냐의 여부를 결정하는 것은 바로 두 번째 단계, 문제의 분석이다. 교육정책 결정체제의 경우 체제가 수용할 수 있는 가능한 범위 내에서의 교육문제만을 채택해야 되기 때문이다.

정정길(1998: 260-261)은 Simon이 제시한 의사결정 활동의 세 국면, 즉 의사집중 활동(attentive directing), 설계(design), 선택(choice)에서 정책의제 설정과 관련지어 설명하고 있다. 즉 그에 의하면 정책결정 체제에서 의사결정자는 사물을 인지하는 능력에 한계가 있기 때문에 일시에 많은 문제에 대해서 주의를 기울일 수 없다. 여러 문제에 대한 주의집중을 동시에 하기 어렵기 때문에 여러 문제가 등장하면 이 중에서 몇 문제에만 관심을 가질 수밖에 없는 것이다. 따라서 일부의 문제만이 정책결정체제의 정책결정자에 의하여 정책문제로 채택된다는 것이다.

Simon의 이러한 설명에 대한 비판은 무수한 사회문제나 교육문제에 대해서 왜 어떤 문제는 정책 의제화 되고 어떤 문제는 되지 않는가를 규명하는 데 부분적인 설명은 되지만, 논리적으로 설명하는 데는 충분하지 못하다.

2) 체제이론

일반적으로 체제란 이를 둘러싸고 있는 환경과 상호작용하는 방법에 따라 개방체제와 폐쇄체제로 구분된다. 생물학적 개체나 사회내의 수많은 조직들이 개방체제에 속하며, 이러한 체제들은 외부환경과의 동태적인 상호작용을 하게 된다.

본 장에서 다루는 교육문제, 교육정책문제, 교육정책 의제형성 등은 바로 개방체제에 입각한 이론 틀에서 분석이 가능하다. 왜냐하면 교육체제를 둘러싼 정치, 경제, 사회, 문화체제와 교육관련 집단과의 끊임없는 상호작용 속에서 교육정책의제가 형성되기 때문이다. 그리고 상호작용 과정에 외부환경으로부터 다양한 형태의 투입을 받아들이게 되며, 이러한 투입은 다시 체제의 전환과정을 통해 외부환경에 산출 형태로 되돌아가게 된다(Kast & Rosenzweig, 1970: 119).

이 이론은 주로 정치학자인 Easton의 정치체제 분석에 그 근거를 두고 있다. 즉 Easton(1965)은 정책을 정치체제의 산출물로 보고, 정치체제를 전체적인 사회체제를 구성하고 있는 몇 개의 하위체제들 중의 하나로 파악하였다. 또한, 전체체제를 위한 가치의 권위적 배분이 정치체제의 주요한 기능이라고 분석하였다. 그의 정치체제의 동태적 반응모형을 제시하면 다음 [그림 5-4]와 같다.

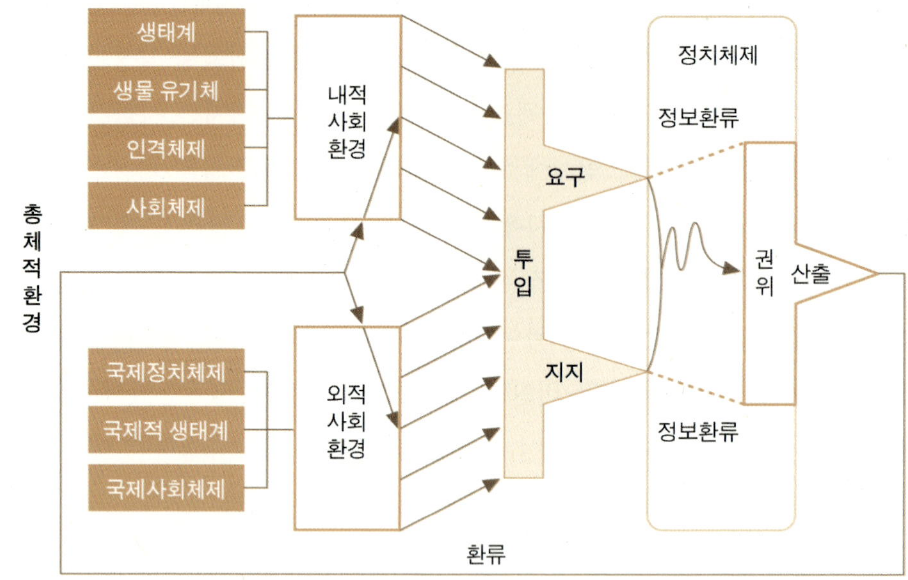

그림 5-4 Easton의 정치체제 모형

[그림 5-4]에서 보는 바와 같이, 환경에서 정치체제 속으로 들어가는 투입에는 요구(demand)와 지지(support)가 있다. 환경은 모든 제 조건과 정치체제의 경계에 있는 외부적 요소들로 구성되어 있다. 여기서 요구는 관련 집단이나 개인들이 자기들의 요구를 충족하기 위해 정치체제가 어떤 형태로든 행위나 조치를 취해 줄 것을 말한다. 정치체제는 사회 속에서 인지할 수 있고, 제도와 활동들은 상호 관련하에서 이루어지고 있으며, 사회에 대해서는 구속력 있는(가치의 권위적 배분) 의사결정을 한다. 지지는 정치체제가 환경이 요구하는 것을 실현시키기 위해서 인적 자원, 물적 자원, 그리고 정통성에 의거한 공권력 발동에 순응하는 것이다(정정길, 1998: 91).

교육정책의제와 연계시켜 보면, 교육관련 집단이나 수혜자가 교육정책 당국이나 보다 상위의 정책결정자나 체제에 대해 자기들의 주장을 요구하는 것이 된다. 그리고 지지는 개인들이 대통령, 지방자치단체장, 국회의원, 지방의회 의원 등을 선출하거나, 납세 혹은 특정한 법률, 조례 등을 지키게 될 때 이루어지며, 요구에 부응하여 이루어진 권위 있는 정치체제의 방침이나 의사, 행위 등을 받아들일 때 생기게 된다. 여기서 정치체제에 대한 투입의 성격을 명확히 제시하고, 이러한 투입이 체제 속에 진입하는 과정이나 매커니즘을 명확하고, 체계적으로 설명함으로써 사회문제 및 교육문제가 정책결정체제로 받아들여진다는 것이다. 다시 말하면 체제이론은 정책의제 설정과정을 설명해 주는 이론 틀로서 유용하다고 할 수 있다.

체제이론의 관점에서 정책의제 설정과정을 기술하면 다음과 같다(최봉기, 1988: 86-88). 즉 체제의 환경인 사회로부터 집단이든 개인이든 투입되어 오는 다양한 요구가 있으나 모든 요구가 정책결정체제(중앙정부 혹은 지방정부)의 정책문제로 정책의제가 되는 것은 아니며, 이것을 사회 문제화하여 쟁점화 함으로써 보다 쉽게 정책의제로 될 수 있다는 것이다.

그러나 정책문제로 채택(정책의제화)되는 것은 반드시 요구가 쟁점화되어야 함을 전제로 하는 것은 아니다. 쟁점이 정책의제화되기 위해서는 체제(정치체제이든 교육체제이든)의 수위 혹은 체제의 문지기(gate-keepers)를 통과해야 되는 데 이때 체제문지기란 바로 쟁점을 체제내로 진입 또는 차단하는 것을 결정하는 사람이나 집단, 기관이나 조직의 부서를 말한다(Easton, 1965: 48). 체제문지기들은 의도적으로 혹은 어쩔 수 없이 체제의 외부나 내부로부터 오는 요구를 선별적으로 제한하지 않으면 안 된다. 예를 들어, 대통령 선거에서 교육정책에 대한 공약을 남발한 경우에 이를 집행해야 하는 교육당국에서는 그 중에서 선별적으로 택할 수밖에 없는 것이다. 수많은 요구나 쟁점들 중에서 일부는 정책의제로 채택되고, 일부는 방치하게 됨으로써 체제에 부하된 양을 줄여 체제가 생존할 수 있도록 해 준다.

요약하면, 체제의 환경에서 작용하고 있는 사회적 제 과정들이 정책의제 설정에 영향을 미칠 뿐만 아니라 정치체제 내지 정책결정 체제에 대한 투입을 창출하며, 그렇게 나타난 요구들이 구체적으로 사회문제화, 쟁점화됨으로써 체제에 투입되며, 투입되어 온 문제 중에서 체제의 문지기들이 선별하여 정책의제로 채택하게 된다. 교육문제의 경우 신문지상에서 쟁점화되어 매일 기사화되지만 이를 모두 교육정책당국에서 정책문제로 채택하여 해결하려고 하지 않는 경우와 마찬가지이다. 교육체제의 문지기나 수문장이 의도적으로 선별하여 차단 혹은 수용하게 된다는 것이다.

이상을 종합하여 교육정책에 대한 체제모형을 제시하면 다음과 같다.

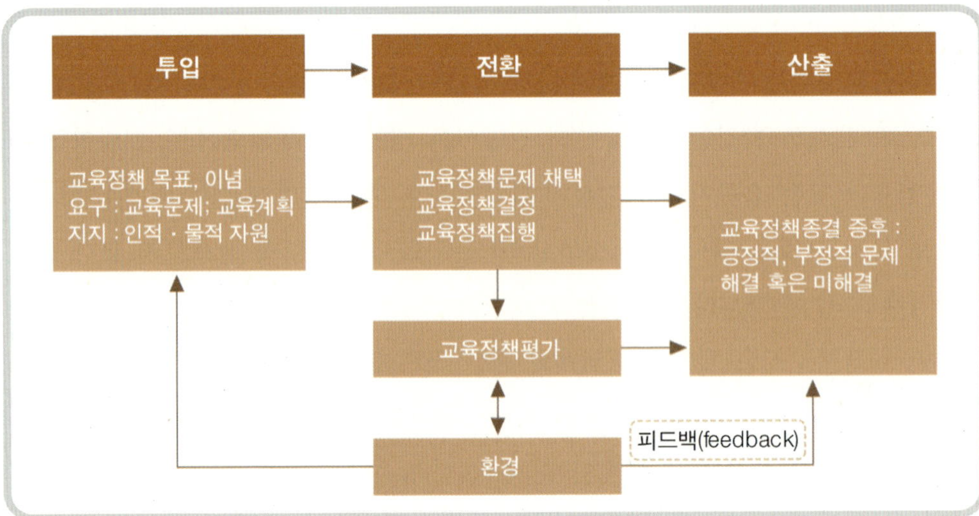

그림 5-5 교육정책의 체제모형

3) 다원론

다원론(pluralism)자들에 의하면 소수의 권력자들, 특히 정치적으로 선출되고 이들에 의해 임명되는 정책결정자들은 대개 어떤 특정한 문제에 대하여 일반 시민이나 관련 집단의 요구에 민감하게 움직이게 된다. 따라서 관련 집단이나 시민 중의 일부가 어떤 사회문제로 인하여 어려움을 겪고 있다든지, 혹은 피해를 입고 있는 경우 이들로부터 지지를 얻기 위하여 적극적으로 이 문제를 정책결정 체제로 끌어들여 정책 의제화하려고 노력하게 된다는 것이다. 특히, 지방자치제와 교육자치제가 실시된 이후 정치적으로 선출되는 국회의원은 물론 지방자치단체장, 시 · 도의

원, 시·군·구의원들은 중앙집권적인 교육행정체제하에서와 달리 보다 민감하게 교육관련 집단들의 요구에 대해 대응하게 된다.

Dahl(1961: 164~165)의 표현처럼 어떠한 교육문제나 사회문제든지 정치체제로 침투될 수 있다는 점이다. 다시 말하면, 어떠한 사회문제든지 정책문제로 채택될 가능성은 언제든지 있다. 정정길(1998: 265)의 지적처럼 어떤 문제를 정책 문제화 하는가에 대한 다원론자들의 명확한 규명은 없지만 암암리에 다음과 같은 것을 가정하고 있다(Crenson, 1971: 22). 즉 정책문제로서 추출되는 과정은 본질적으로 무작위적인 것이며, 여러 사회문제 중에서 어느 것이 정책문제로 선정되느냐는 어느 누구의 의도와는 상관없는 우연한 정치적 사건이나 사회적 사건에 의해서 결정된다는 것이다.

4) 엘리트이론

엘리트이론은 정책이 지배 엘리트들의 가치와 선호(preference)를 반영하며, 정책의제화나 정책에 대한 결정은 국민이나 관련 집단의 요구에 의해 정책문제로 채택되거나 어떻게 행동을 취하도록 결정을 하는 것이 아니라는 점이다. 이 이론을 아주 적절하게 표현한 Bachrach와 Baratz(1962: 948)는 "엘리트들의 권력은 단지 정책결정에서만 이루어지는 것이 아니라 자신들에게 불리하거나 해를 끼치지 않는 문제들만 정치체제가 관여해서 어떤 조치를 취하도록 권력이 행사된다"라고 기술하고 있다. 이러한 현상을 두고 '권력의 두 얼굴'(two faces of power)[5]이라고 부르기도 한다.

한편, Dye와 Zeigler(1970: 6)는 엘리트이론에 대해 다음과 같이 기술하고 있다. 첫째, 사회는 권력을 가진 소수와 권력을 갖지 못한 다수로 구분된다. 그리고 사회의 가치는 소수의 권력을 가진 자들만이 공유하고 그들에 의해서 배분하게 되며, 일반국민이나 대중이 공공정책을 결정하는 것은 아니다. 둘째, 소수의 지배엘리트

5) 밝은 측면의 얼굴은 정책문제를 해결하기 위한 정책결정에 영향력을 행사하고, 어두운 측면의 얼굴은 정책결정과정에 선행하는 정책문제의 채택과정에서 영향력을 행사하는 것이다.

들은 지배를 받는 다수인들을 위해 대표하는 것은 아니다. 엘리트들은 사회계층에서 상류층으로부터 불균형적으로 배출된다. 셋째, 비엘리트 계층에서 엘리트 지위로의 상향적 이동은 매우 서서히, 점진적으로 이루어지고 있는 바, 이는 기본적으로 엘리트들의 가치에 합의하는 비엘리트만이 지배계층으로 들어갈 수 있다. 넷째, 엘리트들은 사회에서 주도하고 있는 기본 가치와 체제의 유지·발전에 필요한 합의(consensus)를 공유하고 있다. 다섯째, 공공정책은 일반국민, 대중, 관련 집단의 요구나 이익을 반영하기 보다는 엘리트의 지배적 가치를 반영하고 있다. 어떠한 정책의 변화는 특히 안정되고 민주화된 사회일수록 급진적으로 이루어지기 보다는 점증적으로 이루어지게 된다. 끝으로, 엘리트는 일반대중에게 정책에 대하여 영향을 미치게 되며, 특히 무관심한 대중은 적극적인 엘리트에 의해서 영향을 받게 된다.

따라서 엘리트이론에 입각한 교육정책 의제설정은 리더십의 역할에 자연적으로 초점을 두게 되며, 정치체제에 있어서 소수가 다수를 지배하게 됨을 밝혀 준다. 즉 교육정책에 대한 최고 책임자인 중앙교육행정기관의 교육부 장관이나 지방 교육청의 교육감의 리더십(혹은 정책이념)에 따라 어떠한 교육문제는 해결하려고 노력하게 되고, 혹은 그렇지 않게 된다는 것이다. 어떠한 정책문제가 공식적으로 정부의제로 채택되는 과정이나 결정하는 과정에 있어서 엘리트들은 다수의 대중에 의해 비교적 영향을 덜 받으며, 자의적으로 어떠한 행동을 취하게 된다는 점을 알 수 있다. 그리고 사회의 지배엘리트가 수용하는 문제만이 공식적인 정부의제로서 거론이 되고 자신들의 이익을 해치는 혹은 별로 이득을 주지 못하는 경우 정책결정체제에 침투하지 못하게 한다는 것이다.

그러나 교육문제의 경우 교육에 대한 국민의 강한 열망이나 교육 관련 집단의 다수성, 교육정책 파급효과의 비중을 고려하게 되면 다른 정책, 예를 들어 경제정책이나 외교정책과 달리 엘리트에 의한 교육정책의제의 채택가능성은 물론 정책의 성격에 따라 다르지만 다소 낮다고 할 수 있다.

5) 신엘리트주의로서의 무의사결정론

무의사결정(non-decision making)의 개념을 Bachrach와 Bartz(1970: 44)는 "의사결정자의 가치나 이익에 대한 잠재적인 도전을 억압하거나 방해하는 결과를 초래하는 결정"으로 정의하고 있으며, 최봉기(1988: 81)는 "기존의 특권과 편익배분에 대한 요구가 표면화되거나 관련 정책결정기관에 접근하기도 전에 그것을 억압하거나 봉쇄해 버리는 결정"으로 개념 규정을 하고 있다.

이 두 개념을 종합해 볼 때, 무의사결정이란 사회 내에서 혜택이나 특권의 기존 배분상태를 변화시키려는 요구가 표명되기 전에 억압 또는 봉쇄, 차단시키는 결정을 말한다. 의도적으로 정책결정체제 내부에서 체제 내부에 접근도 하지 못하게 막아 버린다는 것이다.

제3절 교육정책 의제설정과정의 세부단계와 분석모형

1. 교육정책 의제설정의 세부단계

하나의 사회문제나 교육문제가 정책결정자에 의해 정책문제로 채택되기까지에는 다양한 절차를 거치게 되며, 이 과정에서 다양한 양상과 형태를 표출하게 된다. 즉 문제의 성격에 따라서, 문제를 정책의제화 하려는 주도집단에 따라서, 문제를 접하는 정책결정체제의 관점에 따라서 각 문제가 정책의제로 형성, 설정되는 과정은 다양하게 나타나기 마련이다. 이 과정은 바로 정치적 투쟁의 과정이며, 각 개인과 관련 집단 간의 갈등이 고도로 표출되는 활동이기 때문이다.

정책의제 설정과정에 대한 내용을 제시한 제 학자들 중에 Jones(1977; 1983), Kendrick(1974), Eyestone(1978), Cobb & Ross(1976), Anderson(1984)에 대해 보다

구체적으로 살펴보면 다음과 같다.

Jones는 정책의제 설정과정을 기능적 활동으로서 문제의 정부귀속 단계로 파악하고 있다. 사건인지와 문제의 정의(perception &definition), 결집과 조직화(aggregation & organization), 대표(representation), 정책문제 채택(agenda setting)의 4단계를 정책의제과정으로 분류하고 있다. 즉 기능적 활동으로서 인지, 정의, 결집, 조직화, 대표가 정부를 향한 문제로서 이는 문제확인체제에 해당되며, 산출로는 요구에 대한 문제가 된다. 이를 요약하면 다음 〈표 5-1〉과 같다.

표 5-1 문제의 정부 귀속과정

기능적 활동	정부 내 귀속	체 제	산 출
인 지 정 의 결 집 조직화 대 표	문제의 정부귀속	문제 확인	요구에 대한 문제

여기서 Jones가 그의 저서 *An Introduction to the Study of Public Policy*의 제 3판에서 정책문제 채택(agenda setting)단계를 추가·기술한 바, 이는 앞의 3단계, 즉 문제의 인지와 정의, 결집과 조직화, 대표는 정책문제 채택(의제 채택)이라는 마지막 단계를 위해 이루어지는 과정이라는 것이다. 그리고 Kendrick(1974: 116-145)은 정치참여과정의 한 국면으로 정책의제 설정과정을 세 단계로 분석하고 있다. 즉 문제 진술(phrasing the question), 의사전달(communication), 조직화(organization)의 단계로서 이는 어떤 사회문제에 대하여 정부가 개입하여 해결해 주기를 원하는 개인이나 집단들이 그들의 의도나 요구를 관철시키기 위하여 정책과정에 참여하는 것을 말한다. 즉 정치란 희소자원의 배분에 관한 결정으로 보고, 정치참여는 바로 의제설정과정을 통한 구체적인 정치적인 쟁점에 참여함으로써 가능하다는 점이다. 이를 과정별로 기술하면 다음과 같다.

① 문제진술과정: 특정한 사회문제가 정책결정체제에 의해 해결되기를 바라는 개인이나 집단이 그 문제를 명확하게 규정하고 진술하는 과정을 말한다.

② 의사전달과정: 문제의 중요성과 심각성, 정책적 해결의 필요성 등을 관련공중이나 집단에 전파, 확산함으로써 정책결정자들에게 영향력을 행사하는 과정을 말한다.

③ 조직화의 과정: 쟁점화된 문제를 보다 효과적으로 정부의 정책결정자들에게 전달함으로써 그들의 관심의 대상이 되고 아울러 정책의제로 채택하도록 하기 위하여 그 문제를 대표할 수 있는 조직을 확보하는 단계를 말한다.

한편, Eyestone(1978: 69-86)은 정책의제 설정과정을 특정한 논쟁문제나 사회 속에서 공중의제로 전환되는 과정과 정부 내에서 공식의제로 전환되는 과정으로 나누어 기술하고 있다. 그는 정책의제 설정과정을 인지집단에 의한 사회문제의 인지, 문제의 사회 쟁점화(social issue), 논쟁문제의 공공의제화, 그리고 논쟁문제에 관한 정부의 공식의제화의 4가지 과정과 그 이후의 정책결정으로 세분하여 설명하고 있다. Eyestone이 제시하고 있는 논쟁문제 전환과정(issue translation process)을 그림으로 제시하면 [그림 5-6]과 같다.

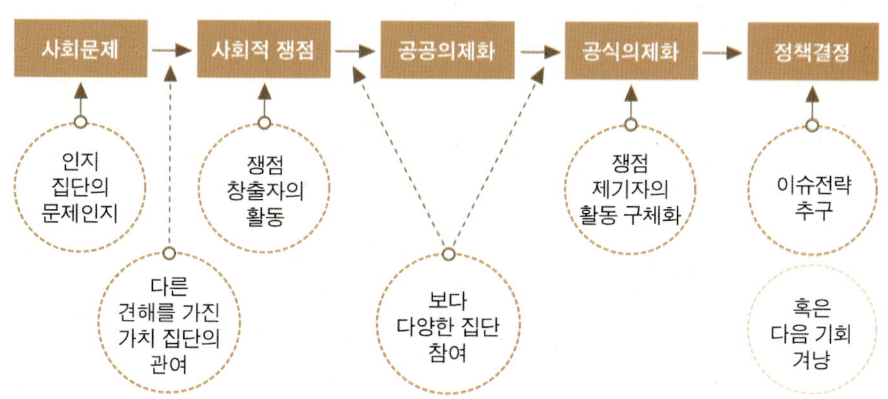

출처: Eyestone(1978: 104).

그림 5-6 논쟁문제의 전환과정

Cobb, Ross와 Ross(1976: 126~138)는 정책의제의 형성과정을 사회문제가 어떻게 전개·확산되는가에 따라 사회문제가 쟁점, 논제나 정책안의 제기(initiation)단계, 구체화(specification)단계, 확산(expansion)단계, 그리고 정부에의 진입(entrance)단계로 구분하고 있다. 이를 토대로 교육정책 의제설정의 단계를 기술하면 다음과 같다.

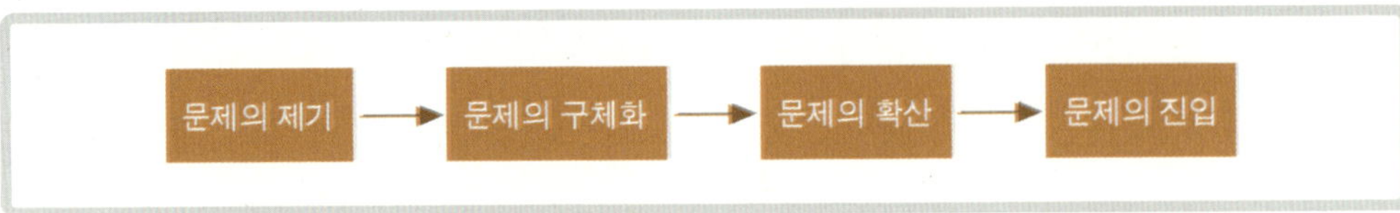

그림 5-7 정책의제 설정의 4단계

이와 같은 교육정책 의제설정의 4단계는 다음 절에서 기술하는 정책의제 설정의 분석모형, 즉 외부주도형, 동원형, 내부접근형과도 밀접한 연계성을 지니고 있으며, 이에 따라 각기 다른 양상과 특징을 보이게 된다.

1) 문제의 제기 단계

정책의제화된 특정 교육문제를 최초로 인지하고, 이를 정책결정체제나 집행당국(교육부 및 지방 교육청)들이 해결해 주도록 주도하는 개인이나 집단, 단체들이 문제 제기의 주도자가 된다. 교육문제를 심각하게 인지하고 주도하는 개인이나 집단들이 교육문제의 정책적 해결을 요구할 때 어떤 형태로 행동화할 것인가를 구상하게 된다. 즉 교육문제를 제기하는 집단이 인적·물적 자원 동원 능력이 어느 정도이냐에 따라 정책결정자에게 문제를 투입하는 행동이나 행태는 달라지게 된다. 정부의 내외를 막론하고 문제를 인지하고 이에 대한 정책적 해결을 요구함으로써 공식적 정책결정체제에 대해 정책 제안을 하기까지의 전 과정을 말한다.

정부의 외부에서 인지되어 내부로 투입되어 온 문제를 정부 내의 사람들이 받아들이는 경우와 정부 내의 사람들이 스스로 사회 내의 문제를 인지하거나 예측함으로써 문제를 갖게 되는 경우이다(최봉기, 1988: 297). 교육정책 제안단계는 수용된 문제를 정책적으로 해결하도록 공식적인 정책결정체제에다 정책을 제안하는 단계이다. 최초로 교육문제의 심각성을 인지하고 제기한 것이 정부 내부인가 아니면 정부 외부인가, 그리고 정책 제안자가 정책 제안을 하게 된 동기 또는 상황을 고려한다. 최초로 교육문제를 인지·예측했거나 사회로부터 문제를 받아들임으로써 정부의 공식적 정책결정체제를 향하여 정책 제안을 한 정부 내 개인이나 집단이 되며, 이들이 무슨 목적으로 어떠한 과정이나 경로를 통하여 추진하였느냐를 규명하는 것이다.

2) 문제의 구체화 단계

개인이나 소수에게 불만스럽거나 장기적으로 많은 사람에게 반복적으로 발생하는 교육문제로 이들이 정책적 해결을 요구하고 앞의 문제 제기 단계에서 표명된 고충이나 어려움이 특정한 정책적 요구로 전환되는 단계이다. 그리고 교육문제가 제기되고, 그 문제가 어떠한 경로를 통해 어떠한 양상으로 일반 공중이나 관련 집단에게 확산되어 갔는가를 규명하는 단계라고 할 수 있다. 이미 정부 내부에서 제안되어 있는 문제에 대해 공식적인 정책결정체제 기구가 그것을 정책적으로 해결하겠다는 관심 혹은 의지의 표현을 말한다. 교육문제 쟁점의 성격, 지속성, 일회성인가, 구항목인가, 신항목인가 등에 따라 문제의 구체화는 달라진다.

3) 문제의 확산 단계

사회쟁점 혹은 논제란 교육문제를 포함한 사회문제들 중에서 그 문제의 성격이나 해결방법에 대한 의견이 상반되는 쟁점적 문제를 말한다(최봉기, 1988: 271-272). 문제의 제기 단계 및 사회문제화의 단계에서 그 문제의 성격, 해결방법에 대한 구체화의 정도에 따라 사회논제화가 이루어지는 데는 달라질 수 있다. 논제 형성과정에서 둘 이상의 집단들이 관여하는 갈등상황을 측정하는 범위, 강도, 가시도가 된다.

특정 교육문제에 많이 관련된 사람들의 관심이 집중되어 있으며, 당연히 정책집행당국이나 주무부서가 해결하여야 한다고 여겨지는 사회논제가 바로 공중의제이다. 특히 여기에는 대중매체의 관심이나 문제와 관련된 집단 및 이익집단, 여론의 동태 등이 공중의제화 성립의 지표가 된다(Enloe, 1975). 교육문제 중에서 정부의 정책결정체제에 의해 포착된 문제, 문제 당사자 간에 해결이 불가능한 문제, 문제 해결을 위한 자원의 규모가 방대한 문제, 그리고 정치적 성격을 가진 문제 등에 따라 공중의제는 그 특성이 달라진다고 할 수 있다.

정부의 정책결정자들이 스스로 채택한 공식의제라 하더라도 정책결정과 집행의 효율성을 제고하기 위해 공중의 정책수용과 적극적인 추종을 위해 확산노력이 필요하다. 공중의제란 정부가 채택한 공식의제가 정부 스스로의 확산노력에 의해 많은 사람들의 관심을 모으고, 그것이 정부가 해결해야 할 정당한 역할 범위에 포함되는 것으로 인식되는 단계를 말한다. 정부가 주도하여 채택한 공식의제는 정책결정이나 정책집행의 효율성을 높이기 위해 공중의 광범한 지지를 확보하고자 정부 스스로 확산활동(공중의제로 성립시키기 위해)을 수행하게 되는 것이다.

4) 문제의 진입 단계

앞에서 기술한 바와 같이 공식의제란 수많은 교육문제 중에서 정부의 정책결정체제나 정책결정자가 그 문제의 해결을 위해 명시적이고도 능동적으로 관심과 활동을 집중시키는 문제가 된다. 어떤 교육문제가 공식의제로 채택되었다고 해서 모두 정책결정의 대상이 되는 것은 아니다. 교육문제가 관련 집단이나 국민에 의해 제기되어 확산활동을 통해 사회논제로 부각되고, 궁극적으로 정부 내의 공식적인 결정체제 내로 진입해 가는 과정에서 어느 시점에서 정부의 공식의제로 채택되는가를 밝히는 것이 된다.

정부의 정책결정체제를 향해 그 해결을 요구해 오는 수많은 문제들은 문제 자체의 성격, 주도집단의 확산세력, 문제를 대하는 정부의 대응전략 등에 따라 각각 상이한 기관이나 부서들에 의해 공식의제로 채택되는 단계이다. 정부에 의해 채택된 공식의제가 공중에의 확산과정과 공중의제화의 단계를 거쳐 다시 정부가 공식적인 정책의제로 확정하는 과정에서 처음 정부가 채택한 의제의 내용에 변화가 있었는가를 검토하게 된다.

2. 교육정책 의제설정의 분석모형

Cobb 등(1976)은 사회문제나 정부에서 제안하는 정책안의 성격, 그리고 이러한 것들이 공식의제로 채택되는 접근양식의 차이에 따라, 즉 의제설정을 누가 주도하느냐에 따라 정책의제 설정은 다음과 같이 세 가지 모형으로 집약하고 있다. 즉 정부를 중심으로 체제의 외부 혹은 내부를 기준으로 외부주도형, 동원형 및 내부접근형으로 구분하고 있다. 이러한 세 가지 모형은 본 절에서 교육정책문제를 채택하는 과정을 설명하는 데 매우 중요한 분석 틀로서 사용된다. 왜냐하면 정부의 다른 정책과는 달리 교육정책문제는 특히 교육의 특수성, 즉 교육투자 회임기간의 장기성, 교육투자 효과측정의 비가시성, 교육수혜집단에 대한 다수성, 평등성 등으로 인하여 교육열이 어느 나라 국민보다도 높은 우리의 경우 가장 민감한 문제, 정책 중의 하나라고 할 수 있기 때문이다.

교육수혜집단이나 관련 집단의 적극적인 교육정책 개입, 관여의 요구가 다른 정책보다 높으며, 새로운 정부가 들어설 때마다 상징적으로 가장 국민들에게 호응받고 공감 받을 수 있는 교육정책을 주요 정책으로 내세우는 경우가 많다. 교육정책의 성격이나 유형에 따라 교육정책 의제설정의 모형은 달리 적용된다.

1) 외부주도형

외부주도형은 공식적 정부구조의 외부, 즉 환경으로부터 비정부조직(NGO: non-government organization)에 의해 논제가 제기되어 공중에서 확산됨으로써 일차적으로는 공중의제가 되고(정정길의 분류 제 3유형), 최종적으로는 정부의제로 채택되는 정책의제 형성과정을 설명하는 모형을 말한다. 즉 문제가 정책결정체제 외부에서 제기되어 정책결정체제 내부로 향해 투입되는 과정을 설명하게 되며, 따라서 문제의 공개성, 대중의 참여도가 높으며, 공중의제화의 단계와 공식의제화의 단계가 순차적으로 이루어지게 된다(사회문제 → 공중의제 → 정부의제).

이 모형은 일반적으로 민주사회, 평등한 사회에서 찾아볼 수 있으며, 정책의제 설정에서 제시된 Dahl 등이 주장하는 다원론과 그 맥을 같이 한다고 할 수 있다. 이 모형은 의제, 논제가 비정부집단 혹은 비정부 단위에서 발생하여 공중의제가 형성되고 공식의제에 도달하는 의제형성과정을 설명하고 있다. 이 모형에서 의제형성은 정책결정체제 밖에 있는 집단들이 자신들과 관련된 문제에 대하여 불만을 표시하는 주도 단계와 표출된 불만이 다양한 방법을 통하여 구체적 요구사항으로 전환되는 구체화 단계, 그러한 요구들을 이슈화하여 보다 많은 대중의 관심과 지지를 얻게 되는 확산의 단계를 거쳐 최종적으로 공식의제, 정부의제로 채택되는 진입의 단계에 이르게 되는 과정을 거친다.

대립하는 집단 사이의 갈등으로 이슈가 발생하고 이 이슈가 널리 공중에 확장되어 공중의제의 지위에 오르게 되면 이는 정책결정자의 관심을 끌게 되어 정부의제에 도달하게 된다. 이슈가 발생하여 공중으로 확장되는 확장경로와 공중의제에서 정부의제로 오르는 진입경로에는 이슈경로를 촉진시키거나 방해하는 수많은 변인들이 나타난다. 이슈 제기는 공식적 정부구조 외부에 있는 한 집단에 의해 매우 일반적인 용어로 고충이 표명되는 단계이다. 이슈 제기에서 표명된 일반적인 고충은 특정한 요구로 바뀌게 된다. 정부 외부집단의 이슈를 정부의제에 올리려면 정책결정자가 압력을 느끼거나 관심을 갖도록 하여야 한다. 여기에는 다양한 방법이 있겠지만 이슈를 보다 큰 공중으로 확장하고 이전에 존재하던 이슈들과 결부시킴으로써 가능하다. 그러나 이슈가 확장되어 가는 도중에 보다 강력한 집단이 나타나 애초의 집단이 경시되어 배제될 가능성도 있다. 일단 이슈 확장에 성공하면 이슈는 공중의제가 되고 많은 사람의 관심을 끌게 되는데 이때 사람들은 정부의 응답이 필요하다고 보게 된다. 진입이란 이와 같이 공중의제에 이른 이슈가 정부의제로 이동하는 것을 말한다. 이러한 교육정책 결정체제의 외부에서 제시되어 공식의제화 되어 가는 소위 외부주도형의 교육정책 의제설정과정을 제시하면 [그림 5-8]과 같다.

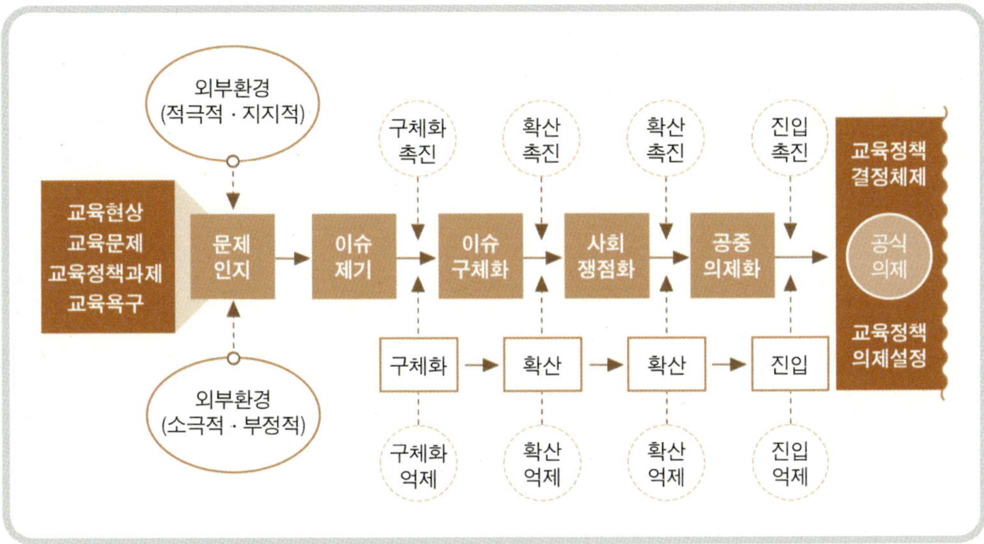

그림 5-8 교육정책 의제설정과정의 분석모형(외부주도형)

2) 동원형

동원형(mobilization model)은 어떤 교육문제가 정책결정체제의 내부에서 제기되었을 때, 거의 자동적으로 공식의제로 채택되는 과정과 그것이 정책으로 입안되고 난 후, 정책의 정당성, 합리성, 성공적인 집행 등을 위해서는 공중의 적극적인 지지와 협력이 필요하게 된다. 이를 위해 공식의제를 역으로 공중의제화하는 과정을 이론적으로 설명해 주는 모형이다. 다시 말하면, 정책결정체제 내부에서 제기된 문제가 곧바로 공식의제화되고 관련공중의 이해와 지지를 얻기 위해 정책결정체제 외부로 확산되는 과정을 설명하는 모형이라고 할 수 있다(사회문제 → 정부의제 → 공중의제).

동원모형은 정책결정자가 정책과 프로그램에 내포되어 있는 이슈를 정부의제에서 공중의제로 이동시키고자 하는 경우를 설명해 주는 모형이다. 이러한 이슈는 정책결정자나 측근에 의해 정부의제에 올려진 것이고 사전에 공중에까지 확장된 적은 없다. 확장은 정책결정 이후에 이루어져야 하는 바, 그 이유는 정책 혹은 프로그램의 성격상 효과적인 정책집행을 위해 국민들의 지지와 협력이 필요하기 때문이다. 즉 동원모형은 주로 정책집행을 위해 필요한 관심과 지지를 얻으려고 노력하는 과정을 설명해 준다. 정책 혹은 프로그램의 성격상 강제가 부적절 혹은 실제적이지 못할 경우, 그리고 강제적으로 하는 데 지나치게 많은 비용이 들어야 하는 경우 동원이 필요하다고 할 수 있다.

문제제기 단계는 하나의 새로운 정책 혹은 프로그램이 정치지도자에 의해 공표될 때 그것은 자동적으로 정부의제에 오르게 된다. 새 프로그램의 공표 이전에 정부 내에서 많은 논쟁이 있을 수 있지만 공중의 관심이나 지식은 없는 것이 보통이고 주도권의 원천은 정치지도자이다. 대표적인 예는 경제사회발전 5개년 계획을 일환으로서 교육부가 주도한 교육부문 5개년 계획이라고 할 수 있다.

구체화 단계는 새로운 정책이 공표될 때 아주 구체적인 사항까지 공표되는 일은 별로 없고 공표를 한 후 정치지도자들과 막료들은 공중의 기대사항, 협조 또는 지지, 물질적 자원, 노동, 행동양식의 변화 등을 구체적으로 정하게 되고, 국민들은 정책이나 프로그램의 내용을 제대로 이해하고 정부에 협조하게 된다.

확산 단계는 새로운 정책이나 프로그램은 공표된 순간부터 정부 정책으로 되기는 하지만 이것이 효율적으로 집행되기 위해서는 공중이 이를 수용하고 적극적으로 지지하는 태도의 변화가 있어야 할 것이다. 진입 단계는 많은 공중이 정부가 발표한 새로운 정책이나 프로그램이 중요한 문제를 다루는 것으로 인식함에 따라 정부의제에서 공중의제로 이동하는 것을 말한다.

이 모형은 정부의 국정 책임자, 교육정책의 최고 책임자와 교육 관련 집단이나 수혜 집단 간에 거리가 있는 계층적인 사회에서 흔히 일어난다고 할 수 있다.

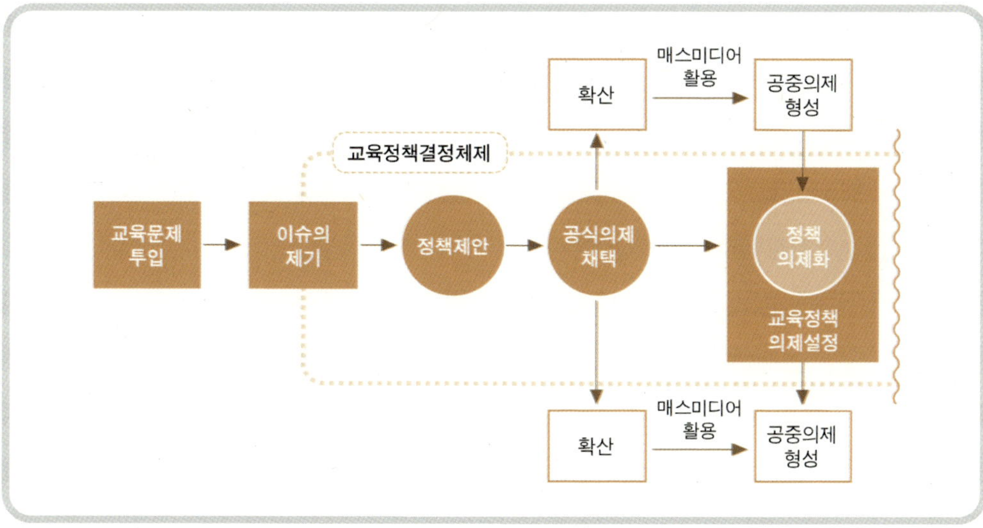

그림 5-9 교육정책 의제설정과정의 분석모형(동원형)

3) 내부접근형

내부접근형은 어떤 논제나 의제, 정책안들이 정책결정체제 내부에서 제기되어 공식의제로 채택되는 경우를 설명해 주는 모형이다. 동원모형과 다른 점은 논제를 정책결정체제 영역 밖의 일반대중에게 확산되기를 원하지 않기 때문에 공중 의제화 단계를 거치지 않고 바로 공식의제로 채택되는 경우를 설명하는 모형이라고 할 수 있다(사회문제 → 정부의제).

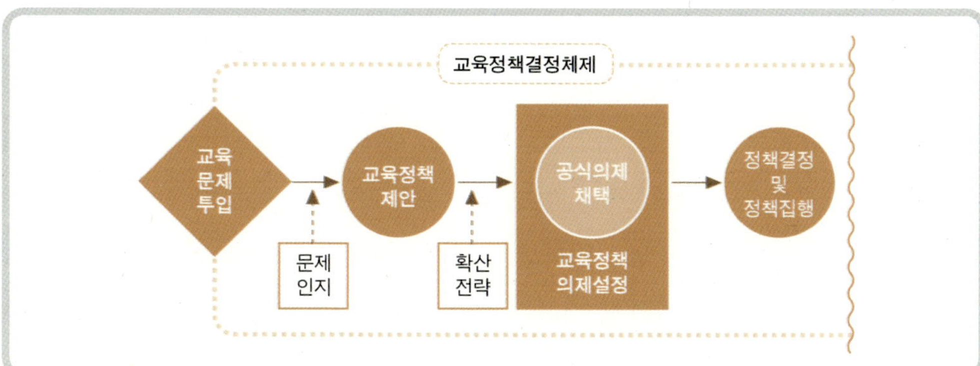

그림 5-10 교육정책 의제설정과정의 분석모형(내부접근형)

표 5-2 Cobb 등의 세 모형별 주요 특징

모 형	의제설정과정	공개성/참여도	의제성립
외부주도모형	의제 제기→구체화→확산(공중의제화)→진입(공식의제화)	높음	공중의제: 구체화, 확산단계 공식의제: 진입단계(공식의제화)
동원모형	신정책공표(공식의제화)→공표된 정책의 세목결정→확산→공중의제화	중간	공중의제: 확산단계 공식의제: 제기단계
내부접근모형	문제 제기→(비공개 제한적 확산)→공식의제화	낮음	공중의제: 불성립 공식의제: 제기단계의 연속

출처: 최봉기(1988: 119).

이상에서 제시한 정책의제 설정의 3가지 분석모형은 교육정책 문제채택과정을 분석·설명하는 틀로서 사용될 수 있다. 본 장에서 Cobb와 Elder의 정책의제설정 분석모형을 기초로 수정·제시한 교육정책 의제설정 분석모형은 주요 교육정책 채택과정을 분석하는 이론적인 모형이 된다. 또한, 교육정책 연구에서 다소 정립되지 않은 교육정책 의제설정에 대한 이론 및 모형을 소개함으로써 교육정책 과정을 이해하는 데 도움이 될 것이다. 아울러 교육정책과정 중에서 정책의제 설정과정을 명확히 규명·기술하는 데는 교육정책 결정자 및 교육정책 집행자들의 협동적인 연구도 필요하다고 할 수 있다.

이상에서 설명한 교육정책 의제설정의 4단계가 분석모형에서 실제로 어떤 특징을 보이는가를 요약·제시하면 다음 〈표 5-3〉과 같다. 〈표 5-3〉에서 보는 바와 같이, 교육정책 의제설정과정은 대체적으로 문제제기 단계, 구체화 단계, 확산 단계, 그리고 진입 단계의 4단계를 거치면서 정부의 공식적인 정책의제로서 채택되게 된다. 여기서 교육정책 의제설정을 설명하는 분석모형을 기술하기 전에 각 단계별로 그 특징을 제시하였다. 다시 말하면, 사회문제나 교육문제가 공식적으로 교육정책결정체제에서 채택되기까지 거치게 되는 단계는 분석모형에 따라 다른 양상이나 특징을 보여 주고 있음을 나타내 준다.

표 5-3 교육정책 의제설정과정의 4단계 및 분석 모형별 특징

정책의제 설정과정	모 형	특 징
제기단계	외부주도형	공식적 정부구조 외부의 개인 및 집단에 의한 불만이 표출
	동원형	정책결정자에 의한 새로운 정책이나 프로그램이 발표
	내부접근형	정책결정체제 내부의 결정자, 집단, 기관, 부서들에 의한 불만 표출 및 새로운 정책 안(policy proposal)제기
구체화단계	외부주도형	표출된 불만이나 고통이 다양한 방법을 통해 구체적인 요구로 전환
	동원형	새로운 정책이나 프로그램에 대해 공중의 반응을 통해 구체적으로 탐색
	내부접근형	불만, 정책안을 제기한 집단들이 다른 부서 및 결정자를 상대로 정책안을 구체적인 제안으로 전환
확산단계	외부주도형	사회내의 관련 집단들에게 논제의 확산 정책결정자들의 관심 및 압력 유도
	동원형	집행의 효율성 확보를 위한 관련 공중에 대한 정책의 유용성 홍보 및 확산
	내부접근형	제한적 확산 노력
진입단계	외부주도형	확산단계에서 성공한 논제가 공중 의제화되고, 정책결정자에 의해 공식의제(정부의제)로 전환
	동원형	정책결정체제가 주도 확산단계가 성공하여 공식의제가 공중의제로 전환
	내부접근형	공식의제로 성립

3. 교육정책 의제설정에 영향을 미치는 요인

교육정책 문제채택에 미치는 요인들은 다양하다. 교육정책결정체제는 물론 이를 둘러싼 환경적인 요인들이 직접 혹은 간접적으로 무수히 존재하고 산적해 있는 우리의 교육문제에 대해 정부가 공식적으로 관심을 표명하고 심각하게 받아들여 해결책이나 개선방안을 강구하는 데 영향을 미치고 있다. 이를 주도자와 참여집단, 정치 및 행정적인 요소, 그리고 문제의 특성과 사건 등으로 구분하여 기술한다.

1) 주도집단과 참여자(공식조직)

정책의제 설정의 공식 조직으로서는 대표적으로 행정부, 입법부 등을 들 수 있다. 행정부는 청와대의 교육비서관실, 중앙교육행정조직인 교육부, 지방교육행정조직인 시 · 도 교육청과 시 · 군 · 구 교육청을 들 수 있다. 그리고 입법부 조직으로서는 국회, 국회의 교육문화체육관광위원회, 시 · 도의 지방의회, 지방의회의 교육위원회, 시 · 군 · 구의회를 들 수 있다.

공식적으로 교육정책 의제형성에 관여하는 기구와 조직 이외에 여러 가지 형태로 참여하고 있다.

① 교육정책 결정자: 교육정책 의제설정에 영향을 미치는 대표적인 집단은 바로 교육정책을 직접적으로 결정하는 대통령, 국회, 교육부 장관, 지방의회의원, 교육감, 교육장 등이라고 할 수 있다. 앞에서도 기술한 바와 같이 무수한 교육문제 중에서 교육정책문제로 채택하는 것은 교육정책 결정자라고 할 수 있다. 교육정책의제화로 만드는 과정에는 물론 관련 수혜집단, 일반대중, 공중, 혹은 엘리트들이 영향을 미치게 된다. 그러나 최종적으로 교육문제 중에서 정부에서 해결해야겠다고 최종적으로 선택하는 것은 결국 교육정책 결정자나 집행자로 구성되어 있는 교육정책 결정체제라고 할 수 있다.

② 교육정책 집행자: 교육정책을 문제화하는 데 교육행정이나 교육정책을 실제로 집행하는 중간 관리층 담당자에 의해서 영향을 받게 된다. 실제 행정업무를 담당하는 교육행정가, 교육전문직들에 의해서 어떤 교육문제들은 정책의제로 채택하고, 또는 그렇지 않은 경우가 발생하게 된다. 왜냐하면, 교육정책 결정자가 어떤 교육문제를 채택한다고 하더라도 집행과정에서 의도적으로 효율적인 집행을 방해하는 경우가 많기 때문이다. 예를 들어 정권이 교체되는 시기나, 교육부 장관에 대한 경질이 있을 때, 교육부 장관이 어떤 교육문제에 대해 적극적으로 해결책을 강구하라고 담당자에게 지시한 경우 집행자

의 입장에서 차일피일 미루어 차기의 정권이나 차기 장관이 임명될 때까지 의도적으로 지연하는 경우도 생긴다는 것이다.

③ 언론(매스컴): 1990년대 말에 사회적으로 쟁점화된 대학입시 부정(대리시험, 컴퓨터 조작 등에 의한 부정입학)에 대해 맹렬히 여론화하고 만성적으로 지니고 있는 고질적인 한국병 중의 하나인 대학입시제도 및 학생선발방식에 대해 정부가 적극적으로 개입하여 해결하도록 정책문제화, 정책의제화하는 데 언론의 역할은 매우 컸다고 할 수 있다. 연일 집중적으로 사설, 뉴스, 지상토론회 등을 통하여 강하게 교육정책의제화로 만들었던 것이다. 이와 같이 교육문제에 대한 매스컴의 집중적인 보도는 관련 집단이나 국민들의 관심을 촉진시키게 되고 정부가 이 문제의 해결책을 강구하는 것을 자극하는 중요한 역할을 하게 된다. 신문이나 TV, 인터넷 등의 보도에 대한 파급 효과는 대단히 크며, 필요에 따라 정부가 전략적으로 언론을 이용하는 경우도 많이 있다.

④ 이익집단: 한국교원단체총연합회, 전국교직원노동조합 등과 같은 교직단체를 포함하여 학부모단체, 시민단체 등 교육관련 이익단체가 교육정책 의제형성에 관여하게 된다. 교육정책의 대상이 매우 포괄적이며, 그 성격도 다양하기 때문에 이익집단 또한 다양하다.

⑤ 연구기관: 현존하는 교육문제, 향후 예상되는 교육문제를 직접적으로 다루는 연구기관 중에 특히 한국교육개발원은 교육정책 의제설정에 영향을 미치는 중요한 기관이라고 할 수 있다. 매년 발간되는 정책연구의 결과물은 교육문제를 채택하고 결정하는 교육부에 직접적으로 영향을 미치게 된다. 상당수의 연구주제는 교육부나 일선 교육청, 혹은 청와대에서 요청한 과제이니 만큼 교육정책의제로 채택될 가능성은 매우 높다고 할 수 있다.

2) 정치 · 행정적 요소

정치 · 행정체제가 어떠한지, 경제적으로 선진국인가 후진국인가에 따라 정책의

제 설정에 다르게 영향을 미칠 수 있다. 정정길(1998: 272-274)에 의하면, 후진국에서는 정부의 공식결정자가 정책의제 설정에서 미치는 영향이 선진국보다는 압도적이라고 할 수 있다. 그리고 정치·행정체제가 중앙집권적이고 권위주의적일수록 정책의제설정은 정책의제 설정모형에서 살펴본 바와 같이 내부접근형, 동원형 중심이 되어 정책문제가 채택된다는 점이다.

한편, 선진국일수록 정치·행정체제가 분권화될수록, 외부주도형이 중심이 되어 이익집단이 관련 교육정책문제를 정책결정체제가 채택하도록 주도한다는 것이다. 복지국가화 현상으로 정부의 행정 기능이 강화됨에 따라 교육정책문제가 관료제 하에서 행정적·계층적인 정책의제 설정과정을 거치는 경우가 많게 된다. 물론 교육정책문제의 성격이 달라질 수 있음을 배제할 수 없다. Simon(1955)도 지적한 바와 같이 조직에서 상위직일수록 목표선택에 따르는 '가치판단'을, 하위직으로 갈수록 목표의 실행에 따르는 '사실 판단'을 강조하게 되어 관료제의 상층부에서 목표선택에 의한 정책의제를 채택할 가능성이 높다고 할 수 있다.

3) 문제의 특성과 사건

문제의 중요성 정도, 문제의 파급효과의 정도에 따라, 그리고 문제의 외형적, 내용상 특성에 따라 정책의제 설정에 영향을 미치게 된다. 이러한 문제의 특성에 대해서 특히 우리나라와 같이 국민의 교육열이 높은 경우 교육문제의 수혜집단이나 관련 집단의 규모가 큰 교육정책문제의 경우 다른 여타 사회문제보다 정책의제화 가능성은 항상 높다고 할 수 있다. 예를 들어 1993학년도 대학입시에서 발생한 대리시험, 사학재단, 교수의 관여 등의 엄청난 사회적 문제를 유발한 극적 사건이 발생한 경우 문제의 중요성, 파급효과가 크기 때문에 교육정책결정체제는 물론 정부의 최고책임자까지도 이를 정책문제로 채택하여 종합적인 대학입시제도 개선방안을 강구할 가능성이 크다는 것이다. 이러한 극적 사건의 발생으로 정책의제화시키는 것을 Kingdon(1984: 23-47)은 점화장치(triggering device)로 표현하고 있다.

제4절 교육정책사례: CAMPUS Asia(Collective Action for Mobility Program for University Students in Asia) 사업[6)]

2009년 10월 중국 베이징에서 열렸던 한・중・일 3국 정상회담을 계기로 2012년부터 시범사업으로 시작된 CAMPUS Asia 사업은 3국의 각 10개 대학이 10개의 컨소시엄을 구성하여 학생 교류를 추진하였다. 2012년도 실적은 파견 학생 255명(일본 154명, 중국 41명), 초청 학생 250명(일본 126명, 중국 54명)이다. 또한, 각국 정부는 실무위원회 및 전문가 위원회 구성・운영 주관, 예산지원 등을 통하여 사업을 적극적으로 지원하고 있다. 우리나라에서는 CAMPUS Asia 사업 실시 전후, 동 사업의 실행과제와 장기발전 전략(문우식 외, 2009; 이영호 외, 2011), 동 사업의 확대 및 정교화방안(변기용 외, 2013), 3국 대학 간 공동・복수학위 과정 운영(박인우 외, 2013), 시범사업에 참여하는 국내 컨소시엄 대학을 대상으로 현장점검, 컨설팅과 중간점검을 위한 기준개발(백정하 외, 2013) 등의 연구를 추진하였으나, 사업의 안착에 지장을 초래하는 제도적 문제 등 장애요인에 대한 구체적 분석, 사업의 고유모델 구축 등의 측면에서는 다소 미흡하다고 할 수 있다.

현재 한・중・일 3국은 동 사업의 지속 추진 및 점진적 확대에 대하여는 의견을 같이 하고 있으며, 사업 확대를 위한 전제로서 사업 추진상황에 대한 모니터링(운영상황 파악) 등 성과분석을 토대로 사업 추진 상 제도적・정책적 문제점은 사전에 조정하지 않은 경우, 이 사업의 지속성과 성공을 장담 할 수 없다는 점에 대해서는 3국이 그 인식을 같이 하고 있는 실정이다. 따라서 1차 시범사업이 종료되는 현 시점에서 그 도입배경을 다시 한 번 점검하고, 운영 현황에 대한 분석을 토대로 운영과정에서 드러난 문제점과 제도적 보완 등을 검토해 볼 필요가 있다. 이에 한・중・일 3국이 CAMPUS Asia 사업을 추진하게 된 정책의제형성의 배경 및 특성

6) 정일환 외(2013); 정일환(2013: 20-55)을 토대로 작성되었음.

을 기술한다. 이와 같은 정책사례 내용을 파악하기 위해 Asia 사업 및 국제교류 프로그램 관련자료 및 선행연구 분석, 한국 및 일본 관계 공무원 등과의 면담 등을 활용하였다(정일환 외, 2013; 정일환 2103).

2009년 3월 이명박 대통령은 호주, 뉴질랜드, 인도네시아 순방 계기로 아시아지역 국가들과의 우호·협력증진을 기조로 '신아시아 외교' 구상을 발표하였다. 신아시아외교의 성과 중 동북아시아 지역에서는 한·일·중 3국 협력을 강화하였다. 당초 ASEAN+3회의 계기로 개최되어 오던 3국 정상회의를 2008년부터 ASEAN+3 정상회의와는 별도로 3국내에서 개최하는 것을 정례화 하는데 기여하였다. 특히 2010년 한국 제주에서 개최된 제3차 3국 정상회의에서는 우리 정부가 향후 10년간 3국 협력의 청사진인 'VISION 2020'의 채택을 주도하였다. 아울러 2011년 9월 3국 협력 사무국을 서울에 유치·설립함으로써 3국 협력 제도화의 전기를 마련하였다(이명박 정부 국정백서, 2012: 146-148).

유럽연합(EU), 북미자유무역지대(NAFTA), 동남아국가연합(ASEAN) 등 지역통합이 국제무대의 큰 흐름으로 자리 잡아 가고 있는 가운데 지역 내에서도 한·일·중(3국 협력 의장국 순에 따라 표기) 3국의 국제적 위상을 감안할 때 동북아시아뿐만 아니라 전 세계적으로 중요성을 갖게 되었다. 한·일·중 3국 협력은 3국 간 공동발전은 물론 동북아 지역 및 국제사회의 번영과 발전에 기여하는 중요한 협력체로 발전하여 왔으며, 3국 정상회담의 순환개최를 정례화 하였다. 또한 3국 협력을 내실 있고 제도화하기 위하여 2011년 9월 서울에 3국 협력 사무국을 유치하게 된다. 이러한 노력은 한·일·중 3국 협력의 발전을 선도하면서 지역 내 지역통합 발전의 기반을 조성하게 된다.

제1차 한·일·중 정상회의는 2008년 12월 13일, 일본 후쿠오카에서 개최되어 향후 3국 정상회의 개최를 정례화하기로 합의하고, 세계금융위기 대응을 위한 공조방안을 마련('국제금융 및 경제에 관한 공동성명', '한·일·중 동반자 관계를 위한 공동성명', '한·일·중 3국 협력 증진을 위한 행동계획', '재난관리 협력에 관한 한·일·중 공동발표문') 등을 채택하게 된다. 여기서 '한·일·중 3국 협력 증진을 위한 행동계획'의 하나로 3국 간 대학생 교류 프로그램이 논의되었다(교육부 담당자 면담). 이후 외교부에서 이에 관한 어젠다를 이관 받은 교육부(당시 교육과학기술부)에서는 유럽의 Erasmus 프로그램[7]을 벤치마킹하여 아시아 국가 간 대학 교류 프로그램 추진방안을 검토하기 시작하게 된다. 2009년 3월 17일 국가브랜드위원회(위원장 어윤대) 제1차 보고대회에서 세계학생교류(Campus World)의 세부과제로 Global Korea Scholarship과 더불어 CAMPUS Asia 사업을 대통령께 보고하게 된다.

제2차 한・일・중 정상회의(2009. 10. 10, 중국 베이징)에서는 '한・일・중 협력 10주년 공동성명' 및 '지속가능개발 공동성명'이 채택되었다. 특히 이 회의에서 3국 협력의 효율적・체계적 관리와 발전을 위한 상설 사무국 설립을 제안함으로써 우리나라가 3국 협력을 위한 중추적 역할을 하게 되는 계기를 마련하였다. 이 회담에서 3국 정상들은 고등교육 교류협력에 합의를 하고, '인력교류 확대 중 대학 간 교류 지속 시행 및 교육 분야 협력 강화'를 포함한 한중일 협력 10주년 공동성명을 발표하게 된다.

우리나라가 의장국을 맡은 제3차 한・일・중 정상회의(2010. 5. 29~30, 한국 제주)에서 이명박 정부는 향후 10년간 3국 협력의 미래상과 구체적인 실천과제를 담은 '3국 협력 VISION 2020'의 채택을 주도하였다. 이 회의에서 '표준협력 공동성명', '과학혁신 협력강화 공동성명', '3국 대학 간 교류프로그램인 CAMPUS Asia시범사업', '공무원 교환방문사업 등의 신규협력 사업을 승인함으로써 3국 협력의 지평을 확대하는 계기가 되었다. 3국 정상회담 이전 실무진 차원에서 한・중・일 고등교육교류전문가위원회를 2010년 4월 15일~17일 일본 동경에서 개최하여 프로그램 명칭(CAMPUS Asia 명칭 한국제안) 및 위원회 명칭 결정, 추진체계, 한・중・일 대학교류프로그램 추진 방안 등을 구체적으로 논의・결정하고, 이를 제3차 한・중・

7) 유럽 대학 간 상이한 학사제도와 다양한 언어 및 정보 공유의 부족이라는 한계를 극복하여, 고등교육의 질을 제고하고 유럽 고등교육의 통일성을 강화하기 위한 프로그램임. 1981년~1986년 5년간 시범사업 실시 이후 1987년부터 본격적으로 시행되고 있음. 학생이동 프로그램, 유럽 학점이전 시스템, 교수인력 교류 프로그램 등 자유로운 인적교류 지원 프로그램이며, 착수 후 120만 명의 동문을 배출하였음.

일 정상회의에서 발표하게 된다.

이후 제4차 한·일·중 정상회의(2011. 5. 21~22, 일본 도쿄), 제5차 한·일·중 정상회의(2012. 5. 13~14, 중국 베이징)가 개최되었다. 여기서 교육 분야에서 관심대상인 CAMPUS Asia 시범사업의 주요 내용은 3국 대학생 교류 및 3국 대학간 공동·프로그램을 운영하는 것이었다(이명박 국정백서, 2012: 149-152). 정책 의제화 이후 그동안 CAMPUS Asia 사업의 주요 추진 과정은 다음 〈표 5-4〉과 같다.

표 5-4 CAMPUS Asia 사업의 주요 추진과정(정책 의제화 이후)

일자	주요 내용
2010.5.30	제3차 한중일 정상회의(제주) – CAMPUS Asia 시범사업을 신규 협력사업으로 채택 • 학점인정·공동학위 프로그램을 통한 3국 대학간 교류 확대 합의(3국 협력 VISION 2020)
2011.5.17	제3차 한중일 고등교육교류 전문가위원회(제주) – 시범사업 추진원칙, 절차 및 일정 등 합의 • 3국 국장급 공무원, 질보증 기관 대표, 대학 총장, 산업계 인사 등으로 구성된 3국간 CAMPUS Asia 사업 협의체
2011.5.30~10.31	CAMPUS Asia 시범사업 사업단 공모 및 선정
2012.2.20	CAMPUS Asia 사업단 지정서 수여(서울대 국제대학원)
2012.4.23~11.19	사업단 재정 지원(8개 대학 10개 사업단 지원) – 中·日학생체제비 : 37,276만원 – 프로그램개발비 : 100,000만원
2012.5.9	CAMPUS Asia 시범사업 사업단 협의회 1차 회의
2012.8.20	CAMPUS Asia 시범사업 사업단 협의회 2차 회의
2012.11.13~2013.1.31	한중일 CAMPUS Asia 발전방안 정책연구 추진
2013.1.17~1.24	CAMPUS Asia 시범사업 현장점검 및 컨설팅
2013.1.30	현장점검 및 컨설팅위원 결과보고 워크숍 개최
2012.12.14~2013.2.4	2012 한중일 CAMPUS Asia 시범사업 체험수기 공모 및 선정
2013.2.15	2012 한중일 CAMPUS Asia 시범사업 성과보고회 개최
2013.2.28~	2012 한중일 CAMPUS Asia 시범사업 10개 사업단별

일자	주요 내용
2013.3.26	결과보고서 제출완료
2013.3.19	2013년 한중일 CAMPUS Asia 시범사업단 1차 협의회 및 사업계획 설명회 개최
2013.3.27	2013년 한중일 CAMPUS Asia 시범사업단 사업계획서 제출
2013.4.25~4.27	한중일 CAMPUS Asia 사업 실무자급 회의(일본 동경 문부과학성)
2013.6.26	2013 한중일 CAMPUS Asia 시범사업단 2차 협의회 개최
2013.8.6	한중일 고등교육교류 전문가위원회(일본 동경)
2013.10.11~12	2013년 한중일 CAMPUS Asia 시범사업단 3차 협의회(동서대)
2013.11~2014.1	2013 CAMPUS Asia 시범사업 현장점검 및 컨설팅
2013.11~2014.2	2013 한중일 CAMPUS Asia 시범사업 체험수기 공모, 선정
2014.2	2013 한중일 CAMPUS Asia 시범사업 성과 결과 보고회
2015.4.10	한중일 고등교육교류 전문가위원회(중국 상하이)

이상에서 정책형성 배경을 간략히 기술한 바와 같이, CAMPUS Asia 사업정책은 2008년 제1차 한·일·중 정상회의(12월 13일, 일본 후쿠오카)에서 향후 3국 정상회의 개최의 정례화 및 한·일·중 3국 협력 증진을 위한 행동계획에 합의함으로써 태생되었다고 볼 수 있다. CAMPUS Asia 사업은 정책과정 측면에서, Cobb, Ross 및 Ross(1976)에 의해 설명된 정책의제설정과정 모형에서 보면, 정치지도자들의 합의에 따른 지시에 의해 바로 정책의제화된(동원형) 정책이며, 청와대 국정과제 담당관실에서 주관하면서 외교비서관실, 교육비서관실의 공조를 받았다. 따라서 이 사업은 외교정책으로 주도되어 추진되었지만 교육분야의 정책으로 이를 관할·집행하는 교육부에서 실무 작업을 맡아 추진하였다. 이를 효율적으로 정책화하기 위해 정부기관내의 관료집단(청와대 대통령 및 관련 수석실, 외교부 및 특히 당시 교육과학기술부 담당국)에 의해 주도되어 최고정책결정자에게 접근하여 정부의제화(내부접근형)되었다. 아울러, 2010년 우리나라가 의장국을 맡은 제3차 한·일·중 정상회의시 최고정책결정자들에 의해 주도·채택된 사업이라고 할 수 있다. 따라서 동원형과 내부접근형의 혼합 형태에 의해 정책의제화된 사업이라고 할 수 있다.

따라서 정치지도자들의 지시에 의해 바로 정책의제화된(동원형) 이 사업은 외교 정책으로 주도되어 추진되었지만, 정책내용상 교육분야 특히 고등교육분야 정책이며, 실제 정책집행은 교육부와 대학협의체이면서 정부부처의 보조기관의 성격을 지니는 한국대학교육협의회가 직접 중국, 일본 정부부처와 대학 간 교류, 기능조정, 예산 배분 등의 역할을 담당하고 있다. 사업주체는 한 · 중 · 일 3국 교육부가 사업을 총괄 기획하고 예산을 지원하고, 한국대학교육협의회는 사업 및 예산관리 · 집행을 총괄하며, 3국간 협의 · 조정기구(협의체 성격)로서 한중일 고등교육교류전문가위원회를 운영하고 있다. 그리고 개별 사업단은 학생교류 프로그램을 기획 및 실제 운영을 담당하고 있다. 정부차원에서의 실무자급회의, 사업단회의, 현장점검 및 컨설팅, 전문가위원회 개최 등 CAMPUS Asia 사업의 정착을 위해 다각적인 노력을 경주하고 있다.

그러나 이 사업의 추진과 정책내용은 정치 환경의 변화, 국제적 상황의 변화, 한중일 외교관계의 변화에 따른 정책 지속성의 문제가 제기될 수 있으나, 정책담당자의 능력(전문성, 조정 능력 등)과 성향 등에 의해 정책내용에 영향을 미치게 된다. 그리고 필자가 2013년 8월 6일~8일까지 CAMPUS Asia사업 운영의 모니터링을 위해 교육부 담당공무원과 일본 문부성을 방문했을 시 일본 담당공무원들은 인사이동 없이 이 사업을 주관하고 있어, 정책배경, 추진전략, 향후 계획 등에 있어 전문성과 일관성, 안정성을 인지할 수 있었다. 정책집행은 정책내용을 실현하는 활동들이기 때문에 실현되어야 할 정책내용의 성격에 따라서 정책집행의 성공 여부가 좌우된다고 할 수 있다. 또한, 정책내용의 명확성과 일관성, 소망성, 정책집행집단 및 자원의 확보가 매우 중요하며, 성공적인 정책집행의 조건이 된다.

Lowi(1964)의 정책유형 분류에 의하면, CAMPUS Asia사업은 국민 또는 정책대상집단들에게 권리나 이익, 또는 서비스를 배분하는 내용을 지닌 배분정책의 성격을 띠고 있다. 즉 정부가 글로벌 시대에 대학의 글로벌 사업과 맞물려 정부가 적극적으로 대학과 대학구성원들이 필요로 하는 재화와 서비스를 산출 제공하는 것을 그 내용으로 하고 있다. 정부의 재화나 서비스 공급에 따른 배분정책의 성격을 지니고 있으며, 이에 따라 대학과 대학 구성원들(특히 대학생, 대학원생)의 요구를 충족시키는 정책과 정부 차원에서는 순응 확보를 위한 다양하고 합리적인 사업추진 전략이 요구된다. 배분정책의 특징상 대학들 간의 사업 선정 및 예산 배분과 관련하여 세부 의사결정과정이 나눠먹기 다툼으로 나타날 수도 있다.

표 5-5 CAMPUS Asia 사업 정책 유형 및 접근모형

구 분		특 징
정책 유형	배분정책	• 관련집단에 이익, 서비스 제공
접근 모형	동원형	• 의제설정과정 : 신정책공표(공식의제화)→공표된 정책의 세목결정→확산→공중의제화 • 공개성/참여도 : 중간 • 의제성립 : 공중의제(확산단계), 공식의제(제기단계)

출처: 정일환(2000: 69, 96) 표 내용을 일부 재구성함.

한·일·중 3국의 국제 외교 관계에서 태생된 CAMPUS Asia 사업은 장기적으로 볼 때, 고등교육의 세계화와 고등교육의 질 보증에 대한 국제적 인식하에 동아시아 차세대 글로벌 리더 양성이라는 공감대 형성과 더불어 미래 동아시아 주역이 될 3국의 대학생, 대학원생들 간 다양한 교육적·문화적 교류를 통한 상호이해를 넓히는 고등교육 프로그램으로 정착해야 된다. 그러나 실제 정책집행 있어 후술하겠지만, 3국간의 교육체제 및 학사력, 정부의 지원, 대학과 실무자의 기대수준 및 관점, 학생들의 기대수준 차이 등으로 인해 운영상의 문제점이 제기되고 있다.

그동안 개별대학 차원에서 외국대학과 다양한 형태의 교류(한·일, 한·중 혹은 일·중 간 양국 간(Bilateral) 교환학생제도 형태)와는 달리 CAMPUS Asia 사업은 정부 간 정상들에 의해 합의된 3국의 대학 간(Trilateral) 교류프로그램이라는 점에서 매우 의의가 크다고 할 수 있다. 외교적 성과의 하나로서 고등교육 인력의 상호교류를 통한 교육적·문화적 상호이해의 폭을 넓히는 계기가 된다는 점이다.

Chapter 06

교육정책 결정

개요

교육정책 결정은 정부에서 교육에 관한 기본 지침을 선택 결정하는 것으로 교육정책 형성과정 중에서 가장 중요한 단계로서 교육실제에 큰 영향을 미친다. 이 장에서는 교육정책 결정의 개념과 교육정책 결정의 특성을 살펴보고, 교육정책 결정이 합리적으로 이루어지기 위해서는 어떤 과정을 거쳐야 하는지, 또는 실제로 어떻게 이루어지고 있는지를 설명해주는 다양한 교육정책 결정모형을 검토한다. 또한 우리나라의 교육정책 결정의 실제를 정부의 주요 3부인 입법부, 행정부, 사법부로 구분하여 살펴보며, 우리나라 교육정책 결정에 영향을 미치는 요인과 주된 참여자를 다룬다. 끝으로 교육정책 결정의 구체적인 사례인 유아교육법 제정을 분석함으로서 동 법제정에 영향을 미친 요인, 주요 참여자, 결정과정 등을 살펴본다.

제1절 교육정책 결정의 개념 및 특성

1. 교육정책 결정의 개념

교육정책 결정의 개념을 이해하기 위해 먼저 의사결정과 정책결정의 차이를 살펴볼 필요가 있다. 의사결정이나 정책결정은 결정이란 점에서는 동일한 의미를 지니고 있지만 의사결정은 개인적인 차원에서 이루어지는 결정인 반면에 정책결정은 권력을 배경으로 하는 정부 또는 공공기관에서 이루어지는 결정을 가리킨다. 또한 의사결정은 개인이나 집단이 특수한 목적이나 동기에 의해서 행동경로를 선택하는 단순한 결정을 포함시킬 수 있으나, 정책결정은 헌법이나 법률상의 권한이 부여된 정부 또는 공공기관의 결정으로써 행정의 방향을 제시하는 기본 지침의 성격을 지닌다(김신복 외, 1996).

이런 관점에 기초한다면 교육정책 결정은 '정부 또는 공공기관이 교육에 관한 기본방침을 개발하고 심의 · 결정하는 과정'으로 정의할 수 있으며, 이는 교육정책과정에서 가장 중요한 단계이다. 교육정책 결정은 다음과 같은 여러 가지 의미를 포함하고 있다(김종철, 1989).

첫째, 교육정책에 관한 여러 가지 대안 중에서 가장 바람직하다고 판단되는 것을 선택하는 것을 말한다. 국가나 공공기관이 국민의 관심사인 교육활동에 대하여 공적인 선택을 내렸음을 의미한다.

둘째, 끊임없이 변화하는 환경 속에서 발생되는 교육문제 해결을 위한 중요한 방안의 개발과 관련된다. 사회적으로 논란이 되는 교육문제가 정부의 의제로 부각됨에 따라 문제 해결을 위한 중요한 방안이 탐색되었음을 나타낸다.

셋째, 개인과 집단 등이 서로 복잡하게 얽힌 역동적인 사회관계 속에서 교육문제에 관련하여 정책결정 참여자들 간에 사회적 합의에 도달되었음을 의미한다.

넷째, 교육 운영에 대한 새로운 방향과 지침에 의해 사회 구성원 다수의 이익,

즉 공익에 기여할 것으로 전제하여 이루어지는 정치적인 결단을 수반한다.

다섯째, 교육정책 결정은 교육을 위하여 봉사하는 수단적인 성격을 지닌다. 아울러, 교육정책 결정은 교육실제에 중요한 영향을 미친다.

2. 교육정책 결정의 특성

교육정책 결정은 교육활동의 본질과 특성으로 인하여 다른 공공정책 결정과는 구분되는 독자적인 성격을 지니고 있다. 즉, 교육정책 결정에서 중시되는 것은 정치적 중립성의 보장, 장기적·종합적 안목의 견지, 교육의 전문성 존중, 정부 관료체제의 문제점 지양, 참여자의 활동, 교육현실과 이상간의 괴리 등이다(김종철, 1989).

첫째, 교육정책 결정에서 정치적 중립성이 요구된다. 우리나라 헌법 31조에는 "교육의 자주성·전문성·정치적 중립성 및 대학의 자율성은 법률이 정하는 바에 의하여 보장된다"고 규정되어 있다. 따라서 교육정책은 정치적인 결정으로 산출되면서도 정치적인 중립성을 요청받기 때문에 현실과 이상에서 괴리가 발생할 수 있다.

둘째, 교육정책 결정은 다른 분야에 비해서 장기적이고 종합적인 관점에서 이루어져야 한다. 교육은 그 성과가 단기간에 발생되지 않는 장기적인 사업이기 때문에 장기적인 관점에서 계획되고 추진되어야 한다. 또한, 교육정책을 수행하기 위해서 필요한 교육내용, 교원, 시설, 재정 등 교육내적 요인뿐만 아니라 고용 산업 및 경제와 같은 교육의 외적요인들에 대해서도 종합적으로 고려되어야 한다.

셋째, 교육정책 결정은 교육문제에 대한 전문적인 판단과 국민의 여론이 적절히 반영되어 이루어져야 한다.

넷째, 교육정책 결정은 정부의 관련된 기관 및 조직을 통해서 이루어진다. 교육정책 결정은 이러한 정부의 기관 및 조직에서 발생될 수 있는 관료적 문제점이 극복되고 국민 다수의 공익의 관점에서 이루어져야 한다.

다섯째, 교육정책 형성과정에서 의제설정은 비교적 조용히 발생하지만, 교육정책결정은 보다 가시적으로 분명하게 나타난다. 즉, 교육정책 결정의 주체가 되는 정부기관, 정책에 영향을 미치는 이해관계 집단, 매스컴, 전문가 및 학자, 국민 등의 참여가 매우 역동적으로 나타나게 된다.

여섯째, 교육현실과 이상간의 괴리이다. 교육은 본질적으로 이상을 추구하는 가치지향적인 사업이며 교육정책 결정도 이러한 교육사업의 본질에 의하여 영향을 받는다. 앞에서 지적한 교육의 정치적 중립성, 장기적 · 종합적 안목의 견지, 교육의 전문성과 국민 여론의 적절한 반영, 관료적 문제점의 극복 등이 교육정책 결정에서 추구되어야 한다. 한편, 교육정책 결정은 현실적으로 정책결정 참여자들 간의 상호작용과 같은 정치적인 과정을 통해서 이루어진다. 이러한 현실의 제약 속에서 지속적으로 교육적 이상을 추구하는 것이 교육정책 결정의 중요한 특성이다.

제2절 교육정책 결정모형

교육정책 결정이 어떻게 이루어지는가를 설명해 주는 교육정책 결정모형은 국내외 여러 학자들에 의해서 여러 가지로 제시되고 있다. 교육정책 결정모형은 교육정책 결정이 합리적으로 수립되기 위해 따라야 하는 처방을 제시하는 규범적인 모형과 교육정책 결정이 실제로 어떻게 이루어지고 있는지를 설명해 주고 예측해 주는 실증적인 모형으로 구분될 수 있다.

지금까지 국내에서 수행된 대부분의 연구들은 교육정책 결정과정을 설명하는 이론모형으로서 의사결정과 관련된 합리적 모형들을 주로 많이 활용해 왔다. 이는 교육조직이 지닌 특성, 즉 교육목적의 추상성, 구성원의 이질성, 투자효과에 대한 회임기간의 장기성 등을 고려하여 합리적인 의사결정에 대한 관심이 높았기 때문이다(정일환, 2000). 반면에, 법률의 형태를 취하는 교육정책결정 사례들은 정치체제를 통해서 이루어지는 입법과정, 참여자들의 상호작용 및 외부 환경의 영향까지 고려될 수 있는 실증적인 정책결정모형에 의해 주로 설명된다. 이 장에서는 국내외 학자들에 의해서 구안된 교육정책 결정에 대한 합리적인 모형과 교육정책 실제를 설명해주는 실증적인 모형을 함께 살펴본다.

1. 외국 학자들의 교육정책 결정모형

1) Dror의 최적 모형

Dror(1968)는 정책결정을 위한 최적 모형을 제시하였다. 이 모형은 정책결정에 있어서 합리적인 요소를 발전시켜서 평가와 진단을 계속하여 정책목표의 최적수준에 도달해야 한다고 보는 대표적인 합리적 정책결정 모형이다. Dror의 최적 모형은 양적인 측면보다는 질적인 측면을 고려한 의사결정이며, 합리적 요소와 초합리적 요소(직관, 판단, 창의성)를 동시에 고려하며, 경제적 합리성이 기본적인 합리성이 되며, 상위 의사결정을 중요시하며, 체제관점에서 환류과정을 중시한다. Dror의 최적 모형에서 제시하는 정책결정 모형의 구체적인 내용은 다음과 같다([그림 6-1] 참조).

첫째, 정책결정 전단계이다. 이 단계는 정책결정체제를 설계하고 정책결정의 전략을 결정하는 단계로서 다음과 같은 구체적인 세부 단계를 포함한다. 즉, ① 가치처리, ② 사실처리, ③ 문제처리, ④ 자원의 조사, ⑤ 정책결정체제의 정립, ⑥ 문제, 가치 및 자원의 배분, ⑦ 정책결정의 전략 확정이다.

둘째, 정책결정 단계이다. 이 단계는 구체적인 정책 목표를 세우고, 목표 달성을 위한 대안을 탐색하며, 각 대안의 집행과정에서 예상되는 파급효과를 추정하여 그 효과와 비용을 비교 및 분석하는 작업이다. 즉, ① 목표 설정, ② 자원 목록의 작성, ③ 대안의 작성, ④ 각 대안의 효과 및 비용 예측, ⑤ 각 대안의 가능성 추정, ⑥ 가능한 대안의 비교, ⑦ 최적의 평가 및 선정이다.

셋째, 정책결정 이후 단계이다. 이 단계는 이전 단계에서 채택된 정책 대안을 실행하고 그 결과를 사후 평가하는 과정으로서 ① 정책집행의 추진, ② 정책 집행, ③ 정책집행의 평가로 구분된다.

넷째, 환류단계이다. 의사소통과 환류기제를 통해서 정책집행의 결과를 각 단계와 상호 연결하는 과정이다.

최적 모형에서 나타난 정책과정은 크게 네 단계이며 세부적으로는 18 단계로서 이러한 결정과정에서 결정자는 합리성, 경제성, 초합리성의 기준을 바탕으로 최적 대안을 선택한다. 그러나 Dror의 최적모형은 이상적인 정책결정모형이라는 점에서 정책결정의 실제적 역동성 설명력에 한계가 있다는 단점이 있다.

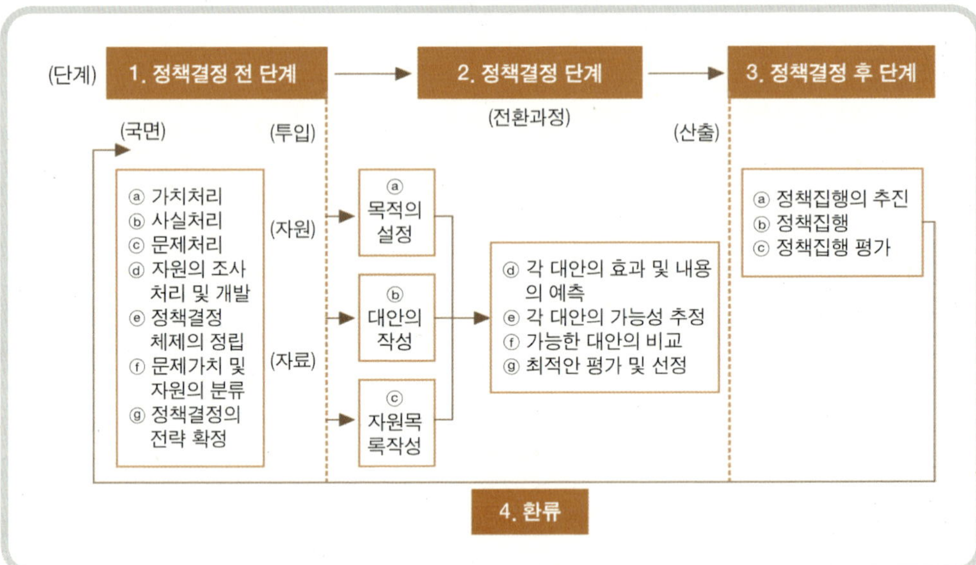

그림 6-1 Dror의 정책결정을 위한 최적 모형

2) Easton 모형

Easton(1965)은 정책을 정치체제의 산출물로 보고, 정책이 수립되는 역동적이고 복잡한 과정에서 정책수립자들이나 기관간의 상호관련성을 진단하는 체제모형을 제시하였다. Easton의 모형은 정책형성과정에서 기관 및 집단 간 정치적 영향력을 이해하는 데 도움이 된다. 특히, 정책형성과정의 흐름을 투입-과정-산출로 모형화하고, 정책이 환경(정치, 사회, 경제 등 외부 조건)과 정책과정에서 작용하는 다양한 변인에 의해 산출되고, 정책 산출은 환경으로부터 새로운 요구를 낳고 이 요구는 다시 새로운 정책 산출에 영향을 미침으로써 정책은 끊임없이 계속된다고 보았다.

Easton의 정치체제 모형은 정치적 의사결정 과정에 대한 거시적 관점을 제공하며, 한국의 교육정책 역시 사회적 요구라는 기초에서 출발하여 전환과정을 거쳐 산출되고 있으므로 매우 유용한 분석 도구이다. Easton의 모형을 도식화하여 나타내면 [그림 6-2]와 같다.

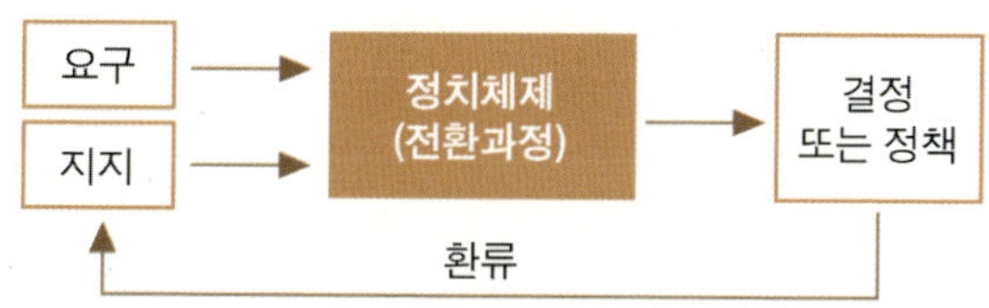

그림 6-2 Easton의 정치체제모형

이러한 정치체제의 구조는 정치체제를 구성하는 요소들 간의 유형화된 상호관계이며, 유형화는 일시적으로 나타나는 것이 아니라 계속적으로 반복된다. Easton의 체제모형은 거시적 관점에서 정치체제에 영향을 미치는 환경적인 힘에 대한 반응을 정책이라고 보았다.

3) Campbell과 Thompson모형

Campbell(1971)은 교육정책이 기본적 힘과 선행운동, 정치적 활동 및 공식적 입법화의 4단계를 거쳐 형성된다고 보고 이 과정을 [그림 6-3]과 같이 나타내고 있다.

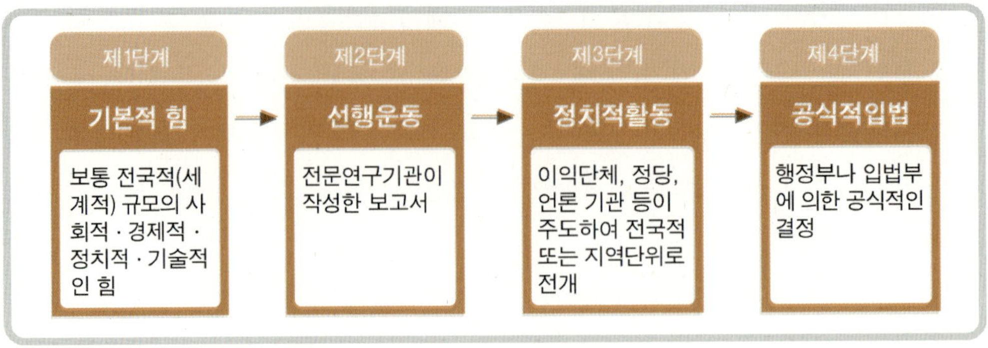

그림 6-3 Campbell의 교육정책 결정과정

이 모형은 정책이 최종 입법화되기 전에 여러 가지 선행활동과 정치적 과정을 거친다는 것을 보여주고 있다. Campbell은 교육정책결정이 1단계인 사회의 '기본적인 힘'에 의해 영향을 받아 시작된다고 설명하였다. 교육기관의 경우 사회체제 내에 있는 다른 기관들과 마찬가지로 국제적 긴장상태, 국민의 경제 수준과 경기변동, 인구의 흐름과 규모, 기술공학의 발전, 새로운 지식 등에 영향을 받는다. 2단계는 1단계의 '기본적인 힘'이 교육정책으로 전환되기 위해 정책변화를 설계하는 각종 운동이 선행적으로 전개된다. 새로운 정책을 요구하는 사회적 힘이 무엇이고 그 강도가 어느 정도인가를 파악하는 노력으로 저명 학자의 교육개혁에 관한 건의서 또는 전문 연구기관의 연구보고서 등이 포함된다. 3단계는 '정치적 활동'으로서 2단계의 연구결과가 발표되면 이것이 중앙교육행정부처를 비롯하여 국무회의나 국회에 반영되며, 다시 매스컴을 통해 국민의 여론을 조직화하고 때로는 정당의 정책으로 전환되어 정책결정기관에 영향을 미치는 등 교육정책형성을 위한 환경을 조성하고 나아가 공식적 입법의 준거로서 작용하게 된다는 것이다. 최종단계인 4단계는 '공식적 입법'단계이다. Campbell은 입법단계를 논의하면서 정치적 · 사회적 조건의 변화나 전국적인 선행운동의 조직 및 정부 내외의 활동과 같은 단계들이 정책결정의 정점을 이룬다고 하였다. 즉, 교육정책 역시 다른 정책과 마찬가지로 기본적인 힘의 작용이 선행운동을 일으키고 그것이 압력단체 등의 선도에 의한 정치적 행동화를 거침으로서 마침내 교육정책 결정주체에 의한 공식적 결정단계에까지 이르게 된다는 것이다.

이러한 Campbell의 교육정책 결정과정모형은 다시 Thompson(1976)에 의해 수정되어 한 단계를 더 추가한 5단계 모형으로 발전되었다. 그는 Campbell의 4단계에 '새로운 요구'라는 과정을 추가하였고, 1단계를 환경으로, 2단계와 3단계를 투입으로, 그리고 4단계는 전환과정과 산출로 보고 문화적 환경과 정치적 과정의 관계를 나타냈는데, 다음 [그림 6-4]와 같다. Thompson(1976)에 의하면 교육은 하나의 주요한 공공문제이며, 정치체제는 다른 행동경로를 통하여 교육정책에 대한 대안 선택을 요청받는다.

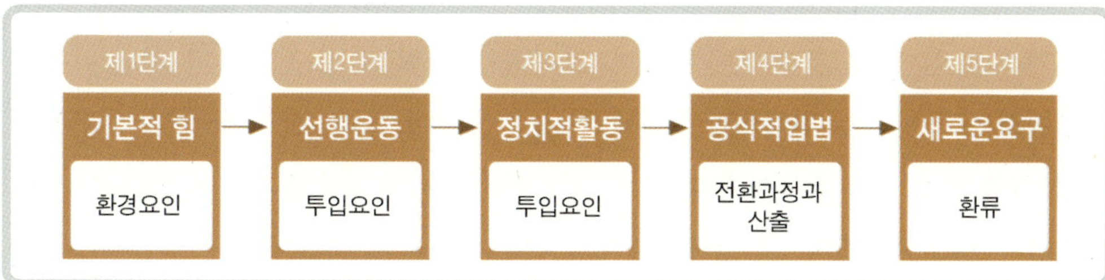

그림 6-4 Thompson의 교육정책 결정과정

4) Allison의 모형

Allison(1971)은 조직 구성원의 응집력 정도에 따라 정책결정 유형을 합리적 행위자 모형, 조직과정 모형, 관료정치 모형으로 구분하고 있다. 합리적 행위자 모형은 잘 구조화된 조직, 조직과정 모형은 느슨하게 묶여진 반독립적 하위조직, 관료정치 모형은 상호 독립적인 행위자들로 구성된 조직으로 본다.

첫째, 합리적 행위자 모형은 단일적인 조직에서 최고책임자가 여러 대안들 중에서 설정된 기준에 따라 가장 적절한 대안을 선택한다. 국가 또는 정부는 합리적인 결정자로서 일관된 선호, 일관된 목표, 일관된 평가기준을 지닌다.

둘째, 조직과정 모형은 느슨하게 연결된 반독립적인 하위조직이나 부서가 각각 상이한 목표를 지니고 결정에 참여한다. 일반적으로 조직과정 모형에서는 조직의 표준 운영절차에 따라 정책결정이 이루어진다. 행정부의 경우에도 여러 부처들은 수평적으로 독립적인 기능을 수행하고, 수직적으로도 상급자인 최고책임자에 의해 완전히 종속되는 것이 아니라 소관 분야에 대한 전문성을 지니고 있기 때문에 반독립성을 지닌다. 정책결정은 국가 전체의 목표보다 하위 조직의 목표를 달성하려고 한다.

셋째, 관료정치 모형은 정책결정과정을 참여자들 간에 갈등과 타협에 의해서 정책결정이 이루어지는 정치적인 활동으로 본다. 즉, 정책을 결정하는 주체는 단일주체로서의 정부나 정부 부처들 간의 연합체가 아니라 참여자 개인들로서 이들 간의 정치적인 타협에 의해서 정책이 결정된다고 본다.

Allison이 제시하는 세 가지 모형 중에서 관료정치 모형은 중앙정부 및 시·도 수준에서의 입법 및 조례 제정활동에 참여하는 국회 또는 지방의회 의원들 간의 관계에서 이루어지는 정책결정활동에 적용 가능성이 높다. 반면에, 조직과정 모형은 정책결정이 여러 부처 및 부서들 간의 이해관계가 대립될 때 적용될 수 있다(정일환, 2000). 예컨대, 교육행정기관의 하위계층이나 학교조직에 적용가능성이 높다. 합리적인 행위자 모형은 최고지도자의 정책결정권한이 매우 강하고 최고지도자를 지원하는 자문기구의 전문성이 높다고 판단될 때 적용되기 쉽다.

2. 국내 학자의 교육정책 결정모형

1) 김명한의 체제모형

김명한(1974; 김신복 외, 1996 재인용)은 우리나라 교육정책결정에 영향력을 행사하는 집단과 개인들을 확인하고 이들 간의 상호작용을 조사하기 위한 체제모형을 제시하였다([그림 6-5] 참조). 이 체제모형은 교육정책결정에 영향을 미치는 구조를 법률적으로 권한이 부여되어 있는 법적인 구조와 공식적이거나 법률상의 조직은 아니지만 사회적인 영향을 미치는 비법적인 구조로 대별하였다. 법적인 구조로서는 우리나라 중앙정부 수준에서 행정부의 수반인 대통령, 법률을 제정하는 입법기관인 국회, 교육정책수립의 주무 부처인 중앙교육행정기관을 비롯해서 관련된 여러 부처 및 기관들이 포함된다. 이와 함께 비법적인 구조로서는 정당, 매스컴, 교육관련단체, 교육정책을 개발하는 각종 위원회, 연구기관, 학자 등이 포함된다.

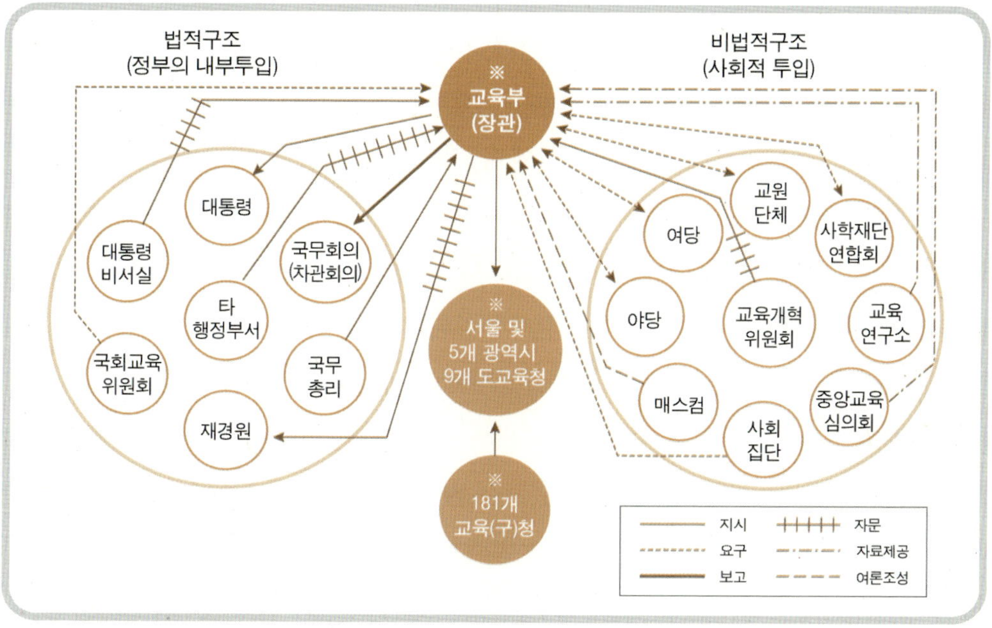

그림 6-5 체제모형: 한국 교육체제에 대한 사회적 투입과 정부의 내부투입

2) 김윤태의 교육정책 결정모형

김윤태(2000)는 우리나라의 교육정책 결정과정에 영향을 미치는 여러 가지 변인들과 이들 간의 상호관계를 제시하였다([그림 6-6] 참조). 즉, 교육정책 결정과정에 영향을 미치는 변인들로서 환경, 정책결정자, 국회와 정당, 이익집단, 매스컴, 연구기관 및 학자, 국민 및 학부모를 지적하였다. 또한, 이들 간의 상호관계는 다음과 같다.

첫째, 교육체제의 환경은 정책결정자에게 교육문제 해결에 대한 요구와 산출된 정책에 대한 지지 여부를 표명한다.

둘째, 국회와 정당은 매스컴, 이익집단, 연구기관 및 학자들로부터 정책에 대한 정보를 수집하여 정책을 직접 수립하거나 정책결정자에게 전달한다.

셋째, 이익집단은 자신들의 권익을 위한 주장이나 요구사항을 정책결정자에게 직접 건의하거나 매스컴, 국회 및 정당, 연구기관 등을 통해서 전달한다.

넷째, 매스컴은 정부와 국민사이에서 여론을 조성하고 이를 정부에 전달하는 한편, 정책을 국민에게 전달한다. 이를 위해 매스컴은 국민으로부터 직접 여론을 수집하기도 하고, 이익집단 및 연구기관이나 학자들로부터 정책에 관련된 정보와 자료를 수집하고 이를 정부나 일반국민에게 전달하는 역할을 담당한다.

다섯째, 연구기관 및 학자는 국민과 학부모의 여론을 수집하여 정책결정에 필요한 지식과 정보를 정책결정자에게 제공한다.

여섯째, 국민과 학부모의 여론은 정책형성의 기초가 된다. 여론은 국회와 정당, 매스컴 등 여러 경로를 통해서 정책결정자에게 전달되기도 하고, 경우에 따라서 정책결정자가 직접 여론을 수집하기도 한다.

마지막으로 정책결정자는 부처내의 모든 자원을 동원하여 환경으로부터 투입된 각종 요구와 지지를 정책으로 전환시킨다.

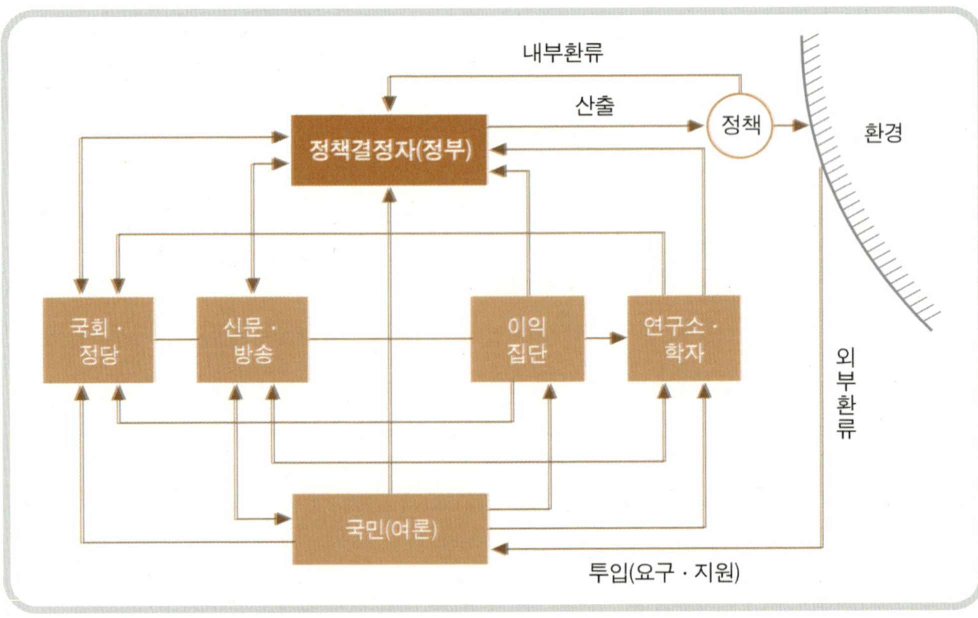

그림 6-6 김윤태의 교육정책 결정모형

제3절 입법부에서의 교육정책 결정

국회는 국민의 대표기관으로서 중요한 정책을 최종적으로 결정할 권한인 입법권을 지닌다. 헌법 제40조는 "입법권은 국회에 속한다고"라고 규정하고 있다. 비록 정책과 법률이 동일한 것은 아니지만 중요한 정책일수록 법률의 형태를 취하게 된다. 따라서 국회는 입법권을 통하여 강력한 정책결정권을 행사한다. 이에 따라서 중요한 교육정책 결정은 법률로서 제정된다. 국회는 입법권의 주체로서 심의 및 의결 기능뿐만 아니라 법안 발의 기능을 가진다. 특히 국회의원의 법률안 발의 활동은 입법권에서 핵심적인 부분이다.

국회의원의 교육 입법활동은 원내 활동과 원외 활동으로 구분된다. 원내 활동은 본 회의를 중심으로 한 활동과 위원회 활동으로 나눌 수 있다. 교육 입법활동에서는 교육문화체육위원회 활동이 다음과 같은 점에서 중요한 의미를 지닌다. 첫째, 본 회의에서는 의제 선정 및 의안 처리가 상대적으로 독립적이지 못하다. 즉, 본회의 단계가 법적으로는 가장 중요한 단계이지만 실제로 법안 심의가 상임위원회 중심으로 이루어지고 있다. 즉, 상임위원회에서 의안에 대한 수정권, 폐기권을 지니고 있으며 상임위원회에서 가결된 의안은 대부분 본회의에서 가결되기 쉽다. 둘째, 국회의원은 소속위원회 별로 원내 활동이 집중적으로 이루어진다. 셋째, 교육위원회는 특별위원회와 달리 영속적으로 국회가 폐회 중에도 운영되기 때문에 교육관련 입법의 중심적인 역할을 담당한다.

우리나라에서는 과거에 정부가 주된 법률 발의자의 역할을 담당해 왔기 때문에 국회의 발의기능은 약했다. 즉, 국회는 행정부의 입법기능을 동의해 주고 추인해 주는 소극적인 역할에 그쳤다는 비판을 받아왔다. 그러나 1990년대 중반 이후 15대 국회(1996~2000), 16대 국회(2000~2004) 때부터 국회의 입법 활동이 활발해졌고, 제17대 국회(2004~2008)에 들어와 국회의원이 발의한 법안이 행정부가 제출한 법안에 비해 월등하게 많아지고 있다.

특히, 교육입법의 경우에도 정부 제출법률안은 15대 38건, 16대 25건, 17대 56건으로 비교적 차이가 적으나, 의원 발의 법률안은 15대 43건, 16대 89건, 17대 346건으로 17대 들어서 급격히 증가하였다. 이것은 17대 국회의 입법 환경이 이전에 비해서 긍정적으로 변화되었기 때문이다. 즉, 정치권력이 권위주의 체제에서 민주주의 체제로 바뀌었고, 시민사회단체의 활동, 언론 및 이익단체의 영향력 증가, 전자투표제, 입법 활동의 정보화 등으로 사회환경이 변화되었기 때문이다(강석봉 외, 2008; 최정원, 2005).

국회의 입법과정은 법령을 제정하거나 개정(폐지)할 때 거치게 되는 절차를 의미하는 것으로 법령안의 입안부터 공포까지의 일련의 과정을 의미한다. 입법과정은 입법의 정당성 확보를 위한 요건인 동시에 법 내용의 적합성 확보를 위한 통제기능을 수행한다. 또한, 입법과정은 법령의 형태 즉, 법률, 대통령령, 총리령, 부령에 따라 차이가 있다. 즉, 법률은 복잡하고 긴 과정을 거치는 반면에, 총리령 · 부령은 상대적으로 입법과정이 짧다.

정책형성의 첫 단계로서 논의된 정책의제는 입법제안서 → 법안 → 법령을 통해서 공식적인 정책이 된다. 국회에 제출된 법률안은 대략 다음과 같은 심의 · 의결과정을 거치게 된다([그림 6-7] 참조). ① 본회의 보고 및 소관 상임위원회 회부, ② 소관 상임위원회 심사(제안자의 법률안 취지 설명, 전문위원의 검토 보고, 질의 답변 등 토론, 의결), ③ 법제사법위원회의 체계 · 자구심사, ④ 주요 법률안(정부 조직에 관한 법률안, 조세 또는 국민의 부담을 주는 법률안 등)의 경우 전원위원회 심사, ⑤ 본회의 심사 결과 보고 및 의결, ⑥ 법률안의 정리 및 정부 이송.

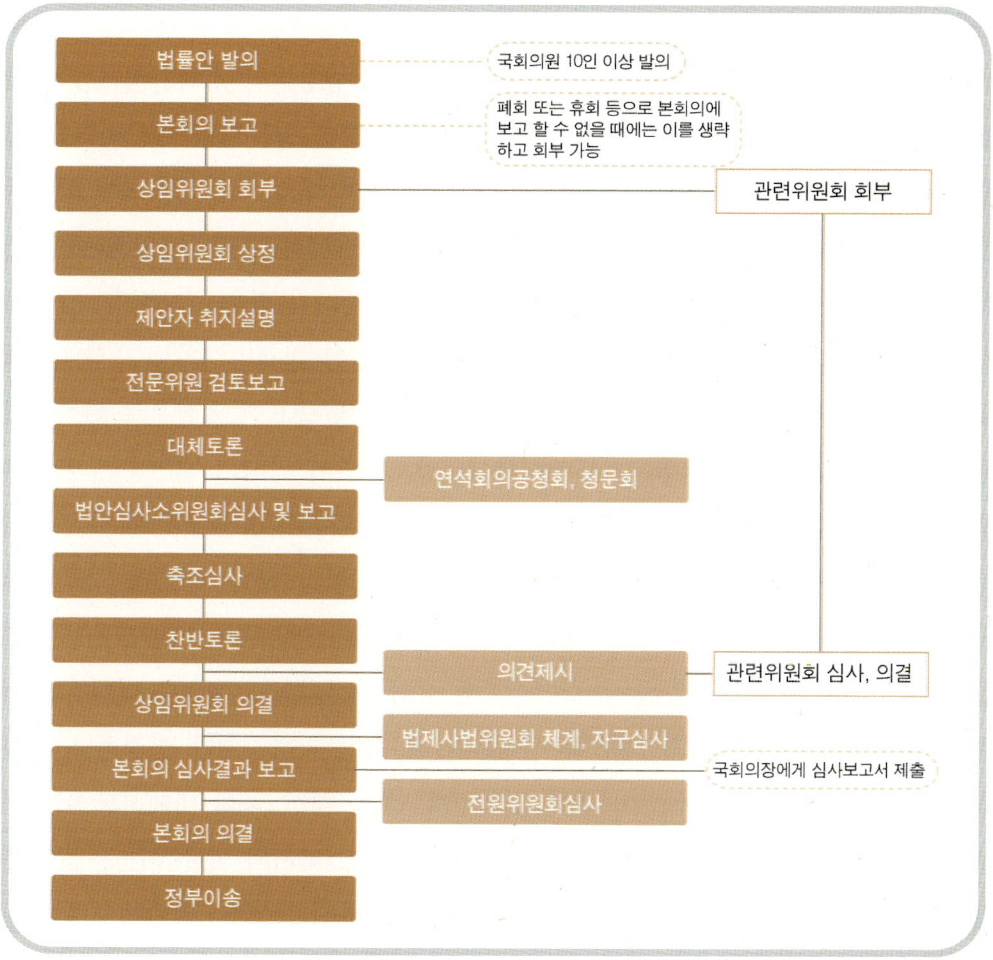

그림 6-7 국회 입법과정

제4절 행정부에서의 교육정책 결정

현대에 와서 모든 정치체제는 정부기관으로서 입법부, 행정부, 사법부를 두고 있다. 이 중에서 입법부와 행정부는 각각 정책결정과 정책집행의 핵심기관으로 되어 있지만 이들 기관이 정책결정에서 어떤 역할을 담당하는지는 이들 기관간의 권력구조에 따라 달라진다. 원래 자유민주주의 국가에서는 의회가 중심이 되어 의회민주주의로 불리지만, 행정부의 기능이 강화되면서 행정부의 정책결정기능이 강화되었다. 즉, 행정부에서는 전문지식을 분야별로 갖춘 공무원을 확보하여 각종 사회문제의 해결을 주도하는 반면에, 의회는 선거에 따라 신분이 좌우되는 의원들이 전문분야의 지식이나 경험을 축적하기가 어렵기 때문에 사회문제의 해결에 적극적으로 대처할 수 없었기 때문이다. 더욱이 우리나라의 경우 경제성장, 안보문제 등으로 인해서 행정부 수반에게 권력이 집중되면서 정책결정기능도 상대적으로 행정부 중심으로 이루어졌다. 즉, 원래 의회의 가장 중요한 권한으로 인식되어 왔던 입법에 관한 정책결정에서도 행정부가 압도하면서 정책의 발안뿐만 아니라 실질적인 결정에까지 행정부가 권력을 행사하게 되었다(정정길 외, 2003).

우리나라에서의 교육정책 결정은 해방 이후 대통령과 교육부장관을 중심으로 하는 행정부의 역할이 매우 중요하였다. 그러나 1980년대 후반 이후 민주정치 수준이 높아짐에 따라 정부기관 내에서 국회의 힘이 강화되었고 행정부 내에서도 정책결정의 분권화가 진행되었다. 특히, 1990년대 초반 지방자치가 본격화 되면서 정책결정의 지방분권화 현상이 강화되고 있다. 이와 함께 국회 내에서도 야당이 다수당이 되는 이른바 '여소야대'의 현상이 초래되면서 과거의 일방적인 행정부 우위에서, 점차로 양자의 균형 내지는 입법부 우위로 바뀌고 있다. 일반적으로 정부의 법률은 모호한 용어로 표현하고 행정부에서는 이를 구체화하기 위해서 대통령령, 총리령, 부령 등으로 규정하도록 위임한다.

행정부에서의 명령은 다음 몇 가지 기능을 수행한다. 첫째, 입법자들이 미처 파악하지 못했거나 정부기관의 전문가들에게 위임한 법의 내용을 구체화하는 기능을 담당한다. 둘째, 법률의 핵심용어를 정의한다. 셋째, 법률을 제정하는 절차를 비롯하여 행정기관의 내부 절차를 규정한다. 행정기관에서의 명령 및 규칙 제정은 전문적인 지식을 지닌 사람들이 정책을 형성할 수 있는 여지를 제공한다. 따라서, 행정기관의 명령 및 규칙 제정은 새로운 정책의 수행이 보다 책임 있고 유연하게 구현될 수 있도록 한다. 즉, 입법부에서 법률을 시행하는 세부적인 사항까지 제정한다면 법률이 수정될 필요가 발생할 경우에 이를 수정하는 데 소요되는 시일이 너무 길어질 수 있다. 행정부에서의 명령이나 규칙의 제정 또는 개정은 비교적 쉽기 때문에 정책 시행과정에서 여건의 변화에 따라 신축적으로 정책 지침을 개정할 수 있다. 아울러, 정책의 형성을 명령이나 규칙을 통해서 행정부에 위임하는 것은 입법부의 업무를 분담하는 기능을 한다(Fowler, 2004).

행정부에서의 교육 입법은 중앙정부 수준에서는 국회나 국무회의 및 중앙교육행정기관과 같은 정부기관에 의해서 교육정책이 수립되고, 지방 수준에서는 상급기관의 시책이나 방침(교육관련법, 교육에 관한 대통령령, 교육부령 등)에 기초하여 교육위원회(지방의회) 및 시 · 도 교육청에 의해 수립되는 과정을 거친다. 예를 들면 시 · 도 교육청은 대통령직속자문기구들이 작성한 교육개혁 방안이나, 교육관련법이나 교육에 관한 대통령령 및 교육부령과 같은 주요 법규에 의거하여 교육정책을 결정할 수 있기 때문이다.

중앙교육행정기관의 일반 정책은 장관의 의도로서 확립된 다음 실무자에 의해서 연구되면 실무자의 일차적인 검토가 있은 다음에 자문위원회에 부의하여 전문가의 의견을 들어 보완하고 실 · 국장회의에서 협의한 후 장관의 결재를 얻음으로써 결정된다. 그러나 국가의 중요한 기본 정책과 관련되고 타 부처의 협조를 필요로 하거나 법령 형식으로 제정되는 것은 중앙교육행정기관에서 입안하여 관계 부처와 협의를 거친 후 입법예고를 하게 된다. 그 후 법제처 심사, 국무회의 심의, 국회 의결을 거쳐 대통령이 시행한다. 입법과정에서 수많은 이해관계의 조정을 거치게 되기 때문에 상당한 시일이 소요하게 된다.

한편, 중앙교육행정기관에서는 중요한 정책안을 국무회의에 상정하기 전에 대통령의 내락을 얻기 위해 본격적인 부내 실무 작업을 하고, 대통령의 내락을 얻은 뒤에 다시 부내 실무 작업에 의하여 안을 다듬고 총리와 국무회의에서 형식적으로 승인을 받는 경우도 있다. 이 과정에서 대통령 비서실의 교육담당비서관이 대통령의 의중을 전달하고 해석하며 대통령에게 건의하는 등의 활동을 통해서 촉진 또는 견제 작용을 한다(조석준, 1980).

우리나라 행정부의 입법절차는 법령안의 입안, 관계 부처 및 당정협의, 입법예고 및 법제처 심사, 국무회의 심의, 법률안의 국회 제출 등 주요 과정을 거친다.

첫째, 법령안의 입안이다. 교육에 관한 법령안은 주무부처인 교육부가 입안을 담당하며, 이 경우 입법의 필요성, 입법내용의 정당성 및 법적합성, 입법내용의 통일성 및 조화성 등을 검토한다.

둘째, 관계부처 및 당정협의의 단계이다. 주무부처인 교육부에서 입안된 법령내용과 관련이 있는 타 부처와 협의하고, 필요한 경우에는 입안된 내용을 조정하여야 한다. 예컨대, 예산이 수반되는 사항은 기획재정부, 정부의 조직 및 인사에 관한 사항은 안전행정부 등과 협의를 거치게 된다. 교육부에서는 법률 및 대통령령을 제정 또는 개정하고자 할 때에는 입안단계에서부터 여당의 정책위원회 의장과 협의한다.

셋째, 입법예고 및 법제처 심사, 국무회의 심의이다. 입법예고를 통해서 국민의 의견을 수렴하여 그 민주적 정당성을 확보하는 절차를 거친다. 입법예고가 끝나고 법령안이 확정되면 법제처의 법령안 심사를 거친 후 차관회의 및 국무회의에서 심의를 거친다. 반면에, 총리령 · 부령안은 법제처의 심사가 끝나면 차관회의 및 국무회의의 심의를 거치지 않고 총리 또는 소관 부처의 장관이 공포하게 된다.

넷째, 법률안은 대통령의 재가가 있으면, 법제처가 법률안을 지체 없이 국회에 제출하여, 국회의 심의 · 의결을 거친다.

우리나라에서는 1990년대 초부터 지방교육자치의 기능이 강화되고 있으며, 이로 인해 초 · 중등분야에서 중앙교육행정기관의 기능이 지방교육행정기관으로 대폭 이양되고 있다. 따라서, 지방교육행정기관의 수장인 교육감의 교육정책에 대한 신념과 철학이 지방교육정책의 수립과 집행에 영향을 미치고 있다. 지방교육정책의 수립과정에서 교육 및 학예에 관한 사항의 심의 · 의결 기능을 담당하고 있는 지방의회의 역할도 증가되고 있다. 이와 함께, 지방자치단체에서 법정 또는 비법정으로 부담하는 지방교육재정에 대한 전입금 비중이 점차 증가되고 있기 때문에 지방자치단체장 및 지방의회의 교육정책에 대한 관심과 이해 정도가 지방교육정책의 수립에 영향을 미치고 있다.

제5절 사법부에서의 교육정책 결정

우리나라에서는 종전에는 교육에 관한 중요 정책이 대부분 행정부의 결정으로 이루어졌다. 그러나 최근에 들어 교육정책결정에서 사법부의 역할이 증대되고 있다. 사법부는 광의의 개념으로 사용할 때 헌법재판소, 대법원, 특별행정심판기관에 의한 행정심판을 포함시킬 수 있다. 헌법재판소의 교육관련 많은 결정들이 교육영역은 물론이고 한국 사회 전반에 많은 영향을 미치고 있으며, 대법원도 교육정책의 모든 영역에서 발생되는 일상적인 법률문제를 다루고 있다. 여기서는 사법부의 개념을 헌법재판소, 대법원의 권한과 관련된 사항에 국한하여 논의한다.

1. 헌법재판소

헌법재판소는 위헌법률심판권, 탄핵심판권, 정당해산심판권, 권한쟁의심판권, 헌법소원심판권 등을 갖는다. 이 중에서 교육정책과 관련하여 위헌법률심판권, 헌법소원심판권이 논의의 대상이 된다. 위헌법률심판권은 헌법재판소가 법률이 헌법에 위반하는지 여부를 심판하고 위헌으로 인정되는 경우 그 효력을 상실하게 하는 제도이다. 헌법소원심판권은 국가의 공권력 행사 또는 불행사로 인하여 헌법상의 기본권을 직접 침해당한 자가 그 구제를 헌법재판소에 청구하는 제도이다.

헌법재판소에서 교육관련 사건을 심판한 현황을 살펴보면 다음과 같다. 구체적으로 1988년에서 2007년 3월 29일까지 헌법재판소가 결정한 교육관련 사건은 총 113건이다. 그 내용을 분류하면 〈표 6-1〉과 같다(표시열, 2007).

표 6-1 헌법재판소의 교육관련 사건의 심판 누계표

	위헌	합헌	기각	각하	합계
위헌법률심사	4	5		1	10
권리구제형 헌법소원	7	1	25	38	71
위헌심사형 헌법소원	3	20		7	30
권한쟁의					
합계	14	26	27	46	113

출처: 표시열(2007).

헌법재판소가 교육관련 사례에서 위헌 결정을 한 것은 위헌 법률심사와 헌법소원 심판에서 1990년에서 2007년 3월 말까지 총 14건으로서 그 주요 사건의 목록에는 다음과 같은 내용이 포함되어 있다. 즉, '교육공무원법' 제11조 제1항(국공립사범대 출신 우선임용)의 위헌 결정(1990.10.8, 89 헌마 89), '학원의 설립·운영에 관한 법률' 제3조(학원과 대학 재학생의 경우 이외에는 누구든지 과외교습을 하여서는 아니 됨), 제22조(제3조 위반자에 대한 벌금)의 위헌 결정(2000.4.27 98 헌가 16), 구 '학교용지확보에 관한 특례법' 제5조 제1항(공동주택을 분양 받은 자에게 학교용지 확보를 위하여 부담금을 부과 징수할 수 있다)은 부분의 위헌결정(205.3.31, 2003 헌가 20) 등이 있다.

합헌결정의 사례로서는 전국교직원 노동조합사건(1991.7.22., 89헌가 106)으로서 사립학교 교원의 노동운동을 면직사유로 규정한 '사립학교법' 제58조 제1항 제4호는 헌법에 위배되지 않는다고 결정한 사건, 교육공무원 정년단축사건(2000.12.14, 99 헌마 112)으로서 '교육공무원법' 제47조 제1항을 개정하여 대학교원을 제외한 교육공무원의 정년을 종래 65세에서 62세로 낮춘 것이 교원의 공무담임권을 침해되었다는 헌법소원에 대해 합헌결정을 내린 사례 등을 들 수 있다. 이상의 사례들에서 볼 수 있듯이 헌법재판소의 위헌, 합헌 등의 교육관련 심판은 우리나라의 교육 실제에 매우 큰 영향을 미치고 있다.

2. 대법원

현대사회는 전문화, 복잡화되면서 새로운 분쟁이 발생하며, 민주화가 진전되고 국민들의 권리 의식도 향상되어 법적 절차에 호소하는 경향 때문에 법적 소송건수가 급증하고 있다. 교육영역에서도 마찬가지로 법원에서 다루는 교육관련 민사, 행정, 형사재판 건수도 매우 많다. 교육인적자원부가 2004년 2월에 발간한 '대법원 교육판례집 Ⅲ'에 수록된 대법원의 교육관련 판례가 588건이 된다.

교육관련 대법원 판례를 주제별로 살펴보면 채용(34), 승진(5), 신분보장 및 면직(38), 보수(8), 공무원의 의무 및 징계(128) 등으로 구성되는 인사에 관한 사건이 274건이다. 이외에 법인에 관한 것이 79건, 안전사고 및 체벌에 관한 것이 18건 등 여타 관련 사항에 관한 것을 포함하여 총 588건이 된다. 대법원에서 다룬 전체 588건 중 인사행정영역이 274건으로 47%가 되어 거의 절반 정도를 차지하고 있으며, 인사 행정영역 내에서도 절반 정도가 징계에 관한 사항이다. 이외에 높은 빈도수를 보이는 항목이 79건의 법인 운영으로서 사학재단의 재산관리와 관련하여 많은 분쟁이 있음을 보여준다(표시열, 2007). 이상과 같이 사법부 특히 헌법재판소는 교육정책 수립과정에서 고려되어야 하는 중요한 기관이 되고 있음을 알 수 있다.

제6절 교육정책 결정에 영향을 미치는 요인

1. 환경적 요인

교육정책은 사회의 정치, 경제, 인구, 이념 및 가치 등 다양한 환경 속에서 형성되기 때문에 이러한 환경적 요인에 영향을 받는다. 첫째, 교육정책은 국가의 정치 발전 정도에 따라 교육정책의 참여자, 참여방식, 참여 정도 등이 달라진다. 민주주의 국가에서는 교육정책 결정과정에서 보다 많은 집단과 관련 당사자들의 견해가 투입된다. 반면에, 권위주의 국가에서는 교육정책 결정과정에서 소외된 관련 집단과 당사자들이 정책집행과정에서 자신들의 견해를 반영시키려고 노력한다.

둘째, 교육정책은 대부분의 경우에 재정적인 뒷받침이 수반된다. 교육정책은 재정적인 조달이 가능한 범위 내에서 이루어지기 때문에 국가의 경제발전 정도 및 경제 여건에 크게 영향을 받는다. 예컨대, 우리나라의 경제수준이 성장하고 경제여건이 호황인 경우에 교육여건 개선을 위한 정부의 교육재정투자가 활발하게 이루어진 반면에, 경제가 어려울 때 교육투자가 상대적으로 크게 위축된다.

셋째, 교육정책은 인구의 구성 및 출산율과 같은 인구의 흐름에 의해 영향을 받는다. 특히 교육정책의 주 대상인 학령인구의 구성과 밀접하다. 최근에 들어서 심화되고 있는 저출산 및 고령화 현상으로 인해서 학령인구가 감소되기 때문에 특히 중소도시의 경우 각급 학교신설계획 대신에 학생 수가 감소되는 학교의 통폐합계획을 세워야 한다. 이와 함께, 고령인구의 급격한 증대는 요람에서 무덤까지의 평생교육의 이념 강화와 더불어 교육의 대상과 방법의 변화 등 과거의 학교교육위주의 교육정책패러다임에서 탈피하도록 영향을 미치고 있다.

넷째, 교육정책은 사회 구성원들의 가치관, 문화 등의 환경적 요인에도 영향을 받는다. 예컨대, 사회 구성원들이 교육기회의 평등성에 관심을 많이 두느냐 또는 교육의 질이나 교육에 대한 자유 및 선택권에 관심을 많이 두느냐에 따라 교육정책이 달라질 수 있다.

2. 정책결정자

교육정책결정자는 행정부의 수장인 대통령 및 중앙교육행정기관의 장 등을 들 수 있고, 입법부인 국회 그리고 사법부 등을 들 수 있다. 우선적으로 대통령이 특정한 교육정책에 대한 신념을 지닌 경우에 강력하게 추진될 수 있다. 중앙교육행정기관의 장은 교육정책을 개발하고 집행하는 책임을 지닌다. 우리나라의 경우 과거에 교육부장관의 재임기간이 비교적 짧아서 교육정책의 일관성과 지속성이 부족하였고, 정치적 역량이 부족한 학자 출신이 상대적으로 많이 임명되어서 교육정책의 추진력이 부족했다는 지적을 받고 있다.

이와 함께 지방교육의 자치가 강화됨에 따라 초·중등교육에 관련된 사항은 점차 지방교육행정기관에 이양되고 있다. 이로 인해 지방교육행정기관의 장인 교육감의 교육정책에 대한 신념, 지방자치단체장의 교육에 대한 관심과 지원 정도, 지방의회의 교육·학술에 대한 의결기능 등도 지방교육에 관련된 교육정책의 수립과정에 큰 영향을 미치고 있다. 국회의 교육정책 결정기능으로서 입법기능은 과거에는 미흡했지만 국민의 정치의식 수준이 성장함에 따라 국회의 대의기능이 활발해지고 의정 역량이 축적되면서 국회의 입법기능이 강화되고 있다. 아울러 헌법재판소와 대법원을 비롯한 사법부의 헌법과 법률의 해석 및 적용에 대한 판결이 교육실제에 큰 영향을 미치고 있다.

3. 정보와 지식

교육정책 형성을 위해서는 정보와 지식이 필요하다. 특정 교육문제의 해결을 위한 방안을 탐색할 때 정책 목표와 이를 달성하는 수단 간에 인과 관계, 각 정책 방안에 따라 관련된 집단이 어떤 영향을 받는지 등에 대해서 정보와 지식이 필요하다. 이와 함께, 특정한 교육정책을 실시할 때 이로 인해 발생되는 효과, 문제점은 어떤 것이 있는지 등에 대해서도 정보가 필요하다. 교육정책을 형성하기 위해 필요한 정보와 지식은 많은 경우에 획득하기가 쉽지 않다. 특히, 학생의 학업성취를 향상하기 위한 여러 정책 대안들 가운데 각 대안의 결과를 정확하게 예측하기가 어렵기 때문에 합리적인 정책결정이 쉽지 않다.

4. 자원

교육정책을 형성할 때 동원할 수 있는 인적·물적 자원의 정도에 따라 교육정책 결정의 질과 집행결과는 영향을 받는다. 또한 교육정책의 실시가 단기적으로 급속히 이루어지는가 또는 장기적으로 점진적으로 실시되는가에 따라 정책성과가 달라질 수 있다. 우리나라에서는 일반적으로 교육정책이 정책 결과에 대한 사전 검토와 예비실시를 거쳐서 점진적으로 실시되기 보다는 단기간에 전국적으로 실시하는 경향을 보이기 때문에 많은 시행착오를 거친다.

5. 참여자

교육정책은 형성과정에 관여하는 참여기관과 집단, 참여방식, 참여내용과 정도에 영향을 많이 받는다. 교육정책결정의 경우에 공식적으로 참여할 수 있는 권한을 지닌 기구는 국회, 대통령, 중앙교육행정기관, 지방교육행정기관의 장 및 지방의회, 사법부 등을 들 수 있고, 정책결정과정에 영향을 미칠 수 있는 비공식적인 참여자로서는 정당, 교육정책 관련 위원회, 이익집단, 학자 및 연구기관, 매스컴 및 언론, 일반 국민 및 교육 NGO 등을 들 수 있다. 그동안 우리나라의 교육정책결정에서는 1980년대 중반 이전의 권위주의적인 체제하에서는 공식적인 참여자에 비해서 비공식적인 참여자의 역할은 비교적 적었다. 그러나 민주화에 요구가 크게 분출되기 시작했던 1980년대 이후부터는 비공식적인 참여자의 역할과 영향력이 점차 증가되고 있다.

1) 중앙 및 지방교육행정기관의 담당 공무원

교육정책을 기안하고 각 대안에 대한 결과를 탐색하기 위하여 정보를 수집하는 등 다양한 활동을 수행하는 중앙교육행정기관 산하의 공무원들이 교육정책 형성에 있어서 중요한 참여자들이다. 이들은 교육행정 전문가로서 국가의 교육정책 수립 및 집행활동에 참여하면서 발생하는 다양한 교육 문제와 쟁점을 파악하고 있으며, 이와 관련된 자료와 정보를 축적하고 있다. 또한, 지방교육자치의 강화로 인해 고교이하 각급학교에 관련된 사항은 지방교육행정기관에서 담당하는 영역이 넓어지면서 지방교육행정기관 담당공무원들의 역할도 증가되고 있다.

2) 교육정책 관련위원회

우리나라의 교육정책 수립에 영향을 주는 주요 위원회로서는 역대의 대통령 자문기구를 들 수 있다. 이와 함께 교육부 장관의 정책자문기구로서 교육정책심의회가 있다. 첫째, 역대의 대통령 자문기구로서는 교육개혁위원회, 새교육공동체위원회, 교육인적자원정책위원회, 교육혁신위원회, 국가교육과학기술자문회의 등이 설치·운영되었다. 교육개혁위원회의 경우는 문민정부에서 1994년 2월에 설치되어 1997년까지 운영되면서 신교육체제 수립을 위한 교육개혁방안으로서 열린교육사회기반 구축, 초중등학교의 학교공동체 구축, 교육과정의 개편, 교육재정 확충, 초중등교육법의 제정 등을 제안하였다. 새교육공동체위원회는 국민의 정부가 출범하였던 1998년 설립되어 약 2년 동안 현장 중심의 교육개혁방안을 추진하였다. 이후 2000년에 새교육공동체위원회는 해체되고 그 대신 교육인적자원정책위원회가 설립되어 교육정책뿐만 아니라 정부의 인적 자원 개발과 관련된 정책업무까지 담당하였다. 참여정부가 출범한 2003년에는 교육혁신위원회를 구성하여 중장기 교육·인적자원정책의 방향을 정립하고, 주요 교육정책을 개발하며, 교육체제의 혁신방향을 정립함으로써 대통령의 자문을 담당하였다. 이명박 정부 하에서는 2008년에 국가교육과학기술자문회의를 설치하여 교육과 과학 분야의 현안 과제나 미래사회 대비 교육정책과제를 발굴・제의하였다. 둘째, 교육부장관 자문기구로서는 교육부정책자문위원회를 설치하여 교육정책 및 교육발전에 관한 중요사항으로서 교육부장관이 요청하는 사안에 대하여 심의 또는 연구하는 기능을 수행하고 있다.

3) 이익단체

이익단체는 관련되는 교육정책이 다루는 내용에 따라서 선별적으로 대응한다. 이익단체는 교육정책의 대안 개발, 정책결정, 정책집행 등 제 과정에서 영향을 미친다. 이익단체는 정책의 입안과정에서 영향을 미치고자 하는 반면에 정책결정자는 이익단체의 영향력을 가급적 배제하고 합리적으로 결정하고자 하기 때문에 이익단체가 정책결정 과정에 접근하기는 쉽지 않다. 이러한 정책결정 과정에서 이익단체의 영향력을 배제하려는 현상은 권위주의 국가에서 특히 뚜렷하게 나타난다. 이익단체가 정책개발 및 결정과정에서 소외되는 경우에 정책집행 과정에서 영향력을 극대화하고자 하기 때문에 정책집행 과정에서의 정책 수정이 빈번하게 발생될 수 있다.

우리나라에서 교원의 이익을 대변하는 교직단체로서 한국교원단체총연합회, 전국교직원노동조합 등이 정부의 교육정책 수립과 집행에 많은 영향을 미치고 있다. 한국교원단체총연합회(한국교총)는 우리나라 최초의 교원단체로서 1947년 대한교육연합회로서 출범하여 1989년에 '한국교원단체총연합회'로 개칭하였다. 한국교총은 1991년 '교원지위향상을 위한 특별법' 제정으로 정부와 교섭・협의권을 부여받고, 교원의 사회적 경제적 지위 향상과 교직의 전문성 확립을 목적으로 하는 전문직단체로서 활동하고 있다. 이와 함께, 전국교직원노동조합(전교조)은 참교육 실현 등을 취지로 1989년에 결성되고 1999년 '교원의 노동조합설립 및 운영에 관한 법률'에 의해 합법화되어 교육민주화, 교직원의 사회경제적 지위향상, 교육여건 개선 등을 추구하는 단체로서 활동하고 있다. 이외에 사립학교의 이익을 대변하는 사립학교연합회, 사립학교장회의, 사학재단협의회 등이 있다. 대학교육과 관련된 단체로서는 한국대학교육협의회, 한국전문대학교육협의회 등이 있다. 이외에도 학부모 관련단체, 시민단체, 학원연합회 등이 조직되어 활동하고 있다.

4) 학자 및 연구기관

교육정책은 대상 범위가 넓고, 그 파급효과가 클 뿐만 아니라 정책의 영향에 대한 분석이 쉽지 않기 때문에 교육정책 결정의 합리성에 대한 요구가 매우 높다. 따라서 교육정책 결정에 필요한 지식과 정보, 자료 등을 수집하고 분석할 뿐만 아니라 대안을 탐색하고, 개발하는 기능이 필수적이다. 교육 및 연구기관에 소속된 학자 및 연구자들은 정책결정에 필요한 지식 및 정보, 자료 등을 개발하여 제공하며, 정책대안의 탐색, 정책목표와 수단 간의 인과관계에 대한 분석, 정책의 실현가능성에 대한 평가 등의 전문적인 작업에 주로 참여한다. 이와 같은 교육 및 정보자료의 수집 및 분석, 정책 대안의 탐색과 개발, 정책대안의 선정과정에서 영향을 미치는 교육 및 연구기관으로는 전국의 주요 대학을 비롯하여 한국교육개발원(KEDI), 한국교육과정평가원(KICE), 한국직업능력개발원(KRIVET), 한국교육학술정보원(KERIS) 등의 국책연구기관을 들 수 있다.

한국교육개발원은 1972년에 설립되어서 국가 교육발전을 위한 정책연구·개발, 학교교육혁신에 관한 전문적인 연구 및 지원, 교육조사 통계에 관한 연구개발 등의 기능을 수행하는 교육정책연구기관으로 정부의 각종 교육정책 수립 및 집행에서 중요한 기능을 담당해오고 있다. 이와 함께, 한국교육과정평가원은 1998년에 설립되어 고교 이하 각급학교 교육과정 연구개발, 교과용도서 편찬 및 검인정 업무, 교수학습프로그램 연구 개발 등을 담당함으로써 정부의 교육과정 분야 정책 및 집행에서 중요한 기능을 수행하고 있다. 한국직업능력개발원은 1997년에 설립되어 직업교육훈련에 대한 정책연구, 교육훈련프로그램 개발, 직업훈련기관 및 훈련과정 평가 등의 연구와 사업을 추진하고, 한국교육학술정보원은 1999년에 설립되어 정부의 교육정보화, 학술연구정보화, 교육행·재정정보화 등의 사업을 추진하고 있다.

5) 매스컴 및 언론

텔레비전, 신문, 라디오 등 매스컴 및 언론에서는 정보전달, 비판기능 등 여러 가지 기능을 통하여 정책결정 과정에 영향을 미친다. 첫째, 매스컴 및 언론은 특정 정책에 관련된 정보를 전달한다. 그러나 정부에서 발표하는 내용을 그대로 전달하는 것이 아니라 해설 또는 비판을 가해서 국민들에게 정보를 전달한다. 둘째, 매스컴 및 언론은 정책결정과정에서 정책 대안을 제시하거나 정책 대안에 대한 비판기능을 수행함으로써 국민들의 정책에 대한 여론을 형성한다. 이외에도 정부의 정책 대안에 대한 찬반 토론의 장을 제공하거나, 특정한 정책대안에 대한 국민의 여론을 조사하여 공표하는 등 여러 가지 방법을 통해서 정부의 정책결정에 영향을 미친다. 여러 사회 문제들 중에서 특정한 교육문제들이 정책의제로 채택이 되는 과정에서 매스컴 및 언론의 역할은 매우 중요하다.

6) 일반 국민 및 교육 NGO

특정한 교육문제가 교육정책으로 형성되는 것은 일반 국민들이 교육문제에 대한 새로운 해결을 계속 요구하고 이러한 요구가 국회나 매스컴 등의 기관을 통하여 정책결정기구로 전달됨으로써 이루어진다. 국민과 학부모는 새로운 교육정책을 요구하는 수요자인 동시에 또한 수립된 교육정책에 의해 영향을 받는 대상이기도 하다. 특히 우리나라 국민과 학부모들은 자녀의 교육에 대한 관심과 열의가 높기 때문에 정책결정자에 대한 교육문제 해결의 요구가 강하며, 이에 따라 정책결정자의 교육문제에 대한 관심도 매우 높고 교육정책에 대한 국민의 여론에 민감하다. 특히, 고등교육기관에 대한 입시경쟁이 치열하기 때문에 고등교육기관의 입시에 관련된 교육정책에 대한 국민과 학부모들의 요구가 끊이지 않는다.

현대사회에서 비정부단체(NGO)는 시민사회의 자발적인 활동을 기초로 하여 공익을 추구하는 민간기구로서 정부의 정책형성과정에 큰 영향을 미치고 있다. 우리나라에서는 1980년대에 민주화를 거치면서 정부의 일방적인 정책 추진에 대한 반작용으로서 시민사회의 다양한 요구를 국가의 정책에 반영하기 위해서 다양한 NGO가 결성되었다. 교육 분야에서도 과거의 정부 주도 교육개혁을 비판하고 학부모 및 시민단체들이 결성되어 교육 NGO로서 활동하고 있다. 구체적으로 교육운동을 전개하던 학부모들이 주축이 되어서 '참교육을 위한 전국학부모회'(참교육학부모회)가 1989년에 결성되어 초기에 전교조 지지활동에서 시작하여 교육문제 전반에 대한 입장을 표명하고 있다. 이와 함께, 1990년에 결성된 학부모 교육문화 운동단체인 '인간교육실현 학부모 연대'(학부모연대)는 교육 본연의 목표인 인간교육의 실현을 추구하고 있다. 전교조 합법화 이후 전교조의 투쟁방식에 반대하는 학부모들이 중심이 되어서 조직된 '학교를 사랑하는 학부모 모임'(학사모)이 2002년에 설립되어 활동하고 있다. 이외에 교사, 학부모, 사회 각 분야 전문가 등으로 구성되어 교육의 방향과 교육문제에 대한 개혁안을 제시하는 시민단체로서 1998년에 창립된 '희망을주는우리교육실현시민연대'(희망교육연대), 2003년에 창립된 '교육공동체시민연합' 등이 있다. 이와 같은 교육 NGO는 정부뿐만 아니라 국회를 대상으로 관심을 갖고 있는 교육문제를 해결하기 위해 입법화 추진 등 정부 정책에 직접적인 영향을 미치고 있다(양정호 외, 2005).

제7절 교육정책 결정 분석 사례: 유아교육법 제정

2004년 1월 29일 법률로 공포된 유아교육법은 기존의 유아교육 관련법을 정비하여 유아교육에 대한 독립적인 근거법을 마련한 것으로 유아교육체제 구축의 기틀을 마련하는 계기가 되었다. 그동안 우리나라에서 유아교육정책은 타 분야에 비해서 국가의 교육정책의 우선순위가 뒤에 있었지만, 1980년대 이후 국가적 차원의 질 관리를 통한 유아교육의 공교육체제 확립에 대한 요구가 제기되었다. 이에 따라, 1982년 유아교육진흥법 제정에 따라 유아교육기회가 확대되어 농어촌지역이나 저소득층 자녀에게 유아교육의 수혜를 가능하게 되었다. 그러나 유아교육기관이 이원화되고 행정지원체제는 문교부, 내무부, 보건복지부로 삼원화 되는 문제점이 있었다. 더욱이 1991년 영유아보육법 제정으로 보육시설의 취원 규모는 급속하게 확대되는 현상을 보였다.

1994년 교육개혁위원회에서 유아교육법의 제정 필요성이 개혁방안으로 제기된 이후, 국회에서 1997년 1차로 발의되어 총 4차의 발의과정을 거쳐서 2004년에 유아교육법으로 제정될 수 있었다. 유아교육법은 법제정 과정에서 발의된 법안이 여러 차례 자동폐기 되는 등 법률로 통과되기까지 참여집단 간에 이해관계에 따라 첨예하게 대립하고 갈등하는 양상을 극명하게 나타냈다. 유아교육법이 국회에서 발의되고 제정된 정책결정과정을 법안 제안 배경, 발의, 법안의 내용, 참여집단의 활동 등을 중심으로 분석한다.

1. 유아교육법안 제안 배경

유아교육법은 유아교육 관련법의 이원화로 인한 유아교육과 보육체제의 행·재정적 중복투자 및 낭비 문제 해결, 유아학교 체제 구축을 통한 유아교육의 공교육에 대한 사회적 요구 증대, 기존 관련법의 정비 작업을 통한 독립된 모법으로서의 유아교육법, 유아교육에 대한 정부 차원의 적극적 지원 유도 등을 위해 법 제정의 필요성이 제기되어졌다. 이러한 법 제정의 필요성과 배경은 이후의 실제적인 법안 발의 유도 활동으로 작용하여 지속적으로 영향을 미쳤다. 구체적으로 유아교육법 제정의 배경은 다음과 같이 요약될 수 있다(배인숙, 2007).

첫째, 우리나라 유아교육관련법은 유아교육과 보육으로 분리되었다. 이는 유아교육정책과 보육정책이 독자적인 영역으로 정부 차원에서 정립되지 못한데서 연유하였다. 그러나 1990년대에 이르러서 여성의 경제활동 참여가 급격히 증대되면서 자녀양육 문제가 국가적인 문제로 인식되어 기존의 관련 법률이 체계화되고, 더 나아가 독립된 유아교육법 제정의 필요성이 높아졌다.

둘째, 유아교육진흥법과 영유아보육법의 제정을 통해서 유아교육과 보육의 이원화 현상이 더욱 가속화되어 소관 부처 및 기관의 중복과 행·재정적 낭비 문제가 심화되었다. 이러한 중복지원으로 인한 경제적 손실을 해결하고, 양 법률을 통합하여 유아교육과 보육정책을 일원화하는 요구가 증대되었다.

셋째, 유아교육의 공교육화에 대한 요구는 1991년 영유아보육법 제정이후 증대되었다. 영유아보육법 제정이후 보육투자 규모의 확대에 따라 융자에 의한 민간보육시설이 급속히 확대되어 공교육 체제 확립에 역행하였다. 더욱이 유치원 교육체제와 보육체제 간에 원아 유치를 위한 경쟁과 갈등이 심각하게 발생되었다. 유아교육계에서도 보육의 개념을 수용한 체제 개편을 통해 공교육화를 추구하는 관심이 증가되었다.

넷째, 보육시설의 경우 복지적 특성이 많은 영유아보육법이 1991년 제정되었지만, 유치원의 경우에는 별도의 기본법이 부재하였다. 즉, 1997년 이후 초중등교육법 속에 유아교육에 대한 관련 조항이 5개조에 불과하였다. 이에 따라 법 제정을 통해 교육기본법 속에 유아교육을 전체 교육영역의 하나로 포함시키고 유치원을 학교로 인정받고자 하는 요구가 표출되었다.

2. 1, 2차 유아교육법안 발의 및 자동폐기(1997~2002)

기존의 관련법들을 정비하여 독립된 법안의 형태로 유아교육법안이 국회에 상정된 1997년에서 1999년까지의 시기는 유아교육체제 개혁이라는 목적 하에 교육개혁위원회를 비롯한 여러 관련 단체 및 연구기관의 보고서가 출간되고 '유아교육공교육체제실현을위한범국민연대모임'과 같은 자발적 시민사회단체의 움직임이 활발했다. 이로 인해 유아교육에 대한 국가 차원의 관심을 환기시켜 각종 대선 공약이나 정치활동에 영향을 미치게 되었다.

반면에, 교육개혁위원회의 유아교육법 제정과 관련된 개혁안이 발표될 때 마다 이를 반대하는 '유아교육법제정반대범시민사회단체연대회의'와 같은 집단들의 법안 비판 및 재검토 건의와 같은 움직임도 동시에 일어나 법안 발의 및 추진 자체를 어렵게 만들었다. 이러한 법 제정을 반대하는 입장은 유치원 감소 및 취원 유아 저조로 인한 유치원 운영상의 문제로 유아교육계가 위기의식을 느껴서 이에 대한 타개책으로 법 제정 요구가 시작되었다고 보았다(배인숙, 2007).

1차 유아교육법안은 1997년 11월 6일 당시 새정치국민회의 김원길 의원 외 69인에 의해 발의되어 소관 상임위원회인 교육위원회를 거쳐서 제185회 국회에 상정되었다. 동 법안은 유치원과 보육시설을 통합하여 유아학교로 전환하는 내용이 핵심적인 사항이었다. 제2차 유아교육법안은 1999년 2월 22일 정희경 의원 외 23인에 의해 '유아교육의 공교육화를 촉진하기 위한 결의안'이 발의되었고, 이러한 결의안을 보다 구체화시켜 동년 9월 1일 '유아교육법 수정안'을 발의하여 교육위원회를 거쳐 제208회 정기국회 제7차교육위원회에서 정희경 의원 발의로 상정되었다. 2차 법안은 1차의 내용을 기본으로 하여 유아학교 뿐만 아니라 전반적인 유아교육 개혁과 공교육화의 중요성을 강조하여 관련법들을 정비하고자 하였다. 그러나 1, 2차 유아교육법안은 발의이후 법사위에 계류된 채 입법 추진과정을 거치지도 못하고 2000년 5월 15대 정기국회 폐회와 더불어 자동폐기되었다.

1, 2차 유아교육법안의 발의는 유아교육의 공교육화를 위한 국가적 차원의 관심을 유도하기 위해 노력했던 교육개혁위원회와 여러 관련 단체들이 참여했던 선행 활동을 중심으로 대선이라는 정국 상황과 맞물려서 급속하게 진행되었다. 그러나 법안 발의 및 추진과정에서 법 제정을 위한 사회 여론 수렴이나 정책조정과정이 부족하여 자동폐기되었다. 특히, 1, 2차 유아교육법안의 발의과정에서 법 제정을 찬성하거나 반대하는 집단들은 각 집단의 이해관계에 따라 법 제정에 따른 이익과 손실을 고려한 의견 대립에 치중함으로써 유아교육법의 필요성과 목적을 사회 및 국회에 충분히 전달하지 못했다. 그러나, 1, 2차 유아교육법안은 이후 3, 4차 유아교육법안 발의를 유도하는 선행운동으로 작용하였다.

3. 3, 4차 유아교육법안 입법과정(2000년~2004년), 법안의 내용 및 특성

1) 3, 4차 유아교육법안의 발의 및 심의과정

15대 국회에서 1, 2차 유아교육법안이 자동 폐기되고 16대 국회가 개원한 후 3, 4차 유아교육법안이 발의된 2000년에서 2004년의 시기는 유아교육법안 통과와 관련하여 관련 집단들이 가장 집중적으로 법 제정활동을 전개하였다. 이는 16대 국회에서도 입법화되지 않을 경우 유아교육법안은 영원히 사장될 수도 있다는 우려가 많았기 때문이다. 2001년 12월 6일에 당시 새천년민주당 이재정 의원 외 43인에 의해 3차 유아교육법안이 발의되었다. 이후 2003년 4월 1일 한나라당 김정숙 의원 외 46인에 의해 발의된 4차 유아교육법안과 내용이 거의 유사한 관계로 제238회 임시국회에서 2003년 4월에 공청회를 개최하여 관련 단체들의 의견을 수렴하게 되었다. 이후 여러 차례 법안심사소위원회 검토 등의 과정을 거치고, 2003년 12월 11일 법안심사소위원회에서 위원회 대체토론 과정을 거쳐서 제기된 쟁점사안과 전문위원의 수정의견을 중심으로 심사하였다. 동 법안심사소위원회에서 3, 4차 유아교육법안 대신에 양 법안을 통합 조정한 위원회 대안이 제안되었다. 결국, 위원회 대안에 대한 수정안이 2004년 1월 8일 본회의에서 통과됨으로써 최종적인 유아교육법안이 통과되었다.

2) 유아교육법안의 주요 내용

1, 2차 유아교육법안이 유아학교를 신설하여 만 3~5세 유아에 대한 교육을 일원화하여 유치원, 보육시설 등 유아관련시설을 흡수하려고 하였다. 반면에, 3, 4차 유아교육법안은 유아교육 및 보육에 관한 사항을 조정하기 위해서 국무총리 소속하에 유아교육·보육위원회를 설치하여 유아교육과 함께 보육에 대한 실체를 인정하고 유치원만이라도 독자적인 학교체제로 전환·발전시키고자 하였다.

2003년 12월 11일에 개최된 법안심사소위원회에서 3, 4차 유아교육법안 내용을 통합 조정하여 마련된 위원회 대안과 그에 대한 수정안의 내용 역시 3, 4차 법안 내용의 틀과 전체 맥락은 동일하지만 가장 큰 차이점은 그동안 논란이 되었던 '보호' 조항의 삭제와 사립유치원 교사 인건비 지원에 관한 사항이었다. 즉, 2004년 1월 8일 황우여 의원 외 38인이 제출한 수정안은 법안 전체 조항 중 '보호 및 교육'으로 된 부분을 '교육'으로 '교육과 보호과정'을 '교육과정'으로 '교육과 보호 비용'을 '교육비용'으로 용어가 수정되었다.

3) 3, 4차 입법과정의 주요 특성

3, 4차 입법과정에서는 1, 2차 법안 발의 때와 다른 다음과 같은 특성들을 보여주었다(배인숙, 2007).

첫째, 3, 4차 입법과정에서는 보다 다양한 참여집단들이 등장하여 보다 집약적인 대 국회 활동을 전개하였다. 즉, 전교조 이외에 교총이나 국공립유치원교원연합회, 한국보육시설총연합회 등과 같은 다양한 이익집단들이 등장하였다.

둘째, 입법과정에서 법 제정을 찬성한 유아교육계의 범국민연대모임과 대표자연대, 그리고 법 제정을 반대한 보육계의 공동대책위원회 외에 미술학원의 전국유아미술학원연합회까지 등장하였다. 이중 입법결정에 영향을 미친 주요 집단으로 유아교육계의 경우 기존의 범국민연대 외에 유아교육대표자 연대가 있었다. 양 집단은 모두 16대 국회가 마무리되던 2003년 동안 법 제정과 관련된 집약적이고 다양한 대 국회활동을 벌였다.

셋째, 3, 4차 법안이 발의될 당시에는 1, 2차 법안의 자동 폐기로 인해 유아교육계가 보다 침체된 분위기였으며, 보육계와 더불어 미술학원계까지 가세하여 매우 어려운 상황이었다.

넷째, 법 제정과정에서 등장한 쟁점 사안과 관련하여 각각 사안별로 관련된 참여집단의 이해관계에 따라 찬성과 반대의 논리가 다르게 나타났다. 특히, 1, 2차 유아교육법 제정 자체를 격렬하게 반대해온 보육계가 3, 4차에 이르러서는 사안별로 유아교육계와 일치되는 부분을 보였고, 국회 본회의 통과 직전에는 협상을 통해서 부분적인 사안을 조정하는 과정을 거쳤다.

4. 유아교육법 제정

7여 년간의 논쟁과 대립을 거듭해오던 유아교육법안은 2004년 1월 8일에 국회 본회의를 통과하였다. 2003년 12월 26일 법제사법위원회를 통과한 법안이 국회 본회의를 통과하기 직전의 기간 동안에 유아교육계와 보육계는 법안 통과와 법안 통과 저지를 위해 총력을 기울였다. 당시에 전국어린이집·놀이방연합회 회장은 유아교육법 제정 반대를 위한 단식농성에 돌입하였으며, 성명서를 통해서 동 법안을 즉각 폐지할 것을 촉구하였다. 유아교육제정을 지지하거나 반대하기 위해서 전국에서 상경한 유아교육 및 보육교사들이 대규모로 참여하여 시위를 벌였다.

1, 2, 3, 4차의 법안에서 최종법안 까지 발의된 시기별로 발의목적 및 내용이 변화되었다. 이러한 법안 내용의 변화는 법제정을 찬성하거나 반대하는 집단들의 활동과 관계에서 많은 영향을 받았다. 즉, 최초의 법안은 법 제정을 통해서 유아학교 체제를 구축하는 것이 목표이었다. 그러나 점차 법안 발의, 폐기, 수정의 과정을 거치면서 전반적인 유아교육공교육화를 위한 법 제정 요구 속에서 교육뿐만 아니라 보호적 관점이 포함되고, 법률 수혜자인 학부모 입장과 사회적 요구와 더불어 참여 집단의 주장이 통합되어졌다. 예컨대, 1차 법안 발의이후 유치원의 유아학교 전환 부분이나 상시 종일반 운영에 대한 내용에 대해서 관련 집단이 강력히 반대할 경우, 2차 법안에서는 이를 보완하여 유아학교로 전환하되 기관이 선택할 수 있게 완화하거나, 종일제를 반일제로 바꾸는 등으로 법안의 내용이 달라졌다. 또한, 최종 법안의 내용에서도 3차와 4차 법안에서 논란의 중심이 되었던 유치원의 유아학교 명칭 사용은 유치원으로, 교육과 보호는 교육으로, 각종 학교 조항이 삭제되는 대신에 무상교육비 지급 방식이 학부모에게 지원되는 것으로 변화되었다. 이는 법률 제정에 참여한 집단들의 요구와 주장이 최종 법안의 내용으로 반영되는데 많은 영향력을 행사했음을 보여준다.

Chapter 07

교육정책 집행

개요

정책결정만 되면 집행은 당연히 잘 될 것이라고 믿었지만 사실 초기 의도대로 집행되는 정책은 드물다. 정책은 결정하기도 어렵지만 성공적인 집행 또한 쉽지 않다. 정책집행의 성공여부에 영향을 미치는 요인에 대하여 여러 학자들의 견해를 종합하여 여기에서는 정책 자체, 정책집행 기관 및 집행자, 정책대상 집단, 그리고 환경 등 네 가지 범주로 구분하여 설명하였다. 정책집행 관련 요인 가운데 정책 대상 집단의 정책에 대한 불순응은 매우 중요한 요인으로서 그 원인을 의사소통 관련 불순응, 자원 관련 불순응, 정책 관련 불순응, 행위 관련 불순응, 권위관련 불순응 등 다섯 가지 유형으로 나누어 논의하였다. 그리고 정책집행 모형에 따라 우리나라 열린교육 정책의 집행과정을 사례로 하여 분석·소개하였다.

제1절 정책집행의 개념

어떤 과정을 거치든지 일단 정책으로 결정되어 입법화가 되면, 그 정책은 집행이 될 준비가 일단 끝났다고 할 수 있다. 정책집행에 대하여 학자들은 다소 상이한 정의를 내리고 있는데, 그 가운데 몇 가지를 소개하면 다음과 같다.

Pressman과 Wildavsky(1973: 13)는 정책집행을 "정책을 실행하는 것, 달성하는 것, 충족시키는 것, 생산하는 것, 완성하는 것"이라고 정의하기도 하고, "예견된 결과를 달성 할 수 있는 능력" 또는 "목표의 설정과 이를 달성하기 위한 활동가 간의 상호작용"으로 보기도 하였다.

Van Meter와 Van Horn(1975: 447)은 정책집행을 "정책결정에서 미리 설정된 목표를 성취하기 위하여 정부부문 및 민간부문의 개인이나 집단이 수행하는 활동"이라고 하였다.

Rein과 Rabinovitz(1978: 309-315)는 정책집행이란 "상호적 권력관계와 협동을 핵심적 요소로 하는 순환과정을 창조하는 수많은 행정가들이 고려한 정부의 선호를 표명하는 것"으로 보고 정책집행에 관한 이전의 단일방향적인 시각으로부터 탈피하여 집행의 모든 단계가 상호의존적이라는 '순환성의 원칙'을 부각시켰다.

Nakamura와 Smallwood(1980: 13-14)는 집행이란 "권위 있는 공공정책 지침을 수행하는 과정"이라고 정의하면서, 정책목표를 실천에 옮기는 과정으로서, 정책집행과정을 단일 방향적인 과정이 아니라 순환적인 과정으로 보았다.

안해균(1984: 324)은 여러 학자들의 정책집행에 관한 견해를 종합하여 정책집행의 특징을 다음과 같이 정리하였다. 첫째, 정책집행은 근본적으로 정치적 성격을 지니는 것으로서 정책 환경과 정책체제 내부에 위치한 다양한 행위자들이 관여하며 상호 복잡하게 얽힌 행위들의 상호작용 속에서 이루어짐으로써 당초의 정책의 도와는 다른 결과를 초래할 수도 있다. 둘째, 정책집행은 정책과 정책결과를 이어주는 매개변수로서 정책을 구체적인 사업계획으로 전환시키고, 그 사업계획을 추진함으로써 각종 공공재와 용역을 정책 환경에 산출·제공하는 기능을 한다. 셋째, 정책결정과 정책집행은 명확히 구분하기가 어려우며, 정책집행의 단계에 있어서도 정책결정자와의 계속적인 상호작용 속에서, 또한 자체의 행동규범과 기준에 입각하여 결정이 계속된다.

한편, 김종철(1990: 758-759)은 교육정책집행의 일반적인 특징을 다음과 같이 밝히고 있다. 첫째, 교육정책집행은 교육정책결정 이후 후속되는 일련의 행정활동을 의미한다. 둘째, 교육정책집행은 교육정책결정자 또는 정책결정 집단과의 상호작용 속에서 통제 하에 이루어진다. 셋째, 교육정책집행은 정책결정의 소산인 교육정책, 즉 산출로서의 교육정책에서 이의 결과 또는 성과로 이어지는 중간과정을 의미한다. 넷째, 교육정책집행은 관료조직 속에서 관료제의 역동을 통하여 이루어진다. 다섯째, 교육정책집행에 있어서 권한과 책임의 배분이 잘못되는 것은 관료제의 병리에 기인하는 것이 아니라, 행정제도와 행정문화, 더 나아가서 정치체제, 정치문화에서 찾을 수 있다.

이러한 정의들을 종합하면, 정책집행은 "정책의 목표를 성공적으로 달성할 수 있도록 이에 필요한 제반 인적, 물적 자원을 적시에 구비하고, 정책을 시간의 축 안에서 구체적인 사업계획으로 전환하는 일"이라고 할 수 있다. 더 나아가 정책집행은 "정책결정의 내용을 해석하고, 정책내용의 구체화를 위해 계속적으로 결정해 나가는 과정"이요, "정책대상 집단에 대한 실질적 영향을 통하여 정책이 추구하고 있는 가치를 구체화하고 실현하는 과정"이라고 할 수 있다.

정책결정 단계에서는 정책을 집행하기 위한 근거로서 법, 시행령, 규정 등 대강만 정해 놓은 경우가 대부분이기 때문에 구체적인 법령의 해석과 시행은 집행기관에 맡겨져 있다. 정책집행을 누가 하게 되는가는 정책결정을 누가 했는가에 달려 있다는 점에서 정책결정과 정책집행은 상대적인 개념이라고 할 수 있다. 예컨대, 정책결정을 관련 법(예: 초·중등교육법, 평생교육법, 사립학교법 등) 수준에서 보면, 법 시행령(예: 초·중등교육법 시행령, 평생교육법 시행령, 사립학교법 시행령 등)이 집행단계에 들어가지만, 정책결정을 법 시행령으로 파악하는 경우에는 그 시행령을 좀 더 구체화한 관련 규정이 집행단계에 들어간다. 따라서 집행 담당 기관도 정책결정을 누가 했느냐에 따라 상대적으로 결정된다고 할 수 있다. 현행 법령 상 각종 정책관련 법은 국회가 결정하도록 되어 있으므로, 관련 법률을 구체화하는 시행령을 제정하는 단계부터 정책집행으로 볼 수 있다. 그러나 대통령령인 법 시행령을 제정하는 국무회의의 의결을 정책결정으로 보면, 그 시행령을 좀 더 구체화하는 규정을 결정하는 교육부의 결정부터 집행 단계로 볼 수 있다. 교육부장관 수준에서 결정되는 규정을 정책결정으로 본다면, 이 규정을 구체화 하는 관련 실국 또는 과의 지침부터 집행으로 볼 수 있다.

이러한 점에서 정책집행도 일련의 구체적 결정의 연속이라고 할 수 있다. 정책집행 단계에서 이루어지는 결정은 정책결정 단계에서 이루어지는 결정과 다른 점은 그 주체 면에서 상대적으로 하위이고 그 내용면에서 더 구체적이라는 점에 있다. 정책집행 주체가 누가 되는가 하는 것은 정책결정의 주체가 누가인가에 대하여 상대적으로 결정되며, 정책집행 주체는 정책결정 내용을 구체화 하고 이의 집행을 위한 시행 세칙을 마련하며, 업무의 추진 방법 및 개시일 등을 국민에게 고지한다.

정책집행과 관련하여, Ripley와 Franklin(1982)은 정책집행을 ① 자원 확보, ② 해석 및 기획, ③ 조직, 그리고 ④ 혜택 · 제한의 전달 등 4단계로 구분하였다. 첫째, 자원 확보 단계에서 집행을 담당하는 기관은 충분한 시간적 여유를 가지고 집행에 필요한 예산, 인력, 장비 등 필요한 자원을 확보한다. 둘째, 해석 및 기획 단계에서 집행하고자 하는 정책과 관련된 법률의 내용을 자세하게 해석하여 집행에 필요한 구체적인 지침, 규칙 등을 제정하는 등 실행계획을 세운다. 셋째 단계는 정책 집행을 위한 실무 부서를 설치하거나 지정 또는 정비하고 업무처리를 위한 각종 절차를 확립하는 조직화 단계이다. 끝으로, 혜택 · 제한의 전달 단계에서는 정책의 집행 담당 기관이 수혜 집단에게는 혜택을 제공하고 규제 대상 집단에게는 통제를 가하게 되는 행정 행위를 하게 된다.

제2절 정책집행 연구의 의의

1. 정책집행에 관한 전통적 관점

전통적인 행정학에서는 정책집행에 대하여 큰 관심을 기울이지 않았다. 왜냐하면, 한 번 정해 놓은 정책은 이변이 없는 한 그대로 집행될 것으로 믿었기 때문이다. 소위 사회문제를 해결하기 위한 입법 절차만 마치면 모든 문제가 다 해결될 것으로 믿는 소위 '정책 만능주의'가 지배했다고 할 수 있다. 이러한 고전적 행정학의 정책집행에 대한 입장은 다음과 같은 가정을 공유하고 있다. 첫째, 정책결정과 정책집행은 이질적인 것으로서, 정책결정은 정치의 영역에서 이루어지고 정책집행은 비정치적인 영역, 즉 행정의 영역에서 이루어지며, 정책집행은 기술적이고 전문적인 문제로 환원될 수 있다. 둘째, 정책결정자에 의한 정책결정이 이루어지고 난 후에 정책집행자에 의한 정책집행이 이루어지는 것으로서 정책결정과 집행은 시간적으로 선후가 분명한 일방향적인 관계에 있다. 셋째, 정책결정자와 정책집행자는 엄격히 분리되며, 전자는 명령하고 후자는 복종한다. 정책집행에 관하여 이러한 관점을 보이고 있는 이론에는 Wilson(1887)의 정치행정 이원론, Taylor(1911)의 과학적 관리론, Weber(1947)의 고전적 관료제론 등이 있다.

2. 정책집행에 관한 최근의 관점

실제로 정책결정과 정책집행의 관계는 위에서 가정한 대로 나타나지 않는다. 정책결정과 집행이 단절적이라기보다 연결되어 있고, 정책집행 과정은 역으로 정책결정에 영향을 주기도 하여 정책결정과 정책집행은 일방적인 관계에 있다기보다는 쌍방적인 관계에 있다. 정책집행도 일련의 결정으로 가득 차 있으며, 정책집행

과정에서 정책결정의 내용이 확정되는 경우가 허다하다. 정책집행자는 정책결정자의 지시와 명령에 자동적으로 복종하는 기계가 아니다. 요컨대 정책이 원래의 의도대로 한 치의 오차도 없이 집행되는 경우는 거의 없다고 해도 과언이 아니다. 이러한 이유에서 정책집행을 정책결정에서 분리하여 독립적으로 다룰 필요성이 제기된다.

아마도 정책집행에 관한 체계적인 연구를 촉발시킨 연구는 Pressman과 Wildavsky (1973)의 『정책집행론(*Implementation*)』이라는 저서일 것이다. 이들은 미국에서 이루어진 흑인 실업자 구제 사업인 오클랜드 프로젝트의 집행과정에 대한 분석을 통하여 이 프로젝트가 실패한 요인을 밝혀냈다. 이들은 이 프로젝트의 실패요인으로서 집행에 참여한 기관의 과다와 이들 간의 의사소통 및 연계 협조 시스템의 부재, 집행 책임자의 잦은 교체, 정책목표 달성을 위한 실현가능한 수단 확보 미흡, 정책집행자들의 전문성 부족 등을 들었다. 아울러 이들은 일관된 정책집행이 곤란했던 이유를 민주화, 지방자치, 삼권분립, 민간부문의 성장 등 의사결정자 수의 급격한 증가로 파악하였다. 이들의 연구결과는 정책집행에 관한 고전적 행정학의 관점이 잘못되어 있음을 잘 드러내 주었다. 이와 비슷한 맥락에서 Hargrove(1975) 는 정책집행 과정을 정책결정과 정책산출 사이의 실종된 연결고리(missing link)로 보았고, Bardach(1977)은 정책 집행을 일종의 정치적 게임으로 보고 관련 이해집단 간의 갈등과 연합 등 정치적 과정을 중심으로 파악하였다.

전통적인 관료제 하에서는 위에서 결정된 목표를 어떻게 하면 효율적으로 달성할 것인가에 관심이 있고, 상명하복의 구조 속에서 조직의 상부계층으로부터 내려오는 각종 명령을 거역하기가 쉽지 않다. 그러나 현대 민주화된 사회의 정부 조직은 이러한 관료제의 특성이 어느 정도 있는 것이 사실이다. 그러나 조직 간 네트워킹이 중요해지고 있을 뿐만 아니라 정부 조직의 중간 단계 및 하위 단계에서도 나름대로 정책집행에 대하여 상대적 자율성을 지니고 있기 때문에, 관료제 하의 완벽한 상명하복은 이론적으로나 가능하다고 할 수 있다(Goodin, 1982).

이러한 점에서 정책 의도와 구체적인 정책의 실천 사이에 괴리는 불가피하다고 할 수 있다. 때때로 정책 목표 또는 법률은 추상적이고 모호하게 진술된다. 따라서 이것을 집행하는 단계에서 다양한 해석이 가능하기도 하고, 정책결정자와 집행자 사이에 의사소통이 불일치할 수도 있으며, 이해관계에 따라 의도적인 오해가 나타날 수도 있다.

한편, 정책은 항상 모종의 가치를 품고 있기 때문에 정책에 따라 어떤 집단에게는 이익이 되지만 다른 집단에게는 손해가 될 수도 있다. 어떤 정책이든지 정책은 한 집단이 선호하는 반면에 다른 집단은 싫어할 가능성이 있다는 말이다. 이러한 상황 속에서 결정된 정책에 대하여 그것을 반대했던 집단은 그것이 집행되는 과정에서 줄기차게 반대하여 정책의 집행을 중도에 하차시키려 할 가능성이 높다. 이것은 개방 민주사회에서 자기의 이해관계를 극대화하기 위한 노력으로 이해될 수 있다.

요컨대, 정책집행 과정에서 예기치 않은 문제에 부딪쳐 정책의 목표를 달성하지 못하거나 정책을 수정하지 않으면 안 되는 상황이 발생하고 있는 것에 주목하면서 정책의 집행에 관한 연구가 본격적으로 이루어지게 되었다고 볼 수 있다. 최근에는 어떤 변수들이 상호작용하면서 정책집행에 긍정적 또는 부정적 영향을 미치고 있는지 밝히고자 하는 연구가 주종을 이루고 있다고 할 수 있다.

제3절 정책집행 연구의 접근방법

정책집행에 관한 접근방법은 크게 두 가지 종류로 구분된다. 하나는 정책집행의 성공요인을 규명하고자 하는 하향적 접근방법이고, 다른 하나는 주 관심이 정책집행의 현장에서 일어나고 있는 상태를 기술하는 데 있는 상향적 접근방법이다. Elmore(1979)는 전자를 전향적 접근(forward mapping), 후자를 후향적 접근(backward mapping)으로 부르면서, 후향적 접근의 필요성을 역설하였다.

1. 하향적 접근방법

하향적 접근방법은 정책집행의 성공요건을 탐구하고자 한다. 이 접근은 집행과정에 대한 자세한 기술이나 집행과정에서 나타난 문제점의 원인에 대한 인과론적 설명을 추구할 수도 있고, 이러한 연구 결과에 터하여 보다 바람직한 집행이 일어날 수 있는 규범적 처방을 정책결정자에게 제시해 줄 수도 있다.

성공적인 정책집행을 위해 갖춰야 할 이상적인 요건에 대해 학자들마다 연구의 대상과 상황적 특성 등에 따라 다르게 제시하고 있다. 여기에서는 그 가운데 몇 가지만 간략하게 소개하고 보다 자세한 내용에 대해서는 뒤에서 살펴보게 될 것이다.

Van Meter & Van Horn(1975)은 정책과 성과를 연결시키는 여섯 개의 변인으로서 정책의 목표, 자원, 조직간 의사소통과 추진활동, 집행기관의 성격, 정치・경제・사회적 상황, 집행자의 성향 등을 들고 있다. Edwards(1980)는 정책집행과 관련된 요소를 크게 의사소통, 자원, 정책집행자의 성향, 그리고 관료제의 구조로 파악하고, 이들 요소들 간의 상호작용이 정책 집행의 성공여부에 영향을 미치는 것으로 보았다. 그리고 Sabatier와 Mazmanian(1981)은 많은 정책집행 관련 연구를 검토한 후, 문제의 용이성, 법률의 집행구성능력, 그리고 집행에 영향을 미치는 비법률적 변수가 정책집행에 영향을 미치는 것으로 보았다.

정일환(2000)은 여러 학자들의 하향적 접근 방법을 따르고 있는 정책집행 모형이 다루고 있는 요인을 정책변인, 집행변인, 환경 및 맥락변인, 그리고 문제관련 변인 등으로 종합, 정리하였다.

표 7-1 정책집행에 영향을 미치는 요인

학자	정책변인	집행변인	환경 및 맥락변인	문제 관련 변인
Pressman & Wildavsky	실현 가능한 정책 수단의 확보	정책집행기관의 적정성 리더십의 지속성	중간매개집단의 다양성 및 복잡성	
Van Meter & Van Horn	정책의 기준과 목표의 명확성	집행기관의 성격 일선집행자들의 지지 관련 조직간 의사소통 및 연계활동 원활 집행조직의 구조 및 분위기	사회, 경제, 정치적 여건 (정책의 필요성, 자원의 이용 가능성)	
Nakamura & Smallwood	정책내용의 명확성	집행담당 조직이 지니는 구조 관료적 규범 인적 · 물적 자원	정책결정자의 행동 평가의 성격 평가자의 영향	
Smith	이상화된 정책	집행조직	환경적 요인 대상집단	
Manzmanian & Sabatier	정책목표의 명확성 적절한 인과모형론	재원 집행담당기관 공무원의 성향 집행기관책임자의 리더십 호의적 외부인사의 참여 집행기관의 내부구조 집행기관의 규정	사회 · 경제적 상황 관련집단의 적극성과 자원 대중의 지지와 관심 지배기관의 지원	정책문제의 성격 행태 변화의 범위 대상집단 형태의 다양성 대상집단의 상대적 규모 타당한 이론 및 기술의 활용 가능성
정정길	정책내용의 명확성, 일관성, 소망성 정책집행 수단 및 자원의 확보	집행주체 능력과 의욕 집행조직 규범과 집행절차 집행체제 구조 중간매개집단	정책결정자의 지지 및 태도 대중 및 매스컴의 지지 정책대상 집단의 태도 일선관료의 태도 (순응과 재량)	정책의 중요성 행태변화의 정도(대상집단규모, 사회적 영향 범위와 강도) 문제상황의 특성 (복잡성, 동태성, 불확실성) 정책유형의 차이

출처: 정일환(2000: 155).

위의 표에서 알 수 있듯이, 정책체제 관련 변인으로서 정책내용과 정책집행수단 즉 자원 및 순응확보 수단을 들 수 있다. 집행체제 관련 요인에는 집행자의 능력과 태도와 집행조직의 구조 즉 연계망과 연계체제의 형성, 그리고 환경적 요인에는 사회경제 및 정치적 상황과 대중 및 매스컴의 반응과 정책결정자의 지지 및 태도 그리고 정책대상 집단의 태도가 있다. 위의 요인 중 특히 정책 대상 집단의 태도는 매우 중요하다. 정책 순응과 불응에 따라 정책의 성공 여부가 매우 달라지기 때문이다. 여기서 순응이란 정책이나 법규에서 요구하는 행동에 따르는 행위를 의미한다. 따라서 이 저서에서는 정책대상 집단을 그 중요성에 비추어 환경적 요인의 하나로 다루기보다는 별도의 정책집행 관련 변인으로 다루고자 한다. 성공적인 정책집행에 영향을 미치는 각 요인에 대한 구체적인 논의는 아래 정책집행의 모형에서 다루게 된다.

이 접근법은 정책집행자에게 성공적인 정책집행을 위한 아이디어를 제공하고는 있으나, 정책집행 연구가 탁상 행정에 국한될 가능성이 높다는 단점이 있다. 집행현상 자체를 깊이 드러내지 못할 가능성, 즉 숲을 보되 나무를 보지 못하는 우를 범할 가능성이 있다는 것이다. 이러한 단점을 보완하기 위해 등장한 것이 상향적 접근방법이라고 할 수 있다.

교육정책집행에 관한 하향적 접근을 활용하여 수행한 연구로서 김재웅(2007), 모숙례(2008), 모필환(1988), 서형동(2004), 설인환(1999), 장병훈(1993), 황태순(1985) 등을 들 수 있다.

2. 상향적 접근방법

이 접근방법은 하향적 접근방법의 가정과 반대되는 논리로 정책집행 연구를 수행한다. 이 접근은 집행과정에 대해 정확하게 이해하기 위해서는 일선 행정 관료와 대상 집단의 행태를 자세히 살펴보아야 한다고 본다. 이 접근에서는 정책집행 현장에 대한 질적 연구방법을 주로 사용하게 되며, 이러한 실태분석을 통하여 집행상의 문제를 드러내게 된다.

정책집행이 이루어지는 최종 단위는 일선 공무원이다. Lipsky(1980)는 정책집행 현장연구를 통하여, 일선 공무원들이 인력부족, 예산부족, 시간부족 및 초과수요 발생 등의 문제점에 봉착하게 되고, 이들은 대체로 업무의 단순화 또는 정형화를 통하여 문제해결을 하고 있음을 밝혀냈다. 즉 정책집행을 최종 책임지고 있는 일선 공무원들은 규정의 철저한 준수, 절차의 복잡화, 은행의 순번대기표제와 같은 행정 편의적 제도 도입, 금전적 부담의 부과 등 수요 감소를 통해 문제해결을 시도하고 있다는 것이다. 상향적 접근에서 중요한 개념은 공무원의 재량권이다. 재량권의 측정 기준으로는 재량권 자체의 소유여부, 임무수행의 자율성 정도, 담당업무의 전문성, 공무원 본인의 전문화 정도 등이 있다. 정책집행 과정에서 당면하게 되는 복잡한 문제, 불확실한 상황을 보다 용이하게 해결하기 위하여 일선관료에게 재량을 부여하고 있다고 할 수 있다. 그러나 종종 이들의 재량권의 남용과 횡포는 정책집행을 어렵게 할 뿐만 아니라 정책의 도덕적 문제를 야기하기도 한다.

Elmore(1979)는 정책집행을 수많은 변인들이 서로 영향을 미치면서 전개되는 복잡한 과정으로서 정책이 집행되고 있는 상황에 대한 이해가 중요하다고 하면서, 이에 대한 접근 방법으로서 상향적 접근 또는 후향적 접근이 유용하다고 주장하였다. Goodin(1982)도 정책의 과정에서 정책결정자의 의도대로 정책이 집행되지 않을 가능성과 관련하여 '느슨한 법칙(loose laws)'이 적용되고 있다고 하면서, 정책집행 과정에서 행사되고 있는 일선 관료의 재량권을 눈여겨보아야 할 것을 지적하고 있다.

이렇듯, 상향적 접근방법은 생생하게 정책집행 과정을 드러내 주는 장점이 있으나, 일선 행정 관료의 영향력이 지나치게 강조되어 정책결정권자가 통제할 수 있는 집행의 거시적 틀, 집행의 제도적 구조 등이 간과될 가능성이 있다는 문제가 지적되고 있다. 따라서 최근에는 하향적 접근과 상향적 접근의 장단점을 보완하고자 하는 학문적 노력의 결과, 통합 모형이 제시되고 있다.

상향적 접근방법을 취하고 있는 연구로서 Lipsky(1980)의 일선관료의 집단행태

연구를 들 수 있으며, 우리나라의 경우 박소영과 송선영(2006)의 수시모집제도 집행에 관한 연구과 김병모(2008)의 EBS 수능강의정책에 대한 문화 기술적 연구가 이 접근에 가깝다. 하향적 접근방법에 비해 상향적 접근방법을 취하고 있는 연구물이 현저하게 적은 이유는 아마도 질적 연구를 주로 하고 있다는 데에서 오는 연구방법 상의 난점, 연구결과의 효용성 등에 기인하고 있을 것으로 판단된다.

제4절 정책집행의 모형

지금까지 소개된 정책집행 모형은 위에서 소개한 하향적 접근방법을 취한 연구들의 결과 나온 것이다. 모형마다 강조하고 있는 요소들에 차이가 나타나고 있으나, 이들 모형 모두 성공적인 정책집행에 영향을 미치는 요인을 밝히고자 한 연구의 결과라는 점에서 공통점이 있다.

1. Smith의 이론 모형

Smith(1973)는 정부의 정책이란 "새로운 제도를 수립하거나 기존의 제도 내에서 확립된 유형을 변화시키기 위한 정부의 의도적 조치"라고 정의하면서, 정부에 의해 형성된 정책은 사회 내에 있어서 긴장 유발력으로 작용한다고 하였다. 그에 의하면 정책이 집행될 때 정책을 집행하는 사람들과 정책에 영향을 받는 사람들은 함께 긴장, 압박, 그리고 갈등을 경험하게 된다는 것이다. 그는 정책집행 모형으로서 정책집행 매트릭스를 설정하였으며, 이 정책집행의 매트릭스 내의 변수로서 이상화된 정책, 대상 집단, 집행조직, 환경적 요인 등을 들었다.

1) 이상화된 정책

이상화된 정책이란 정책결정자들이 긴장을 유발시키려고 하는 변수간의 이상화된, 즉 바람직한 상호작용의 양태를 의미한다. 이에 관련된 변수에는 정책의 형성, 정책의 유형, 정책에 대한 정부의 지지, 정책의 이미지 등이 있다.

2) 대상 집단

대상 집단은 정책에 의해서 새로운 상호작용의 유형을 지니도록 요구되는 사람들로서 정책으로부터 가장 많은 영향을 받는 집단을 가리킨다. 이 때 중요하게 고려해야 하는 것은 대상 집단의 조직화와 제도화의 정도, 대상 집단의 지도력, 대상 집단의 정책경험 등이다.

3) 집행조직

집행조직은 정책을 실행하는 역할을 하는 조직을 말하며, 대개의 경우 집행조직은 정부 관료조직의 한 단위가 된다. 집행조직과 관련하여 중요한 것은 집행조직의 구조와 인적 자원의 속성, 집행조직의 지도력, 집행계획과 그것을 수행할 능력 등이다.

4) 환경적 요인

환경적 요인은 정책집행에 영향을 미치거나 또는 정책집행으로부터 영향을 받는 요인으로서 문화적 · 사회적 · 경제적 요건을 말한다. 집행할 정책의 특성이나 유형에 따라 그에 대응하는 환경적인 요건의 양태는 달라질 것이다.

Smith의 집행과정 모형에 의하면, 정책결정과정에 의해서 이상화된 정책이 산출되면 정책이 집행됨에 따라 위의 변수들이 이상화된 정책을 중심으로 상호간에 긴장, 압박, 갈등을 유발하게 되고, 이것들이 교환거래과정(transaction process)을 밟으며, 거래가 원만하게 이루어지지 못할 때 다시 정책집행 매트릭스 내, 또는 정책결정과정으로 환류된다. 또한 거래 과정이 원만히 이루어지면 제도화로 이어지는데, 이 제도화는 다시 긴장 유발력으로 작용해 환류과정을 밟게 된다. 이러한 Smith의 정책집행 모형은 정책집행 연구의 초기에 체제적 모형을 적용하여 이론 구성을 시도하였다는 점에서 의미가 있다. 그러나 정책집행의 고전적 이론에서 주장하는 것과 같이 완전한 정책으로서의 이상화된 정책을 집행의 시발점으로 삼았다는 점은 순환적 과정이 미완성된 집행의 시작으로 보고 있는 최근의 관점에서 비판의 여지가 있다. 그리고 정책집행의 결과로 언제나 긴장만이 유발되는 것은 아니며, 또한 긴장이 유발되는 경우라 해도 이들을 정도에 따라 구분할 필요가 있음을 간과하고 있다는 점도 문제로 지적되고 있다. 이 모형은 정책집행 과정 내의 핵심적 요소들 사이의 상호작용에 대해 구체적으로 설명하고 있지 않다는 점에서도 비판을 받고 있다.

2. Van Meter & Van Horn(1975)의 정책집행 모형

Van Meter & Van Horn(1975)은 정책과 성과를 연결시키는 여섯 개의 변인으로서 정책의 목표, 자원, 조직간 의사소통과 추진활동, 집행기관의 성격, 정치·경제·사회적 상황, 집행자의 성향 등을 들고 있다.

1) 정책의 목표

정책의 목표는 정책이 추구하고 있는 가치를 비교적 상세히 나타낸 것으로서 정책을 통하여 무엇을 달성하려는 것인가를 확실하게 해준다. 이것은 정책집행에 대한 평가기준이 되기도 한다. 그리고 이것은 조직 간의 의사소통과 추진활동을 통하여 집행자들의 성향에 간접적인 영향을 미친다.

2) 자원

정책의 성공적인 집행을 위해서는 이에 필요한 자원이 동원되어야 한다. 이러한 자원에는 집행을 촉진·조장할 수 있는 자금이나 여타의 다른 유인가(incentives)와 함께 인적 자원도 포함된다. 정책의 집행에 동원 가능한 자원의 형태와 범위는 의사소통과 추진활동에 영향을 미칠 것이다. 그리고 집행자들의 성향도 자원의 이용 가능성에 의해서 직접적인 영향을 받을 수 있다.

3) 조직간 의사소통과 추진활동

효과적인 정책집행을 위해서는 집행자가 특정 프로그램의 목표와 기준을 잘 이해해야 하는데, 이를 위해 정책의 기준과 목표가 명확히 설정되어야 할 뿐만 아니라 정확하고 일관성 있게 집행자에게 전달되어야 한다. 그리고 집행자들이 정책의 기준과 목표를 성실히 달성할 수 있도록 자극하고 통제하는 제도적 장치가 필요하다.

4) 집행기관의 성격

집행기관의 성격은 정책 집행의 성공여부를 좌우하는 관건으로서, 이는 기관의 공식적 구조의 특성과 그 기관 내에 구성원들의 비공식적 태도와 관련이 있다. 정책집행을 담당하는 기관의 능력에 영향을 미치는 요인에는 기관의 크기와 구성원의 자질, 위계적 통제의 정도, 기관의 정치적 자원, 조직의 활성도, 개방적인 의사소통, 정책결정체제와의 공식적·비공식적 연계 등이 있다.

5) 정치·경제·사회적 상황

정치·경제·사회적 상황 등 환경적 요인들은 집행의 성과에 중대한 영향을 미친다. 이와 관련된 환경 요인에는 성공적인 정책 집행을 위한 경제적 자원이 충분한가, 해당 정책의 집행이 정치·경제·사회적 상황에 얼마나 영향을 미치는가, 여론의 반응은 호의적인가 부정적인가, 정책집행의 지지를 위해 이해집단들은 어느 정도 동원되는가 등이 포함된다.

6) 집행자의 성향

이와 같은 모든 요소를 판단하고 여과하는 정책 집행자의 성향이 정책집행의 성공여부에 영향을 미친다. 이상에서 살펴본 Van Meter & Van Horn(1975)의 정책집행 모형의 특징은 먼저 조직이론을 검토하고 집행영역 내의 행위에 영향을 미치는 인간적·심리적 요소들을 강조했다는 점이다. 그러나 이들 모형은 각 요소가 개인의 사고활동을 인도한다는 점에서는 유익하나 조작화가 어렵다는 점과 어떤 변수가 어떤 집행자들에 의해서 통제되는지 인식하지 못한다는 점이 문제로 지적된다.

3. Edwards(1980)의 정책집행 모형

Edwards(1980)는 정책집행과 관련된 요소를 크게 의사소통, 자원, 정책집행자의 성향, 그리고 관료제의 구조로 파악하고, 이들 요소들 간의 상호작용이 정책 집행의 성공여부에 영향을 미치는 것으로 보았다.

1) 의사소통

정책집행이 성공적으로 이루어지기 위해서는 정책결정자와 정책집행자, 그리고 정책집행자와 정책대상 집단 사이에 의사소통이 원활하게 이루어져야 한다. 구체적으로, 정책의 목표와 내용이 명확해야 하고, 정확하게 전달되어야 하며, 정보의 내용에 일관성이 있어야 한다. 정책목표와 내용이 명확하지 않으면 정책결정자와 정책집행자, 정책집행자와 정책대상 집단, 그리고 정책 관련 이해집단들 사이에 해당 정책의 의미 해석과 관련하여 갈등이 생길 가능성이 높다. 이렇게 되면 정책은 당초 의도와 상관없이 흘러갈 가능성이 있다. 그리고 정책의 구체적인 내용이 정부 조직의 상층부에서 하층부에 이르면서 왜곡되지 않도록 하는 한편, 정책의 변화가 생기기 전까지는 일관성 있게 집행할 필요가 있다.

2) 자원

아무리 좋은 정책도 그것을 실현하는 데 필요한 인적 자원과 물적 자원이 동원되지 않으면 하나의 문서로 남을 수밖에 없다. 따라서 정책을 집행하는 데 필요한 적절한 자격을 갖춘 인원이 적절하게 배치되어야 하며, 필요한 재정과 시설 및 도구가 적절하게 공급되어야 한다.

3) 정책집행자의 성향

정책집행자가 특정 정책에 대하여 호의적이냐 아니냐 하는 것은 정책집행의 성공여부에 큰 영향을 미친다. 현대의 민주화된 사회에서는 정책집행자는 정책결정자에 대하여 상대적인 자율권을 누리고 있기 때문에 정책집행자의 정책에 대한 확신과 헌신은 매우 중요하다. 정책집행자가 정책에 대하여 반감을 가지고 있는 경우 그는 정책결정자의 지시를 일부만 선택적으로 수용하거나 수동적으로 집행에 임할 가능성이 있다.

4) 관료제의 구조

관료제는 정책집행에 긍정적으로 영향을 미치기도 하고 부정적으로 영향을 미치기도 한다. 예컨대 대부분의 관료제에서 발견되고 있는 표준작업처리절차(SOP, standard operating procedures)는 신속하게 정책을 집행하는 데에는 도움을 주지만, 융통성 있게 대처해야 하는 경우에는 장애가 되기도 한다. 그리고 관료제의 한 특징인 부처 이기주의는 효율적인 정책집행에 방해가 되기도 한다.

4. Sabatier와 Mazmanian(1981)의 정책집행 모형

Sabatier와 Mazmanian(1981)은 많은 정책집행 관련 연구를 검토한 후, 문제의 용이성, 법률의 집행구성능력, 그리고 집행에 영향을 미치는 비법률적 변수가 정책집행에 영향을 미치는 것으로 보았다.

1) 문제의 용이성

문제의 용이성은 정책이 해결하고자 하는 사회문제의 성격과 관련이 있다. 문제해결이 쉬우면 그만큼 정책집행은 수월할 것이다. 문제의 용이성에 영향을 미치는 요인에는 다음과 같은 것들이 있다: 첫째, 문제를 해결하는 데 필요한 타당한 기술적 이론과 기술의 활용 가능성; 둘째, 정책대상 집단 활동의 다양성; 셋째, 정책대상 집단의 규모; 넷째, 정책이 요구하고 있는 행동 변화의 범위 등.

2) 법률의 집행구성 능력

이것은 사회문제를 해결하기 위한 정책을 법률로 제정하는 것과 관련이 있다. 구체적으로, 명백하고 일관성 있는 정책 목표가 설정되어 있고, 정책목표 달성을 위한 수단과 관련하여 적합한 인과이론이 있으며, 정책 집행을 위한 기관의 재정적 지원이 충분하고, 정책 집행기관들 간의 계층적 통합과 조정이 잘 이루어지는 경우 정책집행은 그만큼 수월할 것이다. 그리고 집행기관의 공식적인 의사결정 원칙을 어떻게 규정하느냐, 정책집행자가 정책목표 달성에 대한 헌신도가 얼마나 높으냐, 그리고 관련 외부 인사가 공식적으로 참여하고 있느냐 등도 정책집행에 영향을 미친다.

3) 집행에 영향을 미치는 비법률적 변수

정책집행에 영향을 미치는 비법률적 변수에는 사회·경제적 조건과 기술, 해당

사회문제에 대한 언론의 관심, 대중의 지지, 구성 집단의 태도와 자원, 고위결정자들로부터의 지지, 정책집행자의 개입과 리더십 등이 있다.

이러한 Sabatier와 Mazmanian의 정책집행 모형은 정책집행 과정을 종속변수로 보고 이에 영향을 미치는 독립변수들에 연구의 초점을 맞춤으로써 정책의 집행과정에 대한 새로운 접근방법을 시도했다는 데에 의의가 있다. 이들의 모형은 아울러 성공적인 정책집행을 위해서는 어떠한 조치를 취해야 할 것인지에 대한 방향을 제시해 줌으로써 집행연구 발전에 기여했다고 볼 수 있다.

5. Rein(1983)의 정책집행 모형

Rein(1983)은 정책집행은 서로 갈등관계에 있는 법적 요소, 합리적-관료적 요소, 그리고 합의적 요소 등 세 가지 핵심요소 사이의 상호작용이라고 보았다. 그는 모든 정책은 이 세 가지 핵심요소가 상호작용하는 가운데 정치적 협상과 함께 행정적 학습을 통하여 집행된다고 주장하였다.

1) 법적 요소

법적 요소(legal imperative)는 정책의 집행을 위해서는 누구나 정책의 기반이 되는 법률을 따라야 한다는 당위와 관련이 있다. 따라서 정책 관련 법률이 명확하고, 세세할수록 정책의 집행과정에서의 여유는 적어진다. 그러나 법률을 통과시킬 때 충분한 시간이 없거나, 정책목표 달성을 위한 수단이 명확하지 않을 때에는 법률의 내용이 모호해지는 경향이 있다.

2) 합리적-관료적 요소

합리적-관료적 요소(rational-bureaucratic imperative)는 정책 문제의 결 과정에서 정책결정자와 관료제가 어떤 방식으로 개입하는가와 관련이 있다. 정책 집행을 위한 법적 기반이 마련되었다 하더라도 법률의 내용이 실제로 그것을 집행하는 관료의 인식과 태도와 어긋나는 경우, 정책의 집행과정이 원활하지 않을 수 있다. 합리적-관료적 요소의 입장에서 보면, 도덕적으로 온당하고, 행정적으로 실현가능하고, 지적으로 정당화할 수 있는 정책이라야 그 집행에서 문제가 없다.

3) 합의적 요소

합의적 요소(consensual imperative)는 정책 관련 정책결정자, 정책집행자, 이해집단 사이에 합의를 도출해내는 것과 관련이 있다. 이것은 성공적인 정책 집행을 위해서는 정책의 영향을 받는 대상 집단을 고려해야 한다는 것을 시사한다. 특히 정책집행 담당자가 신임이고, 권력이 약한 경우에는 정책체제 밖의 이해집단이 정책의 집행과정을 주도할 가능성이 높다. 이 경우에는 앞의 두 가지 요소, 즉 법적 요소와 합리적-관리적 요소보다 합의적 요소가 정책의 집행과정을 좌지우지한다고 할 수 있다. 한편, 앞의 두 요소를 아무리 충족하고 있다 하더라도 세 번째 요소인 합의적 요소를 고려하지 않는 경우에는 정책 집행이 실패할 수도 있다.

Rein(1983)의 정책집행 모형은 정책 집행의 실패가 어느 요소의 결함에 있는지 발견하는 데 도움을 준다. 그러나 세 가지 핵심요소간의 상대적인 중요성에 대해서는 말해주는 바가 없다. 이는 구체적인 정책 사례를 분석함으로써만 밝혀질 수 있다고 할 수 있다.

6. 종합 모형

위에서 소개한 다섯 가지 정책집행 모형은 우리나라의 교육정책의 집행과정을 설명하는 데 있어서 각각 장단점을 지니고 있다고 할 수 있다. 따라서 이들 모형을 종합하여 새로운 정책집행 모형을 설정할 필요가 있다. 김재웅(2007)은 이들 정책집행 모형이 다루고 있는 변인들을 종합적으로 검토하여, [그림 7-1]에서처럼 정책 자체, 정책집행 기관 및 집행자, 정책대상 집단, 그리고 환경 등 네 가지 범주로 구분하여 종합모형을 제시하고, 이 모형에 따라 우리나라 열린교육 정책의 집행과정을 분석하였다. 이 모형은 정책대상 집단을 별도의 요인으로 다루고 있다는 점에서 기존 모형과 차별화된다고 할 수 있다.

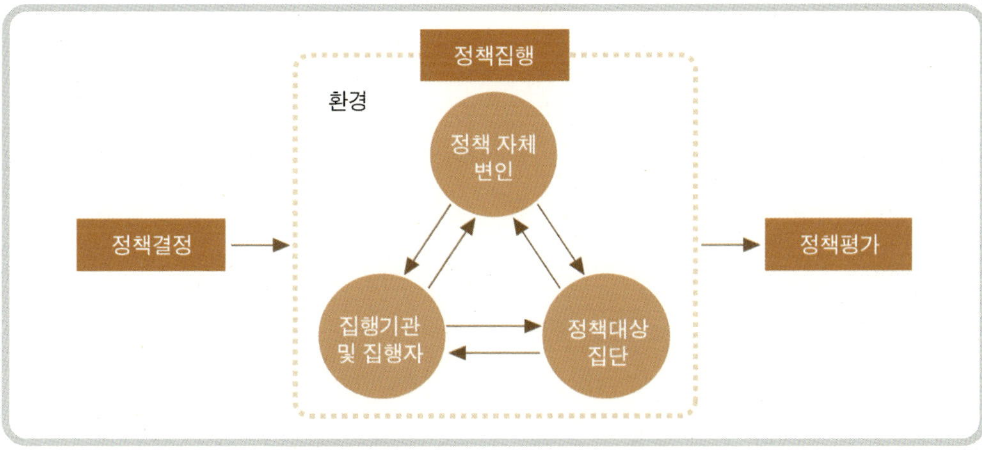

그림 7-1 교육정책 집행과정 분석모형

1) 정책 자체

정책집행에 영향을 미치는 요인 가운데 우선적으로 정책 자체의 특성을 들 수 있다. 이와 관련하여 Van Meter & Van Horn(1975)는 정책의 목표를 중심으로 논의하였고, Sabatier와 Mazmanian(1981)은 문제의 용이성과 법률의 집행구성능력과 관련하여 부분적으로 정책 자체의 중요성을 다루었다. Rein(1983)은 법적 요소에서 정책 자체를 다루었다.

성공적인 정책집행과 관련하여 정책 자체 변인에서 중요한 것은 정책 목표를 명확하게 설정하는 일과 그 정책목표를 달성하는 데 필요한 수단을 적절하게 선택하는 일이라고 할 수 있다. 정책 목표가 추상적으로 모호하게 설정되는 경우 집행과정에서 그 해석의 다양성으로 인하여 이해집단들 간의 갈등이 첨예화 되어 정책집행을 어렵게 할 가능성이 매우 높다. 소위 '문제해결과정'을 적용하여 해당 정책이 대상으로 하고 있는 문제를 가장 효과적으로 해결할 수 있는 정책수단을 개발해야 한다. 정책 효과를 양화하기 어려운 교육 분야의 경우 정책목표를 달성하기 위한 수단을 찾는 일이 다른 경제 사회 분야에 비해 상대적으로 어려운 일이기는 하나, 제한된 합리성 안에서 최선의 방법을 찾으려고 노력하야 할 것이다.

2) 정책집행 기관 및 집행자

정책의 목표가 명확하고 그 목표를 달성하는 데 필요한 정책수단이 마련되었다 하더라도 이것을 시간의 축 안에서 구체적으로 다루는 집행기관과 집행자의 노력이 부가되지 않는다면 정책은 하나의 문서에 지나지 않는다. 이와 관련하여 Van Meter & Van Horn(1975)는 자원, 조직간 의사소통과 추진활동, 집행기관의 성격, 집행자의 성향 등의 주제로 논의하였고, Edwards(1980)는 의사소통, 자원, 정책집행자의 성향, 그리고 관료제의 구조 등 정책집행 관련 요소를 접책집행기관 및 집행자의 틀 안에서 논의하였으며, Sabatier와 Mazmanian(1981)은 법률의 집행구성능력과 관련하여 이 문제를 다루었다. Rein(1983)이 말하고 있는 합리적-관료적 요소는 정책집행기관에 해당한다고 할 수 있다.

정책집행 기관 및 집행자 변인과 관련하여 중요한 요소들에는 집행기관의 구조(관료제), 정책책임자의 리더십과 관료의 태도, 정부부서 간 조정 및 협력 등이 있다. 모든 정책은 정부의 관료제라는 조직과 그 안에서 일하고 있는 관료들을 통하여 집행된다. 어떤 정책이든 그 정책의 집행을 책임지고 있는 지도자의 지도성에 따라 결과가 다르게 나타난다. 이와 관련하여 지도자의 정책집행 의지와 부하직원의 동기유발이 매우 중요하다. 정책집행자로서의 관료들은 정책결정자에 대해 상대적 자율성을 지니면서 “최종적으로 케이크를 자르는 일”을 맡고 있다. 따라서 이들의 정책에 대한 태도와 신념은 정책집행과 관련하여 매우 중요하다. 끝으로, 대부분의 교육정책은 정부의 타 부처의 협력과 교육부 내 다른 부서의 협력을 필요로 한다. 이러한 부처 또는 부서 간 협력의 정도도 정책집행의 결과에 큰 영향을 미치기도 한다.

3) 정책대상 집단

정책대상 집단을 별도로 논의하고 있는 모형은 없다고 할 수 있다. 다만 일부 학자들이 이것을 환경적인 측면과의 관련 속에서 논의하고 있을 뿐이다. 그러나 뒤에서 정책대상 집단의 순응과 불순응을 다룰 때 좀 더 자세하게 논의하겠지만, 정책대상 집단의 반응은 정책집행의 성공 여부에 결정적인 영향을 미치고 있으므로 별도로 다루는 것이 타당하다고 판단된다. 특히 Coombs(1980)의 불순응 이론에 의하면, 정책대상 집단의 태도가 특정 정책의 성공적인 집행에 결정적으로 영향을 미치고 있는 것으로 보고 있다.

4) 환경

외부의 정치・경제・사회・문화적 여건도 정책의 집행에 커다란 영향을 미치게 된다. 이러한 환경적 요인들은 정책집행의 주체에 의해 통제되지 않으면서도 집행에 커다란 영향을 미친다. 또한 대중의 지지나 여론의 반응이 교육정책 집행에 영향을 미친다. 대체로 특정 교육정책의 목표에 찬성하지 않거나, 그 목표를 달성하기 위한 정책수단에 대해 반대하고 있는 개인이나 집단은 언론을 통하여 자기의 입장을 홍보하여 정책집행에 영향을 행사하려 한다.

제5절 정책집행 대상 집단의 불순응

일반적으로 정책집행에 있어서 순응이란 정책결정자의 의도나 정책내용에 포함된 행정규정에 대해 정책집행자나 대상 집단이 일치된 행동을 하는 것을 말하며, 불순응(non-compliance)이란 그러한 정책 의도나 규정과 일치하지 않은 행동을 하는 것을 의미한다(Young, 1979). 정책집행에 있어서 불순응이란 정책결정자가 결정한 정책의 내용 및 지침이 요구하는 바에 대해 정책집행자 및 정책대상 집단들이 따르지 않는 행동을 의미한다.

1. 정책집행에서 불순응의 이유

정책대상 집단의 불순응의 이유와 관련하여 이루어진 연구들 가운데 몇 개를 소개하면 다음과 같다. 우선, Smith(1973)는 대상 집단과 관련된 변수로 대상 집단의 조직화, 대상 집단의 리더십, 대상 집단의 과거 경험 등을 불순응의 요인으로 보았다. 즉 대상 집단이 조직화되어 있는 정도가 정책집행에 영향을 미치며, 특정 정책을 지지하거나 반대할 수도 있으며 무관심할 수 있는 측면에서 대상 집단의 리더십은 정책집행에 영향을 미친다. 대상 집단이 과거에 정책의 영향을 받은 경험이 있느냐와 그러한 정책에 대하여 대상 집단이 어떠한 반응을 보였느냐 하는 문제도 정책집행에 영향을 미친다. 다시 말하면 대상 집단이 과거에 관련 정책에 순응했는가 불순응했는가 하는 정책에 대한 경험이 새로운 정책의 집행에도 영향을 미친다.

Anderson(1979)은 정책에 대한 정책집행자 및 정책집행에 대한 순응이 권위에 대한 믿음, 합리적·의식적 설득, 개인적 이익, 강제, 정책집행의 기간 등의 요인에 의하여 발생하며, 이러한 순응의 발생요인이 부정적으로 작용할 때 불순응이 발생한다고 보았다.

첫째, 일반적으로 권위는 정당성이 부여된 권력으로 정의되는 바, 그것이 정당한 것으로 생각하여 그것에 복종하는 것이 당연하다고 믿게 되면 대상 집단은 정책에 순응하게 된다. 그러나 반대의 경우 정책집행에 대하여 복종하지 않음으로써 불순응이 발생하게 된다. 둘째, 자신의 이익이 특정 정책과 갈등을 일으키는 사람이라도 다른 사람들의 설득을 통해 그 정책이 합리적이고 필수 불가결하며 정당한 것이라는 점을 이해하게 되면 순응하게 되지만, 여기에서 설득력이 없을 경우에 불순응하게 된다. 셋째, 어떤 정책집행이 자신에게 이득을 가져다 줄 것으로 생각하는 경우 그 정책의 집행에 순응하게 되지만, 정책집행이 개인에게 불이익을 초래한다고 생각하는 경우에는 불순응하게 된다. 넷째, 순응하지 않을 경우 벌금이나 구금, 기타 여러 유형의 처벌을 받을 수 있다는 것 때문에 순응하게 되는데, 이러한 요인이 부정적으로 작용할 때 불순응이 발생한다. 다섯째, 어떤 정책이 장기간 지속적으로 집행되면 초기에는 순응하지 않았던 사람이라도 그것에 익숙해져 순응하게 되는데, 이런 요인이 부정적으로 작용하게 될 경우에는 불순응이 발생하게 된다. 이외에도 Anderson은 불순응의 원인으로 법과 도덕성 간의 갈등, 조직과 집단의 구성원, 정책의 모호성 및 갈등하는 정책기준 등을 제시하였다.

안해균(1984)은 불순응의 원인을 기존 가치체계와의 대립, 금전적 욕심, 정책의 모호성 및 기준의 비일관성 등으로 설명하였다. 첫째, 기존 가치체계와의 대립과 관련된 불순응은 어떤 정책이나 그에 대해 요구되는 집행이 정책집행자 또는 사회의 가치체계나 도덕률 또는 신념과 갈등을 일으킬 경우에 발생한다. 둘째, 금전적 욕심은 어떤 정책에 순응하지 않음으로써 어떤 금전상의 이득을 볼 수 있을 것이라는 욕심 때문에 정책에 불순응하는 경우이다. 셋째, 정책의 모호성 및 기준의 비일관성과 관련된 불순응은 정책의 목표나 내용이 모호하거나 상반되는 정책집행기준이 제시될 경우, 그 정책 및 집행에 불순응하게 된다는 것이다. 이외에도 기술적 제약성, 개념의 복잡성, 의사전달체계상의 결함 등으로 인해 정책지시나 상관의 의도를 정책집행자가 파악하지 못하거나 정책의 목표와 내용, 환경을 파악하지 못함으로 인해 불순응이 발생한다고 제시하였다.

2. Coombs의 정책 불순응 이론

Coombs(1980)는 정책집행의 실패 요인을 연구하는 가운데 사람들이 정책에 대하여 불순응하기 때문이라는 점에 착안하여 정책 불순응 이론을 주장하게 되었다. 그는 정책에 대한 불순응의 원인에 대하여 의사소통 관련 불순응, 자원 관련 불순응, 정책 관련 불순응, 행위 관련 불순응, 권위관련 불순응 등 다섯 가지 유형으로 나누어 논의를 전개하였다.

1) 의사소통 관련 불순응

의사소통 관련 불순응은 정책의 내용이 정책집행의 참여자 개개인에게 명료하게 전달되지 못했기 때문에 발생한다. 정책결정자로부터 정책집행자 및 대상집단에 대한 의사전달과정에서 차질이 발생할 가능성은 발신자의 왜곡된 전달, 수신자의 잘못된 이해, 그리고 전달체계의 붕괴나 과다한 정보량(overload) 등의 세 가지로 구분된다. 한편 정책과정에서 정책의 통과에 필요한 다양한 정치세력을 연합시키기 위하여 의도적으로 정책의 주요 내용을 추상적이고 애매하게 규정하는 경우도 있다. 이런 경우 순응확보를 위해서는 분명한 정책내용과 효과적인 전달 수단을 사용하여 대상집단이 이해하기 쉽게 전달해야 한다.

2) 자원관련 불순응

자원관련 불순응은 정책대상 집단이 정책의 요구사항을 충분히 이해하고 있는 경우라도 순응에 필요한 자금, 능력, 시간 또는 에너지 등 자원이 부족하여 발생하는 경우이다. 이러한 유형의 불순응은 예컨대 필요한 자원의 조달능력을 고려하지 않고 대상 집단에게 의무를 부과시키는 법률안을 국회에서 제정하는 경우에 발생한다. 이런 경우 순응확보를 위해서는 필요한 자원이 공급될 수 있는지 여부를 먼저 파악해야 한다. 또한 부족한 자원을 공급할 수 없을 경우에는 정책 자체가 현실을 반영하는 방향으로 수정되어야 한다.

3) 정책관련 불순응

정책관련 불순응은 정책 대상 집단이 정책을 따르게 됨으로써 받게 될 불이익 때문에 생기는 것으로, 목표 불순응과 신념 불순응으로 나누어진다. 목표 불순응은 정책 대상 집단이 가치관이나 이해관계로 인하여 정책의 목표를 반대하고 있을 때, 신념 불순응은 정책의 목표에는 어느 정도 찬동하나 정책의 효과에 대한 신념을 가지고 있지 못할 때 각각 발생한다.

이런 경우 순응을 확보하는 방안은 다음과 같다. 우선, 목표에 동의하지 않아 발생하는 불순응의 경우에는 가치관 또는 기본원칙이 문제가 된다. 따라서 단기적으로 대상 집단의 행태를 변화시키기 어렵기 때문에 정책목표의 타당성을 재검토하거나 수정해야 하며, 장기적으로는 대상 집단의 가치관 변화를 유도하여 정책결정자에 대한 신뢰를 높임으로써 정책의 정당성을 확보해야 한다. 그리고 홍보를 강화함으로써 정책목표에 대한 긍정적 가치를 부여하도록 해야 한다.

그리고 신념 불순응의 경우에는 가치관의 충돌이 문제가 되는 것이 아니라, 정책의 효과에 대한 믿음이 문제가 된다. 이와 같은 경우에는 규정된 행동과 정책효과 간의 인과관계에 대한 정책결정자의 가정을 기대할 수 있는 새로운 증거를 제시하거나 전문가의 설득을 통하여 목표와 수단 간의 인과관계에 대한 신뢰를 높여야 한다. 때로는 정책수단에 대한 수정 또는 새로운 관행을 채택함으로써 순응에 기여할 수도 있다.

4) 행위관련 불순응

행위관련 불순응은 정책이 요구하는 행위가 정책 대상자들에게 혐오감을 주거나 기존 가치관에 위배되는 경우에 주로 발생한다. 미국의 경우 통학버스 정책을 통해 흑인과 백인을 한 학교에 재학하도록 하는 정책에 대해 정책집행 초기 단계에서 백인들이 반발한 것은 행위관련 불순응으로 설명될 수 있다. 이 경우 그 정책의 목표를 바람직한 것으로 받아들이고, 그 목표를 달성하기 위한 수단도 적절한 것으로 인식하고 있지만, 백인 자녀가 흑인과 같은 버스를 타고 한 학급에서 공부하는 것 자체가 그냥 싫기 때문에 반대한 것으로 이해할 수 있다.

5) 권위관련 불순응

권위관련 불순응은 정책을 결정하고 집행하는 주체가 비합법적으로 힘을 행사하고 있거나 정책으로부터 부당한 이익을 취하려고 할 때 발생하는 경우이다. 특히 정권의 지지 기반이 약한 개발도상국에서 흔히 발견되는 유형이다.

우리나라의 교육정책은 그 집행에 앞서서 충분한 공감을 형성하는 데 소홀한 경우가 많았다. 또한 개발도상국에서 쉽게 발견되는 권위주의식 추진의 흔적이 아직도 남아 있다. 이러한 가운데 Coombs가 주장하고 있는 여러 가지 정책 불순응이 나타나는 것은 자연스러운 결과라고 할 수 있다. 그가 제시하고 있는 정책 불순응 유형은 그 역으로 생각하면 성공적으로 정책을 집행하기 위한 대책이 될 수도 있다. 다시 말하면, 정책 집행자가 정책 대상 집단과 의사소통을 충분히 하고, 정책에 필요한 자원을 적절히 제공하고, 정책 대상 집단에게 정책의 목표와 당위성을 받아들이도록 하는 한편 정책 집행자들 스스로도 그 목표에 대한 확신을 갖도록 하고, 정책이 요구하는 행위가 정책 대상자들의 기존 행동 패턴이나 가치관과 부합하는지 면밀하게 검토하며, 정책 집행에 필요한 권위를 합법적으로 행사할 때 정책 집행은 성공적으로 이루어질 가능성이 높다고 할 수 있다.

다음은 Coombs(1980)의 불순응 이론을 1980년대 초반 시행되었던 과외금지 정책에 적용하여 설명해 본 것이다(이찬교 · 김재웅, 1999). 1980년대 군부 정권의 강력한 통제에도 불구하고 과외금지라는 새로운 정책은 그 집행에 있어서 실패한 것으로 평가되고 있다. 과외가 불법으로 전면 금지되었던 시기에 많은 학생들이 과외를 받고 있었기 때문이다.

위의 다섯 가지 정책 불순응 유형 중에서 과외 금지 조치에 대한 불순응은 주로 정책관련 불순응과 권위관련 불순응으로 설명될 수 있다. 정책관련 불순응은 정책을 따르게 됨으로써 받게 될 피해나 불이익과 관련있는 것으로, 목표 불순응과 신념 불순응으로 나누어진다. 목표 불순응은 정책 대상 집단이 정책 목표를 반대하고 있을 때, 신념 불순응은 정책 효과에 대한 신념을 가지고 있지 못할 때 각각 발생한다. 정책 대상 집단인 학생과 학부모가 과외 금지 정책을 어길 수 있었던 것은, 그 정책을 따르면 오히려 손해를 입게 될 것으로, 즉 (일류) 대학에 못갈 것으로 굳게 믿고 있었기 때문이었다는 풀이가 가능하다. 기본적으로 학생과 학부모 집단(특히 고액의 과외를 시킬 수 있는 상류층)은 과외금지 정책의 목표나 효과를 애초부터 의심하고 있었다고 볼 수 있다.

그리고 권위관련 불순종은 정책을 결정하고 집행하는 주체가 비합법적으로 힘을 행사하고 있거나 정책으로부터 부당한 이익을 취하려 할 때 발생하는 것으로 정권의 지지 기반이 약한 개발도상국에서 흔히 발견되는 정책 불순종 유형이다. 과외의 전면적 금지를 포함하는 1980년 7.30 교육개혁은 지지 기반이 약했던 당시 집권 세력이 정권의 정당성 확보를 위해 국민의 여론을 수렴하고 국민들로부터 지지를 얻기 위해 이루어진 것으로 볼 수 있다. 제5공화국 초기에는 강압적 방법으로 정책을 집행했기 때문에 과외금지에 대한 반대 의사를 자유롭게 표현하지 못했지만 1985년 이후 민주화 열기와 함께 강압적인 통제가 다소 이완되면서 과외금지 정책에 대한 불순응이 파급되어 갔다고 볼 수 있다.

한편, 과외에 대한 단속이 시간이 지날수록 약화되었다는 점을 미루어 (특히 1985년 이후) 과외금지 정책을 집행했던 당국의 정책 목표에 대한 소신이 정책 집행 초기와는 달리 시간이 지나면서 점차 약해졌다고 볼 수 있다. 정책집행 담당자가 정책 목표 달성을 위해 소신 있게 일하는 것은 일반 대중으로부터 정책 목표에 대한 지지를 얻는 것 못지않게 성공적인 정책집행을 위해 반드시 필요한 조건으로 지적되고 있다(Sabatier & Mazmanian, 1981). 1989년 재학생의 과외 수업이 다시 허용되기에 이른 것은 애당초 내걸었던 과외금지 정책의 목표가 더 이상 설 곳을 잃게 되었음을 의미하는 바, 만일 최초의 정책 목표가 어떠한 저항에도 불구하고 추구할 만한 가치가 있는 것으로 정책 담당자들이 인식하고 있었다면 그렇게 쉽게 정책이 포기되지는 않았을 것이다.

한편, 의사소통 관련 불순응은 정책을 집행하는 측과 정책의 대상이 되는 집단 사이에 정확한 의사소통이 이루어지지 않거나 정책 대상 집단이 정책 의도를 곡해하는 경우에 발생한다. 행위관련 불순응은 정책이 요구하는 행위가 정책 대상자들에게 혐오감을 주거나 기존 가치관에 위배되는 경우에 발생한다. 자원관련 불순응은 정책을 따르고자 하는 의지는 있으나, 그 정책을 따르는 데 필요한 자원이 부족한 경우 발생한다.

제6절 정책집행모형의 적용: 이명박 정부의 학교 자율화 정책 집행과정 분석[8)]

다음은 위의 [그림 7-1]에서 제시한 정책집행 분석모형의 변인별 세부요인에 따라 이명박 정부의 학교 자율화 정책의 집행과정을 분석한 결과이다.

1. 정책 자체의 영향

1) 정책목표의 명확성

2008년 4월 15일 발표된 '학교 자율화 추진계획'에서 명시적으로 정책목표를 확인하기가 쉽지는 않다. 그러나 그 계획의 취지를 "교육관련 규제를 철폐하여 교육의 자율과 자치의 밑바탕을 마련하고 학교교육의 다양화를 유도"하는 데 있다고 밝혀 놓고 있을 뿐이다. 굳이 정책 목표를 뽑아 본다면, '단위학교 자율성 확대', '학교교육의 다양화', '지방교육자치의 내실화' 정도로 정리할 수 있을 것이다(박재윤 외, 2010). 이어서 2009년 6월 11일 발표된 '학교단위 책임경영을 위한 학교자율화 추진방안'에서는 정책목표를 '학교교육의 다양화 및 경쟁력 제고를 통한 공교육 강화'로 명시적으로 제시하고 있다. 앞에서 목표로 제시되었던 '학교교육의 다양화'가 여기서는 수단이 되어 궁극적으로 '공교육 강화'를 추구하는 것으로 되어 있다. 한 마디로 학교 자율화 정책의 목표는 '공교육 강화'라고 할 수 있다.

따라서 정책목표를 현재 문제가 되고 있는 상황이 해결되었을 때 나타나는 바람직한 상태라고 할 때, 학교 자율화 정책은 그 목표가 너무 추상적으로 기술되어 있거나 동의어 반복식으로 기술되어 있어서 집행과정에서의 혼란을 이미 예고하

---

8) 김재웅(2011). 이명박 정부의 학교 자율화 정책 집행과정 분석: 교육과정 자율화를 중심으로. **교육정치학연구**, 18(4), 61-85에서 발췌, 정리한 것임.

고 있다고 할 수 있다.

2) 정책집행 수단 및 자원의 확보

1, 2단계 학교 자율화 추진계획에 따라 선택된 정책 수단은 비교적 명확하다. 학교 현장의 자율성을 제한하는 29개의 교육과학기술부 지침을 폐지하고, 유아 및 초·중등교육의 13개 업무 관련 교육과학기술부 장관의 권한을 교육감에게 이양하였다. 그리고 3단계 학교 자율화를 위하여 교육과정 자율화, 교직원 인사 자율화, 자율학교 확대, 학교현장 지원체제 구축 등의 정책과제가 시행되고 있다. 특히 2010년 시·도 교육청 평가지표의 하나로서 '학교 자율화 정책 추진 계획 및 실적'이 차지하는 비중을 전년도보다 더 높임으로써 교육청 수준에서 정책적 관심으로 더 많이 갖도록 유도하기도 하였다. 교육과정 자율화를 추진하기 위하여 교육과학기술부는 2009 개정 교육과정 총론 책자를 2010년 10월에 전 교원에게 배부하고, 4월에는 교유과정 편정 매뉴얼을 개발, 보급하였다. 시·도교육청은 교육과정 자율화를 주제로 한 교원연수를 대대적으로 실시하고, 학교 교육과정 컨설팅을 실시하였으며, 2009 개정 교육과정을 반영한 시·도 지침을 개발, 보급하였다. 학교 자율화 정책을 추진하는 주체로서의 교육과학기술부 입장에서는 취할 수 있는 모든 정책 수단을 다 사용하고 있다고 해도 과언이 아니다.

그러나 학교 현장에서 가장 큰 논란거리가 되고 있는 것은 국민공통기본교과별로 연간 수업시수의 20% 범위 내에서 증감 허용과 관련된 문제와 교과별로 학년, 학기 단위 집중이수 확대와 관련된 것이다. 얼핏 보면, 개별 학교가 교과별로 수업시수의 20% 범위 내에서 증감하여 시간표를 편성할 수 있게 되기 때문에 학교와 지역사회의 특성을 고려할 수 있는 장점이 살아날 수 있을 것으로 보인다. 여기에서 문제는 고등학교 유형에 따라 교과(군)별 필수이수단위가 다르게 적용되고 있다는 데에 있다. 일반 학교의 경우에도 20% 증감을 허용하게 되면, 음미체 등 소위 주변 과목의 비중을 낮추고 국영수의 비중을 높이는 시간표를 짜게 될 가능성이 예상되기도 하였지만, 무엇보다도 여론과 관련 집단의 비판에 못 이겨 정부는 부랴부랴 음미체 교과에 대한 기준 수업시수를 유지하고, 체육의 경우는 오히려 순증을 권고하기에 이르렀다. 이는 교육과정 자율화의 근본 취지를 스스로 부인하는 것에 다름 아니다.

아울러, 학년, 학기 집중이수와 관련하여 학생의 학기당 이수과목 수를 8개 이내로 편성하도록 하는 데 따른 부작용이 나타나고 있다(박재윤 외, 2010; 오세희 외, 2010). 집중이수 과목의 종류와 해당 학기가 학교마다 다르다는 점에서 교육과정의 다양화가 이루어졌다고 볼 수도 있겠지만, 2009년 개정교육과정에 따른 교과서가 아직 나오기도 전에 강요된 집중이수제도로 인하여 학생들은 2007년도 교육과정에 따른 3개 학년의 교과서를 한 학기에 마쳐야 하는 이상한 교육을 받을 수밖에 없었다. 이와 관련하여 일부 학생과 학부모는 사교육의 도움이 없이는 학교의 진도를 따라갈 수가 없다고 항변하기도 한다. 억지로 8개 과목 이내에서 시간표를 짜다보니 교사 간 수업시수의 불균등, 전공 상치 등의 문제가 발생하기도 한다. 요컨대, 재량활동과 특별활동의 통합 운영, 일반선택과목과 심화선택과목의 구분 폐지 등을 제외한 교육과정 자율화 과제들의 경우 정책 목표를 달성하기 위한 수단으로 적절하지 않았다고 할 수 있다.

2. 정책집행 기관 및 집행자의 태도

1) 집행기관의 구조(관료제)의 문제

정부의 행위로서의 모든 정책은 관료제라는 정부 조직을 통하여 집행된다. 학교 자율화를 전국적으로 확산하고자 하는 교육과학기술부의 의지와 노력도 관료제를 통하여 관철되고 있다. 교육과학기술부는 시·도교육청 차원에서 어떻게 학교 자율화 관련 지침을 폐지, 수정했는지, 그리고 실제로 교육과정, 인사, 예산 측면에서 학교가 실제로 어느 정도 자율적으로 하고 있는지 그 변화의 모습을 문서로 보고하도록 요구하고 있다. 마찬가지로 교육청은 개별 학교에게 공문을 시달하여 학교 자율화의 진척 사항을 보고하도록 요구하고 있다. 이러한 상황에서 과연 중앙정부가 택하고 있는 자율화 정책의 집행을 위한 수단이 정책 목표와 의도를 달성하는 데 도움을 주고 있는 것인지 의심이 든다.

이렇듯 일사분란하게 정책을 집행하는 데 유리한 관료제는 부작용을 가져 온다고 할 수 있다. 상위 기관의 일방적인 지시와 통제를 통한 행동변화는 오히려 정책대상 집단의 반발을 살 위험이 있다. 상명하달식의 정책 집행관행은, 특히 '학교 자율화'라는 정책의 경우에는 전혀 맞지 않는 것으로 보인다. 이러한 상황에서 개별 학교가 지금의 자율화를 '강요된 자율화'로 인식하고 있는 것은 자연스러운 현상이라고 할 수 있다. 요컨대, 정부 주도의 학교 자율화 열풍이 불면서 학교 현장에서는 오히려 학교 자율화에 대해 냉담해지는 분위기가 생기고 있다는 비판과 겉으로 보기에 또는 서류상으로만 학교 자율화가 진척되고 있다는 비판은 소위 하향식(top-down) 방식을 취할 수밖에 없는 정책 집행기관으로서의 관료제가 지닌 역기능이라고 할 수 있다.

2) 정책책임자의 리더십과 관료의 태도의 문제

집행책임자의 리더십과 정책집행을 담당하고 있는 정부 관료의 정책에 대한 태도는 성공적인 정책집행에 있어서 핵심적인 요인이라고 할 수 있다. 2008년 4월 15일 '학교자율화 추진계획'이 발표된 시기의 교육과학기술부 장관은 김도연 장관(2008. 2. 29~2008. 8. 5)으로서, 재임기간이 얼마 되지는 않았지만 새로운 정부가 출범한 지 얼마 되지 않아 정치적인 힘이 실려 있는 상태에서 학교 자율화 정책을 적극적으로 추진할 수 있었을 것으로 생각된다. 이어서 취임한 안병만 교육과학기술부 장관(2008. 8. 6~2010. 8. 30)은 학교 자율화의 학교현장 착근을 위해 대대적인 정책을 실시하였다. 그리고 안병만 장관 후임으로 교육과학기술부 장관으로 취임한 이주호 장관은 소신을 가지고 학교 자율화 정책을 집행한 것으로 평가된다. 특히 학교 자율화 정책과 관련해서 특히 학교 자율역할은 매우 크다고 할 수 있다.

한편, 교육과학기술부 관료들의 경우에 장관만큼 학교 자율화 정책의 집행에 대해 소신과 의지가 있었는지 확인하기는 쉽지 않다. 위에서 지시하는 대로 법규를 만들고 구체적인 계획을 세우고 예산을 집행하고 공문을 내려 보내고 확인하기는 했지만, 학교 자율화 정책이 추구하고 있는 가치에 대한 헌신이나 애착이 얼마나 강했는지 알 수 없다. 대체로 시・도 교육청 관료들은 교육과학기술부가 제시한 매뉴얼에 따라 수동적으로 자율화 업무를 추진하고 있는 것으로 평가된다(박재윤 외, 2010). 자기의 생각과 다른 교육정책이라도 집행을 도울 수밖에 없는 관료의 경우, 일종의 상징적 개혁에 참여한 것으로 이해할 수 있다(Edelman, 1964a, 1964b; Hess, 1999).

3) 정부부서 간 조정 및 협력 미흡

정책에 따라서 정부부서 간 조정과 협력이 필수적으로 요청되고, 이것이 제대로 이루어지지 않을 때 정책집행이 어려워지기도 한다. 공식적인 조직 구조와 과정 면에서 볼 때, 잦은 교육과학기술부 직제 개편으로 말미암아 주관 부서가 바뀌거나 동일한 정책과제의 책임 부서가 산재해 있기도 하여 정책의 기획과 집행에 있어서 효율성이 다소 떨어지는 모습을 보인다. 예컨대, 학교지원국에 학교자율화추진관을 두고 있으나, 추진관은 자율화 정책의 추진 이외에도 19개의 업무에 관하여 국장을 보좌하고 있으며, 학교 자율화와 관련된 모든 정책의 수립과 개선에 대한 일차적인 책임은 교직발전기획과장이 담당하고 있으나, 다른 관련 국 및 과에서도 각종 자율화 정책 관련 업무를 동시에 추진하고 있어서 업무의 총괄과 조율에 어려움이 있는 것으로 보인다(박재윤 외, 2010).

3. 정책대상 집단의 반응

1) 의사소통 관련 불순응

학교 자율화 정책의 집행 과정에서 문제가 발생할 수밖에 없었던 것은 무엇보다도 정부와 정책대상 집단인 학교 현장, 특히 교사들 사이에 학교 자율화가 무엇이냐에 대한 정확한 의사소통이 없이 급하게 학교 자율화 정책을 시행하려는 데에 기인한다고 할 수 있다. 교육과학기술부의 문서에서 "단위 학교의 자율성을 확대하고 지방교육자치를 내실화하기" 위해(교육과학기술부, 2008) 학교 자율화를 추진한다고 하고 있었지만, 이것이 구체적으로 의미하는 바는 정부와 교육청, 그리고 학교 현장의 교사들 사이에서 다를 수밖에 없었다. 일부 교사들의 경우, '교사평가의 전면 실시', '교장공모제' 등과 같이 학교 자율화와는 상관이 없는 교육정책조차도 이명박 정부가 시행하고 있다는 이유 하나로 '학교 자율화 정책'으로 인식하면서 싸잡아 '학교 자율화 정책'을 비판하는 경향을 보이기도 하였다. 한편, 전국교직원노동조합의 경우, 학교 자율화 정책뿐만 아니라 이명박 정부가 추진하고 있는 신자유주의 노선을 따르고 있는 모든 교육정책을 교육의 공공성을 해친다는 이유로 반대하기도 하였다. 학교 현장의 많은 교사들이 겉으로는 학교 자율화에 동참하는 시늉을 내면서도 내면적으로는 불순응하는 모습을 보이고 있는 것은 학교 자율화가 어떤 것인지에 대한 관련 집단 간의 정확한 의사소통의 실패로 말미암은 것이라고 할 수 있다.

2) 자원관련 불순응

의사소통 관련 불순응과는 달리 자원관련 불순응은 학교 자율화 정책의 내용을 충분히 이해하고 열심히 하고자 하는 정책대상 집단에게서 나타나는 불순응의 형태이다. 학교 자율화를 열심히 하고자 하는 학교들은 학교 자율화를 실시하는 데에 있어서 강요된 교육과정, 학급당 학생수, 주당 수업시간 수, 교실의 물리적 환경, 교원 임용 및 배치 기준, 전국 단위 학력고사 등의 제약 속에서 진정한 학교 자율화의 목표를 달성하는 데에는 한계가 있다는 것이다. 또한 현행 내신 평가제도의 틀 안에서 새롭게 제시된 교육과정을 적용하는 것은 무리라는 비판이 제기되기도 한다(조난심, 2011). 이들 가운데 일부는 학교 자율화는 좋은 것이기는 하나 교육 여건이 개선될 때까지 학교 자율화는 차라리 유보되는 게 좋다는 생각을 하고 있을지도 모른다.

3) 정책관련 불순응

정책관련 불순응에는 목표 불순응과 신념 불순응이 있다. 목표 불순응은 학교 자율화의 목표와 철학에 대하여 반대하면서 나타나는 것으로, 교육관의 갈등이 표면화 되는 양상이라고 할 수 있다. 학교 자율화와 관련하여 과연 목표 불순응이 있었는지는 그 증거를 찾기가 쉽지 않다. 왜냐하면 학습자의 요구 존중, 학교의 자율권 확대, 학교현장 지원체제 구축 등을 내세우고 있는 학교 자율화에 대해 드러내 놓고 반대하기가 쉽지 않았을 것이다. 그러나 집단의 경우 자율로 풀어서는 안 되는 것조차 다 풀어서 학교가 입시위주 교육으로 치닫게 되는 결과를 가져 왔다고 비판하기도 한다. 이러한 목표 불순응은, 특히 공동체주의(communitarianism)에 입각한 공공성 위주의 교육정책을 지지하는 사람들 가운데에서 강하게 나타나고 있다.

신념 불순응은 학교의 자율성을 존중하고 교육 수요자의 요구를 고려해야 한다는 학교 자율화 정책의 목표에는 찬동하지만 “과연 지금 하고 있는 학교 자율화로 원하는 결과를 얻을 수 있을까”라고 생각하며 학교 자율화 정책에 대한 신념을 가지고 있지 못하는 경우 발견되는 불순응이다. 일부 교사들의 경우 정권이 바뀌면서 학교 자율화가 후퇴하는 경우, 지금 자율화 정책을 충실히 따르면 손해볼 지도 모른다는 의심 속에서 학교 자율화에 대해 소극적인 입장을 취하기도 한다(조난심, 2011). 학교 현장의 목소리를 주의 깊게 듣지 않은 채 위에서 아래로 획일적으로 강요된 관주도의 학교 자율화 정책이 시행되면서 학교 현장에서는 이러한 신념 불순응도 나타나고 있는 것으로 보인다. 정권이 바뀌면 교육개혁의 구호와 흐름도 바뀌어 온 것을 오랜 기간의 교직경력 속에서 잘 알고 있는 일부 고경력 교사들 사이에서는 학교 자율화 정책을 그저 지나가는 유행 정도로 바라보고 있을지도 모른다.

4) 행위관련 불순응

정책이 요구하는 행위가 정책 대상자들에게 혐오감을 주거나 기존 가치관에 위배되는 경우에 발생하는 행위관련 불순응은 학교 자율화의 경우 두드러지게 발견되지는 않는다. 그러나 만일 학교 자율화 정책으로 인하여 학생들의 태도가 엉망이고 질서가 없다는 것 때문에 또는 교사에 대한 권위가 실추되기 때문에, 아니면 학교에서 전인적 인간발달보다는 주지교과 위주의 입시준비교육이 활개를 치고 있기 때문에 학교 자율화는 곤란하다고 생각하는 교사가 있다면, 이것은 일종의 행위관련 불순응으로 볼 여지가 있다.

5) 권위관련 불순응

정책집행 주체가 비합법적으로 힘을 행사하고 있거나 정책으로부터 부당한 이익을 취하려고 할 때 발생하는 권위관련 불순응은 학교 자율화 정책에 관한 한 관련이 별로 없다고 할 수 있다. 그러나 만일 대통령의 생각과 같이 하고 있는 교육부 장관이 자율과 경쟁을 추구하면서 평가와 책임을 강조하는 교육정책으로 인하여 마음이 상한 교사들이 그가 추진하는 모든 교육정책에 대해 반대하는 모습이 조금이라도 있다면, 이는 권위관련 불순응의 틀 안에서 이해될 여지가 있다.

4. 환경

1) 사회 · 경제 · 정치적 여건

학교 자율화를 전국적으로 확산하게 된 계기가 된 소위 '4 · 15 학교자율화 계획'이 발표된 2008년은 이명박 정부 초기로서 정치적으로 교육개혁에 대한 의지가 대체로 강하였고, 사회적으로 교육개혁에 대한 지지도가 높은 편이었다고 할 수 있다. 학교 자율화 정책은 자율과 경쟁을 강조하는 이명박 정부의 정책기조와도 맥을 같이 하는 것으로서, 미래 지식정보화 사회가 요구하는 창의적이고 경쟁력 있는 인재 양성을 위해서는 지금과 같은 수동적이고 폐쇄적인 학교운영의 틀을 벗어나 학교교육을 유연화하고 다양화할 필요가 있다는 데에 사회적인 공감대가 현성되어 있었다고 할 수 있다. 학교 자율화는 이러한 정치적 · 사회적 상황 속에서 미래의 한국 교육의 모습으로서 희망을 주는 교육으로 인식되었고, 정부에서는 가능한 한 빠른 시간 안에 전국적으로 확산시키고자 했던 것으로 생각된다.

이명박 정부의 교육개혁의 흐름을 받아들였던 초기에는 학교 자율화에 대한 정치권의 지지와 사회적 신뢰가 어느 정도 형성되어 있었고, 학교 현장에서도 어느 정도 기대했던 것으로 보인다. 그러나 이주호 교육과학기술부 장관이 차관에서 장관으로 들어선 이후 학교 자율화 정책은 더욱 강요된 형태로 추진되었고, 학교 현장에서는 부분적으로 이에 대한 반감이 나타나기 시작한 것으로 볼 수 있다. 이와 함께 잠복되었던 학교 자율화 정책, 특히 교육과정 자율화에 대한 불순응이 여기 저기서 나타나고 있는 것으로 이해할 수 있다.

2) 언론의 영향

언론에서도 학교 자율화가 지니고 있는 잠재력과 의의에 대해서는 공감하면서도 최근 들어 상향식 방식의 자율화가 아닌, 하향식 방식의 획일적인 학교 자율화가 지니고 있는 문제에 대해서 비판하고 있는 것으로 보인다. 특히 2010년 6월 지방자치단체 선거에서 일부 지역에 소위 진보 교육감이 당선된 이후, 시 · 도 교육감 권한을 약화시키는 한편 단위 학교장에게 권한을 넘겨주는 방향에서 학교 자율화가 추진되는 것에 대하여 비판의 목소리를 내기도 하였다(중앙일보, 12.2.). "이건 아닌데" 하면서 현행 학교 자율화 정책에 대해 반대하고 있는 학교 현장의 목소리가 점점 커지게 되고, 이러한 입장이 다양한 언론 매체를 통하여 여론을 형성하게 되면, 정치권의 입장에서는 굳이 학교 자율화 정책을 지금처럼 밀어붙일 이유가 없을 것이다. 그것은 다음 선거에서 표를 잃는 행위이기 때문이다.

3) 대중의 지지와 관심

대중의 지지나 여론의 반응이 교육정책 집행에 영향을 미친다고 할 때, 학교 자율화 정책도 이러한 영향으로부터 자유롭지 않다고 할 수 있다. 학교 자율화 정책의 초기 집행 단계에서는 어느 정도 우호적이었던 대중의 여론이 시간이 흐르면서, 특히 교육과정 자율화의 문제점을 지적하면서 비판적인 입장으로 바뀌고 있는 것으로 보인다. 이러한 변화가 소위 '레임덕' 현상과 관련이 있는지 모르겠으나, 학교 자율화 정책은 그 방향성을 근본적으로 검토할 필요가 있다.

Chapter 08

교육정책 평가

개요

교육정책 평가는 정부에서 수행하는 교육정책의 성과를 합리적인 평가 기준에 의거해 판단하는 활동으로서 현대 사회에서 교육정책의 양적 증대, 그리고 질적인 다양성과 복잡성이 증가됨에 따라 그 필요성이 높아지고 있다. 또한, 교육정책의 주된 수혜자인 학생, 학부모, 교사 뿐만 아니라, 교육행정가 및 학자, 이해관계 집단, 일반 국민들 가운데 그 중요성이 높아지고 있다. 이 장에서는 교육정책 평가의 개념과 중요성을 살펴보고, 교육정책 평가의 유형, 교육정책 평가의 기준 및 과정, 교육정책 평가의 접근방법 및 활용에 대해서 살펴본다. 그리고, 교육정책 평가 사례로서 교육세 제도의 도입 배경, 교육세 징수 실적, 교육세의 성과, 교육세 제도의 과제 등을 분석한다.

제1절 교육정책 평가의 개념 및 중요성

1. 교육정책 평가의 개념과 특징

교육정책의 과정은 정책의 형성과 집행, 그리고 평가를 포함하는 단계들로 구성된다. 정책의 형성은 정책을 개발하고 결정하는 단계로서 문제를 인식하고, 목표를 설정하고 대안을 개발하고 이 중에서 최적 대안을 선정하는 활동이다. 정책의 집행은 결정된 정책 대안을 현장에 적용하고 실천하는 단계이다. 정책평가는 일반적으로 정책의 내용, 집행 및 영향 등을 추정하거나 평가하는 활동이다.

정책평가는 정책결정자, 특정한 정책의 영향을 직접 또는 간접으로 받는 일반국민, 그리고 정책을 연구하는 학자 등 각자의 입장에 따라 그 용어가 달리 사용된다. 평가는 사전적 의미로서 '어떤 대상의 가치를 규명하는 일'로서 정의된다. 정책은 일반적으로 정부나 공공기관에서 집행하기로 결정한 일반적인 지침을 가리킨다. 따라서, 정책평가는 협의에서는 정부나 공공기관에서 수행하고 있거나 수행한 정책이나 사업을 사전에 설정했던 목적을 얼마나 달성하고 있는지를 판단하는 활동으로 정의될 수 있다.

구체적으로 교육정책 평가의 특징을 다음과 같이 지적할 수 있다(김종철, 1989).

첫째, 교육정책 평가는 넓은 의미에서는 교육정책의 결정과 집행의 제 과정에서 실시된다. 즉, 정책의 형성과정에서 목표를 설정하거나 대안을 분석하는 과정에서 여러 목표나 대안의 상호 비교와 합목적성을 검증할 수 있다. 또한, 정책집행과정에서 결정된 교육정책이 원래 설정한 목표에 맞추어 집행되는지 그리고 집행 후에도 정책의 성과를 비롯해서 여러 준거에 따라 정책에 대한 사후 평가를 실시할 수 있다.

둘째, 교육정책 평가는 특정한 준거에 의해서 교육정책에 대한 가치 판단을 내린다. 즉, 정책이 목표를 달성했는지, 능률적으로 실시되었는지, 정책의 수혜자들의 만족도는 어느 정도인지 등의 기준에 따라서 가치판단이 이루어진다.

셋째, 교육정책 평가는 과학적인 문제해결방식과 반성적 사고방식을 본질로 하는 합리적인 과정이다. 합리적인 목표와 목표 달성을 위해서 준거를 설정하고 이 준거에 따라서 과학적이고 객관적으로 검토하는 과정이다.

넷째, 교육정책 평가는 본질적으로 사회적인 과정으로서 교육정책의 사회적 효용성과 사회적·교육적 가치를 검토하는 가치판단을 내리는 특징을 지닌다.

다섯째, 교육정책 평가 결과는 교육정책의 형성과 집행의 과정에 환류되어 교육정책의 개선에 기여한다. 따라서 교육정책의 형성·집행·평가는 일련의 상호영향을 주고받는 순환과정이다.

2. 교육정책 평가의 목적과 중요성

1) 교육정책 평가의 목적

교육정책 평가를 실시하는 목적은 학자에 따라 여러 가지로 제시되고 있다. 우선 Brophy 등(1974)은 평가를 실시하는 주요 이유로서 첫째, 절차, 프로그램, 산출의 계획 둘째, 기존의 절차, 프로그램, 산출의 개선, 셋째, 기존의 혹은 계획된 절차, 프로그램, 산출의 정당화 등을 제시하였다. 한편, Anderson & Ball(1978)은 평가의 목적으로서 첫째, 프로그램 도입에 관한 결정, 둘째, 프로그램의 존속, 확장, 혹은 인증 결정, 셋째, 프로그램 수정에 관한 결정, 넷째, 프로그램 지지를 위한 증거, 다섯째, 프로그램의 반대 또는 폐기를 위한 정보 수집 등으로 지적하고 있다.

요컨대, 교육정책 평가의 목적으로는 첫째로, 교육정책 및 형성과정 전반에 필요한 정보 제공, 즉 교육정책의 추진여부, 교육정책의 내용 수정, 효율적인 교육집행 전략 수립을 들 수 있다. 둘째로, 교육정책 과정상의 책무성 확보를 위한 것이다. 셋째로, 교육정책형성 이론 구축을 위한 학문적 기여 등을 지적할 수 있다(정일환, 2000).

2) 교육정책 평가의 중요성

교육정책 평가는 다음과 같은 여러 가지 요인으로 인해서 그 중요성이 더욱 높아지고 있다(김신복 외, 1996; 노화준, 2006; 차의환, 2007).

첫째로, 정부 출범 이후 우리나라 정부는 급속하게 성장하였고, 그 과정에서 정부의 교육정책과 프로그램의 수도 급격하게 증가하였다. 즉, 국가 교육정책의 양적인 증가와 더불어 질적인 다양성과 복잡성이 증대하기 때문에 교육정책의 효과에 대한 평가가 중요한 관심사로 등장하게 되었다. 이러한 현상이 교육정책 평가의 필요성을 증가시키는 가장 중요한 요인으로 작용하게 되었다.

둘째로, 정부 정책이 형성되고 집행되는 과정에서 참여하는 개인 및 집단의 수가 증대됨으로써 정책과정이 보다 복잡해지고 역동적으로 변화되고 있다. 즉, 정책과정에서 합리적으로 정책을 수립하고 참여자들을 설득하여 지원을 획득하기 위해서는 정책판단을 위한 자료가 필요하다. 이러한 정책수요를 충족시키기 위해서 정책평가의 필요성이 증대되고 있다.

셋째로, 사회가 복잡화되어서 체계적인 분석이나 평가 활동이 없이 경험이나 통찰력에만 의존하여 정책의 효과를 판단하는 것은 점점 더 어려워지고 있다. 더욱이 정부에 대한 국민의 기대가 높아지면서 정부가 통제할 수 없는 경우가 많아지고 통제할 수 있는 경우라 할지라도 정교한 분석에 의해서 효과적인 방안을 설계하거나 그 효과를 추정하기 전에 문제해결을 위해 정부가 나서야 한다는 압력이 가중되고 있다. 이러한 상황에서 정책의 성과를 검토하고 이를 다시 정책에 환류해야 할 요구가 증가되고 있다.

넷째로, 정부가 수행해야 할 사업이 많아지고 이러한 사업 추진을 위해서 많은 비용이 소요되는 경우가 빈번해지고 있다. 이에 따라 기존에 수행하던 정책 또는 새로운 정책의 수요를 정당화해야 할 필요성이 증가되고 있다.

다섯째로, 교육정책 환경이 다양하게 변화되어 정책이나 정책 프로그램을 결정하고 집행하는 행정가들의 책임이 프로그램의 성공에 대한 관리책임으로 확대되고 있다. 따라서, 교육정책의 성공과 관련된 관리책임을 담당하기 위해서는 정책 프로그램의 결과 및 영향에 대한 평가가 필요하다.

제2절 교육정책 평가의 유형

교육정책 평가의 유형은 분류하는 관점에 따라서 다양하게 분류된다. 즉, 평가 단계, 평가 내용, 평가자 등에 따라 정책평가의 유형이 다양하게 분류된다(김신복 외, 1996; 김종철, 1989).

1. 평가 단계에 따른 분류

정책평가는 정책의 형성단계에 따라 정책결정 이전, 정책 집행과정, 정책 집행 후의 단계에 따라 사전평가, 과정평가, 사후평가로 구분된다.

사전평가는 정책결정 이전 단계에서 이루어지는 것으로 합리적인 정책결정을 위해서 이루어지는 평가이다. 즉, 정책이 결정되기 이전에 정책의 수요를 분석하고, 목표를 설정하거나, 정책의 대안을 검증하고 그 실천가능성을 검토하는 등 정책분석의 차원에서 이루어지는 정책평가이다.

과정평가는 정책집행 과정에서 이루어지는 평가로서 형성평가로 불린다. 정책 집행 전략의 효과성과 집행의 효율성을 제고하기 위해 수행된다. 즉, 과정평가는 정책 목표에 맞추어서 집행 전략이 적절하게 수립되고 실천되고 있는지 여부를 파악해서 정책의 개선을 목적으로 이루어지는 경우가 많다. 과정평가는 관련 당사자들의 이해관계에 미치는 영향이 상대적으로 적기 때문에 대체로 내부평가자에 의해서 평가가 이루어진다.

사후평가는 정책성과가 원래 의도했던 정책 목표를 달성했는가를 평가하는 것으로서 총괄평가로 불린다. 사후평가의 초점은 정책목표의 달성도를 측정하는 데 초점이 주어지고, 정책성과가 미흡한 경우에 정책형성 및 집행과정을 재검토하게 된다. 따라서, 사후평가의 결과는 정책재형성을 위한 피드백 정보로서 활용된다. 사후평가 또는 총괄평가의 중요한 목적은 정책실천가들의 책무성을 높이기 위한 것이기 때문에 총괄평가는 관련 당사자들의 이해관계에 중요한 영향을 미친다. 따라서 사후평가는 일반적으로 외부평가자에 의해서 많이 수행된다.

2. 평가 내용에 따른 분류

정책 내용은 일반적으로 정책과정과 정책효과로 나눌 수 있다. 정책과정에 대한 평가는 정책의 형성과정에 대한 평가를 가리키고, 정책효과 평가는 정책 대상 집단에서 발생되는 정책효과에 대한 평가를 가리킨다.

정책과정 평가는 정책결정과 정책집행에 대한 평가를 포함한다. 정책과정 평가는 정책목표의 타당성, 정책결정의 합리성, 정책결정의 민주성 등이 평가기준으로 활용될 수 있다. 정책목표의 타당성은 정책목표가 얼마나 타당하게 설정되었는지를 평가한다. 즉, 정책이 추구하는 목표가 정책문제를 해결하기 위해서 적합하게 설정되었는지를 파악한다. 정책결정의 합리성은 정책이 합리적인 절차를 걸쳐서 결정되었는지를 검토한다. 정책결정의 민주성은 정책결정 과정에서 정책에 의해 영향을 받는 집단 및 전문가 등이 어느 정도 참여하였는지를 검토한다.

정책집행에 대한 평가는 정해진 정책을 효과적으로 집행하기 위해서 얼마나 노력했는가 하는 것이 평가의 주요한 관심사항이 된다. 즉, 정책결정 과정에서 계획했던 정책수단이 활용되었는가? 정책 집행에 필요한 인적·물적 자원이 계획대로 투입되었는가? 투입 시기는 적절했는가 등이 평가내용이 된다. 정책효과의 평가는 영향평가, 능률성 평가, 프로그램 평가 등으로 나누어진다. 영향평가는 정책이 정책대상 집단에 어떤 영향을 미쳤는지를 밝혀내는 평가이다. 영향평가를 수행하기 위해서는 실험적 방법, 준실험적 방법, 비실험적 방법 등을 활용한다. 능률성 평가는 정책대상 집단에서 산출된 결과 또는 영향이 정책 집행에 투입된 비용과 비교해서 어느 정도나 되는지를 검토한다. 프로그램 평가는 프로그램의 도입을 통해서 프로그램 목표를 어느 정도 달성했는지를 파악하는 데 초점이 있다.

3. 평가자에 따른 분류

정책평가를 누가 하는가에 따른 분류로서 자체평가, 내부평가, 외부평가로 구분될 수 있다. 자체평가는 정책결정 과정의 경우에는 정책결정 당사자들이, 정책집행과정의 경우에는 정책집행 당사자들이 정책을 평가하는 것을 말한다. 내부평가는 정책 또는 프로그램을 운영하는 행정기관 내부의 인사에 의한 평가를 가리킨다. 내부평가의 장점은 내부평가자는 정책에 대한 자료를 쉽게 확보할 수 있고, 외부인사가 평가할 때보다 발견된 문제를 자체적으로 개선하고자 할 수 있다. 반면에, 내부인사가 양질의 평가를 수행하는 데 필요한 전문성을 구비하지 못할 수 있고, 내부인사가 수행한 평가결과에 대해서 외부의 신뢰성 확보가 쉽지 않다는 단점이 있다.

한편, 외부평가는 정책 또는 프로그램을 운영하는 행정기관 외부기관이나 전문가에게 평가를 의뢰하는 경우이다. 외부평가를 실시하는 경우에 내부평가자의 평가보다 신뢰성 확보는 비교적 용이하다. 그러나 외부평가자는 정책집행과 관련된 사회경제적인 환경에 대한 이해가 부족하다는 단점이 있다. 일반적으로 정책평가의 신뢰성과 타당성이 상대적으로 중요한 사안의 경우에는 외부평가를 활용하게 된다.

제3절 교육정책 평가의 기준

정책평가는 평가기준에 따라서 평가 결과가 많은 영향을 받게 되기 때문에 평가기준이 중요하다. 정책평가 기준은 학자에 따라서 여러 가지로 제시되고 있다. 여러 학자들의 정책평가 기준은 일반적으로 효과성, 능률성, 충족성, 형평성, 대응성, 적합성 등으로 요약된다(김신복 외, 1996; Dunn, 2012; 2013).

1) 효과성(effectiveness)

효과성이란 일반적으로 조직의 목표달성도를 가리킨다. 교육정책 평가에서 정책을 통해서 원래 설정된 목표가 어느 정도 달성되었는지를 파악한다. 효과성 기준은 목표 달성을 위한 노력 그 자체보다는 노력의 결과를 중요시한다. 즉, 목표를 달성하기 위해서 어떤 활동이 실제로 수행되었는지, 그리고 이러한 활동을 통해서 원래 의도했던 목표가 어느 정도 달성되었는지를 강조한다. 효과성 기준은 사전에 설정된 정책목표의 달성여부만을 평가하기 때문에 정책결정 당시에 예측하지 못했던 정책으로 인한 부작용이나 긍정적인 결과는 평가 내용에 포함되지 않는다. 따라서, 교육정책이 집행되는 과정이나 이 과정에 영향을 미치는 요인들에 대해서는 고려하지 않는다는 단점이 있다. 일반적으로 교육정책 평가 시에 여러 가지 평가 기준들 중에서 효과성 기준이 우선적으로 활용된다.

2) 능률성(efficiency)

능률성은 최소한의 노력과 투입으로서 최대한의 산출을 얻고자 한다. 이는 투입과 산출에서 경제성의 원리를 의미한다. 따라서 능률성은 목표 달성에 있어서 수단의 경제성을 강조한다. 능률성 평가를 위해서는 비용-편익분석(cost-benefit)을 활용하게 된다. 비용을 산출하기 위해서는 사업을 추진하는 데 소요되는 비용을 계산하기 때문에 큰 문제가 되지 않지만, 정책의 편익 또는 효과를 추정해야 하기 때문에 쉽지 않은 과제이다. 따라서 교육정책의 능률성을 실제로 평가하는 데는 제약이 많기 때문에 이를 극복하기 위한 방법으로 지표를 사용하기도 한다.

3) 충족성(adequacy)

충족성은 교육정책의 목표달성이 정책 문제의 해결에 충족했는가를 가리킨다. 또한 정책목표 달성을 위해서 집행과정에서 동원한 정책수단이 목표를 성취하는 데 있어서 충족했는가의 문제와도 관련된다. 목표와 성과 면에서의 충족성은 다양한 요인에 관련되지만 집행과정에서의 충족성은 주로 동원되는 인적, 물적, 재정적 자원 등의 요인에 관련된다. 구체적으로 우리나라에서 1970년대 이후 추진되었던 고교평준화 정책은 중등교육의 기회를 크게 확대함으로써 당초에 고교평준화 정책을 도입할 때 예측하지 못했던 재정수요의 급속한 증대를 야기함으로써 정책수단의 동원 즉, 정책 집행의 충족성은 미흡한 것으로 평가될 수 있다.

4) 형평성(equity)

형평성은 사회적 합리성과 밀접하게 관련되며 사회내의 여러 집단들 간에 정책의 비용과 편익이 고르게 배분되었는가를 의미한다. 형평성이 높은 정책은 정책의 비용과 편익이 공정하게 또는 정당하게 배분되는 정책이다. 정책의 형평성을 평가하기 위해서는 정책평가자는 특정한 정책을 통해서 특정 집단의 복지가 아닌 사회전체의 복지를 극대화하고 있는가라는 질문을 제기한다. 이는 구체적으로 개인복지의 극대화, 최소복지의 보장, 순복지의 극대화, 재분배복지의 극대화 등을 포함한다. 교육정책 및 프로그램 평가에 있어서도 성별, 지역별, 계층별, 인종별 등에 있어서 형평성의 가치를 적용하는 것이 바람직하다. 우리나라에서는 1990년대 IMF 외환위기 이후 사회 전반에 걸쳐서 계층간 교육격차가 심화되었기 때문에 2000년 대 이후 교육격차로 인한 교육 불평등을 완화시키기 위한 여러 교육정책들이 추진되었다. 예컨대, 참여정부에서 추진하였던 '교육복지투자우선지역지원사업'은 대도시지역에서 부모의 경제력 차이에 따른 교육 불평등을 완화시키려는 형평성의 가치에 의해서 도입된 대표적인 교육정책이다.

5) 대응성(responsiveness)

대응성은 특정한 정책이 정책 대상이 되는 특정 집단의 필요나 선호와 가치를 충족시켜주는 정도를 의미한다. 대응성의 기준은 특정한 정책이 다른 모든 기준 -효과성, 능률성, 충족성, 형평성- 을 충족시킬 수 있는 경우에도 그 정책을 통해서 혜택 받기로 계획된 집단의 실제 필요에 부응하지 못하는 경우가 있기 때문에 중요하다. 예컨대, 레크리에이션 프로그램은 편의시설을 공평하게 배분하는 경우에도 특정 집단(예컨대, 노인)의 필요에 부응하지 못하는 경우가 있다. 즉, 대응성은 교육정책에 대한 교육정책 수혜집단의 만족도, 호응도, 선호도를 가리킨다. 예컨대, 특정한 교육정책에 대해서 학생이나 학부모, 교원의 만족도는 대응성 평가기준의 중요한 지표로 활용될 수 있다.

6) 적합성(appropriateness)

적합성은 실질적 합리성과 밀접히 관련되어 있다. 다른 모든 기준이 정책목표를 당연시 하는데 반해서 적합성의 기준은 설정된 정책목표가 사회를 위해서 과연 적합한 것인지 여부를 질문한다. 정책의 적합성을 검토하기 위해서는 다양한 평가기준 간의 관계를 심사숙고하게 된다. 즉, 효과성, 능률성, 충족성, 형평성, 대응성 등의 기준에 논리적으로 선행하는 상위수준의 메타기준으로서 적용된다. 예컨대, 능률적이거나 공정한 사회를 달성하는 데 필요한 수단이 민주성에 대립될 때 능률성과 형평성이 과연 적합한 기준인지에 대해서 문제를 제기할 수 있다. 아울러, 정책목표 달성을 위해서 동원되는 정책수단이나 방법이 적절하고, 사회적으로 타당하고 적합한 것인가도 검토된다. 예컨대, 학교교육의 정상화를 목표로 실시되었던

1980년대 초의 과외금지 정책은 정책목표 달성을 위해서 활용된 수단이 사회적으로 타당하고 적합한 것인가에 대해서 논란의 여지가 제기될 수 있다. 즉, 과외금지 정책이 과외가 학교교육의 비정상화를 초래했다는 점에서 정책목표의 정당성을 부여하였지만, 학습결손이 심한 학생의 경우에는 보충학습이 필요하고 학비조달에 어려움을 겪는 대학생의 경우에는 아르바이트의 길을 막는다는 것은 사회적으로 문제가 될 수 있기 때문이다.

제4절 교육정책 평가의 과정

교육정책 평가는 일반적으로 이해관계자의 식별과 평가계획의 수립, 정책 프로그램의 기술, 정책지표 및 평가기준과 평가방법 결정, 자료의 수집과 분석, 평가결과 제시 등의 과정을 거친다(노화준, 2010).

1) 이해관계자의 식별과 평가 계획의 수립

정책이나 프로그램 평가를 시작하기 전에 평가담당자와 평가결과를 활용할 의뢰인은 정책평가를 통해서 무엇을, 어떻게, 왜 해야 하는지, 그리고 평가 과정에서 장애 또는 제약요인은 무엇이 있는지를 충분히 논의하고 이해해야 한다. 특히, 정책을 통해서 성취하고자 하는 정책의 목표나 목적, 기존의 정책 프로그램에 기득권을 가진 이해관계자들과 이들의 주요 관심사, 평가결과에 대해 예상되는 활용자, 활용방법, 평가의 유형, 평가를 수행하는 데 소요되는 비용과 시간, 평가의 실행가능성 등에 대해서도 검토한다. 특히, 정책평가의 목적에 따라서 평가대상 및 평가 유형이 달라질 수 있다. 즉, 평가 목적에 따라 형성평가인가 또는 총괄평가인가, 그리고 내부 평가인가 또는 외부평가인가 등을 결정하게 된다.

2) 프로그램에 대한 기술

정책평가 설계를 잘하기 위해서는 정책 사업 또는 프로그램을 올바르게 이해해야 한다. 정책 사업에 대한 이해는 프로그램에 대한 기술을 통해서 높아질 수 있다. 프로그램에 대한 기술은 평가과정에서 평가자와 의뢰인들 간에 의사소통을 위해서도 필요하다. 프로그램에 대한 기술에는 프로그램에 투입되는 자원, 프로그램의 산출물, 프로그램의 고객, 프로그램의 산출결과를 포함한다. 산출결과는 초기의 산출결과, 중간 산출결과, 장기적 산출결과 등으로 세분화될 수 있다.

3) 정책지표 및 평가기준과 평가방법 결정

정책 목표 달성 여부를 파악할 수 있는 지표를 선정해야 한다. 평가지표는 평가를 통해서 파악하고자 하는 평가 질문들로 구성된다. 이러한 정책지표를 도출하기 위해서는 프로그램의 목적 및 목표 검토, 프로그램의 구체적인 평가 차원의 식별, 낮거나 높은 성과분야를 식별하기 위한 기존의 성과정보 검토가 필요하다. 그리고 가능한 질문과 질문 목록을 작성하고 작성된 각 지표들에 대해서, "왜 이러한 지표가 중요한지, 이러한 지표들은 누구에 의해서 어떻게 활용되는지?" 검토한다. 아울러 프로그램과 평가목적에 비추어 선정된 지표의 가치, 자료의 수집 및 분석의 관점에서 실행가능성 등을 검토할 수 있다. 끝으로 정책 목표 달성을 평가할 수 있는 구체적인 평가기준을 설정하고, 이를 측정할 수 있는 양적 또는 질적인 평가방법을 결정한다.

4) 자료의 수집과 분석

평가방법에 따라 활용할 수 있는 구체적인 평가 자료를 수집한다. 자료에는 양적 자료와 질적 자료가 있다. 질적 자료는 관찰, 인터뷰, 문서 등을 포함한다. 양적 자료에는 통계자료, 설문조사를 통해서 수집된 자료 등이 있다. 자료의 분석은 사전에 수립된 평가 설계에 따라 수집된 자료를 분석한다. 분석과정에서 중요한 사항은 자료 분석과 평가목적간의 합치정도, 사용된 분석방법에 대한 분명한 기술, 자료 분석방법과 자료측정 방법의 합치도, 자료 수집방법의 적절한 분석단위의 선택, 선택된 분석방법의 정당화 등이다.

5) 평가결과 제시

평가결과를 담는 보고서를 작성하는 과정이다. 정책평가 계획이 잘 수립되고, 수립된 평가계획에 따라 평가가 제대로 수행되며, 평가결과의 활용성이 높아지기 위해서는 평가자, 평가기관 등 평가와 관련된 당사자들에 원활한 의사소통이 필수적이다. 이러한 원활한 의사소통은 평가관련 당사자들의 협조를 확보하기 위해서 필요할 뿐 아니라 평가의 객관성 확보를 위해서도 필요하다. 평가보고서는 발견된 사실들을 분명하고 완전하며 공정하게 기술하여야 하고, 이해하기 쉽게 구성되고 표현되어야 한다. 평가를 통해 발견된 사실과 건의사항도 그 중요성을 반영하도록 우선순위에 따라 서술되어야 한다. 그리고 평가를 실시하면서 설정된 전제와 평가 수행상의 제약요인도 분명하게 기술되어야 한다.

제5절 교육정책 평가의 접근방법

교육정책을 평가하는 양적·질적인 다양한 평가모형이 여러 학자들에 의해서 개발되어왔다. 이와 같은 다양한 교육정책 평가모형들은 구체적인 평가의 목적과 요구에 따라 수정되어 활용될 수 있다. 즉, 다양한 교육정책 평가모형들은 상호 배타적으로 이해될 것이 아니고 특정한 정책과 프로그램을 평가할 때, 복수의 정책평가모형이 상호 보완적으로 활용될 수 있다. Worthen과 Sanders(1987)은 기존의 평가모형들을 연속선상에서 계량적·단일적인 접근방법에서부터 동일한 질문에서 다수의 해답을 찾을 수 있는 질적인 접근방법으로 분류하였다. 즉, 목표지향적 평가, 관리지향적 평가, 소비자 지향적 평가, 전문가 지향 평가, 상반접근 지향적 평가, 자연주의적 평가 등으로 분류하였다(정일환, 2000).

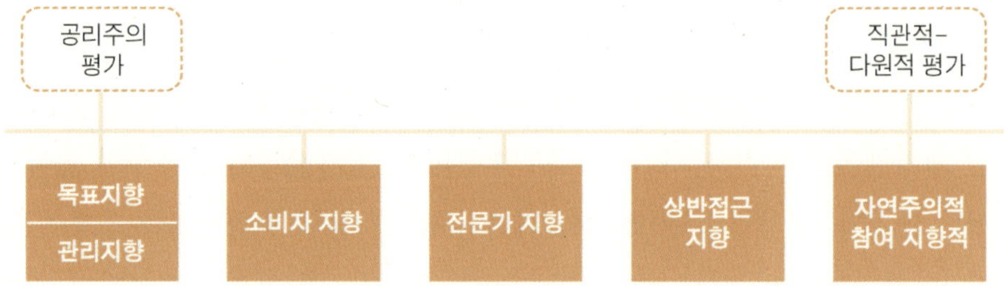

출처: 정일환(2000).

그림 8-1 교육정책 평가접근 모형

1) 목표지향 평가모형

목표지향 평가모형은 일반적으로 가장 널리 사용되는 모형으로 구체적으로 규정된, 성과를 측정할 수 있는 분명한 목표를 필요로 한다. 이 평가모형은 총괄적 평가의 성격을 지니며, 정책이나 사업이 종료된 후에 실시된다. 목표지향 평가모형은 정책 집행의 사전, 사후 평가에 활용된다. 목표의 달성 정도를 측정하는 데 초점이 주어지기 때문에 평가과정을 지나치게 단순화하는 경향이 있다. 따라서 목표지향 평가모형은 특정한 목표가 어떤 수준에서 어떻게 달성되었고, 달성되지 못했을 때는 왜 그런 결과가 발생되었는지에 대한 추가적인 정보를 제공해 주지 못하는 단점이 있다.

2) 관리지향 평가모형

관리지향 평가모형은 새로운 교육정책 개발이나 정책과정의 모든 단계에 정보를 제공해준다. 즉, 교육정책 의제설정, 교육정책결정, 정책집행, 정책성과를 평가하는 모든 단계에서 정보를 제공한다. 이 평가모형은 교육정책 과정을 순환과정으로 파악하여 교육정책의 성과평가 정보는 교육정책 집행의 지속 여부를 판단하는 자료로 활용된다. 즉, 교육행정가들은 교육정책 평가 결과에 기초하여 수행되고 있는 교육정책의 집행을 모니터링할 수 있다.

대표적인 관리지향 평가모형으로 Stufflebeam(1973)의 CIPP모형을 들 수 있다. Stufflebeam(1973)은 평가를 의사결정의 대안을 판단하는데 유용한 정보를 획득하는 과정으로 정의하고, 평가의 유형을 상황(Context) 평가, 투입(Input) 평가, 과정(Process) 평가, 산출(Product) 평가로 구분하였다(정일환, 2000).

첫째, 상황평가는 특정한 정책, 사업프로그램, 기관, 개인 등과 같은 특정한 대상의 상황을 진단하고, 대상 집단의 요구를 규명하고, 이러한 요구에 내재하고 있는 문제점을 파악하고, 파악된 요구와 설정된 목표 간의 대응성이 어느 정도인지를 판단한다. 이러한 진단을 통해서 대상 집단이나 개인의 상황을 개선하는 데 목적이 있다. 예컨대, 상황평가는 특정한 교육정책에 대한 수혜자 집단의 요구를 파악하여 이러한 요구가 해당 교육정책의 목표에 적절히 반영되었는지를 규명하는 데 초점이 있다.

둘째, 투입평가는 정책의 목표를 달성하기 위해서 필요한 정책 담당기관의 역량, 대안적 프로그램, 집행전략-예산-일정 등을 검토하여 정책의 성공과 실패, 효과에 대한 사전 검사를 수행한다. 즉, 정책 담당기관이 구비하고 있는 이용 가능한 인적·물적 자원과 제반 여건 하에서 가능한 모든 대안적 프로그램을 고려하여 가장 효과적인 투입계획을 수립하는 데 초점이 있다. 또한, 투입평가에서는 수립된 전략계획의 적합성, 실천가능성, 경제성 등을 분석한다.

셋째, 과정평가는 이미 실행하고 있는 집행계획에 대한 지속적인 점검 활동이다. 과정평가의 목적은 정책 담당기관에게 정책이나 사업프로그램의 활동이 일정에 따라 계획된 대로 가용자원을 효과적으로 사용하면서 원활하게 추진되고 있는지에 대한 정보를 제공한다. 따라서 과정평가는 교육정책 계획의 집행 정도, 성공적인 집행을 저해하는 요인, 성공적인 집행을 위해서 보완되어야 할 요인 등을 파악하는 데 중점이 있다.

넷째, 산출평가는 특정한 정책이나 프로그램이 달성한 정보를 측정하고 판단하기 위한 활동이다. 산출평가는 프로그램을 통해서 혜택을 얻게 되는 수혜집단의 요구가 어느 정도 충족되었는지를 파악하는 것이 중요하다. 아울러, 산출평가는 정책이나 프로그램을 통해서 발생된 전반적인 효과, 즉 의도된 효과와 의도하지 않는 효과, 긍정적 효과와 부정적 효과 등을 종합적으로 검토해야 한다.

표 8-1 상황-투입-과정-산출(CIPP) 평가모형

	상황평가	투입평가	과정평가	산출평가
목표	• 기관의 상황 분석 • 대상 집단의 요구 파악 • 요구에 내재한 문제 진단 • 목표와 요구간의 대응성 판단	• 체제 역량, 대안적 프로그램, 전략-예산-추진 일정 설계	• 절차 설계 및 집행상의 문제와 과정의 규명 • 사전 프로그램 결정을 위한 정보 제공 • 절차, 활동의 판단	• 성과 기술 및판단자료 수집 • 상황, 투입, 과정 정보와 목표의 연계
방법	• 체제분석, 조사, 문서분석, 면접, 진단검사, 델파이 기법 등	• 이용가능한 인적·물적자원, 전략 설계 및 분석 • 적합성, 실천성, 경제성을 고려한 절차 설계 • 문헌조사, 예비조사 등	• 절차상의 잠재적 장애와 예기치 못한 장애로 인한 수정 및 결과 정보 수집 • 수행과정 기술 • 사업담당자와 지속적 상호작용	• 성과기준의 조작적 정의 및 측정 • 성과 판단의 자료수집 • 질적·양적 분석
의사결정	• 상황, 요구 충족 및 기회 활용과 관련된 목적, 문제해결과 관련된 목표 • 성과판단 기초	• 지원, 해결전략, 절차 설계선정 • 집행 판단의 기초	• 프로그램 설계 및 절차의 수행 개선 • 성과 해석에서 이용할 실제과정	• 활동의 속-종결-수정을 위한 결정·효과 판단

출처: 정일환(2000).

3) 소비자 지향 평가모형

소비자 지향 평가모형은 특정한 교육정책이나 사업 프로그램을 통해서 혜택을 얻는 고객이나 수혜집단에 대한 영향을 평가한다. 따라서, 소비자 지향 평가모형은 정책이나 프로그램에 의해서 제공받는 서비스의 충족성, 적합성, 접근가능성, 수용성에 초점을 둔다. 소비자 지향 평가모형에서는 비용-효과성 분석이나 비용-편익 분석이 중요한 기법으로 활용된다.

4) 전문가 지향 평가모형

전문가 지향 평가모형에서는 의사결정을 하는 데 참여하는 전문가를 필요로 하며, 전문가집단의 신뢰성이 평가과정에서 필수적이다. 전문가 지향 평가모형에서는 공식적인 검토 체제에서부터 특별한 개인 검토에 이르기까지 다양한 형태로 나타날 수 있다. 공식 검토 체제는 기존의 공식구조, 공표된 기준, 활동에 대한 구체적인 일정 등을 가지고 있으며, 다수 전문가들의 견해를 활용한다.

5) 상반접근 평가모형

앞에선 기술한 평가모형들은 이해관계 집단들 간에 상반되는 쟁점이 표출될 때 소수집단의 견해를 반영하기가 어렵다. 즉, 집단 간에 의견이 상치될 때 다수가 지지하는 단일의 결론을 채택하기 때문에 소수 혹은 반대의견을 가진 집단들의 입장을 고려하기가 어렵다. 그러나 상반접근 평가모형에서는 논의되는 쟁점의 여러 측면을 고려할 수 있다. 즉, 소수 의견을 지닌 집단의 입장을 반영할 수 있어서 보다 균형된 입장을 취하게 된다. 따라서 상반접근 평가모형을 적용할 때는 비교적 많은 비용이 소요되지만, 갈등되는 주장과 쟁점을 전반적으로 구체적으로 파악할 수 있기 때문에 갈등적인 요소가 있는 정책문제 해결에 보다 유리하다.

6) 자연주의적 · 반응적 평가모형

자연주의적 · 반응적 평가모형은 조직 내에서 실제로 존재하는 다양성과 복잡성을 이해하는 데 초점을 둔다. 문제에 대한 단일한 해답보다는 조직 내에 존재하는 복잡한 활동을 정확하게 설명하고자 한다. 또한, 이 평가모형에서는 교육정책 집행과 관련된 다양한 이해관계 집단 또는 수혜집단의 입장과 요구를 명확하게 기술하고, 이러한 이해관계 집단들이 평가과정에 참여하도록 권장된다. 이 평가모형은 교육정책이나 프로그램 평가에 있어서 다양한 해석과 결론을 도출한다. 그러나 이러한 다양한 해석과 결론을 어떻게 조정하는가 하는 문제는 여전히 해결해야 할 별개 사항이다.

교육정책 평가에서 과거에는 양적 접근방법, 특히 목표지향적, 관리지향적 평가모형이 주로 활용되어 왔다. 그러나 교육정책이나 프로그램 평가에 있어서 목표달성도 측정을 넘어서 정책 및 프로그램의 당사자, 이해관계 집단, 평가전문가 등의 다양한 상충되는 가치와 요구를 수용하는 것이 바람직하다.

제6절 교육정책 평가의 활용

교육행정가들은 교육정책이나 프로그램에 대한 평가보고서를 받고 나서 이에 대한 조치를 강구하게 된다. 이러한 교육정책 평가결과의 활용에는 무조치, 소규모의 수정, 대규모의 수정, 정책이나 프로그램의 폐기 등의 방법이 있다(Fowler, 2004; 2007).

1) 무조치

기존의 정책에 대해서 아무런 조치를 취하지 않고 그대로 두는 방법이다. 교육행정가들이 이러한 반응을 하게 되는 이유로는 정책평가 보고서의 내용이 신뢰성이 떨어지는 경우 또는 정책평가 결과보고서에 따라 조치를 취하는 것이 정치적으로 적합하지 않다는 판단이 내려질 경우 등이다.

2) 소규모의 수정

정책평가 결과에 근거해서 기존의 정책에 대해서 소규모의 수정을 가하게 되는 경우에는 정책보고서에서 기존 정책에 대한 부분적인 조정을 제안했거나 또는 대규모로 수정하기에는 정치적으로 부담이 큰 경우에 채택될 수 있다. 이 경우에는 정책의 목표나 비용, 인력 구조 등을 어느 정도 유지할 수 있기 때문에 비교적 쉽게 활용될 수 있다.

3) 대규모 수정

정책변화의 주요 방법으로서는 새로운 프로그램으로 기존 프로그램의 대체, 두 개 이상의 프로그램의 통합, 독립된 프로그램의 분할, 기존 프로그램의 축소 등을 들 수 있다. 이상과 같은 방법들은 기존 정책이나 프로그램에 참여하는 인력, 예산, 사업내용 등이 변화되기 때문에 이해관련 당사자들에게 매우 위협적인 조치이다. 따라서 교육 행정가들이 기존의 정책이나 프로그램을 대규모로 수정하기 위해서는 객관적이고 신뢰성 있는 평가결과, 정책변화에 대한 주요 이해관계 당사자들의 지지, 정책의 수정에 대한 구체적인 계획과 전략 등을 보유해야 한다.

4) 폐기

정책평가 결과에 따라 기존의 정책이나 프로그램을 폐기하는 것은 일반적으로 관련된 이해관계 당사자들의 저항을 유발하게 된다. 따라서 기존의 정책이나 프로그램을 폐기하는 것은 매우 어려운 과제이다. 정책이나 프로그램을 폐기하기에 비교적 적합한 상황으로는 새로운 행정부의 구성, 경제상황의 악화, 정부 예산의 감축, 기관 내에 새로운 업무 발생, 새로운 프로그램의 도입 등을 들 수 있다.

제7절 교육정책 평가 분석 사례: 교육세 제도

우리나라의 교육정책 중에서 교육 실제에 영향을 많이 미친 사례로서는 고교평준화 정책, 대학입학시험 제도, 교육과정 정책을 비롯한 여러 정책이 거론될 수 있다. 그 중에 교육환경의 조성에 영향을 많이 미친 주요 정책 사례로서는 교육세 정책을 들 수 있다. 이 절에서는 교육정책 평가를 분석하는 사례로서 교육세 제도를 다룬다. 즉, 교육세 제도의 도입 배경, 교육세 징수 실적, 교육세의 성과로서 교육여건 지표 변화, 교육환경 및 교원 처우 개선, 그리고 교육세 제도의 과제 등을 검토한다.

1. 교육세 제도의 도입 배경

교육의 이상을 실현하는 중요한 관건은 교육재정의 확보이다. 우리나라는 과거에 여러 차례 교육개혁안과 교육계획을 수립하였지만 교육재정을 확보하지 못하여 사장시키거나 계획했던 목표를 달성하지 못한 경우가 있었다. 예컨대, 1970년에 발표한 장기종합교육계획은 교육재정이 확보되지 못하여 실천에 옮기지 못했던 대표적인 사례이다. 또한, 1974년에 실시된 고교평준화정책도 재원의 부족으로 시설과 교원의 평준화가 제대로 이루어지지 않은 상태에서 도입됨으로써 그 이후 지속적인 문제를 파생시켰다.

그러나 1981년에 교육목적세로서 교육세를 신설함으로써 교육시설을 확충하고 교원의 처우를 개선하는 등 교육개혁을 위한 재원 확보의 중요한 제도를 구축할 수 있게 되었다. 즉, 1972년 8.3조치로 지방교육재정교부금의 법정 교부율이 정부예산 사정에 따라 제대로 지켜지지 않았고, 이는 결과적으로 교육여건의 악화를 초래되었다. 교육세는 1981년 신설 당시에는 학교교육시설 및 교원처우 개선에 국한되었지만, 1990년 말에 방위세원을 흡수 통합하면서 교육세의 목적은 교육의 질적 향상을 도모하기 위해 필요한 교육재정의 확충으로 발전되면서 교육세의 교육재정에서의 위치는 보다 중요하게 부각되었다. 그리고 2001년에는 교육세가 국세 교육세와 지방교육세로 이원화되어서 국세교육세는 지방교육재정교부금에 합산 운영되고, 지방교육세는 지방자치단체의 전입금으로 합산되어 지방교육재정으로 전입되고 있다.

2. 교육세 징수 실적

1982년부터 징수하기 시작한 교육세는 2001년에 약 7.1조 규모로 지방교육재정 규모의 30% 이상을 구성하는 주요 재원으로 발전하였다. 또한 교육세는 정부 예산 중 교육예산이 점유하는 비중을 17~18% 수준에서 20% 수준이상으로 증가시켰다. 구체적으로 교육세 징수 제4기까지 즉, 1982년부터 2000년까지 19년간의 징수 규모는 〈표 8-2〉에서 보는 것처럼 교육세를 기준으로 40조 2천 80억 원이며, 교육세 신설 당시 세원인 담배 판매분이 지방세로 전환됨에 따라 상실된 교육세원을 보전할 목적으로 신설된 서울특별시와 6대 광역시의 담배소비세 30%에 해당되는 전입금을 포함할 경우 교육세 총규모는 43조 4천 610억 원이 된다. 동 금액은 19년간의 지방교육재정 총액 165조 9천 439억 원의 26.2%에 해당한다. 담배소비세 전입금을 제외한 순수한 교육세 징수액 40조 2천여억 원은 지방교육재정 총액의 24.3%에 이른다. 즉, 동기간 중에 지방교육재정의 1/4 정도를 교육세를 통해서 충당해 왔음을 볼 수 있다(공은배 외, 2002).

표 8-2 교육세 징수실적(1982~2000)

(단위: 억 원)

구분	1982~1986	1987~1990	1991~1995	1996~2000	계
교육세	14,393	18,563	109,660	259,464	402,080
담배소비세 전입금		4,076	12,806	15,648	32,530
합계	14,393	22,639	122,466	275,112	434,610

출처: 공은배 외(2002).

한편, 교육세 제도가 국세교육세와 지방교육세의 이원체제로 변화된 2001년 이후 2010년까지 교육세의 규모와 비중 변화 추이는 〈표 8-3〉와 같다. 교육세제도가 이원체제로 변화된 이후에는 지방교육비특별회계에서 교육세 재원의 비중이 점차 감소하는 경향을 보이고 있다. 지방교육비특별회계 재원 대비 교육세 비중은 2001년도 32.7%에서 2005년에 24.0%, 2009년에는 21.4%, 2010년에는 23.2%로 감소하였다.

표 8-3 지방교육비특별회계 재원 대비 교육세 비율(2001~2010) (단위: 백만 원, %)

연도	지방교육비특별 회계재원 금액(A)	국세교육세		지방교육세		교육세비중 (B+C)/A
		금액(B)	비율(B/A)	금액(C)	비율(C/A)	
2001	222,026	37,825	17.0	34,777	15.7	32.7
2002	234,162	35,316	15.1	39,565	16.9	32.0
2003	258,541	36,513	14.1	40,093	15.5	29.6
2004	290,578	35,295	12.1	40,837	14.1	26.2
2005	306,370	35,266	11.5	38,407	12.5	24.0
2006	311,484	34,204	11.0	43,381	13.9	24.9
2007	336,241	38,571	11.5	45,139	13.4	24.9
2008	378,524	41,757	11.0	48,644	12.9	23.9
2009	400,031	37,512	9.4	47,944	12.0	21.4
2010	410,954	46,427	11.3	48,710	11.9	23.2

출처: 송기창 외(2012).

3. 교육세의 성과

1) 교육여건 지표상의 성과

1981년 교육세 신설 당시 교육세법에서 명시한 교육세의 신설 목적은 학교교육 시설 및 교원 처우 개선이었다. 1990년 말 지방 방위세원을 흡수, 확대하면서 교육세의 목적을 교육의 질적 향상을 위한 교육재정의 확충으로 수정하였다. 교육여건을 검토할 수 있는 가장 기본적인 지표인 학급당 학생수, 교원 1인당 학생수, 진학률 등을 통해 교육세 운영 성과를 파악할 수 있다.

〈표 8-4〉에서 나타난 것처럼, 교육세 신설이후 중학교 진학률은 1980년 95.8%에서 2012년 99.9%로 3.1 포인트가 향상되었고, 고등학교 진학률은 84.5%에서 99.7%로 15.0포인트가 향상되었다. 그리고 고등교육기관 진학률은 27.2%에서 2010년에 79.0%로 51.8포인트가 향상되었다. 학생 1인당 교육비는 2010년을 기준으로 할 때 초등학교가 53.5배, 중학교가 41.0배, 고등학교가 59.0배로 대폭 증가하였다.

학급당 학생수는 모든 학교급에서 거의 절반 수준으로 감소되었다. 초등학교 1980년 51.5명에서 2012년 24.3명으로 47.2% 수준으로, 중학교는 62.1명에서 32.4명으로 52.2% 수준으로, 고등학교는 59.8명에서 32.5명으로 54.3%로 낮아졌다. 교원 1인당 학생 수 역시 1980년에 비해서 2010년에는 40% 수준으로 낮아졌다. 초등학교 2부제 학급 수는 1980년에 10,735개 이었으나 2005년에 완전히 해소되었다.

표 8-4 주요 교육지표의 변화 추이(1980~2012)

구분		1980	1985	1990	1995	2000	2005	2010	2012
진학율	초등→중학	95.8	99.2	99.8	99.9	99.9	99.9	99.9	99.9
	중학→고교	84.5	90.7	95.7	98.5	99.5	99.7	99.7	99.7
	고교→대학	27.2	36.4	33.2	51.4	68.0	82.1	79.0	71.3
학생 1인당 공교육비	초등학교	119	319	566	1,412	2,023	3,601	6,372	–
	중학교	157	300	699	1,380	2,690	4,158	6,431	–
	고등학교	150	398	787	1,785	2,840	5,474	8,449	–
학급당 학생수	초등학교	51.5	44.7	41.4	36.4	35.8	31.8	26.6	24.3
	중학교	62.1	61.7	50.2	48.2	38.0	35.3	33.8	32.4
	고등학교	59.8	56.9	52.8	47.9	42.7	32.7	33.7	32.5
초등학교 2부제 학급수	대도시	5,188	2,804	4,579	914	78	–	–	–
	기타지역	5,547	2,651	3,356	712	61	–	–	–
	계	10,735	5,455	7,935	1,626	139	–	–	–

구분		1980	1985	1990	1995	2000	2005	2010	2012
교원 1인당 학생수	초등학교	47.5	38.3	35.6	28.2	28.7	25.1	18.7	16.3
	중학교	45.1	40.0	25.4	24.8	20.1	19.4	18.2	16.7
	고등학교	33.3	31.0	24.6	21.8	19.9	15.1	15.5	14.4

출처: 송기창 외(2012).

2) 교육환경 및 교원 처우 개선

과밀 학급 완화, 2부제 수업 해소 및 과대규모학교 분리를 위해서 학교 신설사업이 추진되었으며, 이는 19년간에 총 2,365개교를 신설하는데 총 9조 8천 411억 원이 투자되었다. 특히, 교육세 제3기 징수기간인 1991년부터 1995년까지 5년간 학교신설은 746개교를 신설하였으며, 학교 신설에 투자된 재원은 총 2조 4천 576억 원으로 연평균 4천 915억 원을 투자하였다. 이와 같이 학교 신설에 집중 투자가 가능했던 것은 1991년부터 폐지되는 방위세원을 교육세로 흡수하여 교육세가 영구세화 되면서 교육세가 대폭 확대된 것에 기인하였다(공은배 외, 2002).

교육환경 개선 사업은 학교 신설 사업을 제외한 노후교실 증개축, 대수선, 교무실, 휴게실, 강의실 등 확충사업, 화장실, 급수시설, 난방시설 등 개선사업, 책걸상, 사물함 등 교체사업을 가리킨다. 이를 위한 사업으로서 교육환경개선특별회계를 2차에 걸쳐서 설치함으로써 교육환경을 개선하였다. 교육환경개선은 교육세 신설의 중요한 목표 중의 하나였다. 1981년부터 2000년까지 20여 년 동안 교육환경개선사업에 약 8조원을 투입하였다. 노후교실 증개축 사업에 가장 많은 3조 4천 375억 원을 투입하였으며, 다음으로는 대수선 사업에 1조 7천 851억 원, 화장실 개선사업에 1조 25억 원을 투자하였다. 교원 편의시설 확충에도 4,500억 원을 투입하여 쾌적한 근무환경 조성에도 기여하였다(공은배 외, 2002).

교원 처우 개선의 일환으로서 교원에게 지급되는 교직수당이 교육세 신설 전인 1981년도 1인당 월 15,000원에서 2000년에는 1인당 월 250,000원으로 235,000원이 인상되었으며 이를 당시 교사 수에 곱하면 총 9조 9천 87억 원이 투자된 것으로 추산된다.

4. 교육세 제도의 과제

교육세는 지방교육재정의 확충을 통해서 교육여건의 개선, 교육환경의 개선, 교원 처우 개선 등 교육의 질적 발전에 지속적으로 기여해왔다. 현행 교육세 제도의 쟁점은 조세체계의 간소화와 재정운영의 경직성, 세원의 성격과 부가세 형태의 세원 확보, 사용 목적의 적합성 등이다. 즉, 교육세는 목적세로서 예산의 경직성을 초래하고 예산 통합성의 원칙에도 위배되며, 세입과 세출의 관계도 밀접하지 않고, 수익자와 부담자가 일치하지 않는 간접세의 형태를 띠고 있기 때문에 담세자의 형평성에도 문제가 있으며, 교육세의 사용 목적이 타당한가의 문제 등이 지적된다. 따라서 교육세의 목적세로서의 기능을 유지하기 위해서는 타당성을 제고하는 방식으로 개선될 필요가 있다.

교육세 제도의 단기적인 개선과제로서는 지방교육세 전입시기의 법제화, 지방의 자주적 재원 확충 노력 유도를 지적할 수 있다. 아울러 교육세 제도의 중장기적인 과제로서는 교육세 사용 목적의 적합성 제고, 세원 조정 및 부가세 방식의 개선, 지방교육을 위한 자주적 과세권 부여 등이 있다. 즉, 교육세의 용도를 분명하게 규정함으로서 사용 목적의 적합성을 제고하는 방안, 교육편익과 연관성이 높은 세목을 중심으로 교육세원을 정비하고 부가세 대신에 독립세원에 부과하는 방안, 그리고 지방교육자치단체에 과세권을 부여함으로써 지방교육재정의 자주성을 확립하는 방안들이 도입될 수 있다(송기창 외, 2012).

Chapter 09

교육정책 변동

개요

정책변동은 정책의 의도와 목표가 정책집행 단계에서 왜곡될 수밖에 없다는 현실과 밀접하게 관련되어 있다. 여기에서는 정책변동을 정책관련 조직의 변화, 정책관련 법률의 변화, 정책관련 예산의 변화 등을 기준으로 정책변동의 유형을 정책혁신, 정책유지, 정책승계, 그리고 정책종결로 구분하여 논의하였다. 정책종결의 원인을 살펴보고, 정부가 정책을 종결하고자 할 때 예상되는 저해요인에 대하여 논의하였다. 정책종결의 모형으로서 Sabatier의 옹호연합모형(ACF), Hall의 패러다임 변동모형(PCF), Kingdon의 정책흐름모형(PSF)을 설명하였다. 뒷부분에서는 Kingdon의 정책흐름모형을 적용하여 대학등록금 부담완화 정책을 분석한 결과를 소개하였다.

제1절 정책변동의 개념 및 유형

1. 정책변동의 개념과 의의

일반적으로 정책은 정책의제설정→정책결정→정책집행→정책평가의 순서를 따라 진행된다. 정책평가 결과는 정책 과정의 앞 단계인 정책의제설정, 정책결정, 또는 정책집행 단계로 환류되어 정책의 내용과 과정의 개선에 도움을 준다. 전통적으로 정책이 한번 결정되면 이변이 없는 한 성공적으로 정책이 집행될 것으로 보는 '정책 만능주의'가 지배하였다. 그러나 시간이 정책집행에 관한 연구가 축적되면서, 초기 정책의도대로 집행되는 경우가 오히려 희귀하다는 것이 밝혀졌다. 정책변동은 정책의 의도와 목표가 정책집행 단계에서 왜곡될 수밖에 없다는 현실과 밀접하게 관련되어 있다.

정책변동이란 한마디로 합법적인 의사결정 과정을 통하여 결정된 정책이 정책의 과정에서 수정되거나 종결되는 현상을 가리킨다(유훈, 2002). 전통적인 관료제 모형에서는 정책변동은 주로 정책종결을 의미하였으나, 현대 동태적 정책모형에서는 정책과정의 순환성과 복합성이 강조되면서 정책변동은 정책종료뿐만 아니라 정책내용이나 집행방법의 변화를 포함하는 개념으로 이해된다. 즉 후자의 입장에서는, 정책 환경의 변화, 정치체제의 변화, 정책이념과 문화의 변화, 정책집행 관련 기술의 변화 등으로 인하여 정책은 끊임없이 적응하며 변화할 수밖에 없다고 보는 것이다. 정책변동은, 한번 결정된 정책이라고 하여 고집스럽게 변화를 거부할 때 생기는 사회적 비용을 절감하기 위해서라도 필요한 것이다. 권기헌(2014: 390)은 이러한 정책변동은 전반적으로 정책 자체의 품질을 향상시키는 데에 의의가 있다고 주장한다. 그럼으로써 결과적으로 정책변동은 정책과정의 합리성을 제고하고, 책무성을 높이는 데에 기여한다고 할 수 있다.

2. 정책변동의 유형

정책변동의 유형에 대한 여러 학자들의 견해가 있지만, 여기에서는 가장 널리 인용되고 있는 Hogwood와 Peters(1983)의 유형 분류를 소개한다. 이들은 정책관련 조직의 변화, 정책관련 법률의 변화, 정책관련 예산의 변화 등을 기준으로 정책변동의 유형을 정책혁신, 정책유지, 정책승계, 그리고 정책종결로 구분하였다.

1) 정책혁신

정책혁신이란 정부가 지금까지 관여하지 않았던 새로운 분야에 관심을 갖고 정책을 결정하고 추진하는 것을 가리킨다. 따라서 그 정책이 결정되기 전에는 정책관련 법률이나 조직, 예산 등이 없었기 때문에 모든 것을 새롭게 준비해야 한다. 정책변동의 유형 가운데 실제 사례가 가장 희귀한 유형이라고 할 수 있다.

정책혁신은 관련 정책의 과거 논의 여부에 따라 창조형과 반복형으로 구분된다. 우리나라의 경우, 1971년도 박정희 정부의 도시계획법에 따른 개발제한구역정책은 창조형 정책혁신으로, 2005년도 노무현 정부의 신행정수도건설정책은 반복형 정책혁신으로 볼 수 있다(양승일, 2006). 2002년 시작된 국세청의 홈택스서비스(HTS)도 세무행정에 IT 기술을 새롭게 적용한 정책이라는 점에서 창조형 정책혁신이라고 할 수 있다.

2) 정책유지

정책유지는 기존 정책의 방향과 내용, 정책 담당조직, 정책관련 예산 등 기본 골격은 유지한 채, 정책목표 달성을 위한 수단만 일부 변경하는 것이다. 정책혁신의 경우처럼 새로운 정책을 창출하지도 않고, 정책에 급격한 변동을 가하는 것도 아니기 때문에 외견상 정책변동이 아닌 것처럼 보이기도 한다. 그러나 인구, 경제 상황, 국제정세 등 정책 환경의 변화에 따라 정부가 정책에 부분적인 변화를 준다는 점에서 정책변동에 포함시킬 수 있다. 정책유지의 경우에도 정부 입장에서는 예산을 투입해야 하고 필요하면 조직도 개편해야 한다. 사실 어떤 정책을 유지할 것인지 여부를 결정하는 것조차 정치적으로는 매우 중요한 사안이라는 점에서 정책유지도 정책변동의 한 유형이라고 할 수 있다.

정책유지의 유형은 순응형과 불응형으로 구분된다. 전자의 예는 2005년 11월 14일 '행정중심 복합도시 건설을 위한 특별법'에 대한 헌법재판소의 합헌판결로 기존 정책이 유지된 것을 들 수 있다. 후자의 사례로는 환경단체가 농림부를 상대로 낸 '새만금 정책' 취소청구소송에 대하여 2006년 3월 16일 대법원이 원고패소 판결을 내려 정책이 유지되기는 하였으나, 환경단체의 반발과 불응으로 인하여 정책유지에 어려움이 발생한 것을 들 수 있다(양승일, 2006: 80).

3) 정책승계

정책승계는 정부가 기존의 낡은 정책의 문제를 해결하고자 새로운 정책으로 대체하는 것을 가리킨다. 새로운 정책이 등장했다는 점에서 정책혁신과 유사하나, 다른 점은 새로운 분야에 처음 진출하는 정책혁신과는 달리, 기존 정책에 대하여 관련 법률을 개정하고 조직을 개편한다는 것이다. 정책변동으로서 정책승계는 정부 내부에서 비교적 복잡한 절차를 거치게 되고 때때로 이러한 과정에서 정책 담당부서 간 갈등이 나타나기도 한다.

정책이 승계되는 방식에 따라 선형형, 정책통합형, 정책분할형, 부분종결형, 그리고 비선형형으로 구분된다(유훈, 2002; 정정길 외, 2005). 선형형 정책승계는 기존 정책(A)을 종결시키고 동일한 정책영역 안에서 유사한 목적을 지닌 다른 정책(B)으로 대체하는 것이다. 정책통합형 정책승계는 둘(A, B) 또는 그 이상의 정책을 전부 또는 부분적으로 종결하고 유사한 목적을 지닌 새로운 정책(C)으로 이를 대체하는 것이다. 정책분할형 정책승계는 하나의 정책(A)을 둘 이상의 정책(B, C 등)으로 분할하여 담당조직과 예산을 조정하는 것이다. 부분종결형 정책승계는 하나의 정책(A) 가운데 일부는 종결하면서 나머지 사업을 새로운 정책(B)으로 대체하는 것이다. 이 경우, 기존 정책의 사업은 자원투입의 축소라는 양적 변동과 함께 사업내용의 변화라는 질적 변동이 함께 나타난다. 이러한 부분종결형 정책승계는 뒤에서 소개할 완전한 정책종결(점감형)을 위한 수단으로 활용되기도 한다. 끝으로, 비선형형 정책승계는 하나의 정책(A)이 종결, 유지, 중첩, 대체, 혁신 등 다양한 정책승계의 요소가 혼합된 형태의 승계이다. 비선형형 정책승계는 새로운 정책이 정책목표, 정책성격, 담당조직 등에 있어서 기존의 것과 크게 다르다는 점에서 선형형 정책승계와 다르다.

4) 정책종결

정책종결은 한 정책이 소기의 목적을 달성하여 더 이상 존속시킬 필요가 없거나 그 정책을 지속시키는 경우 사회적인 혼란과 비용 증가가 예상되는 경우 정부가 정책을 의도적으로 중지시키면서 다른 정책으로 대체하지 않는 것이다. 정책이 기능적으로 종식된다는 말은 해당 정책과 관련하여 활동을 수행하던 기관이 폐지되고 관련 예산이 소멸된다는 것을 뜻한다. 정책종결은 동태적 측면에서 볼 때, 정책과정상의 한 부분으로 이해된다. 정책종결은 기존 정책을 완전히 폐지하고, 그것을 대체하는 어떠한 정책도 만들지 않는다는 점에서 다른 정책변동과 차별화된다.

한 정책이 소기의 목적을 달성하고 종결되는 것을 사람의 일생에 비유한다면, 신생아로 태어나서 유년기, 청소년기, 장년기, 노년기를 거치면서 각 단계별로 수행해야 할 발달과업을 충실히 수행하면서, 인생의 목적을 충분히 달성하고 사망하는 경우에 해당한다고 할 수 있다. 그러나 실제로 이러한 정책종결 사례는 그리 많지 않다고 할 수 있으며, 다른 방식으로 정책이 종결되는 경우 사회적으로 정치적으로 이에 대한 저항이 따르게 마련이다. 이에 대해서는 다음 절에서 살펴보겠지만, 정부가 정책종결을 의도하는 경우 사회적 저항과 충격을 최소화하는 지혜가 필요하다고 할 수 있다.

정책종결을 일종의 정치적 과정으로 보고 있는 Bardach(1977)은 종결에 걸리는 소요시간을 기준으로 정책종결의 유형을 ① 폭발형, ② 점감형, 그리고 ③ 혼합형으로 구분하여 설명하고 있다. 폭발형은 정책으로 인한 부작용이 엄청나 파급 효과가 심대한 경우 발생한다. 1980년에 야간통행금지정책이 폐지된 것을 예로 들 수 있다. 변화가 크지 않은 교육 분야의 경우 폭발형 정책종결은 자주 발생하는 것은 아니나, 1969년도에 중학교 입학시험제도를 전격적으로 무시험제도로 바꾼 것을 예로 들 수 있다. 점감형은 한 정책이 타 정책과 중복된다든지 그 효과가 미미하여 지속할 필요가 없는 경우 인력과 예산을 점진적으로 감축함으로써 자연적으로 정책이 소멸되도록 하는 경우 발생한다. 예컨대, 독학학위제도에 대한 사회적 수요가 급감하고 있어, 정부가 이에 대한 인력과 예산을 감축시켜서 그 정책을 서서히 종료할 것을 간접적으로 표명하고 있는 것이 이에 해당한다. 혼합형은 폭발형과 점감형이 혼합된 형태이다. 폭발형을 취하는 경우 사회적 충격이 너무 크고, 점감형을 취하는 경우 그 정책을 유지하는 것이 유리하다고 생각되는 사람들로부터 정책종결에 대한 저항이 예상되기 때문에, 사회적 충격이 최소라고 생각되는 시점에 가서 단번에 정책종결을 선언하는 것이다.

제2절 정책변동의 원인 및 저해요인

1. 정책변동의 원인

위에서 소개한 정책혁신, 정책유지, 정책승계, 그리고 정책종결 등의 정책변동은 왜 발생하는 것일까? 학자들마다 다양한 원인을 제시하고 있는데(Hofferbert, 1974; Hogwood & Peters, 1983; Sabatier & Jenkins-Smith, 1999; 양승일, 2006; 유훈, 2002; 정정길 외 2005), 여기에서는 이들의 견해를 종합하여 다음과 같이 다섯 가지로 구분하여 정책변동의 유발요인을 살펴본다. 이들 요인 가운데 어떤 요인이 정책변동에 가장 크게 영향을 미치는지, 특히 어떤 유형의 정책변동에 영향을 미치는지에 대해서는 일반적으로 설명할 수가 없다. 이는 구체적인 정책사례를 통해 밝혀져야 할 것이다.

1) 정책 환경의 변화

정책을 둘러싸고 있는 경제적, 정치적, 기술적 환경이 정책변동에 영향을 미친다. 첫째, 국내·외적으로 발생하고 있는 경제적 환경의 변화는 정책변동을 촉진한다. 1990년대 말 금융위기와 함께 우리나라에 불어 닥친 IMF 경제체제로 인하여 많은 정책들이 변동을 맞이할 수밖에 없었다. 대체로 경제적 호황의 영향보다는 경제적 불황이 정책변동에 미치는 영향이 큰 것으로 알려져 있다.

둘째, 정치적 환경의 변화는 정책변동을 가져온다. 특히 정권교체에 따른 대통령, 장관 등 최고 정책담당자의 교체는 정책의 수정, 보완, 축소, 폐지 등 변동과정을 거칠 가능성이 매우 높다. 임기 내에 자신의 업적을 과시하고 정권의 재창출을 도모하기 위해서는 기존 정책에 대한 비판을 통한 과거 정권과의 차별화가 필요하기 때문이다. 특히 새로 집권한 정당의 이데올로기가 이전과 다를 경우 정책변동의 경향은 더욱 강하게 나타난다.

셋째, 정책관련 기술의 변화도 정책변동을 야기한다. 예컨대 농업사회에서 자동화 산업사회로 넘어가는 경우, 또는 산업사회에서 정보화가 빠르게 진행되는 경우에 정책은 새로운 기술을 반영하면서 변화를 가져오게 된다.

2) 정책관련 법률의 변화

정책은 관련 법률이 제정됨으로써 집행의 기반이 마련된다. 그러나 정책의 집행과정에서 입법부에 의해 그 정책에 영향을 미치는 법률이 새롭게 제정되거나 개정되는 경우, 정책의 변화는 불가피하다. 또한 해당 정책과 관련된 법률에 대하여 사법부, 특히 헌법재판소의 위헌 판결이 내려지는 경우 판결 내용에 따라 그 정책은 기존 관련 법률의 개정과 함께 변화하지 않으면 안 된다.

3) 정책수혜자의 요구

정책수혜자의 요구는 정책변동에 영향을 미치는 중요한 요인 가운데 하나이다. 기존 정책에 대하여 불만이 많은 정책수혜자 집단이 정책의 변화를 강력하게 요구하는 경우, 정부의 입장에서는 정치적 부담을 느끼게 되고, 이를 완화하려는 목적으로 정책변동을 시도할 가능성이 높다. 정책수혜자들이 정책에 대하여 순응하지 않고 새롭게 변화를 요구하는 것은 대체로 사회문화적 가치관의 변화와 밀접하게 연결되어 있다.

4) 정책 자체의 문제

정책 자체에 문제가 있는 경우 정책변동을 가져온다. 정책 자체의 문제는 정책오류와 정책 일관성 결여로 나눌 수 있다. 먼저, 정책오류는 정책이 처음부터 잘못 방향을 잡고 만들어진 것을 가리킨다. 정책결정에 대한 합리성모형에 따르면 사회문제를 해결할 수 있는 여러 대안을 과학적으로 비교하여 그 가운데 가장 합리적인 대안이 정책으로 결정된다. 이 경우 미래가 예측한대로 진행된다면 정책오류는 발생하지 않는다. 그러나 실제로 이렇게 미래를 정확하게 예측하고 가장 합리적인 대안으로 정책을 결정하기가 쉽지 않다. 따라서 선진국의 경우 정책의 집행과정에서 부분적으로 수정, 보완하면서 문제를 해결한다.

그러나 후진국의 경우, 특히 정권의 정당성을 결여한 군부가 집권하고 있는 경우, 정치적 목적에 따라 정책이 결정되기 때문에 집행과정에서 정책의 타당성에 대한 논의가 끊이지 않게 된다. 결과적으로 정책결정 단계부터 오류를 내포한 정책의 경우 정책 환경의 변화와 결합되면 정책변동이 큰 폭으로 일어난다.

한편, 정책의 일관성이 결여된 경우에도 정책변동이 일어난다. 다시 말하면, 한 정책이 다른 정책과 모순이나 갈등이 있는 경우, 사회적 낭비를 초래하고 정책수혜자들이 혼란에 빠지게 되므로, 이를 해결하기 위한 방향에서 정책변동이 일어난다.

5) 예기치 않은 사건

예기치 않은 사건은 지진, 홍수, 대형 화재, 전쟁, 행정 수반의 죽음, 교량붕괴나 배의 침몰로 인한 대량 사망 등 준비되지 않은 상태에서 갑작스럽게 발생하는 큰 사건을 포함한다. 이러한 예기치 않은 자연적 · 사회적 사건은 중간 논의과정을 생략한 채 곧바로 새로운 정책의제를 창출하면서 관련 정책의 변화를 도모한다는 점에서 정책변동에 영향을 미친다.

2. 정책변동의 저해요인

정책변동은 크게 보면 정책이 합리적인 과정을 따라 변화하는 것이다. 그러나 정책의 과정은 합리성에 따라서만 움직이는 것이 아니다. 그 과정에는 항상 정치적 이해관계가 개입되어 있다. 정책변동이 지니고 있는 이러한 정치적 특성으로 인하여 정부가 정책종결을 시도하는 경우에 이에 대한 반발과 저항이 나타나게 된다. 아래에서는 정책변동의 저해요인으로 정책 수혜집단의 심리적 저항, 담당조직의 저항, 법적 제약, 정치적 부담, 정책변동 자체의 합리성 결여 등으로 구분하여 살펴본다(백승기, 2016; 양승일, 2006; 유훈, 2002; 정정길 외, 2005).

1) 정책 수혜집단의 심리적 저항

"사업이나 정책을 시작하기는 쉬워도 끊기가 어렵다"는 말이 여기에 해당한다. 기존 정책이 환경의 변화 등으로 종결할 필요성이 생겼음에도 불구하고 정책 수혜집단은 변화에 대하여 저항심이 발동하여 정책종결을 저지하려고 한다. 때때로 이들은 정책변동을 반대하는 다른 세력과 정치적 연합을 형성하여 정책변동에 저항한다. 이 경우에 그 힘이 막강해져 정부의 입장에서 정책변동을 쉽게 이끌어 내지 못하기도 한다.

제1차 세계대전 당시 기관총과 고성능 대포의 보급으로 기병대의 효용성이 떨어졌음에도 불구하고 상당 기간 동안 기병대가 유지된 것을 예로 들 수 있다. 미국의 경우에는 제2차 세계대전까지지도 기병대가 존속한 것으로 알려져 있다(양승일, 2006: 74).

2) 담당조직의 저항

정책변동으로 인하여 그 정책을 담당했던 조직구성원들은 자신의 존립 근거가 사라질 위험에 직면하게 된다. 이 경우 이들은 해당 정책의 목표를 왜곡, 수정해서라도 살아남으려는 경향을 보인다. 이는 조직도 유기체처럼 생존 본능이 있어 쉽게 소멸되지 않는다는 이론에 의해 설명되기도 한다.

3) 법적 제약

정책변동을 위한 관련 법령이 미비한 경우 정책변동은 바로 이루어지지 않는다. 정책변동을 위한 관련 법령의 수준이 국무회의에서 의결하는 대통령령이나 그 이하의 경우에는 정부의 의도대로 정책변동을 추진하는 데 큰 문제가 없다. 그러나 정책변동을 위하여 국회의 동의가 필요한 법령을 개정하거나 제정해야 하는 경우, 정부는 정책변동을 위한 국회의 협조를 얻기가 쉽지 않을 수 있다. 특히 정치적으로 여소야대의 국면인 경우 이러한 정책변동은 더욱 어려워진다. 이외에도 정책변동을 도모하고자 하는 시기가 국회 폐회 기간 중이거나, 재판 계류 중인 사안의 경우에는 즉각적인 정책변동은 쉽지 않다.

4) 정치적 부담

정책변동, 특히 정책종결의 경우 그 정책을 주도했던 정책결정자와 정책집행자는 이것이 자기들의 오류로 평가되는 것에 대한 두려움으로 인하여 정책종결에 소극적일 가능성이 매우 높다. 특히 위에서 살펴본 정책변동 요인 가운데 정책오차로 인한 정책변동의 경우, 자신들의 잘못을 인정할 수밖에 없기 때문에 이들은 정책변동에 대하여 저항하게 된다.

한편, 정책변동을 통하여 지금까지 혜택을 받던 집단이 정치적으로 저항하는 경우, 이것은 정치지도자와 정책당국에게 정치적 부담으로 작용한다. 기존 정책을 폐지하고 새로운 정책으로 대체하는 경우에도 정책수혜 집단의 반응을 예측하기가 쉽지 않다는 점에서도 정치지도자와 정부는 정책변동에 대하여 소극적으로 반응할 가능성이 크다.

5) 정책변동 자체의 합리성 결여

정책변동으로 인하여 문제가 해결될 것이라는 확신이 없는 경우 정책변동은 오히려 문제를 키우고 사회적 비용과 손실을 가져올 가능성이 높다. 특히 정책종결의 경우 이것을 합리성을 보장하기가 쉽지 않다는 점 때문에 과감하게 정책종결을 추진하는 데 제약을 받는다. 정책변동의 저해요인으로서 정책변동의 불합리성에 대하여 양승일(2006: 77)은 다음과 같이 정리하고 있다.

첫째, 정책종결은 수혜자에게 부여했던 혜택을 빼앗는 것인데, 이는 혜택이 처음부터 없었던 것보다 더 큰 피해를 주는 경우가 있다. 혜택 받는 것을 전제로 하여 생활이 계속되어 왔기 때문이다. 그래서 정책종결은 도덕적·윤리적으로 보아 정당성이 인정되지 못하는 경우가 있다.

둘째, 정책종결을 통해서 문제가 개선될 것인지에 대해서 확실성이 없으면서, 또는 훌륭한 대안도 없으면서, 이미 막대하게 투입된 사회적 비용을 그대로 버리는 것은 사회적 손실이 될 가능성이 크다.

셋째, 근본적으로 중요한 것은 정책의 일관성이 예측가능성을 높이고 사회적 안정을 도모하게 되는데, 정책변동은 이것을 깨뜨린다. 그래서 법적 안정성을 중시하는 경우에는 법적 제약으로 등장하게 된다. 법적 제약은 또 다른 측면을 지니고 있는데, 특정한 정책변동을 위해서는 관련 법령의 수정이나 대폭적인 변경이 필요할 때가 있고 이것이 어렵기 때문에 정책변동이 어려워진다.

이러한 정책변동에 대한 저항을 완화하고 성공적으로 정책변동을 추진하기 위해서는 대체로 다음과 같은 정책수단을 동원할 필요가 있다(백승기, 2016). 첫째, 정책변동으로 손해를 입게 되는 정책수혜 집단과 담당 집단에게 정당한 대가를 지불한다. 둘째, 정책변동을 지지하는 외부의 세력을 확보하여 추진한다. 셋째, 정책종결 관련 정보에 대하여 누설을 방지한다. 특히 폭발형 정책종결의 경우 그래야 성공한다. 넷째, 종결대상 정책의 오류와 폐해를 홍보함으로써 국민적 지지를 확보한다. 끝으로, 정책변동 작업에 대하여 외부 전문가 팀을 참여시킴으로서 정책변동에 대한 정당성과 합리성을 확보한다.

제3절 정책변동의 모형

1. Sabatier의 옹호연합모형(ACF)

Sabatier(1988)는 정책변동 현상을 설명하기 위하여 외적 변수, 신념체계, 정책중개자, 정책학습, 정책 산출 등을 주요 요인으로 하는 옹호연합모형(Advocacy Coalition Framework, ACF)을 제시하였다.

1) 외적 변수

정책변동에 영향을 미치는 외적 변수는 다소 안정적인 외적 변수와 역동적인 체제외적 사건으로 구분된다. 안정적인 외적 변수는 10년 이상 긴 시간동안 안정된 것으로, 문제영역의 기본속성, 자연자원의 기본적 배분, 근본적인 사회문화적 가치와 사회구조, 그리고 기본적인 법적 구조를 포함한다. 역동적인 체제외적 변수에는 사회경제적 조건의 변화, 여론의 변화, (정치)체제의 지배적 연합 변화, 다른 하위체제로부터의 정책결정 영향 등이 있다.

2) 신념체계

신념체계는 Sabatier의 옹호연합모형(ACF)의 특징을 가장 잘 나타내는 요소이다. 옹호연합은 바로 이 신념체계를 공유하고 있는 행위자들의 협력체를 가리킨다. Sabatier는 신념체계를 달리하는 옹호연합 간 경쟁과 갈등 상황에서 정책중개자의 중재에 따라 정책변동이 일어나는 것으로 본다.

신념체계는 변화의 용이성 정도를 기준으로 규범적 핵심, 정책핵심, 그리고 이차적 측면(또는 도구적 측면)으로 구분된다. 규범적 핵심은 신념체계의 가장 상위에 존재하며 자유, 평등, 정의 등과 같이 변경 가능성이 희박하다. 우리나라의 경우 보수와 진보 진영이 각각 옹호연합을 구성하며 갈등하는 것은 바로 이 규범적 핵심 차원의 신념체계를 달리하고 있기 때문이라고 할 수 있다. 정책핵심은 실제 운용되는 정책과 밀접히 관련되어 있는 신념체계로서 규범적 핵심 가치를 실현하기 위한 기본 정책 입장이다. 이차적 측면(또는 도구적 측면)은 특정 정책의 가치를 실현하기 위한 도구의 의미를 지니며, 행정규칙, 예산배분, 규정 해석 등을 포함한다. 이들은 세 가지 신념체계 가운데 가장 구체적이면서 가장 쉽게 변할 수 있다는 특징을 지닌다.

3) 정책중개자

정책중개자는 옹호연합 간 정책갈등이 발생하는 경우 이를 중재하며 새로운 해결점을 찾는 역할을 하는 제3자를 가리킨다. 통상 정책중개자 역할을 수행하는 주체는 고급 정부관료, 국회의원 등 정치인 등이다. 구체적으로 정책중개자의 역할은 "① 옹호연합 간의 갈등을 줄여 타협을 이끌어 내는 역할, ② 이차적 신념의 변화에 간여하여 정책변동에 영향을 미치는 역할, ③ 정책성향을 갖고 옹호연합과 밀접한 관계를 갖는 역할"(김문성, 2014: 268-269) 등이다.

4) 정책학습과 정책 산출

정책중개자가 옹호연합 간 갈등을 해소하고 새로운 정책대안을 제시하면서 정책변동에 영향을 미치기는 하지만, 이것은 옹호연합 당사자들의 동의가 없이는 불가능하다. 정책학습은 바로 옹호연합의 신념체계가 변화되는 것을 뜻한다. 다시 말하면, 옹호연합은 정치철학, 즉 신념체계를 공유하고 있는데, 이것이 정책학습을 통하여 수정되는 것이다. 위에서 소개한 세 가지 신념체계의 수준 가운데 정책학습을 통하여 가장 쉽게 변하는 것은 이차적(도구적 측면)이며, 정책핵심이나 규범적 핵심까지 변화되려면 적어도 10년 이상의 장기간에 걸친 정보의 축적과 정책학습을 필요로 한다. 신념체계의 상위 부분의 변화를 야기하는 정책학습이 일어날수록 정책변동의 폭이 커진다고 할 수 있다.

옹호연합모형에 따르면, 옹호연합의 신념체계에 도전을 주고 변화를 유도하기 위한 활동으로 전문적인 공개토론회, 공청회, 포럼 등을 잘 활용할 필요가 있다고 한다. 그러나 단기간에 걸쳐 일어나는 이러한 활동은 도구적 차원(또는 이차적 차원)의 신념체계의 변화에는 영향을 줄지 몰라도 정책핵심이나 규범적 핵심의 변화에 영향을 미치는 정책학습까지 이르게 하는 데에는 한계가 있다. 실제적으로 정책핵심의 변화는 급격한 사회경제적 환경의 변화 또는 정권교체와 같은 정치적 환경의 변화에 기인하는 경우가 많다.

어쨌든, 옹호연합 간 정책학습을 통하여 새로운 정책 산출을 가져오게 된다. 이것이 기존 정책의 목표와 내용, 실현방법에 있어서 다른 범위만큼 정책변동의 폭이 커진다고 할 수 있다.

2. Hall의 패러다임 변동모형(PCF)

Sabatier는 신념체계, 특히 규범적 핵심이나 정책핵심 수준의 신념의 변화로 인한 정책변동이 쉽지 않다는 것을 시사하고 있으나, Hall(1993)은 패러다임의 변화를 통한 근본적인 정책변동이 가능하다고 보는 패러다임 변동모형(Paradigm Change

Framework, PCF)을 주장한다. Hall은 정책목표와 정책수단에 있어서 급격한 변화를 가져오는 것을 정책변동으로 보고 있는데, 이 과정에 해당 정책과 관련된 패러다임의 변화가 개입되었다고 보는 것이다.

일반적으로 정책 결정가들은 정책문제를 인식하고, 이 문제를 해결하기 위하여 정책목표를 설정하고 정책대안을 구체화하는 과정에서 일정한 사고와 기준의 틀 안에서 활동한다. 이 틀은 의심할 여지가 없이 너무나 당연한 것으로 여겨져 정책 결정과정에 지대한 영향을 미치게 되는데, 바로 이러한 사고의 틀을 Hall은 정책 패러다임이라고 부르고 있다.

사실 패러다임이라는 용어를 학술적으로 정리하여 처음 사용한 사람은 Kuhn (1970)이다. 그에 의하면 패러다임이란 한 분과학문 안에서 연구자들이 그 분야의 현상을 바라보는 지배적인 관점과 틀을 가리킨다. 연구자들은 그 관점과 틀 안에서 연구문제를 제기하고 그 문제를 해결하는 방향과 답을 일관성 있게 추구한다. 이렇듯 한 분과학문 안에서 특정 패러다임이 비교적 안정되고 지배적인 위치를 점유하고 있을 때 그 분과학문은 정상과학(normal science)의 지위를 획득하게 된다. 이러한 패러다임은 일정 기간 동안 그 관점에 따라 학문상의 문제를 해결하는 데 도움을 준다. 그러나 패러다임 내부의 오류나 설명력의 한계에 직면하게 되면 그 패러다임은 위기에 처하게 된다. 기존 패러다임으로 설명이 안 되는 새로운 현상에 대하여 그 현상을 설명하고자 하는 새로운 대안적인 패러다임이 등장하고 기존 패러다임과 긴장과 경쟁을 하게 된다. 시간이 경과하면서 대안적 패러다임이 설명력에서 우위를 점하게 되면 패러다임의 전이(paradigm shift)가 발생하고, 이후로 후학들은 새로운 패러다임에 따라 연구하게 된다.

Hall은 Kuhn이 분과학문의 발전과정을 설명하기 위해 고안한 패러다임 개념을 정책의 변동과정에 도입하여 설명하고자 한 것이다. 기존 정책이 일정 기간 문제가 없이 잘 적용되고 있을 때를 Hall은 패러다임 안정기에 비유한다. 그러나 기존 정책으로 해결되지 않는 문제들이 발생하기 시작하면 기존 정책은 흔들리고, 변이가 축적되는 시기를 거치게 된다. 이러한 가운데 새로운 정책대안을 통하여 문제를 해결하고자 하는 시도가 이루어지고, 기존 정책과 경합하는 단계로 진입한다. 이러한 패러다임 간 경쟁과정에는 정치가, 정책 결정가, 정책 집행가, 정책수혜자 집단, 언론 등이 참여한다. 일전 기간의 경합과정 끝에 결국 하나의 정책대안이 자리를 확고하게 잡게 되면 새로운 패러다임의 정착기가 시작되는 것이다. Hall에 의하면 이것이 바로 정책변동 과정이다.

3. Kingdon의 정책흐름모형(PSF)

Kingdon(1984)은 정책변동과정을 설명하기 위하여 정책흐름모형(Policy Stream Framework, PSF)을 제시하였다. 이 모형에 의하면, 정책문제의 흐름, 정책대안의 흐름, 그리고 정치의 흐름 등 세 가지 흐름이 대체로 독자적으로 흘러가다가 어느 순간 우연히 정책변동의 창에서 만나 결합할 때 정책변동이 일어난다. 이 모형의 주요 요소는 다음과 같다([그림 9-1] 참조).

첫째, 정책문제의 흐름(problem stream)으로서 정책문제가 정책의제로 선정되느냐의 여부는 정책결정자들의 문제상황에 대한 인식, 문제가 정의되는 방법 등과 관련된다. 사회적 문제가 정책문제로 전환되기 위해서는 정책결정자가 상황을 심각하게 고려하고 조치의 필요성을 인식해야 한다. 정책문제의 흐름은 어떤 문제가 다른 문제들보다 더 주목받게 되는가에 관한 관심으로 Kingdon에 의하면 지표, 중대한 사건이나 위기, 환류 등이 주요한 영향을 미친다.

둘째, 정책대안의 흐름(policy stream)으로서 주로 전문가 집단, 전문성을 지닌 관료 등에 의해서 작성되는 대안의 흐름이다. 정책대안의 흐름 과정에서 정책선도자가 중요한 역할을 담당한다.

셋째, 정치의 흐름(political stream)으로서 정치적 사건의 발생이다. 역동적으로 흐르는 정치의 흐름에서 중요한 영향을 미치는 요인에는 선거의 결과, 국민여론의 변화, 이익집단의 활동, 행정부 및 의회의 교체, 사상적 변화 등이 있다. 특히, 의회 및 행정부의 교체는 주요한 정책참여자를 변화시킴으로써 간접적으로 정책의제에 영향을 미친다.

넷째, 정책의 창(policy windows)으로서 정책문제의 흐름, 정책대안의 흐름, 정치의 흐름이 결합되는 기회이다. 정책문제의 흐름, 정책대안의 흐름, 그리고 정치의 흐름이 결합되어 정책의 창이 열렸다는 것은 구체적으로 국회에 관련법이 상정되거나 정부 등 정책결정자가 그 문제를 공식적으로 해결하고자 한다는 것을 의미한다. 정책변동의 창이 열리면 정책참여자들은 각각의 이해관계와 신념체계에 따라 정책을 자신에게 유리한 방향으로 이끌어 가기 위해 갖은 노력을 경주하게 된다. 이러한 노력에는 대화, 타협, 협상, 홍보 등 온건한 노력과 함께 폭력시위 등 극단적 행위도 포함된다.

다섯째, 세 가지 흐름의 결합을 주도하는 사람, 혹은 집단을 일컫는 정책선도가(policy entrepreneur)이다. 여기에는 정부관료, 국회의원, 로비스트, 학자, 변호사, 경력 있는 관료 등 다양한 주체가 포함된다. 이들은 수동적으로 정책의 창이 열리기를 기다리기보다는 각 흐름을 결합시켜 정책을 형성시키려는 적극적인 존재로서 성공적인 정책선도가의 출현은 정책변동 과정에 있어 매우 중요한 역할을 한다. 정책선도가는 특정한 정책의 관철을 위해서 시간, 돈, 에너지 등 각종 자원을 투자하는 적극적인 정책행위자로서 정책변동 과정에서 결정적인 역할을 담당한다.

여기에서 중요한 것은 정책변동의 창은 오랫동안 열려 있는 채로 있는 경우는 드물다는 사실이다. 일정 시간 안에 정책변동이 일어나지 않으면 그 창은 닫히게 된다. 정책변동의 창이 닫히게 되는 몇 가지 이유는 다음과 같다(양승일, 2006: 96-97).

첫째, 정책 참여자들이 그들의 관심대상 문제가 입법 과정에서 충분히 다루어졌다고 느끼지 때문이다. 둘째, 참여자들이 정부의 행동을 유도해내지 못한 경우에도 정책변동의 창은 닫힌다. 셋째, 정책변동의 창을 열게 했던 사건이 정책의 창에서 사라지는 경우이다. 위기상황이나 대형 폭발사고 등은 본질적으로 정책과정에서 그 수명이 매우 짧다. 예컨대 대형 비행기 사고나 철도사고에 국민들이 크게 흥분하고 그 결과에 대해 예리하게 주시할 수 있는 기간은 한정되어 있다. 넷째, 인사변동으로 인하여 정책변동의 창이 닫힐 수도 있다. 특정 정책을 담당하고 있던 고위 관료가 경질되거나 국회의 해당 상임위원회 구성에 변화가 생기면 창이 자연스럽게 닫히게 된다. 끝으로, 문제를 해결할 수 있는 정책대안 자체가 존재하지 않거나 주어진 짧은 기간 안에 적절한 정책대안을 제시하지 못하기 때문에 창이 닫히는 경우이다.

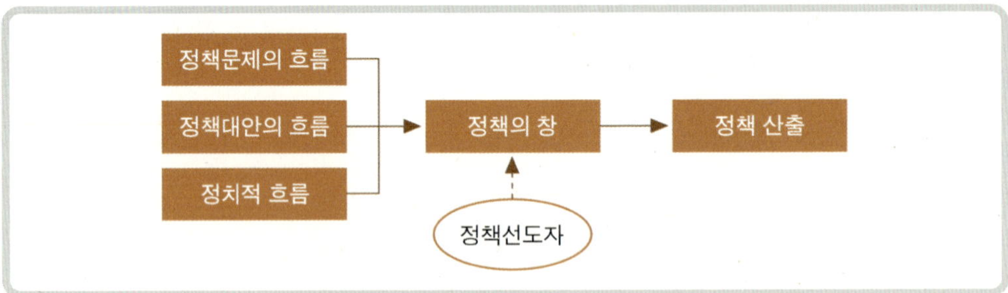

그림 9-1 Kingdon의 정책의 모형 흐름

제4절 Kingdon의 정책흐름모형의 적용: 대학등록금 부담완화 정책을 중심으로[9)]

여기에서는 대학등록금 부담완화 정책을 Kingdon의 정책흐름모형을 적용 하여 분석한 내용을 소개한다. 분석모형은 [그림 9-2]와 같다.

9) 김시진, 김재웅(2012). Kingdon의 정책흐름모형에 의한 대학등록금 부담완화정책 분석. **교육행정학연구**, 30(3), 187-209의 내용을 저서의 구성에 맞게 수정, 보완한 것임.

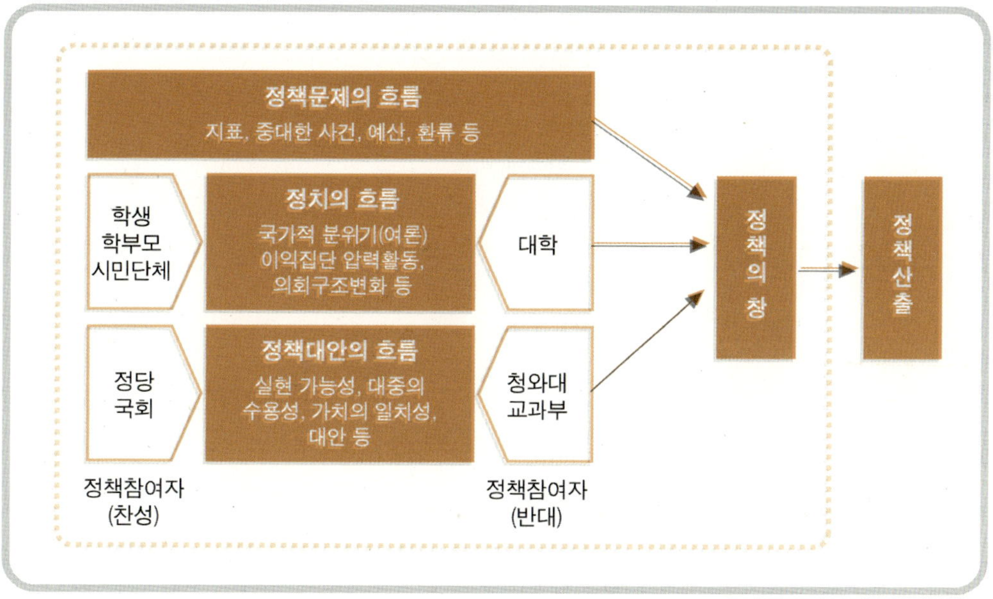

그림 9-2 대학등록금 부담완화 정책 분석 모형

1. 정책문제의 흐름 : 대학등록금 문제의 이슈화

한국의 대학취학률이 80%를 넘어서면서, 등록금 문제의 당사자는 과거 일부 특권층이 아닌 대한민국 대부분의 국민이 되었다. 전문대학과 대학, 대학원에 고액 등록금을 내야하는 학생 수가 350만 명에 이르는 수준에서, 소수의 고소득층을 제외하면 비싼 등록금 문제에서 자유로운 대한민국 국민이 거의 없는 지경에 이르게 된 것이다. 대학등록금의 액수가 객관적인 차원에서 과도하게 인상되어 온 사실은 국민적 저항을 불러일으켰다. 〈표 9-1〉은 정책문제에 흐름에 주요한 영향을 미친 지표들을 나타낸다.

표 9-1 대학등록금 부담완화 정책에 대한 정책 문제의 흐름

요인	적용
등록금 관련 지표	• 주요 사립대학 등록금 인상 실태 • OECD 대학등록금 비교
사건	• 등록금 및 대출금 부담으로 인한 어려움 · 자살 • 사학비리, 대학재정 부실 운영
피드백	• 2009 장학재단법 시행에 따른 평가
예산	• 세계경제위기로 인한 국가예산문제 • 정부지원 고등교육 예산 비중 등

2. 정치의 흐름 : 등록금 정책 방향의 역동적 변수

반값등록금이 국민적 관심사로 떠오르며 정부 의제로 채택될 수 있었던 데에는 〈표 9-2〉에서 보여 주는 몇 가지 정치의 흐름이 가장 결정적인 역할을 하였다. 여기에서 중요한 요소는 당시 치러진 각종 선거의 결과, 여러 이익집단의 압력 활동, 보편적 복지에 대한 국민적 열망을 반영하는 국가적 분위기와 여론, 그리고 대통령의 활동이다.

표 9-2 대학등록금 부담완화 정책에 대한 정치의 흐름

요인	적용
각종선거와 결과	• 총선, 지방선거 결과에 따른 정치권 의식 변화 • 집권여당 지도부 교체와 갑작스러운 입장 발표
이익집단의 압력활동	• 대학생 · 학부모 · 시민단체의 전국적, 지속적 시위 • 대학의 반발과 등록금 인상 및 동결 움직임
국가적 분위기	• 보편적 복지에 대한 국민적 열망 • 언론의 여론 형성
기타	• 대통령의 활동과 국회의 논의

3. 정책대안의 흐름 : 정책대안 형성의 비합리성

정책대안의 흐름은 반값등록금이라는 용어가 등장하기 전부터 등록금 문제에 대한 문제의식과 함께 독자적으로 흘러왔다. 반값등록금에 대한 가계 부담이 높아지고 등록금 문제 해결을 요구하는 목소리가 높아지면서, 유권자의 목소리를 반영해야 하는 정치권에서는 다양한 대책이 쏟아졌다. 그 가운데 등록금이라는 용어의 주창자이자 2011년 등록금 논의에 불을 지핀 장본인으로서의 한나라당, 무상복지 공약으로 반값등록금 정책을 적극 추진했던 민주당, 등록금에 대한 논의가 활발해지기 전부터 등록금 후불제라는 정책 공약을 내세웠던 민주노동당 등 세 당의 입장을 중심으로 살펴보면 〈표 9-3〉과 같다.

표 9-3 주요 정당의 대학등록금 정책

(2011년 6월 기준)

한나라당 (등록금 완화방안)	민주당 (등록금액 상한제)	민주노동당 (정부책임 등록금제)
• 연간 10~15% 인하 • 연간 350만원 까지 인하 (2015년 까지) • 하위 50% 계층 반값장학금	• 서민평균소득 3개월분의 1.2배 미만으로 등록금액 상한제 • 소득계층별 장학금 지급(하위 20%무상, 하위50%반값, 하위80%까지 30%지원)	• 국공립대 비율확대 (약 70%) • 국가주도형 사립대학 전환(사립대학 교원인건비와 공공요금을 국가재원으로 지출, 차액만큼 등록금 인하 가능)
필요 예산과 실제 등록금 인하할 수 있는 대학 규제책		
• 2조 3천억 원 확충 (교육재정 내부 비율조정) • 부실대학 대학생 지원 안함 • 대학규제에는 반대 • 고등교육재정교부금법 8% 제정 발의한 임해규 의원의 안은 당론과는 다름	• 고등교육재정교부금법 4.6% (OECD 가입국 기준) • 2008년 정부가 실시한 부유세 감세 철회로 재원마련 • 등록금액 상한제 실시	• 고등교육재정교부금법 7% 2015년까지 10% 확충 (장기적으로 무상교육 고려) • 법정전입금 확충 의무화 • 서민 가계 소득 1/12 납부 소득차이에 따라 차등 납부 4인 가구에서 한 달 동안 번 돈을 1년 등록금으로 납부

출처: 21세기 한국 대학생 연합(2011). 반값등록금 실현을 위한 7문 7답.

4. 세 가지 흐름의 결합과 정책변동의 창

정책변동의 창은 해결책을 요하는 강렬한 문제가 발생하거나, 정치적 사건이 일어날 때 열리게 된다. 또한 정책기업가들은 그들의 제안을 밀고 나아가기 위해 이러한 시점이 오기를 지속적으로 관찰하게 된다. 등록금에 대한 정책은 정부학자금 대출과 국가장학금 제도의 틀 안에서 한국장학재단 설립과 대학등록금 인상률 상한제 국회 본회의 통과라는 정책 발전을 거쳐 왔다.

한나라당 황우여 의원의 신임 원내대표 선출과 한나라당 등록금 쇄신안 발표라는 정책 공론화 확산이라는 결정적 기회구조를 거쳐, 2011년 8월 24일, 서울시의회의 무상급식 정책을 반대하는 서울시민 81만 명의 청구와 오세훈 서울시장의 주민투표 발의로 시행된 '무상급식 지원범위에 관한 서울특별시 주민투표'에 의해 흐름이 결합하게 된다. 한나라당의 갑작스러운 등록금 쇄신 방안 발표는 등록금 문제를 과거 지속적으로 제기되어오던 교육문제의 하나에서 정부가 반드시 해결해야 할 우선적인 정책 과제로 그 순위를 바꾸며 사회적 논의를 확산시킨 결정적인 사건으로 등록금 부담완화 정책의 혼란스러운 진행과정을 보여주는 출발점이 되었다는 점에서 중요한 의미를 갖는다.

또한 무상급식 주민투표 결과는 보편적 복지에 대한 국민의 열망이나 민심을 정치권에 확인시킨 사건으로, 최종 투표율 25.7%를 기록하여 오세훈 시장이 사퇴하면서 일단락되었으나 그 여파는 집권여당 뿐 아니라 야당에도 큰 영향을 미치며 등록금 인하 주장에 힘을 싣는 결정적 계기가 되었다. 특히 6월 반값등록금 실현을 위한 대규모 촛불집회 이후 보수 세력의 우려와 대통령의 발언을 기점으로 답보상태에 그친 정책논의를 다시 살려내며 독자적으로 흘러 온 세 가지 흐름의 결합을 끌어냈다. 그 밖에도 정치의 흐름에서 선거의 결과는 정책 변동을 이끌어 내는데 가장 핵심적인 역할 해 왔다. 이렇듯, Kingdon의 정책흐름 모형은 [그림 9-3]에서 알 수 있듯이, 문제의 흐름, 정치의 흐름, 대안의 흐름이 각자의 노선을 따라 독립적으로 진행하다가 정책변동의 창이 열리고, 최종적으로 '대학생 등록금 부담완화 방안'(교육과학기술부, 2011)으로 발표되기까지의 과정을 잘 보여 준다.

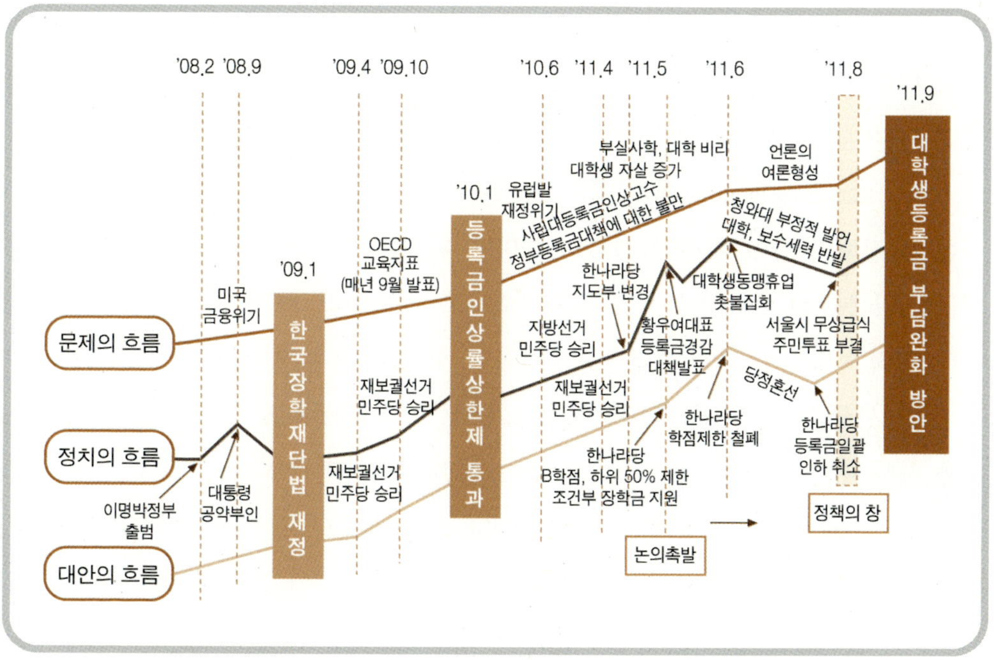

그림 9-3 대학등록금 부담완화 정책 과정에 따른 흐름 및 결합

5. 정책변동 과정 해석 및 논의

대학등록금 부담완화 정책은 지난 2009년 한국장학재단 설립과 2010년 등록금 인상률 상한제 내용을 포함하고 있는 고등교육법개정안이 국회 본회의를 통과하면서 정책변화를 이끌어냈고, 대학생 등록금 부담완화 대책은 이러한 기회구조를 거쳐 또 하나의 정책변동의 창을 열었다고 할 수 있다. 그러나 교육과학기술부가 9월 발표한 등록금 부담환화 대책의 내용은 명목등록금의 일괄 인하나 획기적인 부담 완화 대책과는 거리가 멀었다. 이는 세 가지 흐름이 결합해 정책변동의 창이 열렸을 때 기존의 고등교육정책을 유지하려는 정부와 보수적 입장으로 돌아선 한나라당 대표를 비롯한 내부 세력이 가장 적극적인 정책결정 활동을 펼쳤음을 보여

준다.

잇따른 선거와 그에 따른 결과, 민심을 반영하고자 하는 정치권은 등록금 부담 경감을 요구하는 국민적 목소리를 정당 정책으로 쏟아냈다. 특히 보편적 복지 정책에 대한 국민의 관심과 열망, 정권 심판 의지를 보여주는 선거의 결과는 집권 여당인 한나라당으로 하여금 친 서민 정책을 마련하게 하는 원동력으로 작용했는데, 이는 Kingdon이 강조한 정치의 흐름의 중요성을 잘 보여준다.

한편, 정책의 창이 열려 자신들의 대안을 관철시킬 준비를 하고 있는 정책선도가들은 나름대로 정책대안의 흐름을 구축하고 있었는데, 가장 크게 대립되는 쟁점은 실질적 반값등록금의 실현가능성이었다. 학생들이 주장하는 반값등록금 정책을 전면 시행 할 경우 6조원이상이 필요한데, 고등교육예산 증대와 일부 세제 조정을 통해 이를 실현시킬 수 있다는 주장과 정부의 재정 부담을 가속화 시키는 포퓰리즘에 불과하다는 주장이 팽팽히 맞섰다. 이러한 논의는 결국 대학재정을 비롯한 등록금에 대한 성격 규정으로 대학 자율성과 공공성의 문제로 귀결되었고, 그로 인해 정치적 논쟁으로 번지는 양상을 보였다. 특히 본 연구대상의 의제설정과정에서 주도적 역할을 했던 한나라당은 충분한 내부 논의 없이 섣부른 정책을 발표하며 비합리적으로 정책대안이 변화되는 모습을 보여주었다.

여론의 지속적인 문제의식, 해결 요구, 여당의 추진 의지와 다양한 정책 논의가 있었음에도 반값등록금과 같은 개혁적 의제가 전향적인 결과로 도출되지 못한 사실은 우리에게 많은 것을 시사한다. 비싼 대학등록금 문제에 대한 논의가 이념이나 가치의 문제로 변질되면서 개혁을 실행하기 어려운 궁극적 한계를 가진 성격의 정책임을 인정한다 할지라도, 등록금 부담완화 정책의 본질적인 부분을 개혁하기보다 간접적인 접근으로 등록금에 대한 부담완화 효과를 위한 정책을 견지하는데 가장 큰 역할을 한 것이 교육과학기술부의 관료적 성향이었다는 사실은 부인할 수가 없다.

2011년 9월 8일 교육과학기술부가 발표한 등록금 정책도 기존에 정부가 견지하고 있던 입장이나 정책에서 크게 벗어나지 못했기 때문에 반값등록금에 대한 문제, 정책대안, 정치의 흐름이 다시 한 번 결합해 정책의 창이 열릴 가능성이 높다. 실제로 2012년 6월 19대 국회가 개원하고 민주당은 반값등록금 법안을 제1호 법안으로 발의하였고, 지난 8월 새누리당(구 한나라당)의 대통령 후보로 선출된 박근혜 의원도 반값등록금을 실천하겠다고 공언하였다. 합리적 정책 대안 도출을 방해하는 정치권의 선심성 공약이 남발된다면, 언제든지 대학등록금 문제는 다시 국민적 논란으로 부상할 것이다. 더구나 2012년 12월에는 대선이라는 중요한 정치 일정이 기다리고 있어 대학등록금에 대한 정책 논의는 피할 수 없게 되었다.

여기서 살펴본 대학등록금 부담완화 정책의 사례는 교육정책이 만들어지는 과정에서 정치의 중요성을 여실히 보여준다. 정치의 흐름 중에서도 특히 의회가 보여준 정책변동의 과정은 등록금 부담완화 정책에 대한 깊이 있는 논의라기보다는 '친 서민'이라는 프레임을 선점하기 위한 전략처럼 보인다. 우연한 사건의 발생이든, 정책선도가의 의도된 활동이든 정책의 창이 비합리적 계기에 의해 열렸다고 하더라도 정부의 정책대안은 효율성과 신뢰성의 측면에서 합목적적이고 합리적인 성격의 것이어야 할 것이다. 그리고 그 과정에서 가장 중요한 것은 등록금 문제의 직접 당사자인 대학생과 학부모의 적극적인 문제 해결 요구와 압력 활동, 시민단체와 정당과의 강력한 연대, 주요 정책 결정자로서의 정당과 국회의 신중한 정치 활동일 것이다.

Chapter 10

교육정책과정과 요구사정

개요

교육정책과정에서 교육정책의 수혜집단이나 관련 집단의 요구는 매우 중요하다. 교육정책에 대한 그들의 요구는 교육정책 의제설정단계에서부터 정책종결에 이르기까지 정부의 정책결정자, 집행자들에게 영향을 미치기 때문이다. 민주주의의 이행과 공고화 되어가는 한국의 정치 상황에서 교육 수요자 중심의 교육정책안의 개발 · 작용은 합리적이고 성공적인 교육정책을 가능하게 한다.

이 장에서는 사회과학에서 행정의 서비스나 조직의 질 제고를 위한 절차로서 널리 활용되고 있는 요구사정 기법을 교육정책이 이루어지는 과정에 적용하여 다양한 교육관련 집단의 요구를 반영한 합리적인 교육정책을 수립 · 집행하는 데 기여하고자 한다. 이를 위하여 요구사정의 개념, 특징, 절차, 방법 등을 고찰하고, 이러한 절차와 방법들이 실제 교육정책 과정에 어떻게 적용되고 활용될 수 있는가를 제시한다.

제1절 교육부문에서의 요구사정의 의의와 중요성

제1장에서 공공정책으로서 교육정책의 속성과 특징을 살펴보았는데, 교육을 포함한 공공분야 프로그램들, 예를 들면 사회보장 프로그램, 정책개발, 의료, 보건 등에 있어 효과적으로 집행하기 위한 가장 기본은 요구사정이다(Engle & Altschuld, 2014: 34). 교육정책이나 교육프로그램들을 채택·집행하기 위해서는 현재의 조건이나 상황에 대한 정확한 요구사정 이후 규명하고 발전시켜 나가는 것이 가장 효과적이다.

최근 사회 각 부문의 구조 개편과 더불어 대학구조 개혁을 포함한 교육부문에서도 국가 경쟁력 제고를 위하여 교육의 새로운 위상과 역할 정립을 요구하고 있다. 1995년 소위 5. 31 교육개혁 안이 발표된 이후부터 한국의 교육정책 기조는 그 동안의 교육공급자 중심에서 수요자 중심의 교육정책 안들이 개발·제시되고 있다. 이러한 변화는 교육목표 달성과 경쟁력 강화를 위해 민주적이고 합리적인 교육정책을 마련할 필요성을 인식한 데서 찾을 수 있다.

이러한 필요성에 입각하여 글로벌 사회에서 한국 정부는 교육의 본질 회복과 세계경제 경쟁에 필요한 양질의 인력 양성·공급을 위해 다양한 교육적 조치나 처방책을 마련하고 있다. 이러한 다양한 교육정책 방안들은 시장경제의 원리 적용과 더불어 소외 계층을 위한 교육복지 측면에서 그 정책기저를 두고 있다. 이는 개별 교육 주체 및 관련 집단의 실제적인 요구에 대응하여 정부가 적극적으로 정책에 반영한 결과라고 할 수 있다. 또한, 교육에 대한 사회적 책무성 점증에 따라 한정된 재원의 효율적인 활용을 통하여 교육 산출의 극대화를 모색하고자 하는 데 있다.

그러나 지난 40여년에 걸쳐 우리나라의 교육개혁에 관한 여러 방안들은 수차례에 걸친 개혁조치에도 불구하고 학교현장의 실제적인 교육변화를 가져오지 못했다는 비판을 받고 있다. 즉, 교육의 질을 제고하기 위해 교육수요자 중심의 교육을 강조하고 있으나 교육현장의 여건과 교육관련 당사자들의 의견이나 요구를 충분히 반영하지 못한 교육개혁안들이 제시되었다고 할 수 있다. 이는 교육 현장의 요구를 제대로 수렴하지 못하고, 결과적으로는 교육현장에 종사하는 사람들이 교육개혁 조치에 순응적으로 받아들이지 못하는 결과를 가져오기도 하였다. 따라서 다양한 교육관련 집단들의 요구가 무엇인가를 정확히 파악·수렴하지 않고서는 민주적이고 합리적인 교육정책의 수립과 집행을 기대하기란 어려운 일이다.

최근 지방교육자치제의 실시, 시·도 교육청평가, 시·도 교육연수원평가, 유치원 및 학교평가, 교원능력개발평가 등 교육기관과 교육행정기관 평가 시 학부모 만족도 조사, 관련 집단 여론조사, 공청회 등을 거쳐 교육정책에 대한 교육적 요구를 수렴하여 왔으나 교육관련 당사자들의 여론이나 의견들을 얼마만큼 수렴하여 교육정책에 반영하고, 또한 그들의 요구를 충족시켰는지에 대해 체계적으로 연구한 경우는 드물다고 할 수 있다.

한편, 요구사정은 세계 각 지역의 맥락에서 이루어지고 있는데, 글로벌화는 요구사정의 개발에 영향을 계속 미치게 된다(Sachs, McArthur, & Schmidt-Traub, 2004). 지역단위나 특정 교육조직(기관)의 요구사정을 시행하는 있어서도 글로벌화가 우리들의 행위에 어떻게 영향을 미치는가를 파악하는 것은 유용하다. 실제로 다양한 이해 당사자들 가운데 누가, 어떻게 관여하는가라는 측면에서 문화의식은 상당히 증가하였음을 알 수 있다(Watkins & Altschuld, 2014: 109). 국제개발기구(IDA)와 세계은행(World Bank)과 같은 국제기구에서도 세계 각국의 개발과 교육원조(ODA) 등을 효과적으로 수행하기 위해서 요구사정의 중요 내용인 정보수집, 의사결정, 개발성과의 달성에 관한 가이드북을 발간·제공하고 있다(Watkins, Meiers, & Visser, 2012). 글로벌화는 요구사정에 있어 교차 학문적 응용을 새롭게 하고 있으며, PISA, TIMMS, PIRLS와 같은 국제학업성취 결과에 대한 분석에 있어서도 개별 국가의 문화적 차이 등에 대한 요구를 반영하고 있다.

이와 같은 상황에서 교육정책이 이루어지는 과정에 교육관련 집단 및 교육수요자 집단들의 요구를 정확히 파악하는 것은 매우 중요하다. 왜냐하면 앞서 기술한 바와 같이, 교육정책이 이루어지는 과정, 즉 교육정책 의제설정, 교육정책결정, 교육정책집행, 교육정책 평가, 그리고 교육정책변동에서 이들 집단의 요구는 정책의 방향이나 존속 여부에 상당한 영향을 주기 때문이다. 특히 다원화되고 민주화된 사회일수록 시민단체, 학부모단체, 교직단체 등 이들 집단의 교육정책 과정에 미치는 영향력은 매우 크다고 할 수 있다(Spring, 2011; 정일환 · 김혜숙 · 이혜미 외, 2016).

본 장에서는 사회과학에서 행정의 서비스나 조직의 질 제고를 위한 절차로서 널리 활용되고 있는 요구사정 기법을 교육정책이 이루어지는 과정과 분석에 적용하여 다양한 교육관련 집단의 요구를 반영한 합리적인 교육정책을 수립 · 집행하는데 기여하고자 한다. 이를 위하여 요구사정의 개념, 특징, 절차, 방법 등을 고찰하고, 이러한 절차와 방법들이 실제 교육정책의 제 과정에 어떻게 적용되고 활용될 수 있는가를 분석 · 제시한다. 이들 집단의 요구는 정책의 방향이나 존속 여부 등에 상당한 영향을 주기 때문이다. 특히, 다원화되고 민주화된 사회일수록 이들 집단의 교육정책 과정에 미치는 영향력은 매우 크다고 할 수 있다.

제2절 요구사정의 의의와 절차

1. 요구사정의 의의 및 특징

요구(needs)라는 개념은 오늘날 거의 모든 사회과학 분야에서 사용하고 있다. 사전적 의미로는 필요, 소용, 곤궁, 결핍, 부족이라는 의미로 혹은 격차, 선호, 목적, 원함, 기대, 규준 등 다양한 의미로 사용되고 있다. 학자들에 따라서는 요구라는 개념을 목적, 원함, 기대, 규준, 기본적 불일치로서, 혹은 인간 활동 계획에서 규범, 인지, 명시, 상대적 요구로 표현하고 있다. 교육 분야에서는 Tyler(1951: 6)가

교육과정을 개발하기 위해 교육의 목표와 내용을 선정할 때 학습자의 요구, 사회적 요구, 그리고 학문적 요구를 확인 · 선정해야 한다고 제시하면서 도입하였다. 요구사정 이론이 체계화, 일반화되면서 최근에는 교육에서 요구란 개인의 생존과 성장 또는 집단과 조직의 변화 및 발전을 위해 필요 및 요구되는 사항으로 이해되고 있다.

사정이라는 의미는 군대에서 처음 사용하기 시작한 것으로, 평가나 검사와 비교할 때 방법이나 절차에 있어 유사한 점이 많지만 다음과 같은 점에서 차이가 있다. 즉, 검사(test)는 표준화된 각종 검사 내지는 실제 시험을 의미하며, 평가(evaluation)는 어떤 사물 또는 그 속성에 대한 가치 판단을 의미하는 것으로 판단의 준거나 표준이 포함된다. 반면에 사정(assessment)은 인간의 심리적 또는 행동적 특성의 크기나 수준을 감정 혹은 추정하는 것을 의미한다. 아울러 요구사정에서 분석(analysis)의 용어 사용은 양적인 기준에 대한 가치가 팽배하던 1950년대에 Tyler가 요구사정을 요구분석이라고 지칭하면서부터 사용되고 있다.

요구와 사정에 대한 개념 규정을 토대로 요구사정(needs assessment)이라는 개념은 여러 분야에서 또는 학자들에 따라 다양하게 정의하고 있다. 요구를 어떻게 정의하느냐에 따라 개인이나 조직의 불일치, 원함, 선호, 바램, 격차를 파악하는 공식적이고 연속적인 과정으로 파악할 수 있다. 즉 요구사정은 어떤 목적을 달성하기 위해 조직이나 활동 또는 서비스에서 필요로 하거나 바라는 것에 대해 지각하는 정도를 규명하여 문제해결을 목적으로 우선순위를 결정하고, 그것을 활동 및 서비스의 계획수립과 프로그램 개발의 기초로 하는 체계적인 활동이라고 할 수 있다(Engle & Altschuld, 2014; Kaufman, 1972; Percy-Smith, 1996; Rossett, 1987; Soriano, 1995; Stufflebeam et al, 1985; Watkins et al., 2012).

이와 같이 다양한 관점에서 다의적인 의미를 지닌 요구사정은 정책이나 프로그램의 개선, 보완, 개발에 필요한 사항의 확인, 우선순위 결정에 필요한 정보의 수집과 활용, 개발계획의 수립과 존폐 여부에 대한 의사결정, 집행(실시)에 필요한 재정, 시설, 장비, 인력 등 자원의 합리적 배분을 위한 기준 마련, 결과에 대한 평가기준 제공, 결과에 대한 의사결정자의 책무성 확인, 그리고 이해 당사자의 참여, 협조 및 의사소통의 촉진 등의 목적으로 사용되고 있다(Kaufman, 1972; Rosett, 1985; Stufflebeam et al., 1985; Witkins, 1994).

이상에서 요구사정의 개념과 목적을 토대로 그 특징을 다음과 같이 제시할 수 있다(정일환 · 주은경, 1999: 113-115).

첫째, 요구사정은 계획, 실시, 평가, 활용 등이 순환적으로 이루어지는 통합적 · 주기적인 활동이다. 요구는 항상 시간에 따라 변하기 때문에 급속하게 성장하는 환경에서 지속적으로 문제해결을 위한 목표를 설정하는 데 능동적으로 대처하기 위해서는 요구사정은 지속적 · 순환적이어야 한다. 요구사정 결과를 토대로 개발 · 집행되고 있는 프로그램을 계속 재사정하여 그 결과 어떤 새로운 프로그램이 필요한지, 또는 어떤 부분을 수정 · 보완하여야 하는지를 확인하기 위해서는 지속적으로 평가해야 할 것이다.

둘째, 요구사정은 가치를 부여하는 활동이다. 요구사정을 통해 결정되는 우선순위는 일종의 가치 표현이라고 할 수 있다. 요구사정 과정의 모든 단계에 개인, 조직과 사회의 가치가 개입하게 된다. 어떤 프로그램도 인간이 가지고 있는 가치를 모두 수용할 수는 없지만, 가치와 가치부여 행동은 요구사정과 계획수립의 주요 부분이며, 나아가 프로그램은 그러한 가치를 수용하여 설계된다.

셋째, 요구사정은 협동적인 활동이다. 요구사정은 실시자와 조사대상 또는 참여자로 구분하고 있지만 관련인사 집단의 요구와 지각을 이해하기 위해서는 여러 기관 또는 조직 간의 협력이 필요하다. 아울러 요구사정에 참여하는 대상뿐만 아니라 요구가 표출되는 사물 또는 활동을 동시에 고려하여 상호작용적인 관점에서 파악되어야 한다.

넷째, 요구사정은 특별한 목적을 위해 확인된 절차와 방법이 동원되는 복합적인 자료수집 활동이다. 즉, 어떠한 요구사정도 단일의 최선의 방법이 없기 때문에 가능한 여러 가지 방법을 사용하여 광범위한 시각에서 다각적으로 요구를 분석 · 사정해야 할 필요가 있다.

다섯째, 요구사정은 일반적으로 체제 접근을 활용하고 있다. 체제 접근이라 함은 컴퓨터가 정보를 입력-처리-출력하듯이 정보를 정확하고 체계적으로, 그리고 신속하게 처리하는 구조와 기능을 의미한다. 체제적 요구사정은 특정문제를 해결하고, 기관의 효율성을 증대시키며, 예산지출에 책임을 지는 기관이 자원을 집중적으로 투입하도록 한다.

여섯째, 요구사정은 집단 및 조직과 환경과의 상호작용에서 나타나는 요구를 사정하는 활동이다. 전통적으로 요구사정은 집단이나 대중들을 상대로 그들이 어떤 서비스 또는 활동을 원하는지에 초점을 두고 요구를 조사하였다. 그러나 최근 요구사정은 이에 참여하는 대상과 요구가 표출되는 사물 또는 활동을 동시에 고려하여 상호 작용적인 관점에서 실시되고 있다. 아울러 요구사정은 그 대상자의 개인적·사회적 환경에서 일어나는 변화에 대한 주관적인 지각을 조사하는 데 이용되고 있다.

따라서 어떤 기관이나 조직에서 요구사정의 필요성을 인식하고 요구사정을 실시하기로 결정하면 무엇보다 먼저 무엇에 대해 누구를 대상으로 하여 요구사정을 할 것인가를 검토해야 한다. 요구사정에 있어서 서비스 수요자에 대해서만 요구를 사정하여 그 결과를 기초로 프로그램이나 정책을 개발할 경우 이는 여론조사나 여론수렴과 차이가 없게 된다. 프로그램 및 정책개발 과정에서 수요자의 요구도 물론 존중되고 반영되어야 하지만 전적으로 그들의 요구에 의해서만 결정되어서는 안 된다. Soriano(1995: 5)가 지적한 바와 같이, 요구사정 대상에는 서비스의 수요자뿐만 아니라 행정가, 관리자, 감독관, 전문가 등을 비롯한 서비스 제공자의 요구도 동시에 사정되어야 한다. 왜냐하면 전문가의 견해와 요구는 프로그램 또는 정책 개발에 중요한 몫을 차지하고 있기 때문이다.

또한, 요구사정이라고 하면 사람들을 대상으로 하여 요구를 사정한다고 생각하지만 대상에는 기록, 문서, 제품, 서비스, 프로그램이 제공하는 과정 등도 포함될 수 있다. 이 외에도 프로그램이나 정책의 집행에 필요한 건물, 시설, 장비, 기술 등과 같은 자원과 결핍에 대한 문제해결 방안도 요구사정의 대상에 포함될 수 있다.

이러한 요구사정의 대상으로는 고객 또는 수요자, 청중 또는 관련 집단, 대상 집단, 내부 및 외부 수요자, 서비스 수요자 및 제공자, 그리고 실제 수행결과, 자원 또는 해결책 등을 들 수 있다(Kaufman, 1992; Stufflebeam et al., 1985; Watkins et al, 2012; Witkins, 1994). 이러한 요구사정의 대상을 밝히는 것은 사정의 분석 단위를 결정하는 기준과 자료를 수집하는 방법의 선택에 중요한 지침이 되기 때문이다.

2. 요구사정의 모형과 절차

요구사정을 실시하고자 하는 목적을 비롯하여 사정내용, 대상, 사정을 통해 수집하고자 하는 데이터와 그것을 토대로 하여 도출하고자 하는 의사결정의 성질, 그리고 사정에 관여되는 환경적 맥락 등과 같은 변인들을 다각적으로 검토하여 요구사정의 모형, 절차, 전략, 도구를 선택하고 결정해야 한다.

요구사정은 교육 분야에서 처음으로 태동했고 그 후에 사회, 경영, 행정, 종교, 병원, 방송 등과 같은 여러 분야에서 적극적으로 활용했기 때문에 요구사정 모형은 거의 대부분이 학교 교육에 관한 요구사정 모형이라고 할 수 있다. 최근에 산업체의 연수 및 훈련 프로그램 개발, 지역사회 개발과 사회적 서비스 프로그램을 만들 때에 적용하기 위한 요구사정 모형들이 개발되었다.

예를 들면, 조직요소모형과 현장분석모형은 일반적 요구사정 모형이지만, 전문대학 모형, 순환적 경영정보체제모형, 기초기술 요구사정 모형, 교육적 모형, 평생 또는 계속교육 모형은 모두 교육 프로그램을 개발할 때에 사용되는 요구사정 모형들이다. 그리고 다요소 훈련모형과 산업조직의 훈련 모형은 산업체 프로그램을 개발할 때에 쓰는 요구사정 모형이다. 지역사회 모형, 지역사회 청소년 모형, 지역사회 정보개발 모형은 지역사회 프로그램을 개발할 때에 쓰는 요구사정 모형이다. 요구사정 모형을 다룰 때에 우리들이 특별히 유념해야 할 사항은 교육 모형은 교육 분야에, 산업체 모형은 산업분야에, 지역사회 모형은 지역사회 개발 분야에 적용하는 것이 아니라 교육 내용이나 방법을 서비스, 행정, 경영 등의 분야에 적용하면 되기 때문에 산업체, 지역사회에 사용될 수 있다는 것을 인식해야 한다.

1) 요구사정 모형

요구사정 모형의 필요성을 역설하고 최초로 요구사정 모형을 제안한 것은 1981년 Pennsylvania 주립대학교의 경영 및 행동과학연구소(Management and Behavioral Science Center)의 Cohen 교수였다. 그것은 의사결정론에 입각하여 만든 요구사정 모형이었다. 그 후 미국 교육연구소(National Institute of Education)의 지원과 오레곤주 교육부(Oregon State Department of Education)의 협조를 받아 Oregon 주립대학교의 교육정책 및 경영 연구소(Center for Educational Policy and Management), UCLA 평가연구소(Center for the Study of Evaluation at University of California, Los Angeles), 그리고 캘리포니아의 Alamedia 교육청(Alamedia Country Office of Education)에서 모형이 제안되었다.

요구사정 모형은 거의 대부분 체제적 접근에 바탕을 두고 개발되었다. 체제적 접근이라 함은 공학적 기술과 방법을 이용하여 각종 데이터를 신속하고 정확하게 체계적으로 처리하는 과정과 절차를 말하며, 이를 공학 분야에서는 정보처리라 하고 공학적 정보처리 체제 또는 이론에 입각하여 심리학적, 교육학적, 회계학적, 경영학적, 건축학적, 혹은 위생학적 문제들을 이해하고 해결하려는 시도를 그 분야 또는 문제에 대한 정보처리이론적 접근이라 한다. 정보처리이론(information process theory)은 흔히 신경생리학적 정보처리와 전자 공학적 정보 처리론으로 대별되고 있지만, 현대 첨단 공학의 결정체인 컴퓨터의 구도와 기능을 중심으로 정보처리 과정을 기술하려고 하는 전자 공학적 정보처리가 정보 처리론의 대명사로 사용되고 있다.

지난 50여 년간 수많은 연구자, 계획자, 평가자들이 여러 가지 모형- 계량적, 전략적, 개념적 모형- 과 함께 실제적인 키트, 도구, 편람, 요구사정을 위한 구체적 계획을 개발했다(Witkins, 1994). 모형이란 용어는 요구사정을 계획하고 실행하는데 필요한 개념적 틀을 의미한다. 그러나 때로는 자료를 수집, 분석하고 우선순위를 결정하는 전략을 포함하는 경우도 있다. 어떤 모형을 보다 넓은 관점에서 요구사정에 관한 이론을 정립할 목적으로 개발한 모형도 있고 한층 더 제한된 개념적 문제를 이해하기 위해 만든 모형도 있으며 요구사정을 실제로 실행하는 데 필요한 관점 또는 전략을 체계적으로 정립하기 위해 개발한 모형도 있다.

지금까지 실로 다양한 요구사정 모형이 여러 분야에서 제기되어 왔다. 그 중에서 대표적인 조직요소모형, 다요소 훈련모형, 현장분석모형, 전문대학모형, 생태학적 모형, 지역사회 모형, 지역사회 청소년 모형, 순환적 경영정보체제 모형, 기초기술 모형, 지역사회 정보개발 모형, 산업조직의 훈련 모형, 교육적 모형, 평생교육 또는 계속교육모형 요구사정 등을 들 수 있다.

요구사정 모형은 거의 대부분 체제적 접근에 바탕을 두고 개발되었으며, Kaufman (1972, 1992)의 조직요소 모형이 대표적이다. Beatty(1976)의 정보근거 지역사회 요구사정 모형은 교육 및 정책개발과 밀접한 관련이 있는 모형이라고 할 수 있다. 교육 분야에서 요구사정은 교육과정 개발을 위해 주로 사용되었으나 점차 조직 및 대상간의 의사결정, 자료수집, 실제와 당위 간 혹은 실제와 변화 상태간의 불일치와 격차를 좁히는 데 초점을 두어 개발되고 있다. 그리고 최근에는 교육행정기관에서 개개 학습자와 학부모, 교사, 학교, 지역사회의 교육적 요구를 충분히 반영하기 위해 요구사정이 널리 활용되고 있다.

다양한 요구사정 모형이 개발되고 있지만 사정의 목적과 내용에 전혀 제한을 받지 않고 모든 대상에 요구사정을 적용할 수 있는 최선의 요구사정 모형은 없다. 예를 들어, 교육모형은 교육 분야나 활동에, 그리고 산업체 모형은 산업분야에 국한시켜 적용하는 것이 아니라, 요구사정을 실시하는 목적, 내용, 대상, 방법 등에 따라 서비스, 행정, 경영 등의 분야에서 사용되는 다양한 모형을 교육 분야에 활용할 수 있다.

2) 요구사정 절차

요구사정을 실시하는 절차는 요구사정 과정에서 수행되어야 할 작업의 흐름을 보다 구체적으로 설명하는 것으로 학자들에 따라 달리 제시하고 있다. Barbulesco (1980: 21-73)는 요구사정의 절차를 ① 요구사정 실시결정, ② 요구사정 위원선정, ③ 요구사정 목적결정, ④ 제약과 한계점 조사, ⑤ 공시, 참여유도, ⑥ 요구사정 영역결정, ⑦ 요구사정 기법선정, ⑧ 요구사정 기준작성, ⑨ 사정자료의 수집, ⑩ 수집 자료의 종합, ⑪ 자료해석, 요구확인, ⑫ 요구의 우선순위 결정, ⑬ 사정결과 평가, ⑭ 사정결과 보고, ⑮ 사정결과 활용 등 15단계로 구분하고 있으며, Moore (1981: 22~67)는 ① 문제 확인, ② 계획수립, ③ 조직구성, ④ 자료내용 정의, ⑤ 자료소스 확인, ⑥ 자료수집, ⑦ 결과보고의 일곱 단계로 구분·제시하고 있다. 그리고 Herbert(1982: 37~56)는 요구사정의 절차를 요구사정 계획, 요구사정 수행, 요구사정 결과의 활용 등 세 단계로 나누고 있다.

한편, Witkins 등(2012)은 요구사정의 절차를 탐색단계, 실행단계, 그리고 활용단계로 나누고 각 단계마다 세부절차를 제시하고 있다. 즉, 요구사정 탐색단계에서는 우선 개별 체제의 목표 분석, 개별 영역별 목표의 세부과제 선정, 개별 우선순위 과제 선정, 과제별 표준설정, 자료수집 계획 작성, 자료수집 도구개발 등을 하게 된다.

실행단계에서는 체제의 범위, 대상 집단 선정, 요구사정 자료수집, 사업이나 프로그램의 요구수준 우선순위 결정, 인과분석 실시, 개별요구, 영역별 모든 자료와 인과요인 분석결과 종합, 그리고 모든 자료 종합 및 해석 등을 하게 된다. 그리고 활용단계에서는 최종적인 요구의 우선순위 결정, 요구충족 해결전략 선정, 전략선택 및 준거설정, 대안의 탐색 및 평가, 해결방안 선정 및 실행계획 수립, 전체적인 질적 평가, 보고서 및 브리핑 자료준비 등이 이루어지게 된다.

이와 같이 여러 학자들이 제시하고 있는 요구사정의 단계를 종합하면 세부적으로 아홉 단계로 구분·설정할 수 있다. 즉, ① 목적확인, ② 준비작업, ③ 계획수립, ④ 전략결정, ⑤ 자료수집, ⑥ 자료 분석, ⑦ 결과보고, ⑧ 결과활용, ⑨ 결과평가로 구분할 수 있으며, 이러한 절차는 다양한 교육 관련 집단들이 관여하는 교육정책 과정에서 이들의 요구를 파악·분석하는 데 활용할 수 있다.

3. 요구사정의 방법

일반적으로 요구사정의 방법은 필요한 자료가 무엇인지 확인・검토하고, 자료 수집 도구를 선정・개발해서 그것을 기초로 요구사정을 통해 얻고자 하는 정보수집 절차를 의미한다. 즉, 요구사정 방법은 자료수집 도구의 선정 및 개발과 자료수집의 절차라고 할 수 있다.

사회과학 분야에서 자료 수집을 위해 사용되는 주된 방법으로는 관찰법, 실험법, 조사법, 면접법, 검사법 등을 들 수 있다. 그러나 엄격하게 구분하면 조사법을 비롯하여 면접법과 검사법은 관찰법의 변형이라고 할 수 있다. 특히, 면접법은 조사법의 일종으로서 검사법이 조사도구로 사용될 때는 검사법도 조사법의 한 하위 방법으로 분류할 수 있다. 사회과학에는 특별한 경우에만 실험법을 쓰고 관찰법을 비롯하여 조사법과 면접법을 주로 사용한다.

요구사정의 방법은 이와 같은 방법뿐만 아니라 집단과정 방법, 미래예측 방법, 그리고 문서자료 및 인과분석도 사용된다. 요구사정 방법의 특별한 방법으로 제시되는 집단과정 방법과 미래예측 방법 등은 일반적으로 사용하는 관찰법, 면접법, 그리고 조사법의 보완적 방법이라고 할 수 있다. 집단과정 방법은 주로 현황 또는 실태를 분석・파악하기 위한 자료를 수집할 때 사용되지만 미래를 예측하고 대비하는 데 필요한 자료를 수집할 목적으로 이용되는 경우도 있다. 집단과정 방법에는 포럼, 공청회, 초점집단, 명목집단, 델파이기법, 다아쿰(DACUM), 브레인스토밍 기법 등이 있다(정일환 외, 1999: 130).

첫째, 포럼(forum)은 전문가와 청중들이 모여 공공문제나 쟁점을 토의하는 방법이다. 사회자의 통제 하에 청중의 질문과 전문가의 대답이 활발하게 이루어지는 동안 청중의 논평을 적극적으로 유도하고 논쟁점을 토론하는 공식적인 회합이다.

둘째, 공청회(public hearing)는 국회, 정부기관이나 공공단체에서 주요제도, 정책 또는 사안을 결정하기 전에 일반 국민, 전문가, 경험자, 이해관계자의 의견을 청문하기 위한 공개적인 모임으로서 여론수렴과 홍보의 목적에 사용한다.

셋째, 초점집단(focus group) 기법은 사회과학 분야에서 데이터를 수집할 때에 사용하는 면접법 중에 1명의 면접자가 2명 이상의 피면접자를 동시에 면담하는 단독-집단면접이나 2명 이상의 면접자가 2명 이상의 피면접자를 동시에 면접하는 다중-집단면접과 같은 일종의 집단면접을 초점집단면접(focus group interview)이라 한다. 다양한 관점과 견해에서 생성될 수 있는 온갖 아이디어나 의견을 되도록이면 많이 수집하는 것을 주된 목적으로 한다.

넷째, 명목집단(nominal group) 기법은 집단의 창의성과 생산성을 극대화하고, 토의양식과 경쟁적인 토론을 최소화시킬 목적으로 집단 구성원간의 상호작용을 최대한 제한하는 소집단 워크숍이다. 집단참여자들이 각각 개별적으로 자신의 의견을 제시하고 그에 대한 다른 참여자들의 코멘트나 토론을 일체 허용하지 않는다. 오직 참여자들의 다양한 아이디어를 수집하여 필요한 경우 투표를 통하여 우선순위를 결정하기 때문에 진정한 의미의 집단 기능은 상실한 이름뿐인 집단이라고 하여 명목집단 기법이라고 한다.

다섯째, 델파이 기법(Delphi method)은 전문가 집단의 의견과 판단을 추출·종합하여 집단적으로 정리하는 것을 말한다. 이 기법은 체계적이고 조직적으로 구성한 일련의 무기명 질문지로 수차례 반복조사를 실시한 다음 필요한 정보와 의견을 교환하여 집단 구성원의 합의를 유도해 내는 조사방법이다.

여섯째, 다아쿰(DACUM: developing a curriculum)은 어떤 특정 직무를 규정 또는 수행하는 데 필요한 핵심과제를 확인·결정할 때에 사용하는 방법이다. 이것은 교육과정 개발뿐만 아니라 집단 의사결정 기법과 초점집단 면접기법을 사용하는 소집단 과정을 통한 과업분석 절차이며, 데이터 수집방법이다.

일곱째, 브레인스토밍(brainstorming)은 여러 사람이 한자리에 모여 어떤 문제에 대해 참가자들이 각각 자유롭게 생각해 낸 아이디어를 발표하고 그 중에서 참신하고 창의적인 것을 선택하는 방법이다. 또한, 모든 인간행동의 과정 및 결과를 분석·예측하거나 주요방침 또는 정책 등을 전환시키고자 할 때 이해 당사자들의 의견을 수렴하는 분위기 조성에 사용된다.

또한, 미래예측 방법은 단 한 사람의 전문가에게 의뢰하여 미래를 예측하고 준비하기 위해 필요한 아이디어나 정보를 제공받을 수도 있지만, 2명 이상의 여러 전문가에게 의뢰하여 집단과정 방법을 사용하여 미래를 예측한 자료를 수집할 수도 있다. 미래예측 방법에는 시나리오, 미래타륜, 추세분석, 교차영향 분석법 등이 있다(정일환 외, 1999: 131).

첫째, 시나리오(scenario)는 작가가 연극이나 영화의 극본을 쓰듯이 특정분야의 전문가들이 갖고 있는 풍부한 지식과 통찰력을 바탕으로 하여 미래를 예측·전망하는 기법이다. 사회과학 분야뿐만 아니라 자연과학에서도 어떤 사상이나 체제가 장차 어떤 모양으로 변화 혹은 출현될 것인가를 예측하기 위해 시나리오를 적극 사용하고 있다.

둘째, 미래타륜(future wheels)은 미래에 나타날 주요사상 혹은 상황과 그것이 다른 사상 혹은 상황에 미칠 수 있는 잠재적 영향을 탐색하는 방법 및 그 절차를 의미한다. 수레바퀴나 배의 휠, 자동차 바퀴 또는 핸들을 잡고 조정하듯이 정확하게 세월의 흐름을 추적하여 미래를 예측하는 방법이라는 의미에서 미래녹로라고 부르기도 한다. 이 기법은 브레인스토밍 기법을 사용하여 도출된 결과를 수레바퀴 모양의 그림으로 나타낸다.

셋째, 추세분석(trend analysis)은 그래프로 경향성을 나타낼 수 있는 어떤 데이터를 확대 또는 연장시켜 그 변인이 장차 변화, 발전될 미래의 경향을 분석하는 방법이며, 흔히 외삽법(extrapolate)에 의한 경향분석이라고도 한다. 추세 분석시 하나 또는 두, 세 개의 변인을 다른 주요변인과 연관시켜 변인의 추세를 분석하는 것이 일반적인 관례이다. 외삽법을 이용하여 논리적으로 추세분석을 하는 방법도 있고, 경향분석 또는 시계열 분석 등과 같은 통계기법을 이용하여 추세를 분석하는 방법들도 있다.

넷째, 교차영향 분석법(cross-impact analysis)은 추세분석법을 원용하여 어떤 주요 사상 또는 요인이 장차 다른 사상에 미칠 영향을 파악하는 방법이다. 이 분석법에는 시나리오를 개발하는 단계 중에 전반부에 있는 다섯 단계를 사용하거나,

매트릭스의 열에 놓을 하나의 요인을 정한 다음 그것을 세분하지 않고 대신에 연도(미래)를 각 칸에 기록하고 행에 제시하여 놓은 사상의 영향을 받을 다른 사상을 행에 적는 방법, 그리고 컴퓨터를 이용하는 기법 등을 들 수 있다.

따라서 집단과정 방법과 미래예측 방법은 자료 수집에 동원된 인원을 고려하지 않고, 수집하고자 하는 자료가 현황이나 실태를 파악하기 위한 것인지 또는 미래를 예측하기 위한 자료인지를 기준으로 구분해야 한다.

한편, 문서자료는 요구사정 자료의 내용 또는 성질을 의미하며, 인과분석은 수집한 자료를 통계적으로 처리하는 방법이다. 문서자료는 사회적 지표, 조직 또는 기관의 기록, 문서, 월보, 신문, 잡지, 연감, 통계연보, 인구조사, 교육평가 결과, 각종 부서에서 나오는 편람 등을 의미한다. 이는 현재 상태의 수준과 관계되는 과거 및 현재의 조건을 확인하는 데 매우 중요한 자료로 활용할 수 있다. 그리고 인과분석은 어떤 체제나 상황에 작용하는 요소나 조건들을 기술・분석하는 기법으로서, 상관분석, 회귀분석 등과 같은 통계적인 방법을 이용하여 인과관계를 밝힐 목적으로 활용되고 있다. 인과분석 기법은 가장 적절한 요구충족 방안이나 문제해결 전략을 합리적으로 선정하기 위한 기법으로 요구사정 시 주로 결과평가에 사용된다.

이와 같이 요구사정에서 정보를 수집하기 위해 사용할 수 있는 방법은 매우 다양하고 복잡하기 때문에 목적과 내용, 그리고 대상에 따라 적합한 자료수집 방법과 도구를 선정・이용해야 한다. 자료수집 방법과 도구는 수집하고자 하는 자료의 내용, 필요한 인력, 시간, 그리고 수집 대상자의 언어와 문자해독 능력에 의해 결정된다고 할 수 있다.

예컨대, 학교장면에서는 요구사정 자료를 수집하기 위한 방법으로 지필검사가 가장 많이 사용되고 있다. 그러나 교육정책, 학교시설, 학교운영, 수업방법, 교실환경 등을 사정할 때는 면접법과 설문지를 이용하는 조사법이 적합하고, 프로그램의 효율성 또는 수업방법에 관한 요구사정을 하는 경우에는 실험법과 검사법을 사용하여 자료를 수집하는 것이 바람직하다. 수업방법의 개선을 목적으로 요구사정을 할 때는 조사법과 면접법도 사용할 수 있으나 시간과 인력이 충분하다면 관찰법도 매우 효과적이다.

이와 같이 여러 가지 요구사정 방법과 도구는 각기 고유한 특징을 지니고 있어 절대적으로 가장 우수한 요구사정 방법이란 존재하지 않는다. 따라서 요구사정 실시자는 요구사정 방법들의 신뢰도, 타당도, 객관도, 적합성, 실용성 등을 종합적으로 파악하여 가장 적절한 것을 선택해서 사용하거나 제작해야 한다. 아울러 이러한 방법들을 사용하여 복잡한 공공정책 과정에서 수요자나 관련 집단의 요구를 정확하게 파악하고, 이를 통해 사회적 문제를 해결하고 어떤 정책의 산출 혹은 성취 결과를 설명할 수 있어야 한다. 다양한 요구사정 방법들을 통하여 수렴된 요구는 도덕적 혹은 정치적 설득의 수단으로서, 사회적 문제의 진단으로서, 정치적 진술로서, 그리고 자원배분의 결정수단으로서 이용된다.

제3절 교육정책에서 요구사정 기법의 적용

1. 교육정책에서 요구사정의 관점

그 동안 교육에 대한 요구는 국가주도하에 교육공급자에 의해 교육의 질이 주도되었다고 할 수 있다. 이는 교육공급자인 교원과 교육행정가가 더 많은 업무를 수행하고 그들이 배정받은 과업을 충실히 수행한다면 교육의 질이 향상될 것이라는 기대에 근거하고 있다. 교육정책 결정자들이 주도하는 교육개혁은 대체로 교사와 학생에 대한 평가를 강화하고 졸업과 교사 자격에 대한 기준을 보다 높게 설정하며, 교육과정을 보다 엄격하게 규정하고, 그리고 교재를 신중하게 선택하는 교육제도 등을 운영하여 왔다고 할 수 있다. 이러한 기존의 교육개혁은 권위주의적, 경직성, 폐쇄성 등으로 인해 많은 비판을 받게 되었다.

최근 정치, 경제, 사회는 변화를 수용하고 국가의 시장개입을 인정하되 다만 급진적인 변화에는 반대하면서 시민사회의 문제들을 시장의 원리에 따라 해결할 것을 요구하고 있다(Spring, 2011; 정일환 외 2016). 이러한 논리는 보수주의적 사고의 틀에서 배태한 신자유주의로서 기존 제도의 틀을 지키면서 점진적인 개선을 추구하고 있다. 신자유주의가 지향하는 이념에는 교육 수요자의 요구와 기대를 충족시키는 교육의 질과 수월성이라는 논리를 가지고 정당화하고 있다(김기수, 1998: 168). 아울러 한국 사회에서도 시민사회의 성숙화는 교육 분야에서 학부모단체, 교직단체, 시민단체들의 목소리가 커져가고 있으며, 누리과정, 무상급식, 학생인권, 교권 등 다양한 교육쟁점들에 대해 그들의 요구를 표명하고 있다.

이러한 관점에서 공공정책에 대한 요구는 우선, 바라는 결과를 성취하기 위해 올바른 시장기능의 전략에 초점을 두고 있다. 소득분배, 소비와 자원배분의 형태를 향상시키기 위한 사회 정의(social justice)와 일치시키고 있다. 이는 재화와 서비스에 대해 시민들이나 수요자들의 책무성을 제고하고, 공공재에 대해 개인의 선택을 전제로 하는 민주적인 참여 형태를 의미한다. 또한, 재화와 서비스의 제공자는 수요자 혹은 시민의 요구에 반응을 확인하는 전략에 초점을 두게 된다. 이것은 개별 공급자간에 효과적인 경쟁을 유도하고, 시장의 원리에 따라 이루어지도록 한다(Percy-Smith, 1996: 35-48). 따라서 포괄적인 공공정책에서 요구사정은 수요자의 요구를 중심으로 조직의 변화, 개발, 변혁의 기회를 확인하는 데 주로 사용된다.

이러한 요구중심 공공정책은 분권화와 효과성의 원리를 토대로 하고 있다. 분권화는 최상의 질 서비스를 제공할 뿐만 아니라 지역사회 의사결정에서 시민들의 적극적인 참여를 통해 지역사회 공공기관과 조직에 책무성을 제고하게 된다. 또한, 분권화는 시민들의 여론을 통해 그들에게 권한을 부여하기 위한 기반을 제공한다. 서비스 관리자와 지역사회 집단들은 자원에 대해 실제적 권한을 가지고 지역 상황을 고려하여 주요 정책에 힘을 기울일 수 있는 자유로운 지역전략을 수립하게 된다(Hambleton & Hoggett, 1993: 67). 그 결과 지역적 자유재량에 따라 요구와 우선순위를 규명하고, 지역 상황에 적절한 정책과 서비스를 채택하게 된다. 아울러 분권화는 서비스 간의 조정, 지역 권위로서 조직의 다양한 목적과 지역기관 간의 조정 향상에 도움이 되게 된다.

또한, 사회정책의 근본 목적은 그 결과를 효과적으로 성취하는 데 있으며, 여기에 따른 성과는 사회적으로 인정받게 된다. 따라서 효과성의 원리도 중요하게 다루어지게 된다. 정책은 사회적 문제의 진단과 사회적 결과의 가치와 관련하여 대부분 중요하게 고려된다. 사회문제 분석과 바라는 결과에 대한 우선순위는 그러한 관점을 수용하며, 이해관련 집단들의 관심은 합리적인 정책 결정과 자원배분에 초점을 두게 된다. 그러나 이와 같은 결정보다 더 중요한 것은 바라는 성과의 성취에 대한 효과성을 사정하는 것이며, 그 성과의 정도는 이용 가능한 정책 수단의 범위 내에서 모두 성취할 수 있어야 하는 상대적 효과성을 의미한다.

이상에서 살펴본 바와 같이, 최근 공공정책 및 교육정책에서 요구사정은 신자유주의적 관점에서 강조하고 있는 바와 같이, 교육관련 집단의 요구와 기대를 충족시키고, 교육의 질 향상을 위한 방법 및 절차로서 활용되고 있다. 즉 교육체제 및 교육조직의 질 개선 방법으로서 총체적 질 관리(total quality management: TQM), 총체적 질 개선(total quality improvement: TQI), 지속적인 질 개선(continuous quality improvement: CQI), 단위학교 책임경영제(school-based management: SBM) 등에서 요구사정이 그 절차의 일부로서 도입·활용되고 있다. 이는 교육 수요자들의 요구에 관한 현재 상태와 바라는 상태간의 격차를 규명하는 데 요구사정이 널리 활용되고 있음을 보여 준다. 특히, 교육조직의 변화과정에 있어서 TQM 집행에 선행하여 요구사정이 이루어져야 하는 이유로는 교육조직 구성원과 경영자의 헌신 제고, 신뢰구축, 충분한 계획과 시간, 적절한 훈련(연수), 결과에 필요한 비전 제시, 자원 확보, 효과적인 감독과 평가체제 등의 활동에 중요한 역할을 하기 때문이다(Herman & Herman, 1995: 14~18; McClelland, 1995: 219).

2. 교육정책 과정에서 요구사정 기법의 적용

교육적 · 사회적 갈등으로 교육문제나 교육쟁점이 발생하여 정부에 귀속되면 이러한 교육문제를 해결하기 위해 다양하고 합리적인 정책수단을 선택하게 된다. 특히, 교육과 관련한 문제는 다른 어떤 서비스와 프로그램에 비해 학부모, 교사, 학교, 학문(교과), 지역사회 등과 같이 여러 사람 또는 기관들의 이해가 복잡하게 얽혀 있어 교육관련 집단의 요구를 합리적으로 반영하여 민주적인 교육정책의 수립과 집행이 이루어져야 한다. 아울러 교육의 질 제고를 위해 교육 수요자 중심의 교육이 강조되고 있어 요구사정을 통해 합리적인 교육정책을 결정 · 집행해야 할 필요성이 증대되고 있다고 할 수 있다. 따라서 교육정책 과정과 요구사정과의 관계를 살펴보고 교육정책 부문에서 요구사정 기법의 적용에 대해 모색한다.

교육정책에서 요구사정 실행은 관련 대상 및 내용을 결정하여 이에 적합한 요구사정 방법의 선정과 절차에 따라 이루어지게 된다. 교육정책 과정과 요구사정의 관계는, [그림 10-1]에서 보는 바와 같이 교육정책 과정의 매 단계마다 할 수 있으며, 교육정책의 전체적인 과정을 통해 요구사정을 실시할 수도 있다. 요구사정은 교육정책 과정의 각 단계마다 목적확인, 준비작업, 계획수립, 전략결정, 자료수집, 자료 분석, 결과보고, 결과활용, 결과평가의 단계를 거치면서 체계적 · 조직적으로 실시된다.

또한, 교육정책 의제설정, 교육정책결정, 교육정책집행, 교육정책 평가, 그리고 교육정책 종결 등 교육정책의 전체 과정 속에서 요구사정을 활용할 수 있다(정일환 외, 1999: 124-126). 첫째, 교육정책 의제설정의 단계에서는 Dahl 등 다원론자들의 주장에서처럼 소수의 권력자들, 특히 정치적으로 선출되고 이들에 의해 임명되는 정책결정자들은 대개 어떤 특정한 문제에 대하여 일반 시민이나 관련 집단의 요구에 민감하게 움직이게 되므로 이들의 요구를 사정할 필요성이 있다.

따라서 관련 집단이나 시민 중의 일부가 어떤 사회문제로 인하여 어려움을 겪고 있다든지, 혹은 피해를 입고 있는 경우 이들로부터 지지를 얻기 위하여 적극적으

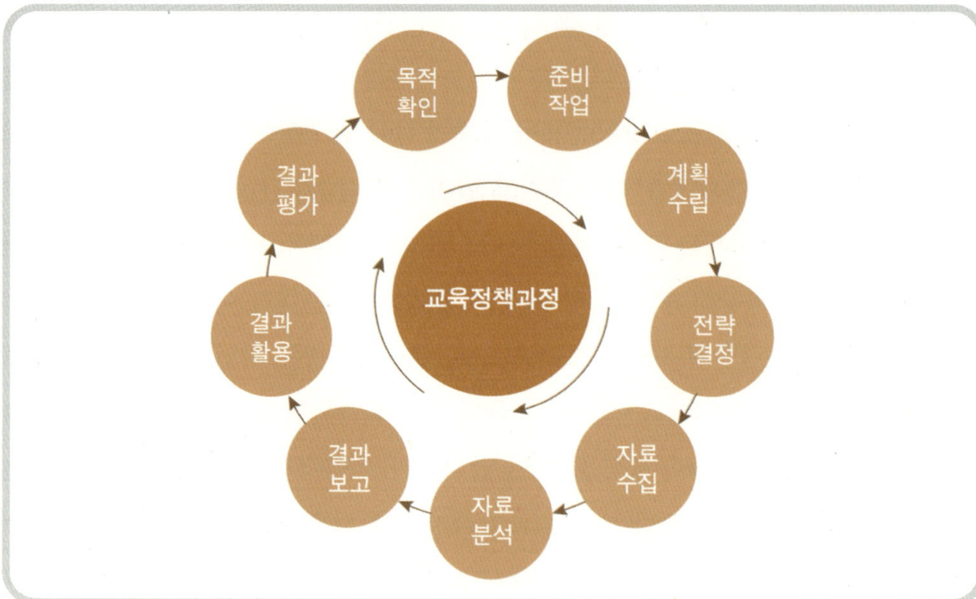

그림 10-1 교육정책과정과 요구사정과의 관계

로 이 문제를 정책결정체제로 끌어들여 정책 의제화하게 된다. 특히, 지방자치제와 교육자치제가 실시된 이후 정치적으로 선출되는 국회의원은 물론 지방의 자치단체 장, 시·도의원, 시·군·구의원들은 중앙집권적인 교육행정 체제하에서와는 달리 보다 민감하게 교육관련 집단들의 요구에 대응하게 되어 요구사정의 필요성이 강조되고 있다.

둘째, 교육정책 결정단계에서 보면, 교육행정기관 또는 학교에서는 설정한 목표를 효율적으로 달성하기 위하여, 그리고 당면한 문제를 합리적으로 해결하기 위하여 최선의 대안 탐색과 결정을 위한 노력을 기울이게 된다. 특히, 교육조직이 지닌 특성, 예를 들어 교육목적의 추상성, 구성원의 이질성, 투자효과에 대한 회임 기간의 장기성 등을 고려할 때 합리적인 의사결정에 대한 관심은 매우 높다고 할 수 있다. 따라서 교육조직에서는 문제해결과 목표달성의 효율화를 위하여 누가, 어떻게 의사결정을 하는가, 의사결정의 구조와 절차는 어떠하며, 참여집단은 누구인가, 의사결정 과정에서 제 변인들은 어떤 상호작용을 하는가, 그리고 합리적인 의사결정을 위한 전략은 무엇인가 등에 초점을 두게 된다.

이러한 측면에서 민주적이고 합리적인 교육정책 모색을 위한 정책결정과 우선순위 결정에 필요한 정보의 수집과 활용, 정책결정자의 책무성 확인 및 교육 관련 당사자들의 의사소통을 촉진하기 위해 이들의 요구를 사정할 필요가 있다. 또한, 민주화·분권화의 교육환경 체제에 따라 학교중심의 자율적인 학교경영 또는 단위학교 책임경영제가 부각됨으로써 학교운영에 대한 조직 구성원의 의사결정의 참여 범위와 참여적 의사결정에 대한 관심이 고조되고 있다. 이는 교육정책 결정 및 학교조직의 개선에 교육 수요자의 요구를 수렴하여 그들의 요구를 충족시켜 교육의 질을 제고하는 것이라 할 수 있다.

셋째, 그 동안 교육정책이 많은 시간과 예산, 인력 등의 자원이 동원되어 결정된 이후 정책이 과연 의도한 대로 집행·추진되고 있는가에 대해서는 관심을 두지 못하였다고 할 수 있다. 또한, 교육정책 과정의 흐름이 단순히 논리적으로 이루어지기보다는 교육정책 집행과정에서 다양한 이해관계 집단이 개입하게 되고, 이러한 상황 하에서 합리적·분석적·체계적인 교육정책 결정이 이루어 졌다고 하더라도 실제적으로 의도했던 교육정책 목표를 달성하지 못하고 흐지부지되거나 실패하게 되는 경우가 발생함에 따라 이러한 현상을 보다 실증적으로 규명할 필요성이 점증하고 있다.

한편, Elmore(1979: 610)는 집행 분석이 정책결정에 좀 더 유용한 정보를 제공하기 위해서는 후방향적 접근방법을 취해야 한다고 주장하면서 정책집행은 그 참여자들 사이의 상호작용으로 이해하여 정치성, 분권화, 민주성 등의 개념을 강조하고 있다. 교육정책 집행에서 상층부가 아닌 일선 교육행정조직 또는 최하층부 집행과정의 구체적인 행태에 초점을 맞추는 후방향적 접근은 조직 내에서의 구성원의 요구를 적극 반영하게 된다. 이러한 측면에서 교육정책 집행에서 요구사정은 교육정책 집행에 필요한 재정, 시설, 인력 등과 같은 자원 배분 시 활용될 수 있다.

넷째, 교육을 포함한 사회 전반의 프로그램에 대한 관리와 행정에 있어서 평가는 매우 중요한 기능을 수행하고 어떤 정책이나 프로그램의 지속, 변경, 개선 혹은 종결시키는 데 필요한 정책결정에 유용한 정보를 제공하게 된다. 교육정책 평가의 주된 관심은 교육정책이나 프로그램에 대하여 준거를 설정하고 대안에 대한 정확한 정보에 근거하여 공식적으로 체계적인 평가방법의 탐색에 초점을 둔다. 다원화·민주화·지방화 시대에 교육조직에서 구성원의 역할 제고 및 참여증대와 교육정책에 대한 관련 집단 및 수혜집단의 영향을 제대로 파악하기 위해서는 정책결과나 성과에 의존한 평가보다는 교육정책이 집행되는 모든 상황을 정확히 기술·묘사하는 자연주의적 평가접근 모형이 요구된다.

특히, 집행된 교육정책이나 학교조직에서 이루어지는 학교경영이나 학급경영의 성과에 대한 평가는 단순히 계량화된 목표 달성도보다는 관련 집단 및 수혜집단이나 조직 구성원들의 요구에 대한 대응성을 어느 정도 확보하였는가를 파악하는 것이 중요하다. 따라서 교육정책에서 요구사정은 교육관련 당사자 및 조직 구성원들의 요구에 대한 대응성을 효율적으로 확보하기 위한 방안으로 활용할 수 있으며, 교육정책 결과에 대한 의사결정자들의 책무성의 확인과 교육정책 결과에 대한 평가기준을 제공하는 것이라 할 수 있다.

끝으로 교육정책 변동의 한 유형으로서 교육정책 종결의 단계는 정부가 교육 재정적 위기에 대처하기 위한 방안으로서 프로그램을 축소시키거나 폐지하는 것을 의미하는 것이라고 할 수 있다. 교육정책의 종결은 드물게 발생되기는 하지만 교육정책에서 요구사정의 활용은 교육정책의 존폐여부에 대한 의사결정 규명에 도움을 줄 수 있다. 아울러 요구사정 세부 단계에서 이전 단계의 상호 검토·보완도 언제나 가능하다. 교육정책에서 요구사정은 세부단계인 전략결정의 단계에서 다시 목적확인의 단계를 검토할 수도 있는 순환적인 과정이라고 할 수 있다.

한편, 교육정책에서 요구사정 활용절차는 앞에서 제시한 요구사정의 절차를 토대로 제시할 수 있다. 교육정책 과정에서 요구사정의 첫 번째 단계는 목적확인 단계로서 교육정책, 방침, 그리고 교육활동에 있어 요구사정의 분명한 목적을 제시하고 요구충족과 관련한 목표들을 확인한다. 즉, 교육정책의 개발 및 개선에 필요한 사항의 확인, 우선순위 결정에 필요한 정보의 수집과 활용 혹은 교육정책의 수립과 존폐여부에 대한 의사결정 등 명확한 목적을 확인한다.

교육정책에서 요구사정의 둘째 단계는 준비 작업단계로서 요구사정 준비위원회를 조직하고 요구사정 도구, 예산, 인력 등의 검토・개발 및 요구사정과 관련한 제반 사항에 대해 준비를 한다. 특히, 요구사정위원회의 조직은 교육정책에서 전문성과 객관성을 확보하고, 교육 및 학교의 질 개선을 위한 다양한 교육정책을 성공적으로 정착시킬 수 있는 역할을 수행한다.

셋째 단계는 교육정책에서 요구사정 전반에 대한 계획을 수립하는 단계이다. 요구사정 대상, 시기, 절차, 그리고 산출까지를 포함하여 전반적인 계획을 수립한다. 넷째 단계에서는 전략결정 단계로서 채택하려는 교육정책, 방침, 활동에 관한 적절한 전략을 결정하고 우선순위를 결정한다. 즉, 교육정책의 개선이나 교육조직의 변화와 발전을 위한 요구가 무엇인지, 그리고 요구를 충족시키기 위한 가능한 모든 문제해결의 전략을 선정・열거한다.

다섯째는 교육정책에서 요구사정의 자료수집 단계이다. 여기서는 교육정책 요구별로 요구의 상태(현재 상태와 바라는 상태)와 자료원(data source)을 구분하여 자료를 수집한다. 요구사정 대상 집단과 문제영역의 범위를 좁히고 가능한 모든 자료원을 검색한다. 아울러 자료 수집방법, 선택기준 등을 구분하여 설명하게 된다. 특히, 자료수집 방법에는 앞에서 기술한 관찰법, 면접법, 집단과정 방법, 미래예측 방법 등 요구사정의 제 방법들을 사용할 수 있다. 자료의 내용은 학교 혹은 교육정책에 관한 태도, 교육조직 및 풍토 등이 될 수 있다. 아울러 교육 관련 집단의 개개 관심사와 관련된 현재 상태의 자료도 수집한다.

여섯째는 자료 분석 단계로서, 수집된 자료를 바탕으로 교육정책 요구사정의 목적에 맞게 자료를 처리・분석한다. 아울러 이 단계에서는 교육관련 집단이나 수혜집단으로부터 수집한 자료를 비교, 대조, 그리고 해석하는 데 초점을 두게 된다.

일곱째는 결과보고 단계로서, 교육정책에 대한 요구사정을 필요로 하는 사람들과 교육정책 결정자 및 집행 관료들에게 요구사정에서 얻은 결과를 보고하게 된다. 요구사정의 실시와 사정결과를 토대로 요구사정위원회는 우선순위 결정과 해결방안 탐색에 필요한 토론을 촉진하고 전문적 · 기술적인 조언을 제공한다. 어떤 교육정책이 마련되기 위해서는 교육정책결정자의 관심 영역 안에 들어가야만 공식 의제화될 수 있다는 것도 고려해야 한다. 아무리 교육관련 집단이 중요하다고 생각해도 교육문제가 교육정책 결정자의 관심영역 안에 있지 않으면 정책화되기 어렵기 때문이다.

여덟째 단계인 결과활용에서는 요구사정을 통해 얻은 결과 등을 실제 교육정책에서 적절하게 활용해 보는 단계이다. 요구사정 결과를 토대로 교육 정책안을 제시하거나 교육관련 집단의 반응을 파악해 볼 수 있다.

마지막으로 결과평가 단계에서는 자료수집의 장애요인, 산출의 장애요인과 요구사정 결과의 정도에 대해 타당하고 합리적이었는가를 평가하게 된다. 이는 교육요구의 우선순위를 조사 · 결정하여 최적의 전략을 선택 · 결정하며, 교육문제 해결 방안의 합리성, 적시성, 인적 · 물적 자원, 그리고 예산 등을 고려하여 실행하게 된다. 또한, 요구사정 내용과 방법의 장 · 단점 등이 포함되어야 하며, 여러 인과분석 기법을 이용하여 요구사정 과정과 결과를 평가하게 된다.

이상에서 기술한 교육정책 과정에서 요구사정의 절차는 교육정책이 이루어지는 여러 과정의 다양성, 복잡성, 긴급성 등으로 인하여 실제로 매 과정별로 모든 교육관련 집단 및 수혜 집단들의 요구를 수집 · 사정하기란 용이하지 않다. 또한, 교육현안에 대해 관련 집단들을 대상으로 요구사정을 실시 · 반영하더라도 최적의 교육정책을 선택 · 집행할 수 있다는 판단을 할 수 없다. 왜냐하면 교육정책에서 요구사정 기법을 적용할 경우 요구사정에 참여하는 집단들의 요구가 얼마만큼 전체의 요구를 대표할 수 있는지와 집단 간의 이해관계로 조정될 부분을 고려해야 하기 때문이다. 요구사정 실시이유, 실시대상, 실시결과의 활용 등을 충분히 고려하여 요구사정 실시로 인해 소요되는 비용과 시간, 집단 간의 갈등 등을 최소화할 필요가 있다. 관련 집단들의 의견이나 요구를 모두 수용했다고 해서 반드시 바람직한 교육정책을 수립 · 집행했다고 할 수 없다. 개별 교육정책이 지니고 있는 목적, 유형, 특성 등에 따라 요구사정 기법을 신중히 적용해야 할 것이다. 따라서 이슈화되고 있는 개별 교육정책에 대하여 중점적으로 관련 집단들을 대상으로 한 요구사정 결과를 토대로 민주적이고 합리적인 교육정책이 이루어져야 할 것이다. 궁극적으로 체계적인 요구사정을 통하여 교육 수요자 중심의 교육변화와 발전을 모색하고, 글로벌 사회에서 교육의 질을 제고하여야 할 것이다.

사회 각 부문에서 수요자의 요구를 수렴하고 서비스의 질을 제고하기 위한 방법으로 요구사정 기법이 다양하게 모색되고 있는 바, 교육 분야도 예외는 아니다. 최근 교육의 경쟁력 제고를 위한 교육개혁의 추진에 따라 다양한 관련 집단의 정확한 요구를 체계적으로 파악하기 위하여 요구사정의 방법 및 이에 대한 훈련이 교육 현장에 점차 활용되고 있다. 교육정책 과정의 복잡성과 다양성, 교육재원의 한계, 교육정책에 대한 사회적 책무성 점증 등은 교육정책에 대한 관련 집단 및 수혜 집단들의 요구를 정확히 파악·반영해야 됨을 보여주고 있다. 따라서 민주적이고 합리적인 교육정책 수립을 위해 요구사정 기법은 중앙 및 지방교육정책의 수립이나 집행 시 관련 집단이나 수혜 집단들의 요구를 반영하는 데 적극적으로 도입·활용되어야 할 것이다. 아울러 일선학교 교육활동이나 운영에서도 학부모, 지역사회, 학생 등 직접적인 교육 수요자들의 요구를 체계적으로 반영하여 민주적이고 자율적인 학교경영체제의 정착과 단위학교의 교육력을 제고하는 데 기여해야 할 것이다.

Chapter 11

교육정책분석의 주요 기법

개요

정책분석은 정부가 수행하는 정책의 원인이 되는 정책문제를 규명하고, 이를 해결하기 위한 정책대안의 결과를 체계적으로 기술하고 과학적인 방법으로 탐구하는 활동이다. 정책분석은 정책결정과정 즉, 정책문제의 규명, 정책대안의 결과 예측, 선호되는 정책대안의 처방, 관찰된 결과의 점검 등에 대한 정보를 창출하고 전달한다. 따라서 교육정책분석도 교육정책 문제의 규명, 교육정책대안의 결과 예측, 선호되는 교육정책대안의 처방, 관찰된 교육정책 결과의 점검 등에 관한 정보를 창출하고 전달한다. 이러한 교육정책분석의 각 단계에서 활용되는 주요 분석기법으로는 분류분석, 가정분석, 시계열분석, 회귀분석, 델파이기법, 비용-편익분석, 비용-효과분석 등을 들 수 있다. 이 장에서는 교육정책분석의 각 단계에서 활용되는 주요 분석 기법을 살펴본다.

제1절 교육정책분석의 개념과 절차

1. 교육정책분석의 개념과 특성

정책분석(policy analysis)은 일반적으로 정책내용, 정책과정, 정책 산출, 정책결과의 목적 달성에 대한 평가 등을 가리킨다. 이외에도 정책결정을 위한 정보 산출, 정책결정과정의 변화를 위한 개발을 포함한다. Laswell(1970)은 정책학을 정책과정에서 사용될 지식의 산출, 그리고 정책 및 정책과정에 관한 지식으로 구분하였다. 이러한 구분에 따르면 정책분석은 정책을 위한 분석으로서 정책의 개발, 정책을 위한 정보 창출, 정책의 모니터링과 평가, 그리고 정책에 관한 분석으로서 정책의 내용 및 정책결정에 관한 분석을 포함한다(노화준, 2012).

요컨대, 정책분석은 광의적인 의미로서는 정책에 관한 분석까지도 포함하지만 협의적인 의미로서는 정책을 위한 분석을 말한다. 정책분석은 정부가 수행하는 공공 정책을 위해서 특정한 공공정책의 원인과 결과를 체계적으로 기술하고 과학적인 방법을 통해서 보편적 지식을 탐색하는 활동이다. 따라서 교육정책분석은 정부가 수행하는 교육정책의 원인과 결과를 체계적으로 기술하고 과학적인 방법으로 탐구하는 활동으로 정의할 수 있다.

정책분석은 국내외 공공 정책문제에 과학적인 방법을 적용한 일종의 응용과학이다. 따라서 공공 정책문제에 대한 정책분석을 수행하기 위해서는 정책문제와 관련된 정치학, 경제학, 사회학 등 사회과학에 대한 지식과 여러 가지 양적이고 질적인 분석기법을 필요로 한다. 따라서 교육정책분석을 수행하기 위해서는 사회의 교육문제 해결에 필요한 교육학, 정치학, 경제학, 사회학을 비롯한 사회과학적인 지식과 여러 가지 분석기법을 필요로 한다.

정책분석은 일반적으로 다음과 같은 특성들을 가지고 있다(노화준, 2012).

첫째, 정책분석은 광범위한 정책이슈를 다룬다. 따라서 단일한 학문분야가 아니라 여러 분야의 학제적인 분석방법을 필요로 한다.

둘째, 정책분석은 정치학이나 행정학에 비해서 통계학이나 체제분석에서 개발된 계량적인 기법들을 많이 활용한다.

셋째, 정책분석은 경영과학(OR)이나 체제분석에 비해서 정책이 결정되고 난 이후에 정책집행이나 관리에도 많은 관심을 가진다.

넷째, 정책분석은 문제를 해결하기 위한 목적을 달성하기 위해서 여러 대안의 구체화뿐만 아니라, 형평성, 윤리성 등 규범적인 이슈에도 주의를 기울인다.

다섯째, 거시적인 정책분석을 위해서는 환경의 불확실성, 주요 사건의 발생 가능성에 대한 확률, 과거의 반복되는 역사, 사회·정치·문화적 환경요인 간의 관계 등을 중요하게 다룬다.

이상의 정책분석의 특성에 비추어 볼 때 교육정책분석은 학제적인 분석방법의 활용, 계량적인 기법과 질적인 방법의 활용, 정책결정 뿐만 아니라 정책집행의 관심, 문제해결을 위한 대안의 구체화, 형평성 및 윤리성 등 규범적인 이슈, 사회적·정치적·문화적·역사적 환경요인 등을 고려하는 특징을 지닌다.

2. 교육정책분석의 절차

교육정책분석의 절차는 학자에 따라서 다양하게 제시되고 있다. Quade(1983)는 정책분석의 일반적인 단계로서 문제를 명료화하고 목표를 결정하는 형성단계, 대안을 설계하는 탐색단계, 미래 환경이나 정책을 집행할 상황을 파악하는 예측단계, 정책의 영향을 측정하기 위한 모형을 구안하고 활용하는 단계, 대안을 비교하고 순위를 부여하는 평가단계를 제안하고 있다. 국내 학자 중에서 노화준(2012)은 여러 학자들의 정책분석 절차에 대한 논의를 종합해서 정책분석의 단계를 정책문제의 정의, 목표의 설정과 대안의 탐색·개발 및 설계, 효과적 측정 수단의 형성, 효과성 측정 수단에 의한 대안의 평가, 최적대안의 건의와 선택 등으로 구분하고 있다. 한편, Dunn(2012; 2013)은 정책분석의 과정을 다음과 같은 5단계([그림 11-1]

참조)로 구분하고 있다.

첫째, 문제를 인식하고 탐색하며 구체화하는 정책문제의 구조화 단계이다.

둘째, 정책문제에 대한 정보를 기초로 하여 기대되는 정책대안의 결과에 대한 정보를 산출하는 정책결과의 예측단계이다.

셋째, 기대되는 정책대안의 결과에 대한 정보를 선호하는 정책대안에 관한 정보로 전환하는 정책의 처방단계이다.

넷째, 정책의 운영과 이로 인한 관찰된 결과간의 관계를 파악하는 정책결과의 점검단계이다.

다섯째, 정책결과의 가치에 대한 정보를 산출하는 정책성과의 평가이다. 본 장에서는 Dunn이 제시한 정책분석의 5단계를 기본으로 해서 교육정책분석의 각 단계별로 활용되는 주요 정책분석 기법들을 살펴본다.

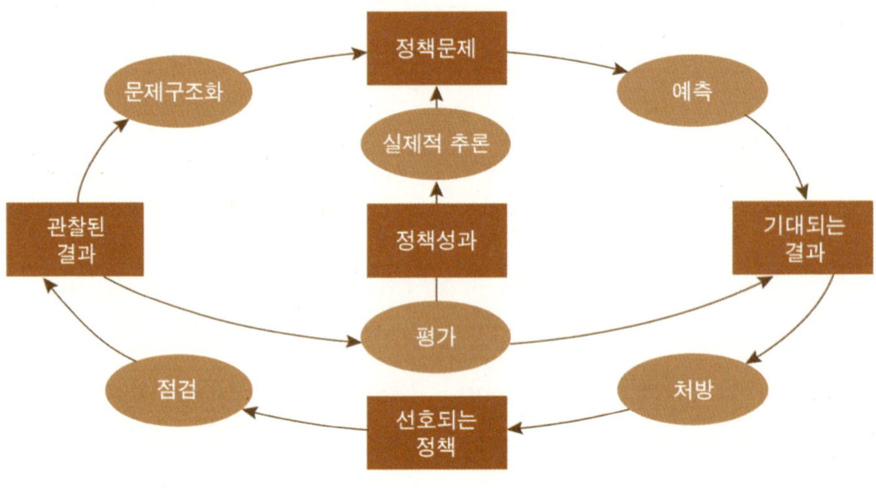

출처: Dunn(2012; 2013)

그림 11-1 정책분석의 과정

제2절 교육정책문제의 구조화

교육정책문제는 실현되지 못한 교육적 욕구, 가치 또는 개선의 기회이다. 교육정책문제의 본질, 범위, 심각성 등에 관한 정보는 문제의 구조화라는 분석절차를 통해서 산출된다. 정책분석가는 정책문제의 구조화를 통해서 실제 문제를 인식하고 구체화하며 명료화한다. 특히, 교육정책문제는 일반적으로 상호의존성, 주관성, 인위성, 불안정성 등의 특성을 지닌다(Dunn, 2012; 2013).

첫째, 교육정책문제의 상호의존성이다. 특정 영역의 정책문제는 다른 영역의 정책문제들에 영향을 미친다. 예컨대, 대학교육문제는 기업의 고용 및 인사방침과도 밀접한 관계를 갖고 있기 때문에 대학교육문제를 해결하기 위해서는 경제 분야의 고용 정책 및 인사방침과도 조율되어야 한다.

둘째, 교육정책문제의 주관성이다. 교육정책문제를 일으키는 외부 조건이나 상황은 교육정책분석가에 의해 선택적으로 정의되고, 분류되고, 설명된다. 교육정책문제로 규정되기 위해서는 객관적인 상황에 대한 교육정책분석가의 주관적인 판단이 작용하게 된다.

셋째, 교육정책문제의 인위적인 특성이다. 교육정책문제는 교육정책분석가에 의해서 객관적인 문제 상황을 바꾸는 것이 바람직하다고 인식될 때에 채택된다. 따라서 교육정책문제는 사회적으로 구조화되고, 유지되고, 변화되는 인위적인 특성을 지닌다.

넷째, 교육정책문제의 불안정성이다. 교육정책문제에 대한 정의는 다양하며, 이의 해결방안도 다양하다. 따라서 교육정책문제는 항상 유동적이며 다양하고, 불안정적인 특성을 지닌다.

교육정책문제의 구조화는 교육정책결정의 의제설정단계에서 문제의 정의에 내재해 있는 가정들을 도출하는 데 활용할 수 있는 정책관련 정보를 제공한다. 문제 구조화는 숨겨진 가정들을 찾아내고 원인들을 진단하고, 가능한 목적들을 설정하고, 상충되는 견해들을 종합하며, 새로운 정책대안들을 가시화하거나 발견하거나 설계하는 데 도움을 준다.

교육정책문제는 일반적으로 구조화가 잘 된 문제, 어느 정도 구조화가 된 문제, 그리고 구조화가 잘 안된 문제로 구분된다. 이러한 문제들은 상대적으로 문제의 복잡성과 관련된다. 첫째, 구조화가 잘된 문제는 의사결정자가 한사람 또는 소수이며, 정책대안도 소수에 그친다. 정책대안의 효용성은 목표에 대한 의견의 일치를 반영하고, 의사결정자의 선호에 따라 순위가 정해진다. 각 대안의 결과는 완전한 확실성 또는 어느 정도 받아들일 수 있는 오류 내에서 파악된다. 구조화가 잘 된 문제는 의사결정이 이루어질 때에 어느 정도 전산화되어 처리될 수 있고, 모든 정책대안의 결과는 사전에 프로그램화 되어 파악될 수 있다.

둘째, 어느 정도 구조화된 문제는 한사람 또는 소수의 의사결정자가 관련되고, 상대적으로 제한된 수의 대안을 검토하게 된다. 정책대안의 효용성에 대한 의견의 불일치가 존재하지만 협상과 타협에 따라 어느 정도 조정될 수 있다. 대안의 결과는 오차 범위 내에서 측정이 가능하다.

셋째, 구조화가 잘 안된 문제는 정책대안의 효용성이 파악되지 않거나, 일관성 있게 순위를 매기는 것이 불가능한 경우이다. 구성원들 간에 추구하는 목표가 대립되어 갈등이 발생되는 경우이다. 정책 대안의 결과는 파악하기 어렵고, 주관적 확률을 사용할 때 위험 부담이 크게 발생된다. 그러나 실제 사회에서 많은 중요한 교육정책문제들이 구조화가 잘 안되어 있는 것이 일반적이다.

따라서 구조화가 잘 안된 문제의 경우는 구조화가 잘 된 문제의 해결을 위한 방법을 그대로 적용할 수가 없다. 잘 구조화된 문제 해결은 분석가가 전통적인 방법을 사용할 수 있으나, 구조화가 잘 안된 문제는 문제 그 자체의 구조화를 위해서 분석가가 능동적이고, 의식적으로 참여해야 한다. 정책분석가는 문제의 본질을 적극적으로 정의하기 위해서 문제 상황을 파악하고, 때로는 성찰적 판단과 통찰력, 창의성을 발휘해야 한다. 특히 문제 구조화에서 주요 이슈는 해결을 위하여 파악된 공식적 문제가 원래의 문제 상황과 실제로 얼마나 잘 일치하느냐라는 점이다.

즉, 공식적으로 해결하려는 문제가 실제로는 잘못된 문제인 경우에 이는 제3종 오류에 해당된다. 교육정책문제의 구조화는 문제의 탐색, 문제의 정의, 문제의 구체화, 문제의 감지 등의 단계를 거친다. 교육정책문제를 구조화하는 방법으로는 여러 가지가 있으나 여기서는 개념의 명료화를 위한 분류분석과 가정 분석을 검토한다.

1. 분류분석

분류 분석(classificational analysis)은 문제 상황을 정의하고 분류하는 데 사용되는 개념을 명료화하기 위해 사용되는 기법이다. 분류 분석은 두 가지 주요한 절차인 논리적 분할과 논리적 분류에 기초한다. 논리적 분할(logical division)은 특정한 계층을 선택하여 이를 구성하는 하위요소로 분할하는 작업이다. 반면에 논리적 분류(logical classification)는 특정한 상황, 대상, 사람을 보다 큰 집단이나 계층 즉 상위요소로 통합하는 작업을 가리킨다. 특정한 분류체계가 문제 상황에 적합하고 동시에 논리적으로 일관성 있게 작성되기 위해 고려해야 하는 일련의 규칙이 있다. 이러한 규칙으로서 실질적 관련성, 총망라성, 분절성, 일관성, 계층적 독특성이 제시된다(Dunn, 2012; 2013).

첫째, 실질적 관련성(substantive relevance)이다. 다루어지는 문제는 문제 상황의 현실과 가능한 일치하여야 한다는 규칙이다.

둘째, 총망라성(exhaustiveness)이다. 분류분석에서 활용되는 범주는 가능한 모든 요소를 포함해서 다루어져야 한다는 규칙이다.

셋째, 분절성(disjointedness)이다. 모든 범주는 상호 배타적으로 한다. 즉, 각 요소는 단지 하나의 범주 또는 하위범주에 속해야 한다는 규칙이다.

넷째, 일관성(consistency)이다. 각 범주와 하위범주는 하나의 분류 원리에 따라서 구분되어야 한다.

다섯째, 계층적 독특성(hierarchical distinctiveness)이다. 분류체계(범주, 하위범주 등)에서 수준은 신중하게 구분되어야 한다.

2. 가정 분석

가정 분석은 정책문제에 관한 서로 상반되는 가정의 창의적인 종합을 목표로 하는 기법이다. 가정 분석은 문제를 구조화할 때 다른 기법과 결합하여 사용될 수 있다. 가정 분석은 정책분석의 한계점을 극복하기 위해서 고안되었다. 예컨대, 정책분석은 특정한 시점에서 실현될 수 있는 분명한 우선순위의 가치를 지닌 하나의 의사결정자라고 하는 가정의 한계이다. 또한, 정책분석은 일반적으로 문제의 본질과 잠정적인 해결방안에 대한 다른 견해들을 체계적으로 고려하지 못한다. 가정 분석은 일반적으로 이해관계자 식별, 가정 표출, 가정 도전, 가정 집계, 가정 종합 등의 절차를 거친다(Dunn, 2012; 2013).

첫째, 이해관계자 식별이다. 이 단계에서 정책 이해관계자가 파악되고 등급이 매겨지며 우선순위가 부여된다. 이해관계자의 식별, 등급, 우선순위 결정은 정책과정에서 그들의 영향력과 영향을 받는 정보에 대한 평가에 기초한다.

둘째, 가정 표출이다. 이 단계에서 분석가는 제안된 특정한 문제의 해결방안에서 이 제안을 뒷받침하는 자료와 결합하여 자료의 결과로서 제안을 도출하게 한 가정으로 작업을 거꾸로 진행한다. 정책이해관계자가 제시한 각 해결방안에는 제안에 명시적 또는 묵시적으로 담겨있는 가정의 목록이 포함되어야 한다.

셋째, 가정 도전이다. 이 단계에서 분석가는 일련의 제안과 이에 담겨있는 기본가정을 비교하고 평가한다. 이를 통해서 제안 속에 담겨있는 가정들은 다른 가정, 특히 가장 다른 대립가정들과 체계적으로 비교하게 된다. 이러한 과정을 통해서 활용되고 있는 가정보다 상반된 대립가정이 보다 개연성이 높을 경우 정책문제를 재개념화하기 위한 기본 가정으로 채택될 수 있다.

넷째, 가정 집계이다. 가정의 도전단계가 완료되면 이전 단계에서 다양하게 제안된 해결방안이 수집된다. 이러한 가정들은 각자 다른 이해관계자들에 대한 상대적 확실성과 중요성의 관점에서 우선순위가 부여됨으로써 절충된다. 이를 통해서 가능한 많은 이해관계자들이 동의하고 수용할 수 있는 가정의 목록을 작성한다.

다섯째, 가정 종합이다. 최종 단계는 문제에 대한 종합적 해결방안의 창출이다. 가정 분석 방법은 가정 그 자체보다 제안된 문제 해결방안에서 시작된다. 이는 대부분의 정책이해관계자들이 제안된 해결방안은 알고 있지만 이의 근거가 되는 가정은 거의 인식하지 못하고 있기 때문이다. 또한 이 방법의 특징은 가능한 같은 자료나 정책관련 정보에 초점을 둔다. 이는 정책문제의 개념화를 둘러싼 갈등은 '사실'의 문제라기보다 같은 자료를 이해관계자들이 각각 다르게 해석하는 데서 발생하는 경우가 많기 때문이다. 가정 분석은 정책문제의 구조화에 실제로 참여하는 정책이해관계자 집단들이 정책문제의 본질과 관련하여 논리에 입각한 논쟁을 수행할 수 있도록 도와주는 주요 기법이다.

제3절 교육정책 대안의 결과 예측

예측은 정책문제에 대한 사전 정보를 기초로 하여 기대되는 정책대안의 결과에 대한 정보를 산출한다. 예측은 일반적으로 투사, 예견, 추측의 형태를 지닌다. 투사(projection)는 과거로부터 현재까지의 추세를 미래로 연장하는 방법이다. 투사는 특정한 방법(예: 시계열분석)이나 유사한 과거의 정책 사례에 기초해서 미래의 사회 상태를 분석한다. 예견(prediction)은 이론적 법칙, 이론적 명제, 유추 등에 기초하는 예측이다. 추측(conjecture)은 사회의 미래 상태에 대해서 전문가들에 의해서 이루어지는 식견 있는 판단(informed judgments)에 기초하는 예측방법이다. 정책관련 인사들의 통찰력, 창의적인 판단과 능력, 암묵적인 지식 등이 미래에 대한 주장을 지원하기 위해 활용된다.

정책의 예측은 정책과 그 결과로 나타날 미래변화에 관한 정보를 제공하는 것이 주요한 목적이다. 정책분석가들은 미래 사회 상태를 예측함으로써 미래에 발생할 가능성들 중에서 최선의 가능한 행동노선이 선택될 수 있도록 정책을 수립하도록 노력한다. 즉, 예측을 통해서 과거의 정책과 그 결과를 이해함으로써 미래의 사회상황에 대한 보다 원활하게 통제할 수 있는 정보를 획득한다. 또한, 예측은 과거에 발생된 것과 상관없이 능동적으로 미래를 만들어갈 수 있도록 도와준다. 이러한 미래지향적인 분석가의 경우에는 어떤 가치가 미래 활동을 지배할 것인지를 탐구하는 것이 중요한 과제가 된다. 전통적인 사회과학에서는 과거와 현재 가치에 기초한 예측을 강조하지만, 현재의 가치들이 미래에도 바람직한 것인지 여부를 판단할 필요가 있다.

한편, 정책대안의 결과에 대한 미래 예측은 사회 환경의 급속한 변화로 인해서 정확성이 제한된다. 예측의 한계는 여러 가지 요인에 의해서 발생되는데 특히, 예측의 기반이 되는 모형과 밀접하게 관련된다. 예컨대, 예측 모형이 활용되는 기관의 특성, 시간적인 맥락, 역사적인 맥락 등에 민감하다. 예측 기관의 특성에 따라서 기업체나 정부기관보다 비영리기관의 예측이 보다 정확할 수 있다. 또한, 예측의 시간 간격이 길어질수록 예측의 정확도가 떨어지게 된다. 역사적으로도 과거에서 현대로 가까워질수록 사회의 복잡성이 증대하여 예측의 정확성이 저하되었다.

정책대안의 결과 예측은 전문가의 판단, 역사적 추세의 연장, 기술적인 수리경제모형에 의한 예측 등 다양한 방법에 의해서 이루어진다. 이 장에서는 정책분석에서 활용되는 주요한 방법인 시계열분석, 회귀분석, 델파이기법, 모의실험 등에 대해서 다룬다.

1. 시계열 분석

추세연장적 예측은 분석가들이 과거로부터 현재까지의 자료를 토대로 미래사회의 상태를 투사한다. 추세연장적 예측은 경제성장, 인구감소, 에너지 소비, 생활수준, 특정 기관의 업무량 등을 예측하는 데 활용될 수 있다. 추세연장적 예측기법을 활용할 때는 다음과 같은 세가지 기본 가정에 기초를 둔다. 즉, 지속성, 규칙성, 자료의 신뢰성과 타당성의 가정이다(Dunn, 2012; 2013). 첫째, 지속성은 과거에 관찰된 방식이 미래에도 지속될 것이라는 가정이다. 둘째, 규칙성은 관찰된 과거의 변화에서 나타난 경향이 미래에도 규칙적으로 반복될 것이라는 가정이다. 셋째, 자료의 신뢰성과 타당성은 경향에 대한 측정이 신뢰할 수 있고, 타당한 것이라는 가정이다.

추세연장적 예측방법의 대표적인 기법이 시계열 분석이다. 시계열분석에서는 모든 시계열이 지속적 경향, 계절적 변동, 순환적 파동, 불규칙적 진동 등 네 가지 구성요소를 가지고 있다고 본다. 지속적 경향은 시계열상에서 장기적으로 평탄하게 증가하거나 감소하는 것을 뜻한다. 계절적 변동은 1년 혹은 그보다 짧은 기간 동안에 주기적으로 반복해서 나타나는 시계열상의 변동이다. 주기적 파동은 주기적이지만 주기가 예상할 수 없을 정도로 수십 년간에 걸쳐서 나타날 수 있다. 새로운 주기적 파동은 미지의 요인에 의한 결과일 수 있기 때문에 그 과정은 설명하기가 어렵다. 불규칙적인 진동은 규칙적인 방식이 없는 시계열상의 예측하기 어려운 변동을 말한다. 불규칙적인 진동은 많은 요인들이 상호작용한 결과일 수 있다.

시계열분석은 과거의 변화경향에 대한 계량적인 분석을 토대로 미래를 추정하는 방식이므로 과거의 변화경향이 안정적이고 관련된 자료들이 축적되어 있을 때 활용할 수 있다. 시계열분석은 과거의 변동경향을 가장 잘 나타내는 경향선을 규명하는 것이 중요한다. 경향선은 시계열변동의 중앙 축을 따라 진행하는 동적인 평균선으로서 시간의 경과에 따른 과거의 실적을 가장 근사하게 통과하는 직선 또는 곡선이 된다.

시계열분석에서 경향선을 긋는 방법으로 목측법, 이동평균법, 지수평활법(exponential smoothing method), 최소자승법 등이 활용된다. 이 중에서 최소자승법(the least square method)은 과거 각 시점에서서의 실적치로 부터의 거리, 즉 편차 자승의 합계를 최소로 하는 경향선을 구하여 이를 연장함으로써 미래를 예측하고자 하는 방법이다. 즉, 여기서 산출되는 경향선은 실적치와 경향선상의 추정치와 차이의 자승화를 최소로 하는 선으로서 가장 적합한 선이 된다(김신복 외, 1996).

2. 회귀분석

이론적 예측모형에서 변수들 간의 관계를 추정하는 유용한 기법으로 회귀분석(regression analysis)이 있다. 회귀분석은 종속변수와 독립변수들 간 관계의 형태와 크기를 추정하는 일반적인 통계방법이다. 즉, 둘 또는 그 이상의 변인들 간에 상관관계를 이용하여 상관관계가 높은 한 변인을 독립변인으로 하고 추정하고자 하는 다른 변인을 종속변인으로 설정하여 예측모형을 설정한다. 독립변인에 의해서 미래 일정 시점에서의 종속변인의 값을 추정하는 방법이다. 예컨대, 사람들은 일반적으로 지능과 학업성적사이에 상관관계가 있다고 생각할 수 있으며, 한 학생의 지능(독립변수)을 알면 그 학생의 학업성적(종속변수)을 어느 정도 예측할 수 있다.

회귀분석이 한 개의 독립변인을 가지고 이루어질 때 이는 단순회귀분석, 그리고 두 개 이상의 독립변인을 가지고 이루어질 때는 중다회귀분석으로 불린다. 현실에서는 대부분의 이론적 예측 문제는 중다회귀분석이 활용된다. 예컨대, 대학입학 후에 학생들의 평균학점은 대학수능성적의 영향을 받을 뿐만 아니라, 고등학교 내신 성적의 영향을 받는 경우를 생각할 수 있다. 대학생의 학업성취도는 종속변수로 설정하고 대학생의 학업성취도에 영향을 미치는 독립변인으로서 학생의 대학입학 수능성적, 고등학교 내신 성적간의 관계를 중다회귀모형으로 설정하고 이를 중다회귀분석기법으로 분석할 수 있다.

3. 델파이 기법

추세연장적 예측과 이론적 예측에서는 경험적 자료나 이론이 핵심적인 역할을 담당한다. 이와는 대조적으로 판단적 예측기법은 식견 있는 판단을 이끌어내고 이를 종합한다. 판단적 예측방법 중에서 대표적인 방법이 델파이 기법이다. 델파이 기법은 여러 전문가의 판단을 종합하여 미래를 예측하는 방법으로서 그리스의 델파이 신탁에서 그 이름이 유래하였다. 델파이 기법은 특정한 문제해결을 위한 정확한 정보를 가지고 있지 않을 경우 문제해결을 해결하기 위해 추정하는데 "한 사람의 의견보다 두 사람의 의견이 타당하다"는 계량적 객관성의 원리와 "다수의 판단이 소수의 판단보다 정확하다"는 민주적 의사결정의 원리에 논리적 근거를 두고 있다.

델파이 기법은 공통적으로 다음과 같은 단계를 거쳐서 이루어진다.

제1단계: 관심 있는 문제를 선정하고 이 문제에 정통한 전문가를 선정하여 이들로 하여금 문제에 대한 판단과 정보를 도출한다. 보통 제1단계에서는 개방형 질문을 통하여 자유스럽게 응답하게 한다.

제2단계: 제1단계의 개방형 질문에서 수집된 비체계적인 응답을 구조화하여 새로운 질문지를 개발하고, 이를 다시 전문가들에게 배포하여 각 항목 내용의 변경, 중요성 등에 대한 의견을 제시하게 한다.

제3단계: 제2단계 질문지 응답결과의 집중경향과 변산도를 산출하여 이 결과와 해당 전문가의 두 번째 응답을 피드백하여 각 항목에 대한 본인의 반응을 재고하고 수정할 수 있는 기회를 제공한다.

제4단계: 제3단계 질문지의 응답결과에 대한 집중경향과 변산도를 다시 산출하고 다수의 반응으로부터 벗어난 의견을 종합한 소수집단 의견보고서와 함께 조사참여자들에게 네 번째의 질문을 다시 보낸다. 응답자들의 의견이 어느 정도까지 수렴될 때까지 몇 차례 반복할 수 있다.

델파이 기법의 장점은 예측에 대한 합의를 이루도록 권장함으로써 전문가들의 견해를 종합하는 데 있다. 반면에, 델파이기법은 전문가들의 개성에 영향을 받을 수 있다는 단점이 있다. 즉, 참여하는 전문가들 중에서 자신의 견해를 확고하게 주장하는 정도에 따라 합의결과가 달라질 수 있다. 이를 보완하기 위해서 면대면이 아니라 설문지를 통해서 전문가들의 의견을 교환하게 함으로서 다른 참여자들의 의견에 영향을 받지 않고 독립적이고 자유로운 의견 발표가 가능하다. 또한 질문지 결과를 통계적으로 분석하여 그 결과를 피드백하고, 이를 기초로 하여 다음 질문지를 작성함으로써 집단의 의견을 통합해 나갈 수 있다. 델파이 기법이 성공하기 위해서는 분석하고자 하는 주제에 대한 전문적 식견과 소양을 지니고 성실하게 응답하는 전문가 표집 및 패널 구성, 주제의 내용을 명확히 파악하고 조사 목적에 맞추어 질문지 작성 등이 중요한 관건이다(정일환, 2006).

4. 모의실험

의사결정을 필요로 하는 사회문제들은 대부분 불확실성이 전제되어 있고, 의사결정과 후속되는 사건 사이에 역동적인 상호작용이 발생된다. 실제 사회에서는 이와 같은 복잡한 사회문제에 대한 해답을 구하기가 매우 어려워지게 된다. 이런 상황에서 해결책을 강구하는 기법 중의 하나가 모의실험(simulation)이다.

모의실험은 실제 문제 상황이나 사회체제의 주요 특징들을 추출하여 모형화한 후에 발생할 가능성이 높은 가상적인 상황이나 대안을 모형에 적용한 결과를 평가하고, 그 결과를 의사결정에 활용함으로써 보다 합리적인 의사결정을 추구한다. 즉, 모의실험은 현실 문제의 특징을 단순하게 추출한 모형을 작성하고, 이 모형에 실제로 가능성이 높은 상황이나 자료를 투입하여 결과를 여러 차례 실시해 봄으로써 실제 체제의 문제 상황에서 발생될 장래의 상황을 예측하여 이를 해결하기 위한 방법이다.

사회체제에서 분석하고자 하는 문제가 많은 변수를 포함하고 있어서 인간의 능력으로 모형에 대한 실험이 어려운 경우에는 컴퓨터를 활용하여 모의실험을 수행할 수 있다. 모의실험을 빈번히 활용하게 되는 경우는 다음과 같다(김신복 외, 1996). 첫째, 모의실험이 필요한 경우는 분석 대상인 사회체제의 구성이 복잡하고 역동적이며 불확실한 경우이다. 둘째, 의사결정의 결과에 따라 체제에 큰 위험이 뒤 따르기 때문에 의사결정 대안의 각 결과에 대한 충분한 검토가 필요할 때이다. 셋째, 특정 체제나 사업 프로그램을 운영하기 위해 막대한 비용이 소요될 때이다. 넷째, 사회체제에서 실제로 실험적 방법을 사용하기가 어려운 경우이다. 교육체제나 사회체제의 많은 중요한 현상들이 실험적인 방법을 사용하기가 쉽지 않다. 이와 같은 경우에 모의실험 기법을 활용하게 된다. 이러한 여러 가지 경우에 모의실험을 통해서 얻을 결과를 통해서 각 대안을 채택할 경우에 발생될 수 있는 미래 상황을 어느 정도 예측할 수 있기 때문에 문제 상황에 대한 어느 정도의 해답을 찾을 수 있다.

제4절 교육정책의 처방

예측은 예상되는 정책결과를 이해하는 데 도움이 되지만 예상되는 정책대안의 결과 중에서 특정한 정책결과를 선택하는 이유와 근거를 제공하지는 못한다. 즉, 예측은 미래에 어떤 일이 발생할 가능성이 높은가라는 질문에 답할 수는 있지만, 미래의 정책결과의 비용과 편익에 대한 질문에는 답변하지는 못한다. 반면에, 정책의 처방은 기대되는 정책결과에 대한 정보를 선호하는 정책에 관한 정보로 전환시킨다. 제기된 정책문제에 대해서 특정한 정책을 처방하려면 정책 대안의 예상되는 결과에 대한 정보가 필요하다. 즉, 특정한 정책 대안의 결과가 다른 정책대안의 결과보다 더 가치 있는지에 대한 정보가 필요하다. 따라서 정책 처방을 위한 정책분석은 규범적인 문제와 밀접히 관련된다.

특정한 정책을 처방하기 위해서 정책분석가는 일반적으로 다음과 같은 질문들을 다룬다(Dunn, 2012; 2013). 즉, 누구의 필요, 가치, 기회가 문제와 관련되는가? 이러한 필요를 충족시키기 위해서 어떤 대안이 가능한가? 각 대안이 달성하고자 하는 목표는 무엇이고, 목표의 달성 정도를 어떻게 측정하는가? 목표 달성에 소요되는 비용은 어느 정도이고, 이러한 목표 달성을 저해하는 제약조건은 무엇인가? 정책대안에 따라서 발생되는 부수적 효과 또는 비용은 있는가? 등이다. 정책을 처방하는 주요 분석방법으로서는 비용-편익분석, 비용-효과분석을 들 수 있다.

1. 비용-편익분석

비용-편익분석(cost-benefit analysis)은 분석가들이 총 금전적 비용과 총 금전적 편익을 계량화하여 정책을 비교할 수 있도록 하는 분석기법이다. 비용-편익분석은 공공 프로그램이 사회에 가져오는 모든 비용과 편익을 측정하고자 한다. 이러한 비용과 편익에는 금전적 비용이나 편익으로 측정하기 어려운 무형적인 요소도 포함된다.

전통적인 비용-편익분석에서는 경제적인 합리성을 중시한다. 이는 특정한 정책이나 프로그램의 순편익이 0보다 크고 다른 대안적인 정책이나 프로그램에서 발생되는 순편익보다 많을 경우 경제적으로 합리적인 것으로 선택하게 된다. 또한 전통적인 비용-편익분석은 공공 프로그램의 처방을 위한 출발점으로 일반적으로 민간부문에 투자했을 경우에 얻을 수 있는 순편익을 근거로 하여 계산된다. 한편, 현대적 비용-편익분석은 사회적 비용-편익분석이라고도 불리며, 사회적 비용-편익분석은 사회적인 형평성의 기준을 중시한다. 즉, 특정한 집단의 복지가 아니라 사회전체의 복지를 어떻게 극대화할 것인가에 초점을 맞춘다.

비용-편익분석을 수행하기 위해서는 정책이나 프로그램에 관련되는 모든 비용과 편익을 다 고려해야 한다. 따라서 비용 및 편익의 다양한 유형을 구분해서 고려해야 한다. 이를 위해서 몇 가지 유형의 질문이 필요하다(Dunn, 2012/2013). 즉, 비용과 편익의 대상 집단이 내부인가 아니면 외부인가? 비용과 편익이 유형적인가 아니면 무형적인가? 비용과 편익이 정책이나 프로그램의 직접적인 결과 인가 아니면 간접적인 결과인가? 마지막으로 비용과 편익의 결합이 총소득의 실질적인 증가를 가져왔는가 아니면 한 집단에서 다른 집단으로 금전적으로 이전되었는가?

첫째, 내부적인 비용·편익과 외부적인 비용·편익은 비용과 편익이 주어진 대상 집단이나 관할 범위에 내재적인지 아니면 외재적인지의 문제이다. 내부비용과 편익은 내부효과인 반면에, 외부비용과 편익은 외부효과로 불린다. 외부효과는 특정 집단이나 관할 범위의 경계 밖으로 효과가 확산되는 것을 말한다. 예컨대, 의학교육은 외부효과를 많이 갖고 있는 것으로 지적된다.

둘째, 직접적으로 측정 가능한 비용·편익과 간접적으로 측정 가능한 비용·편익은 비용과 편익이 유형적인지 무형적인지의 문제이다. 유형적인 비용과 편익은 재화와 서비스를 시장가격으로 측정이 가능한 경우인 반면에, 무형적인 비용과 편익은 시장가격의 추정치로 간접적으로 추정이 가능한 경우이다.

셋째, 일차적인 비용·편익과 이차적인 비용·편익은 정책이나 프로그램의 직접적인 결과인가 간접적인 결과인가의 문제이다. 일차적인 비용과 편익은 프로그램의 가장 중요한 목표와 관련된 것인 반면에, 이차적인 비용과 편익은 비교적 낮은 순위의 목표와 관련된 경우이다.

넷째, 순능률 편익과 재분배적 편익은 비용과 편익을 계산할 때 총소득의 증가를 가져오는지 아니면 다른 집단으로 소득이나 자원이 이전되었는지의 문제이다. 순능률 편익은 순소득의 실질적인 증가를 가져오는 경우이고, 재분배적 편익은 순능률적 편익의 증가는 없지만 다른 집단의 소득이 이전되어 증가되는 경우이다.

이러한 네 가지 질문에 대한 답에 따라 비용과 편익의 여러 가지 조합이 가능하다. 즉, 주어진 내부비용이나 편익을 직접 측정할 수도 있고 간접적으로 측정할 수도 있다. 하나의 무형 비용이나 편익이 목표의 상대적인 중요성에 따라 일차적인 것이 될 수도 있고 이차적인 것이 될 수도 있다. 또한 때로는 순능률 편익이나 재분배편익이 상호 갈등적인 상황에 놓일 수도 있다.

한편, 비용-편익분석은 재분배와 사회적 형평의 문제를 고려할 때에도 만족의 측정도구로 소득을 사용한다. 이러한 이유로 화폐단위로 표시될 수 없는 목표의 적합성을 논의하는 데 한계가 있다. 또한, 순소득이나 재분배적인 편익에 대한 지나친 강조는 대안적 정책의 윤리적, 도덕적 측면에 대한 이성적인 논의가 어려워질 수도 있다. 이런 점에서 비용-편익분석은 대안적 형태의 기술적, 경제적, 사회적, 법적인 합리성간의 관계를 고려할 수 있는 능력이 제한되어 있다.

2. 비용-효과분석

비용-효과분석(cost-effectiveness analysis)은 분석가들이 정책 대안이나 프로그램의 총비용 및 총효과를 계량화시켜서 이를 비교하고자 한다. 정책분석기법 중에서 편익분석은 정책의 가치를 공동단위로 측정하고자 하는 데 비해서, 비용-효과분석은 두 개의 각각 다른 가치단위를 활용한다는 점에서 차이가 있다. 즉, 비용은 화폐단위로 측정되지만, 효과는 일반적으로 재화단위나 서비스 단위 또는 다른 가치 있는 단위로 측정된다. 가치의 공통단위가 없는 상황에서 비용-효과분석은 순효과성이나 순편익을 측정하지는 않는다. 왜냐하면 재화나 서비스의 총 단위에서 총비용을 빼는 것은 의미가 없기 때문이다. 반면에, 비용효과비율이나 효과비용비율은 계산할 수가 있다. 비용-효과비율이나 효과-비용비율은 사용된 화폐단위당 얼마나 많은 재화나 서비스가 산출되었는가 또는 단위당 산출된 재화나 서비스는 어느 정도 화폐가 사용되었는지를 계산하게 된다.

비용-효과분석은 화폐단위로 측정하는 문제를 피할 수 있기 때문에 외부효과나 무형적인 비용과 효과를 분석하는데 적용할 수 있다는 장점이 있다. 반면에, 비용과 편익의 측정단위가 다르기 때문에 특정 정책의 비용이 편익보다 큰지는 알 수 없다는 단점이 있다. 비용-효과분석을 정책이나 사업에 적용하기 위해서는 세 가지 전제 조건이 충족되어야 한다(이성우, 2013).

첫째, 평가될 정책이나 사업은 공통의 목표나 목적을 가져야 한다.

둘째, 목표를 달성하기 위한 다른 대안이 존재해야 한다.

셋째, 평가될 각 정책이나 사업의 비용과 효과가 평가될 수 있어야 한다.

비용-효과분석에서도 정책과 프로그램의 모든 비용과 편익을 고려하려고 시도하지만, 편익을 화폐적 가치로 측정하지는 않는다. 비용-효과분석에서는 비용만이 현재가치로 할인된다. 비용-효과분석에서 주로 사용되는 충족성의 기준은 최소비용기준과 최대효과기준이다. 최소비용기준은 효과의 바람직한 수준이 확정되면 같은 효과를 갖는 프로그램의 비용이 비교된다. 최대효과기준은 허용할 수 있는 비용의 상한선을 확정한 후에 고정된 비용으로 최대의 효과를 낼 수 있는 사업이 처방된다. 한편, 특정한 재화와 서비스의 비용뿐만 아니라 재화와 서비스의 효과 단위가 연속적인 척도로 측정될 수 있다면 둘 또는 그 이상의 대안적 프로그램의 한계효과성이 계산될 수 있다.

3. 비용-편익분석과 비용-효과분석을 위한 기법

비용-편익분석과 비용-효과분석을 수행하기 위해서는 여러 가지 기법이 활용된다. 이러한 방법으로서는 목표지도 작성, 가치의 명료화, 잠재가격 설정, 비용과 편익가치의 할인, 민감도 분석 등을 들 수 있다(Dunn, 2012; 2013).

목표지도 작성(objective mapping)은 목적과 목표, 정책대안과의 관계를 배열할 때 사용하는 기법으로서 목표들의 전체 구조와 그들 간의 관계를 그림으로서 나타낼 수 있다. 예컨대, 목표나무는 최상부는 광범위한 목적을 나타내고, 아래로 갈수록 목적, 주요 목표, 하위 목표를 나타낸다. 목표나무에서는 목표 달성을 위한 방법(어떻게)과 목표 달성을 위한 목적(왜)을 명료화하는데 유용하다.

가치의 명료화(value clarification)는 어떤 가치가 정책 목표의 선택에 기본이 되는가? 이러한 가치 전제는 정책분석, 정책결정자, 특정 사회집단, 전체 사회 중에서 누가 찬성하고 반대하는가? 이러한 가치 전제가 정당화되는 근거는 무엇인가? 등을 검토한다. 가치명료화는 목표 자체를 단순히 개인적 소망이나 취향의 표현으로 분석하는 것을 넘어서 목표를 정당화하는 근거를 밝히는데 유용하다.

잠재가격의 설정(shadow pricing)은 정책이나 프로그램의 비용을 추정할 때에 시장가격을 신뢰할 수 없거나 이용하기 어려울 때 비용의 화폐가치에 대해서 주관적인 판단을 하는 절차이다. 즉, 시장에서는 불공정거래나 독과점, 정부의 가격지원 정책 등으로 시장가격이 비용과 편익의 실제 가치를 반영하지 못하게 된다. 또는 시장가격이 존재하지 않는 무형적인 재화인 경우에 시장에서 비교 가능한 비교가격의 활용, 소비자 선택행위를 통한 가치추정, 간접비용을 통한 추정, 시민의 의견 조사를 통한 분석, 보상비용을 통한 추정 등의 방법이 활용된다.

할인(discounting)은 미래에 실현하게 될 비용과 편익의 현재가치를 추정하는 절차이다. 할인은 정책을 처방할 때 시간의 효과를 고려한다. 미래의 비용과 편익은 현재의 비용과 편익보다 가치가 적으므로 시간이 중요하다. 정책과 프로그램은 시간의 흐름에 따라 나타나는 다양한 비용과 편익을 창출하고, 이러한 흐름은 비용 또는 편익의 흐름이라 불린다. 이러한 비용과 편익의 흐름은 현재가치로 할인되어야 하고 이 때 사용되는 이자율로서 민간할인율, 사회적 할인율, 정부할인율 등이 있다. 일반적으로 사회적 할인율은 일반적으로 민간할인율보다 낮다. 사회적 할인율은 개인선호의 편협성과 단기적 시야를 보완해주고 외부 사회비용을 고려함으로써 미래 세대의 안전과 건강 및 복지에 대한 관심을 반영하는 장점이 있는 반면에, 경제적으로 비능률적인 단점이 지적된다. 반면에, 정부할인율은 정부가 채권을 발행할 때 지불하는 비용을 기초로 해서 산정된다.

민감도 분석(sensitivity analysis)은 비용-편익분석과 비용-효과분석의 결과가 특정수준의 비용이나 효과가 실제로 발생할 가능성에 대한 대안적 가정에 얼마나 민감하게 변화하는가를 분석한다. 예컨대, 두 개 이상의 정책 대안을 비교할 때, 비용과 편익의 측정값이 계산되었을 경우에도 예상되는 결과의 가능성은 불확실할 수 있다. 이러한 상황에서 미래에 발생될 비용에 대해서 몇 가지 대안적인 가정-고비용, 중간비용, 저비용-을 설정하여 각 가정별로 결과치를 계산할 수 있다. 마지막으로 이러한 결과치가 여러 가정에 대하여 얼마나 민감한지를 검토한다.

제5절 교육정책 결과의 점검

정책결과의 점검(monitoring)은 정책의 원인과 결과에 대한 정보를 산출함으로써, 분석가들이 정책프로그램의 운영과 그로 인해 관찰된 결과간의 관계를 파악할 수 있다. 정책분석에서의 점검은 정책에의 순응, 감사, 회계, 설명 등의 기능을 수행한다. 즉, 정책을 통해서 수행된 정책 프로그램이 원래의 가치와 기준에 얼마나 부합되었는지를 판단하는 순응, 정책을 통해서 대상 집단이나 수혜자들에게 제공된 자원과 서비스가 제대로 도달되었는지의 감사, 정책의 집행에 따라서 사회적·경제적 변화가 실제로 어느 정도나 발생되었는지 등에 대한 정보를 산출하는 회계, 정책과 프로그램의 결과들이 왜 서로 다른지에 대한 정보를 산출하는 설명 등이 있다(Dunn, 2012; 2013).

정책결과를 점검하기 위해서는 정책 산출과 정책영향이 구분된다. 정책 산출(policy outputs)은 대상 집단과 수혜자들이 제공받는 재화, 서비스 또는 금전적 자원을 말한다. 반면에, 정책영향(policy impacts)은 정책 산출로 인해 정책 대상 집단의 행동이나 태도에 있어서 변화가 있는지를 다룬다. 예컨대, 저소득층 학생들에게 제공되는 급식서비스의 단위는 정책 산출의 지표가 되지만, 이를 통해서 향상된 저소득층 학생들의 1일 평균 단백질 섭취량 또는 건강상태는 정책영향에 관한 측정지표가 된다.

정책 산출과 정책영향을 파악하기 위해서 대상 집단과 수혜자를 구별해야 한다. 대상 집단(target group)은 정책과 프로그램을 통해서 영향을 미치고자 하는 개인이나 집단을 가리키며, 수혜자(beneficiaries)는 정책의 효과를 유익하거나 가치 있게 느끼는 집단을 가리킨다. 정책결과에 관한 자료를 성공적으로 수집, 분석, 해석하기 위해서는 신뢰롭고 타당한 측정도구가 있어야 한다. 측정도구를 구안하기 위해서는 정책결과를 점검하기 위해 관심을 갖는 변수를 구체화해야 한다. 이러한 정책변수의 예로서 교육기회의 평등성, 학생의 성취도 수준, 학교 건물과 시설의 안전도 등을 들 수 있다. 이러한 정책변수 또는 지표를 통해서 정책 산출이나 정책영향을 점검한다. 정책 산출 또는 정책영향을 점검하는 주요한 방법이 사회지표이다.

1. 사회지표

사회 특정 분야에서의 시간의 경과에 따른 동태적인 변화를 점검하는 주요한 방법으로서 사회지표(social indicator)가 있다. 지표는 어떤 사상의 속성이나 상황을 가장 잘 나타내는 척도를 말한다. 대상의 속성이 가시적이고 유형적인 경우에는 측정이 쉽지만, 대상이 무형적이거나 질적인 경우에는 직접적인 측정이 불가능하므로 그 속성을 가장 잘 나타내는 근사척도를 활용한다. 교육정책문제도 교육시설이나 교육재정, 교육여건과 같이 측정이 가능한 대상들이 있는가 하면, 교육열이나 교육효과처럼 간접적인 자료에 의존할 수밖에 없는 경우도 적지 않다. 일반적으로 사회지표는 시간의 변화 추이에 따라서 사회상황의 변화를 측정한다. 예컨대, 교육부문에서는 학급당 학생수, 학생 1인당 교육비, 학생 취학률 등이 대표적인 사회지표이다.

사회지표를 활용할 경우의 장점으로는 다음과 같다(김신복 외, 1996). 첫째, 정책문제를 제기하고 관심을 부각시키는 데 기여한다. 사회지표는 관련되는 상황의 주요 국면을 요약해서 제시하므로 문제를 진단하는 데 효과적이기 때문이다. 또한 지표를 횡단적으로 비교함으로써 부문 간 그리고 하위체제간의 균형 정도를 파악하는 데 도움을 준다.

둘째, 지표는 목표의 설정 및 정책 개발에 도움이 된다. 지표를 통해서 드러난 문제점과 추이, 그리고 전망은 그 자체가 향후 고려되어야 할 방향과 정책목표 도출에 기여해 주기 때문이다. 또한 정책 목표를 구체화하고 세분화하여 측정이 가능할 수 있도록 도와주는 수단이 된다.

셋째, 지표는 정책의 영향과 효과를 측정할 수 있는 수단이 된다는 점이다. 시간의 경과에 따라 여건의 변화를 명료하게 반영하므로 정책의 성과 파악 및 환류에 중요한 수단이 된다. 즉, 정부 정책의 결과를 점검하기 위해서 사회지표를 통해서 정책 대상 집단에 대한 정책의 산출과 영향을 정확히 파악함으로써 차후 정책문제의 구조화, 정책대안의 수정 등이 이루어질 수 있게 된다. 예컨대, 대학생에 대한 장학금 정책을 통해서 사회저소득층 학생의 대학 취학률에 어떤 변화를 가져왔는지를 사회지표를 통해서 파악함으로써 차후의 대학생 장학금 정책을 수립하는 데 활용할 수 있다.

그러나 다음과 같은 사회지표의 한계점이 지적된다(Dunn, 2012; 2013). 첫째, 정책점검을 위해 활용되는 사회지표의 경우 이를 개발하고 적용하는 사람들의 주관적인 가치로부터 완전히 중립일 수 없다. 둘째, 사회지표는 정책문제를 구조화하고 개념화하는 데는 도움이 되지만 정책문제의 구체적인 해결방안 모색을 위해서는 직접적으로 사용되기 어렵다. 셋째, 대부분의 사회지표는 객관적인 사회 상황에 대한 기존의 이용 가능한 자료에 기초를 두고 있기 때문에 주관적인 사회 상황의 점검이 소홀하게 다루어진다. 넷째, 정책투입이 정책결과로 전환되는 다양한 경로에 대해서는 거의 정보를 제공해 주지 못한다.

제6절 교육정책 성과의 평가

정책분석에서의 점검은 정책의 결과에 대한 사실을 파악하는 것인 반면에, 정책성과의 평가는 정책결과에 대해 가치를 부여하는 활동이다. 즉, 정책결과의 점검은 정책이 의도한 결과를 가져왔는가를 질문하는 것인 반면에, 정책성과의 평가는 정책결과가 어떠한 가치를 지니고 있는가를 질문한다. 바꾸어 말해서, 정책분석에서의 평가는 정책결과의 가치에 대한 정보를 산출하는 것이다. 정책결과가 실제로 가치를 가지고 있다는 것은 정책결과가 추구하고자 하는 목표나 목적에 기여하고 있다는 것을 의미한다. 이러한 경우에 특정한 정책과 프로그램이 의미 있는 수준의 성과를 달성하였다고 말할 수 있다.

정책분석으로서의 정책평가는 다른 정책분석 방법들과 구별되는 몇 가지 특징이 있다. 즉, 가치에 대한 초점, 사실과 가치의 상호의존성, 현재와 과거지향성, 가치의 이중성 등이다(Dunn, 2012; 2013).

첫째, 정책평가는 특정한 정책이나 프로그램이 지니고 있는 가치 또는 효용성을 규정하기 위해서 정책의 가치에 대해 초점을 두고 있다. 둘째, 정책평가는 '가치'에 의존할 뿐만 아니라 상당한 수준으로 '사실'에도 의존하는 사실과 가치의 상호의존성을 지닌다. 셋째, 정책평가는 과거지향적인 성격을 지닌 것으로서 정책이 실시된 이후에 이루어진다. 넷째, 정책평가에서 근거하는 가치는 경우에 따라서 목적으로서 또는 수단으로서 간주될 수 있는 이중성을 지니고 있다.

교육정책 평가의 기준으로는 일반적으로 효과성, 능률성, 충족성, 형평성, 대응성, 적합성 등이 제시되고 있다. 효과성은 정책 목표에 비추어 가치 있는 결과가 달성되었는가? 능률성은 정책목표에서 설정된 결과를 달성하기 위하여 비용이 경제적으로 절약되었는가? 충족성은 가치 있는 결과의 달성이 문제 해결에 기여하였는가? 형평성은 상이한 집단들 간에 비용과 편익이 공평하게 분배되었는가? 대응성은 정책결과는 특정 집단의 욕구와 선호를 만족시키고 있는가? 적합성은 정책결과가 실제로 가치가 있는가? 등에 대한 질문을 주로 다룬다. 정책평가 기준의 구체적인 내용은 제10장에 상술되어 있다.

교육정책 평가의 접근방법으로는 목표지향 평가모형, 관리지향 평가모형, 소비자 지향 평가모형, 전문가 지향 평가모형, 상반접근 평가모형, 자연주의적 반응적 평가 모형 등이 있다. 목표지향 평가모형은 정책 목표의 달성 정도를 측정하는 데 초점을 둔다. 관리지향 평가모형은 교육정책형성의 전 과정에서 정보를 수집하며, 특히 교육정책 집행의 지속 여부에 초점을 둔다. 소비자 지향 평가모형은 교육정책을 통해서 혜택을 얻는 수혜집단에 대한 영향을 파악한다. 전문가 지향 평가모형은 평가과정에서 전문가집단의 견해를 중시한다. 상반접근 평가모형은 평가과정에서 반대의견을 지닌 집단들의 입장을 반영한다. 자연주의적·반응적 평가모형은 교육정책집행과 관련된 다양한 이해관계집단들의 입장과 요구를 평가에 반영하는 데 초점을 둔다.

참고문헌

강석봉 · 주철안(2008). 의원발의 교육 법률안의 증가와 그 영향 요인 분석. **교육행정학연구, 26(4).** 293-317.

공은배 외(2002). **한국의 교육정책 평가연구**. 서울: 한국교육개발원.

교육과학기술부(2008. 4. 15). 학교자율화 추진계획 발표 보도자료.

교육과학기술부(2011. 9. 8). '대학생 등록금 부담 완화 방안' 보도자료.

교육부(2013). 2013년도 한중일 CAMPUS Asia 시범사업 실행계획(안).

교육부(2016. 5.). CAMPUS Asia: 한일중 사업 추진계획: 상생과 협력의 동북아 생태계 조성을 위한 고등교육 공동체 구축.

권기헌(2014). **정책학강의: 정책학 강의에 대한 논제와 해설**. 서울: 박영사.

김기수(1998). 자유주의와 신자유주의에 관하여. 한국교육연구소. **뉴스레터**, 19-34.

김문성(2014). **정책학**. 서울: 박영사.

김병모(2008). EBS 수능강의정책에 대한 문화 기술적 연구. 박사학위논문. 고려대학교 대학원.

김시진 · 김재웅(2012). Kingdon의 정책흐름모형에 의한 대학등록금 부담완화정책 분석. **교육행정학연구, 30(3)**, 187-209.

김신복 · 김명한 · 김종철 · 백현기 · 윤형원(1996). **교육정책론**. 서울: 하우.

김신복(1982). 정책목표의 설정. 강신택 외, 정책학, 과정과 분석. 서울: 법문사, 39-64.

김신복(2015). 한국 교육행정 체제 및 거버넌스의 변천과 특징과 과제. 2015 한국교육행정학회 특별세미나 : 광복 70년 한국의 교육정책. 서울: 한국교육행정학회.

김신일(2006). 교육의 공공성과 자율성. 2006 춘계학술대회. 서울: 한국교육학회.

김윤태(1994). **교육행정 · 경영신론**. 서울: 배영사.

김윤태(2000). **교육행정 · 경영 및 정책의 탐구**. 서울: 동문사.

김윤태(2001). **교육행정 · 경영의 이해**. 서울: 동문사.

김재웅(2007). 정책집행과정 분석을 통한 열린교육 실행과정 분석. **열린교육연구, 15(3)**, 1-25.

김재웅(2012). 분과학문으로서 교육학의 위기에 대한 비판적 고찰: 현장적 전문성과 학문적 정체성의 관점에서. **아시아교육연구, 13(3)**, 1-26.

김적교(2012). **한국의 경제발전**. 서울 박영사.

김종철(1985). **교육행정신강**. 서울: 세영사.

김종철(1990). **교육정책연구**. 파주: 교육과학사.

나기산 · 남궁근 · 이희선 · 김지원 공역(1994). **정책분석론(제2판)**. 파주: 법문사.

노화준(1983). **정책평가론**. 파주: 법문사.

노화준(2006). **기획과 결정을 위한 정책분석론**. 서울: 박영사.

노화준(2012). **정책학원론**. 서울: 박영사.

모숙례(2008). 방과후학교 정책 집행과정 분석. 석사학위논문. 서강대학교 교육대학원.

모필환(1988). 정책집행에 관한 연구: 대학졸업정원제를 중심으로. 석사학위논문. 경희대학교 대학원.

문우식 · 최상덕 · 정영록 · 서동주(2009). **CAMPUS Asia의 실행과제와 장기발전전략**. 한국연구재단 연구보고서 2009-07.

박병량(2006). **학교발전과 변화**. 서울: 학지사.

박소영 · 송선영(2006). 수시모집제도 집행 분석: Lypsky의 일선관료모형을 중심으로. **한국교육행정학연구**, 24(2), 403-424.

박인우 · 변기용 · 하연섭 · 한신일 · 백정하 · 김정희(2013). **한중일 3국 대학간 공동 · 복수학위과정 운영을 위한 연구**. 한국대학교육협의회.

박재윤 · 강영혜 · 황준성 · 박균열 · 고전 · 김성기(2010). **학교자율화 정책의 추진실태와 개선방안** (연구보고 RR 2010-5). 서울: 한국교육개발원.

배인숙(2007). 유아교육법의 제정과정 분석. 교육학박사학위논문. 부산대학교 대학원.

배천웅 · 김흥주 · 한유경(1984). **한국교육문제의 종합진단**(연구보고 RR84-22). 서울: 한국교육개발원.

백승기(2003). **정책학원론**. 서울: 대영문화사.

백승기(2016). **정책학원론(제4판)**. 서울: 대영문화사.

백현기(1964). **신고 교육행정**, 서울: 을유문화사.

서정화 · 정일환 외(2008). **선진한국의 교육비전**. 파주: 교육과학사.

서정화 외(2011). **한국교육의 새지평**. 파주: 교육과학사.

서정화 · 정일환 외(2014). **한국교육정책 현안과 해법**. 파주: 교육과학사.

서형동(2004). 교육정책 집행 사례 연구: 교육행정정보시스템(NEIS)의 집행 과정을 중심으로. 석사학위논문. 서강대학교 교육대학원.

설인환(1999). 우리나라 교육정책집행에 관한 연구: 교육환경개선사업을 중심으로. 석사학위논문. 서울대학교 행정대학원.

송기창 외(2012). 2012 **교육재정백서**. 서울: 한국교육개발원.

신명순(1993). 한국정치와 정치문화, 한국정치학회 (편). **한국의 정치-쟁점과 과제**. 파주: 법문사.

안해균(1984). **정책학원론**. 서울: 다산출판사.

안해균(2003). **정책학원론(제2판)**. 서울: 다산출판사.

양승일(2006). **정책변동론**. 파주: 양서원.

양정호 · 김성천(2005). 한국 교육시민단체의 형성과 과제. 2005 추계학술대회. 서울: 한국교육학회.

오세희 · 장덕호 · 정성수(2010). **학교자율화 정책의 학교현장 영향 조사**. 교육과학기술부 정책연구.

유훈(2002). **정책학원론**. 서울: 법문사.

이군현(1987). 한국 교육정책결정과정 분석에 관한 연구. **한국교육**, 14(1).

이대희(1991). **정책가치론**. 서울: 대영문화사.

이돈희(2003). 교육행정의 혁신을 위하여: 방향과 갈등의 논리. 부산시 교육청 교육혁신특별강연회. 부산: 부산시 교육청.

이명박 정부 국정백서(2012). **글로벌 리더십과 국격 제고**.

이성우(2013). **정책분석론: 이론과 기법**. 서울: 조명문화사.

이영호 · 정진철 · 김정희 · 박혜림 · 이건남(2011). **한 · 중 · 일 대학생교류프로그램 협력협의회 협의전략 연구**. 교육부.

이종재 외(2010). **교육기회의 확대와 한국형 교육발전 전략. 한국교육 60년**. 서울: 서울대학교 출판문화원.

이종재 · 이차영 · 김용 · 송경오(2015). **교육정책론**. 서울: 학지사.

이차영(1998). 수요자 중심 교육개혁 논리의 타당성 검토. **교육학연구**, 36(2), 127-143.

이찬교 · 김재웅(1999). **교육행정(개정판)**. 서울: 한국방송통신대학교 출판부.

이형행(1992). **교육행정학**. 서울: 문음사.

임연기(2003). 한국 교육행정학의 학문적 특성과 과제. **교육행정학연구**, 21(1), 331-353.

장병훈(1993). 공공정책 집행에 관한 연구: 중등교원 공개전형임용 제도를 중심으로. 석사학위논문. 영남대학교 대학원.

장상호(1997). **학문과 교육(상): 학문이란 무엇인가**. 서울: 서울대학교 출판부.

장상호(2005). **학문과 교육(중1): 교육이란 무엇인가**. 서울: 서울대학교 출판부.

장상호(2009). **학문과 교육(중II): 교육본위의 삶**. 서울: 서울대학교 출판부.

정일환(1996). 교육정책의제설정: 이론과 적용, 한림과학원(편). **교육정책 논리와 최적 선택** (pp.1-86). 서울: 소화.

정일환(1998). 교육정책분석에서의 가치론에 관한 탐구. **교육정치학연구**, 5(1), 102-126.

정일환(2000). **교육정책론: 이론과 적용**. 서울: 원미사.

정일환(2013). CAMPUS Asia 사업의 정책형성 배경과 성과 분석. 한국비교교육학회 2013 연차학술발표대회 논문집, 20-55.

정일환 · 김혜숙 · 이혜미 외 공역(2016). **미국교육정치학**. 파주: 교육과학사.

정일환 · 이영호 · 김정희 · 홍후조(2013. 12.). CAMPUS Asia **사업 정체성 확보를 위한 고유모델 개발연구**. 정책연구 2013-2. 교육부.

정일환 · 이영호 · 김정희(2014. 3.). CAMPUS Asia 시범사업의 추진과정과 운영실태 분석, **교육정치학연구**, 21(1), 1-21.

정일환 · 주은경(1999). 교육정책에서 요구사정기법의 적용방안 탐색. **교육정치학연구**, 6(1), 110-134.

정정길(1997). **정책학원론(개정판)**. 서울: 대명출판사.

정정길(1998). **정책학원론**(개정판 2쇄). 서울: 대명출판사.

정정길 · 최종원 · 이시원 · 정준금(2007). **정책학원론**. 서울: 대명출판사.

정정길 · 최종원 · 이시원 · 정준금(2008). **정책학원론**. 서울: 대명출판사.

정정길 · 최종원 · 이시원 · 정준금(2012). **정책학원론**(개정증보 5판). 서울: 대명출판사.

조난심(2011). 학교 교육과정 자율화를 위한 발전과제: 학교 자율화 · 다양화 정책의 제고방안. 제4차 전문가 초청 포럼. 서울: 한국교육개발원.

조석준(1980). **한국 행정학: 의사결정 과정을 중심으로**. 서울: 박영사.

주철안(2015). 광복 70년, 지속가능한 사회를 위한 한국 교육정책 및 제도의 재설계. 한국교육학회 연차학술대회. 서울: 한국교육학회.

차의환(2007). **정책평가의 이론과 실제**. 파주: 한울아카데미.

최봉기(1988). **정책의제형성론**: 이론과 실제. 서울: 일신사.

최정원(2001). 국회 입법과정의 변화와 특징: 입법 환경과 입법행위자를 중심으로. **한국정치학회보**, 35(3). 129-151.

표시열(2007). 교육정책에 관한 사법부의 권한과 주요 결정: 헌법재판소의 심판을 중심으로. **교육행정학연구**, 25(2). 189-211.

한국경제60년사편찬위원회(2010a). **한국경제60년사: 경제일반**. 서울: 한국개발연구원.

한국경제60년사편찬위원회(2010b). **한국경제60년사: 사회복지 · 보건**. 서울: 한국개발연구원.

한국교육개발원(2005). **한국교육 60년 성장에 대한 통계적 분석**. 교육통계서비스(http://kess.kedi.re.kr).

한국교육정치학회(1994). **교육정치학론**. 서울: 학지사.

한국대학교육협의회(2013). 2013년도 제1차 한중일 CAMPUS Asia 시범사업단 협의회 및 사업계획 설명회.

한배호(2003), **한국정치문화와 민주정치**. 파주: 법문사.

허만용 · 이해영(2012). 정책학의 학문적 정체성에 관한 시론적 연구: 한국정책학회와 한국정책학회보를 중심으로. **한국정책학회보**, 21(2), 1-31.

허범(1991). 공공정책의 형성과 집행, 성균관대학교 사회과학연구소(편). **행정학개론**. 서울: 대영문화사.

허범(1992. 12.). 한국정책학회의 정체성과 가능성. **한국정책학회보, 창간호**, 7-17.

허범(1999). 정책학의 패러다임에 관한 연구: 개념전제에 입각한 해석을 중심으로. 한국정책학회 동계 학술발표논문집, 317-317.

허범(2002). 정책학의 이상과 도전. **한국정책학회보**, 11(1), 293-311.

황태순(1985). 정책집행사례연구: 졸업정원제의 집행사례연구. 석사학위논문. 서울대학교 행정대학원.

Allison(1971). *Essence of decision-explaining the Cuban missile crisis*. Boston: Little, Brown and Company.

Almond, G. A., & Powell,, Jr.(1978). *Comparative politics: System, process and policy*(2nd ed.). Boston: Little, Brown and Company.

Altschuld, J. W.(Ed.)(2010). *The needs assessment kit*. Thousand Oaks, CA: Sage.

Altschuld, J. W., & Watkins, R. (Eds.)(2014). *Needs assessment: Trends and a view toward the future*. New York: John Wiley & Sons Inc.

Anderson, J. E.(1979). *Public policy-making*(2nd ed.). New York: Holt.

Anderson, J. E.(1984). *Public policy-making*(3rd ed.). New York: Holt, Rinehart and Winston.

Bachrach, P. & Baratz, M.(1970). *Power and poverty*, New York: Oxford Press.

Baier, K.(1969). What is value? An analysis of the concept, In K. Baier, & N. Rescher, (Eds.), *Values and the future: The impact of technological change on American values* (pp. 1-21) New York: Free Press.

Ball, S. J.(1990). *Politics and policy making in education: Explorations in policy sociology*. London: Routledge.

Barbulesco, C. W.(1980). Components of a major needs assessment study. *New Directions for Continuing Education*, 1(1), 73-82.

Bardach, E.(1977). *The implementation game: What happens after a bill becomes a law*. Cambridge, MA: The MIT press.

Beatty, P. T.(1976). Process model for the development of an information base for community needs assessment. Paper presented at the annual meeting of the adult education research conference. Toronto, Canada, ERIC No. ED 128.

Bernstein, R. J.(1976). *The restructuring of social and political theory*. Philadelphia, PA: University of Philadelphia Press.

Bozeman, B.(1979). *Public management and policy analysis*. New York: St. Martin's Press.

Bradshaw, J.(1972). The concept of social need. *New Society, 30*, 640-653.

Bredo, E., & Feinberg, W. (Eds.)(1982). *Knowledge and values in social and educational research*. Philadelphia: Temple University Press.

Brewer, G. D., & de Leon, P.(1983). *The foundations of policy analysis*. Homewood, IL: Dorsey.

Bryson, J. M., & Crosby, B. C.(1992). *Leadership for the common good: Tackling public problems in a shared power world*. San Francisco, CA: Jossey-Bass.

Campbell, R., & Mazzoni, T.(1976). *State policy making for public schools*. Berkely, CA: McCutchan.

Cibulka, J. G.(1995). Policy analysis and the study of the politics of education. In J. D. Scribner, & D. Layton (Eds.), *The study of educational politics* (pp. 105-125). London: Falmer Press.

Cobb, R. W. & Elder, C. D.(1983). *Participation in American politics: The dynamics of agenda building*(2nd ed.). Baltimore: The Johns Hopkins University Press.

Cobb, R. W., Ross, J. K., & Ross M. H.(1976). Agenda building as a comparative political process. *American Political Science Review*, 70, 128-136.

Coombs, F.(1980). The bases of noncompliance with a policy. *Policy Studies Journal, 8(6)*. 885-892.

Coplin, W. D., & O'Leary, M. K.(1998). *Basic policy studies skills*(3rd ed.). Croton-on-Hudson, NY: Policy Studies Associates.

Crenson, M.(1971). *The unpolitics of air pollution*. Baltimore: Johns Hopkins University Press.

Dahl, R. A.(1964). *Who governs?: Democracy and power in an American city*. New Haven: Yale University Press.

Dallmayr, F. R.(1986). Critical theory and public policy. In W. N. Dunn (Ed.), *Policy analysis: Perspectives, concepts, and methods*. Greenwich, CT: JAI Press.

Deblois, C.(1979). Challenge to administrative theory. *The Canadian Administrator, 18(8)*, 1-6.

Denhardt, R. B.(1981). Toward a critical theory of public organization. *Public Administration Review, 41(6)*, 628-635..

Dror, Y.(1968). *Public policy making reexamined*. Scanton: Chandler Publishing Co.

Dror, Y.(1983). *Public policy making reexamined*.(2nd ed.). New Brunswick, N. J.: Transction Inc.

Dubnick, M. J., & Bardes, B. A.(1983). *Thinking about public policy: A problem-solving approach*. New York: Wiley.

Dunn, W. N.(1981). *Public policy analysis: An introduction.* Englewood Cliffs, NJ: Prentice-Hall.

Dunn, W. N.(1983). Values, ethics, and standards in policy analysis, in S. S. Nagel(Ed.). *Encylopedia of policy studies*, N. Y.: Marcell Decker, Inc.

Dunn, W. N.(1994). *Public policy analysis: An introduction*(2nd ed.). Englewood Cliffs, NJ: Prentice-Hall.

Dunn, W. N.(2012). *Public policy analysis*(5th ed.). London, UK.

Dye, T. R.(1975). *Understanding public policy*(2nd ed.). Englewood Cliffs, NJ: Prentice-Hall.

Dye, T. R.(1976). *Policy analysis*. Alabama: The University of Alabama Press.

Dye, T. R.(1984). *Understanding public policy*(3rd ed.). Englewood Cliffs, N. J.: Prentice-Hall Inc.

Easton, D.(1953). *The political system.* Chicago: Knopf.

Easton, D.(1965). *A framework for political analysis.* Englewood Cliffs, NJ: Prentice-Hall.

Easton, D.(1979). *A system Analysis of political life.* Chicago: The University of Chicago Press.

Edelman, M.(1964a). *Politics as symbolic action.* Chicago, IL: Markham Publishing Company.

Edelman, M.(1964b). *The symbolic uses of politics*. Chicago: The University of Illinois Press.

Edwards III, G. C.(1980). *Implementing public policy*. Washington, D. C.: Congressional Quarterly Press.

Elmore, R. F.(1979). Backward mapping: Implementation research and policy decision. *Political Science Quarterly, 94(4)*, 601-616.

Elmore, R. F.(1979). Backward mapping: Implementation research and policy decision. *Political science Quarterly*, *94(4)*, 601-616.

Enloe, C.(1972). *The politics of pollution in comparative perspectives.* New York: David H. Mckay, Inc.

Engle, M., & Altschuld, J. W.(2014). Needs assessment: The perspective from the public sector. In J. W. Altschuld, J. W. & R. Watkins (Eds.), *Needs assessment: Trends and a view toward the future. New Directions for Evaluation, 144*, 33-35.

Eyestone, R.(1978). *From social issues to public policy.* New York: John Wiley and Sons, Inc.

Fay, B.(1976). *Social theory and political practice*. Boston, MA: Allen & Urwin.

Fay, B.(1987). *Critical social science*. Ithaca, NY: Cornell University Press.

Ficher, F.(1980). *Politics, values, and public policy: The problem of methodology.*

Westview: Boulder Co.

Firestone, W. A.(1989). Educational policy as an ecology of games. *Educational Researcher, 18*, 18-23.

Fitzpatrick, J. L., Sanders, J. R., & B. R. Worthen(2004). *Program evaluation: Alternative approaches and practical guidelines*(3rd. ed). Boston: Pearson.

Fowler, Frances C.(2004). *Policy studies for educational leaders*(2nd ed.). 신현석·한유경 공역(2007), **교육정책의 이론과 실제**, 아카데미 프레스.

Fowler, F. C.(2013). *Policy studies for educational leaders*(4th ed.). Boston: Pearson Education Inc.

Giddens, A.(1982). *Sociology: A brief but critical introduction*. New York: Harcourt Brace Janovich.

Goodin, R. E.(1982). *Political theory and public policy*. Chicago, IL: The University of Chicago Press.

Greenfield, T. B.(1975). Theory about organization: A new perspective and its implications for schools. In M. Hughes (Ed.), *Administering education: International challenges* (pp. 71-99). London: Athlone.

Greenfield, T. B.(1979). Ideas versus data: How can the data speak for themselves? In G. Immergart & W. Boyd (Eds.), *Problem-finding in educational administration: Trends in research and theory* (pp. 167-190). Lexington: Lexington Books.

Griffiths, D. E.(1957). Toward a theory of administrative behavior. In R. F. Campbell & R. Gregg (Eds.), *Administrative behavior in education* (pp. 354-390). New York: Harper.

Griffiths, D. E.(1964). The nature and meaning of theory. In D. E. Griffiths (Ed.), *Behavioral science and educational administration* (pp. 95-118). Chicago: University of Chicago Press.

Habermas, J.(1970). *Toward a rational society*. Boston, MA: Beacon Press.

Habermas, J.(1971). *Knowledge and human interests*. Boston, MA: Beacon Press.

Habermas, J.(1975). *Legitimation crisis*. Boston, MA: Beacon Press.

Hall, P. A.(1993). Policy paradigms, social learning and the State: The case of economic policymaking in Britain. *Comparative Politics, 25(3)*, 275-296.

Hans, N.(1929). *The principles of educational policy*. London: Kegan Paul, Ltd.

Hargrove, E. C.(1975). *The missing link: The study of the implementation of social policy*. Washington, D. C.: The Urban Institute Press.

Herbert, D.(1982). *Conducting a needs assessment, resources for guidance organizational improvement*. Ann Arbor, MI.: ERIC/CAPS, University of Michigan.

Herman, J. L., & Herman, J. J.(1995). TQM for education, *Educational Technology, 35(3)*. 45-63.

Hess, F. M.(1999). *Spinning wheels: The politics of urban school reform.* Washington, D. C.: Brookings Institution Press.

Hofferbert, R.(1974). *The study of public policy*. Indianapolis, IN: Bobbs-Merrill.

Hogwood, B., & Peters, B. G.(1983). *Policy dynamics*. New York: St. Martin's Press.

Hoy, W. K. & Miskel, C. G.(1996). *Educational administration: Theory, research, and practic(*5th ed.). New York: McGraw Hill.

Jones, C. O.(1977). *An introduction to the study of public policy*. North Situate: Duxbury Press.

Jones, C. O.(1979). *An introduction to the study of public policy*(2nd ed.). North Scituate, Massachusetts: Duxbury Press.

Kaplan, A.(1964). *The conduct of inquiry.* San Francisco: Chandler.

Kaufmann, R.(1972). *Educational system planning*. Englewood Cliffs, N. J.: Prentice Hall Inc.

Kaufmann, R.(1992). *Strategic planning plus: An organizational guide*. Sage Publications.

Kingdon, J. W.(1984). *Agendas, alternatives, and public policies.* Gilenview, IL: Scott, Foresman.

Kohlberg, L.(1961). *Stage in the development of moral thought and action*. New York: Holt, Rinehart and Winston.

Kohlberg, L.(1971). *From is ought: How to commit the naturalistic.* Englewood Cliffs, N. J.: Prentice-Hall.

Kruschke, E. R., & Jackson, B. M.(1987). *The public policy dictionary*. Santa Barbara, CA: Wesleyan University Press.

Kuhn, T. S.(1970). *The structure of scientific revolution*(2nd ed.). Chicago, IL: University of Chicago Press.

Lasswell, H. D.(1951). The policy orientation. In D. Lerner & H. D. Lasswell(Eds.), *The policy sciences* (pp. 3-15). Stanford, CA: Stanford University Press.

Lasswell, H. D.(1971). *A preview of policy sciences*. New York: American Elsevier.

Lindblom, C. E.(1968). *The policymaking process*. Upper Saddle River, NJ: Prentice Hall, Inc.

Lindbloom, C. E.(1980). *The policy making process*(2nd ed.). Englewood Cliffs, N. J.: Prentice-Hall.

Lipsky, M. (1980). *Street level bureaucracy*. New York: Russell Sage.

Lowi, T. J.(1964). American business, public policy, case-studies and political theory. *World Politics, 16(4)*, 677-715.

Lowi, T. J.(1972). Four system of policy, politics, and choice. *Public Administration Review, 32(4)*, 290-310.

MacRae, D.(1976). *The social function of social science*. New Haven: Yale University Press.

Mazzoni, T.(1985). Mobilizing constituency pressure to influence state education policy making. *Educational Administration Quarterly, 21*. 24-46.

McClelland, S. B.(1995). *Organizational needs assessment*. Library of Congress Catalogue.

Miller, D.(1987). *The blackwell encyclopedia of political thought*. Oxford, England: Basil Blackwell.

Mitchell, D. E., & Crowson, R. L.(Eds.)(2011). *Shaping education policy, power and process*. New York and London: Routledge, Taylor & Francis Group.

Moore, D. E.(1980). Assessing the needs of adults for continuing education: A model, new directions for continuing education. *Assessing Educational Needs of Adults, 7,* 91-98.

Morris, V. C., & Pai, Y.(1976). *Philosophy and the American school*. Boston: Houghton Mifflin Co.

Nagel, S. S.(1984). *Contemporary public policy analysis*. University, AL: University of Alabama.

Nagel, S. S.(Ed.). *Encyclopedia of policy studies*. New York: Marcel Dekker, Inc.

Nakamura, R. T., & Smallwood, F.(1980). *The politics of policy implementation*. New York : St. Martin's Press.

Paris, D. C., & Reynolds, J. F.(1983). *The logic of policy inquiry*. New York: Longman.

Percy-Smith, J.(1996). *Needs assessments in public policy*. London: Open University Press.

Pressman, J. L., & Wildavsky, A.(1973). *Implementation*. Berkeley, CA: University of California Press.

Quade, E. S.(1975). *Analysis for public decisions*. New York: Elsevier North-Holland Inc.

Quade, E. S.(1982). *Analysis for public development*. Boston: Little Brown and Company.

Rawls, J.(1971). *A theory of justice*. Cambridge: The Belknap Press of Harvard University Press.

Rein, M., & Rabinovitz, F.(1978). Implementation: A theoretical perspective. In W. D. Burnham & M. W. Weinberg (Eds.), *American politics and public policy*. Cambridge: M.I.T Press.

Rein, M.(1976). *Social science and public policy*. New York: Penguin.

Rein, M.(1983). *From policy to practice*. Armonk, NY: M. E. Sharpe.

Reply, R. B., & Franklin, G. A.(1982). *Bureaucracy and policy implementation*. Homewood,

Illinois: Dorsey Press.

Rescher, N.(1969). *Introduction to value theory*. New York: Prentice-Hall, Inc.

Ripley, R. B., & Franklin, G. A.(1980). *Bureaucracy and policy implementation*. Homewood, Illinois: The Dorsey Press.

Rokeach, M.(1973). *The nature of human values*. New York: Free Press.

Rossett, A.(1987). *Training needs assessment*. Cliffs, New Jersey: Englewood.

Sabatier, P. A., & Jenkins-Smith, H. C.(1999). *The advocacy coalition framework: An assessment*. Boulder, CO: Westview Press.

Sabatier, P. A., & Mazmanian, D. A.(1981). The implementation of public policy: A framework of analysis. In D. A. Mazmanian & P. A. Sabatier (Eds.), *Effective policy implementation*. Lexington, MA: D. C. Heath and Company.

Sabatier, P. A.(1988). An coalition advocacy framework of policy change and the role of policy-oriented learning therein. *Policy Sciences, 21(2-3)*, 129-168.

Sabatier, P.(1975). Social movements and regulatory agencies: Toward a more adequate-and less pessmistic-theory of "clientele capture". *Policy Sciences, 6*, 301-342.

Sachs, J., McAthur, J., & Schmidt-Traub, G.(2004). *Millennium development goals needs assessment: Country case studies of Bangladesh, Cambodia, Ghana, Tanzania and Uganda, New York*, NY: United Nations, Retrieved from http://www.unmillenimproject.org/documents/mp-cespaper-jan1704,pdf.

Salisbury, R. H.(1968). The analysis of public policy: A search for theories and roles, In A. Ranney (Ed.), *Political science and public policy*. Chicago: Markham.

Sharkansky, Ira.(1978). *Public Administration*: *Policy-making in government agencies*(4th ed.). Chicago: Rand Mcnally College, Publishing. Co.

Simon, H. A.(1976). *Administrative behavior*(3rd. ed.). New York: Macmillan Publishing Company

Smith, T. B.(1973). The policy implementation process. *Policy Science, 4(2)*, 197-209.

Soriano, F. I.(1995). *Conducting needs assessments, A multidisciplinary approach.* Thousand Oaks, CA: SAGE Publications, Inc.

Spring, I.(2011). *The politics of American education*. New York: Routledge.

Stufflebeam, D. L., Mccormick, C. H., Brinkerhoff, R. O., & Nelson, C. O.(1985). *Conducting educational needs assessments*. Boston: Kluwer Nijhoff.

Stufflebeam. D. L, Madaus, G. F. & T. Kellaghan(Eds.)(2000). *Evaluation models: Viewpoints on educational and human services evaluation*(2nd ed.). Boston:

Kluwer Academic Publishers.

Taylor, F. W.(1911). *Principles of scientific management*. New York: Harper & Row.

Thompson, J. T.(1976). *Policy-making in American public education: A framework for analysis*. Englewood Cliffs, NJ: Prentice-Hall.

Tyler, R. W.(1951). The functions of measurement in improving instruction. In E. F. Lindquist(Ed.), *Educational measurement*. Washington, D. C.: Amer Council Education.

Van Meter, D. S., & Van Horn, C. E.(1975). The policy implementation process: A conceptual framework. *Administration and Society, 6(4)*, 445-488.

Watkins, R., & Altschuld, J. W.(2014). A final note about improving needs assessment research and practice. In J. W. Altschuld & R. Watkins (Eds.), *Needs assessment: Trends and a view toward the future. New Directions for Evaluation*. San Francisco, CA: Jossey-Bass.

Watkins, R., Meiers, M. W., & Visser, Y. L.(2012). *A guide assessing needs: Essential tools for collecting information, making decisions, and achieving development results*. Washington, D. C.: The World Bank.

Weber, M.(1947). *The theory of social and economic organization*. A. M. Henderson T. Parsons (Trans & Eds.). New York: Free Press.

Weber, M.(1968). *Economy and society*. New York: Bedminster Press.

White, J., & Altschuld, J.(2012). Understanding the "What should Be Condition" in needs assessment data. *Evaluation and Program Planning, 35(1)*, 124-132.

Williams Jr, R. M.(1968). The concept of values. *Encyclopedia of social science*. 78-90.

Wilson, W.(1887). The study of administration. *Political Science Quarterly, 2(2)*, 197-222.

Winch, P.(1958). *The idea of a social science and its relation to philosophy*. London: Routledge and Kagan Paul.

Witkins, B. R.(1994). Needs assessment since 1981: The state of practice. *Evaluation Practice, 15(1)*, 17-27.

Woods, P. A.(2011). *Transforming education policy, Shaping a democratic future*. UK: The Policy Press, University of Bristol.

Young, O. R.(1979). *Compliance and public authority: A theory with international applications*. Baltimore: The Johns Hopkins University Press.

찾아보기

(ㅇ)

(ㅈ)

(ㅊ)

(ㅌ)

(ㅍ)

(ㅎ)

저자소개

■ 정일환

<학력>

경북대학교 사범대학 교육학과(교육학사)

서울대학교 행정대학원 행정학전공(행정학 석사)

미국 The Pennsylvania State University (교육정책 전공, Ph. D)

<주요 경력>

한국교육개발원 책임연구원, 교육과학기술부 입학사정관제 정책위원장, 국가교육과학기술자문회의 위원, 대통령실 교육비서관 역임

대구가톨릭대학교 사범대학 학장, 교육대학원 원장, 기획부실장, 교육연구소장, 학생상담센터장, 한국교육정치 학회장 역임

현 한국비교교육학회 회장, 한국교육학회 부회장

현 대구가톨릭대학교 사범대학 교육학과 교수

<주요 저서>

교육정책론, 이론과 적용(2000), 교육행정학탐구(2003), 선진한국의 교육비전(2008), 비교교육학, 이론과 실제(공저, 2012), 한국교육정책의 현안과 해법(공저, 2014), 미국교육정치학(공역, 2016)

■ 주철안

<학력>

서울대학교 사범대학 교육학과(문학사)

서울대학교 행정대학원 행정학전공(행정학 석사)

미국 Harvard University(교육정책 전공, 교육학박사)

<주요 경력>

부산대학교 교육대학원 원장, 교육연구소장 역임

교육인적자원부 교육정책자문위원, 부산광역시의회 의정자문위원, 미국 위스콘신 대학교 연구교수, 영국 노팅엄대학교 연구교수 역임

한국교원단체총연합회 부회장, 한국지방교육경영학회장, 한국교육재정경제학회 회장 역임

현 부산대학교 교육부총장 겸 대학원장, 사범대학 교육학과 교수

<주요 저서>

전환시대의 한국교육행정(공저, 2002), 교육리더십(공저, 2004), 배움과 돌봄의 학교공동체(공저, 2009), 교직실무(공저, 2013), 교육재정(공저, 2014)

■ 김재웅

<학력>

서울대학교 사범대학 교육학과(문학사)

서울대학교 대학원 교육학과(교육행정 전공, 교육학 석사)

University of Illinois at Urbana-Champaign 교육정책학과(Ph. D)

<주요 경력>

한국교육개발원 연구원, 책임연구원, 한국방송통신대학교 부교수, 한국열린교육학회 회장, 한국교육정치학회 회장, 한국교육원리학회 회장 역임

현 서강대학교 국제인문학부 교수

<저서>

미국 공교육의 역사 새로 보기(2013), 홈스쿨링의 정치학(2010), 교육학에의 초대(공저, 2016), 교육행정 및 학교경영의 이해(공저, 2011), 기독교 학교의 공공성(공저, 2014), 기독교 학교의 미래 전망(공저, 2015)

교육정책학 이론과 사례

초판 1쇄 인쇄 / 2016년 9월 1일
초판 1쇄 발행 / 2016년 9월 5일

•

공저자 / 정일환 · 주철안 · 김재웅
발행인 / 이　중　수
발행처 / **동　문　사**

•

서울특별시 서대문구 홍제원 1길 12
(홍제동 137-8)
Tel : 02)736-3718(대), 736-3710, 3720
Fax : 02)736-3719
등록번호 : 제9-17호
가격 : 20,000원

•

ISBN : 978-89-8251-847-8 (93370)
E-mail : dong736@naver.com
www.dongmunsa.com